新公司法实施要点100问

黄德清 ● 主编

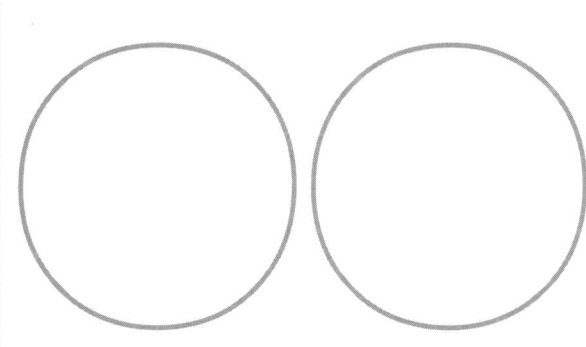

人民法院出版社

图书在版编目（ＣＩＰ）数据

新公司法实施要点 100 问 / 黄德清主编 ; 夏志阳等
副主编 . -- 北京 : 人民法院出版社 , 2025. 5. -- ISBN
978-7-5109-4462-8

Ⅰ. D922.291.915

中国国家版本馆 CIP 数据核字第 2025AN6441 号

新公司法实施要点 100 问

黄德清　主编

策划编辑：兰丽专
责任编辑：路建华
执行编辑：贾舒琪
出版发行：人民法院出版社
地　　址：北京市东城区东交民巷 27 号（100745）
电　　话：（010）67550682（责任编辑）　67550558（发行部查询）
　　　　　　65223677（读者服务部）
客服 QQ：2092078039
网　　址：http://www.courtbook.com.cn
E-mail：courtpress@sohu.com
印　　刷：三河市国英印务有限公司
经　　销：新华书店

开　　本：787 毫米 × 1092 毫米　1/16
字　　数：348 千字
印　　张：22.25
版　　次：2025 年 5 月第 1 版　2025 年 5 月第 1 次印刷
书　　号：ISBN 978-7-5109-4462-8
定　　价：88.00 元

前　言

公司是最重要的市场主体，公司法是社会主义市场经济制度的基础性法律。我国现行公司法于1993年制定，历经数次修改，与我国社会主义市场经济体制的建立和完善同频共振。2023年12月，十四届全国人大常委会第七次会议审议通过《关于修改〈中华人民共和国公司法〉的决定》。此次公司法的修改是贯彻落实党中央关于优化营商环境、加强产权保护、促进资本市场健康发展等重大决策部署的需要，也是适应实践发展，不断完善公司法律制度的要求，对于完善中国特色现代企业制度、推动经济高质量发展具有重要意义。

法律的生命在于实施。新公司法施行后，为妥善审理公司类案件，积极融入服务经济发展大局，营造并优化法治化营商环境，江苏省南京市中级人民法院坚持问题导向，立足公司合法设立和健康发展，着眼新公司法重点修订条文，全面总结实践经验和理论成果，为企业家和企业提供从公司登记设立到公司解散清算的"一站式"指南。在问题设置上，本书力求覆盖公司发展生命全周期中的核心议题，涵盖公司设立、运行的程序规定，股东、实际控制人、董事、监事、高级管理人员的法定职责，股东权利及股权转让，公司合法有序退出市场等。为增强实用性和便利度，本书就每一问题作出解答，示以可能的法律风险，后附案例库参考案例、法答网精选问答等，使纠纷场景呈现方式可视化。

希望本书的出版对于企业家和企业理解与运用新公司法，优化公司治理机制，提升公司治理水平有所裨益。市场活动纷繁复杂，本书难免挂一漏万，有疏漏和错谬之处敬请谅解，请读者提出宝贵意见，我们将在再版中改正或更新。

本书编委会

2025年4月

目录

第三章　公司经营制度 / 124

第四章　公司治理制度 / 168

一、公司组织机构设置 / 168

二、公司决议制度 / 177

三、董事、监事、高级管理人员的职责 / 190

四、股权代持与显名 / 269

第六章　公司解散与清算制度 / 299

第一章 公司设立与登记制度

一、公司的发起与设立

1. 公司、合伙企业与个体工商户不同经营主体之间有何区别?

公司、合伙企业与个体工商户是我国开展经营行为常见的经营主体,在设立条件、组织架构、行为规范、责任承担等方面均存在明显区别。作为独立法人,公司最突出的优势在于具有独立于股东的拟制人格,其权利义务、行为和责任与股东分离,股东仅以其应缴出资额为限承担有限责任,而设立合伙企业、个体工商户则需以个人全部财产承担无限责任(有限合伙人除外)。

法律提示: 各经营主体参与经营活动各具特征,应当结合自身经营需求、资信状况等,综合考量以何种形式开展市场经营活动。公司责任独立的同时财产亦独立,股东应注意行为边界,不得随意处置财产、侵害他人合法权益;有限责任也并非绝对的,在股东违反特定义务的情形下存在例外,股东应加强相应了解,规范自身行为,合法避免责任风险。

相关法律规范:

2023 年《公司法》	2018 年《公司法》
第三条 公司是企业法人,有独立的法人财产,享有法人财产权。公司以其全部财产对公司的债务承担责任。 公司的合法权益受法律保护,不受侵犯。	**第三条** 公司是企业法人,有独立的法人财产,享有法人财产权。公司以其全部财产对公司的债务承担责任。 有限责任公司的股东以其认缴的出资额为限对公司承担责任;股份有限公司的股东以其认购的股份为限对公司承担责任。
相关规定	
《合伙企业法》第二条 本法所称合伙企业,是指自然人、法人和其他组织依照本法在中国境内设立的普通合伙企业和有限合伙企业。 普通合伙企业由普通合伙人组成,合伙人对合伙企业债务承担无限连带责任。本法对普通合伙人承担责任的形式有特别规定的,从其规定。	

续表

相关规定
有限合伙企业由普通合伙人和有限合伙人组成，普通合伙人对合伙企业债务承担无限连带责任，有限合伙人以其认缴的出资额为限对合伙企业债务承担责任。 　　《促进个体工商户发展条例》第二条　　有经营能力的公民在中华人民共和国境内从事工商业经营，依法登记为个体工商户的，适用本条例。

案例库参考案例

冷水江市某矿厂、蔡某等诉李某合伙合同纠纷案

2023-16-2-127-001/ 民事 / 合伙合同纠纷 / 最高人民法院 /2016.03.03/（2015）民抗字第 25 号 / 再审 / 入库日期：2024.02.22

【裁判要旨】

合伙企业名称中应当标明"普通合伙"或"有限合伙"字样。根据合伙协议成立的企业登记为企业法人后，与该企业发生的纠纷不属于合伙企业纠纷，不能适用《合伙企业法》。签订合伙协议的合伙人之间因经营该企业所产生的纠纷应当根据合伙协议处理。

【基本案情】

2011 年 5 月 18 日，冷水江市某矿厂、蔡某等七人诉请李某等偿付欠款273409 元，偿付垫付款利息 656000 元，承担合伙期间经营亏损 1303253 元。

李某提起反诉，诉请：（1）蔡某等七人以"职务侵占"为名诬告陷害反诉原告的侵权事实成立，共同赔偿精神损害抚慰金 1 元；（2）确认双方于 2006年签订的《合伙合同书》于 2007 年 11 月 15 日已经事实解除，如果法院不认可解除事实，则要求解除该合同书；（3）冷水江市某矿厂、蔡某等七人退还出资款 1308515 元及其利息；（4）请求对方支付垫付的费用开支共计 156174.4 元；（5）赔偿工资、奖金 13116 元。

法院经审理查明：2005 年 2 月至 2006 年 3 月，冷水江市某矿厂、蔡某等合伙人在没有进行盈亏结算的情况下分红共计 375000 元。2006 年 9 月 16 日，李某加入冷水江市某矿厂，以其儿子的名义与蔡某等七人签订了《合伙合同书》，约定：合伙开办煤矿的名称为冷水江市某矿厂。煤矿的性质为全体合

伙人共同出资、共同经营、共同收益、共负盈亏、合伙人承担无限连带责任、具有独立法人资格的合伙企业。出资总额13092878.60元，其中：蔡某出资6854115.6元、李某出资2877030元。合伙人合伙经营期限暂定十年，从2006年9月30日起至2016年9月30日止。合伙经营期间，如有盈利，以出资额为依据，按出资比例进行分配，以现金方式予以支付，一年结算一次。合伙经营期间的债务或亏损，先以合伙财产偿还和承担，合伙财产不足以清偿债务和亏损时，以出资额为依据，按出资额比例承担，且合伙人对合伙债务互负连带责任。煤矿设立董事会，董事会由全体合伙人推选五人组成，董事会负责聘请矿长一人，矿长为本煤矿的法定代表人。《合伙合同书》还就退伙或开除合伙人的情形、财务制度等进行了约定。合同签订后，各合伙人经口头协商，实际出资比例按照《合伙合同书》的1/2出资，其中李某在冷水江市某矿厂的出资款实为1438515元。

2006年9月20日，冷水江市某矿厂召开全体合伙人会议并形成决议，一致同意煤矿的内部管理结构和运作模式比照有限公司的模式进行。2006年9月25日，冷水江市某矿厂召开董事会议，并形成决议，主要内容为：选举蔡某为煤矿的董事长；聘请李某为煤矿矿长，担任煤矿的法定代表人等。同日，蔡某、李某等五名董事经协商均出具《承诺书》，内容为：保证尽职尽责地干好本职工作，全心全意为煤矿及全体合伙人负责；保证不实施收取回扣、挪用煤矿资金、侵占煤矿资产、监守自盗等违纪违法行为，如有违反，煤矿有权对本人作出就地免职和以一罚十的处罚；同时，本人同意随时退出合伙（出资款比例只按1∶1比例退回）。

自2007年11月13日起，冷水江市某矿厂多次召开会议，讨论解聘、开除李某，要求其赔偿煤矿损失，退还欠款等事宜。同年11月，李某以其煤矿矿长和法定代表人资格被撤销，被要求退还股金、变更工商登记上的法定代表人以及煤矿存在安全隐患需进行整改为由，纠集人员到煤矿阻工。2007年11月15日以后，李某再未参与煤矿的管理，也未参加合伙人会议和董事会会议，未领取2007年11月的工资，亦未领取同年奖金。

2007年12月9日，冷水江市某矿厂、蔡某等七合伙人向冷水江市公安局举报李某利用职务之便贪污、侵占煤矿资金。冷水江市公安局于同年12月17

日以李某涉嫌职务侵占罪立案，并要求煤矿协助追缴李某侵占的资金 40 万元。同年 12 月 27 日，冷水江市某矿厂以李某的名义向冷水江市公安局缴纳了 40 万元。2010 年 2 月 1 日，冷水江市公安局作出刑事赔偿决定书，决定返还李某被依法追缴的现金 40 万元。2010 年 3 月 9 日，冷水江市公安局撤销李某涉嫌职务侵占一案，并将 40 万元划至李某账户。

2008 年 1 月 25 日，冷水江市某矿厂作出《关于李某挪用公款和借款长期不还的处理决定清单》，处理如下：李某以其儿子的名义在煤矿实际入股1438515 元。（1）扣除退股金 3 万元；（2）扣除 2007 年 11 月 21 日合伙人会议决议中的借款 137696 元 + 挪用资金 228000 元 + 借款利息 6228 元 + 个人购田款 3 万元；（3）扣除 2008 年 1 月 3 日决议，冷水江市公安局追缴侵占资金 40万元，阻止煤矿生产五次，赔偿损失 25 万元；（4）扣除 2008 年 1 月 21 日决议挪用煤款 5 万元，以一罚十，合计 50 万元。以上合计 1581924 元。此决议煤矿合伙人一致同意，请财务根据本清单扣除，李某如有不服可向人民法院起诉。除李某外，其他合伙人在清单上签名。

2008 年 2 月 1 日，蔡某、腾某、陈某三人签订《冷水江市某矿厂合伙合同书》，成为冷水江市某矿厂合伙人，其他合伙人退出。该合同约定："本次合伙之前，煤矿应退还原合伙人的出资款（具体金额以煤矿财务账目为准）由本次合伙人负责退还，二年内每月按月利率 1.5% 支付利息（次月 15 日支付上月的利息），本金在第三年按月分摊全部付清。"

湖南省娄底市中级人民法院于 2012 年 10 月 9 日作出（2012）娄中民二初字第 7 号民事判决：一、确认双方的《合伙合同书》于 2007 年 11 月 16 日解除；二、由李某支付冷水江市某矿厂欠款 68848 元及其违约金 20654 元、挪用资金12800 元及其违约金 3840 元、因其阻工行为给冷水江市某矿厂造成的损失 5 万元，以上三项合计 156142 元；三、由冷水江市某矿厂退还李某出资款 908515元，并对出资款 1308515 元自 2007 年 11 月 16 日起按照中国人民银行同期贷款利率计算利息至 2011 年 6 月 15 日，对出资款 908515 元自 2011 年 6 月 16日起按照中国人民银行同期贷款利率计算利息至全部退还之日止；四、由冷水江市某矿厂支付李某垫付的费用开支 60387 元；五、由冷水江市某矿厂支付李某工资、奖金 13116 元；六、蔡某等七人对第四项、第五项款项承担连带清偿责任；七、驳回双方其他诉讼请求和反诉请求。李某不服，提起上诉。湖南省高级人民法院于 2013 年 1 月 25 日作出（2013）湘高法民一终字第 15 号民事判决：变更一审判决第三项为：由冷水江市某矿厂退还李某出资款 908515 元，并对出资款 1308515 元的利息按照月利率 1.5% 自 2007 年 11 月 16 日起至 2011 年 6 月 16 日止计付，908515 元利息按照月利率 1.5% 自 2011 年 6 月 17 日起至付清之日止计付；维持一审判决其他判项。

最高人民检察院向最高人民法院提出抗诉。最高人民法院于 2016 年 3 月 3 日作出（2015）民抗字第 25 号民事判决：一、撤销一审和二审判决；二、确认双方《合伙合同书》于 2007 年 11 月 16 日解除；三、李某向冷水江市某矿厂支付欠款 68848 元及其违约金 20654 元、挪用资金 12800 元及其违约金 3840 元、因其阻工行为给冷水江市某矿厂造成的损失 5 万元，以上三项合计 156142 元；四、冷水江市某矿厂与蔡某等七人向李某连带返还出资款 908515 元及利息（出资款 1308515 元利息按照月利息 1.5% 自 2007 年 11 月 16 日起至 2011 年 6 月 16 日止计付，908515 元利息按照月利率 1.5% 自 2011 年 6 月 17 日起至付清之日止计付）；五、冷水江市某矿厂向李某支付李某垫付的费用 60387 元以及工资、奖金 13116 元；六、驳回双方的其他诉讼请求和反诉请求。

【裁判理由】

法院生效裁判认为，本案争议焦点为：李某应向冷水江市某矿厂归还欠款、承担合伙损失，还是冷水江市某矿厂、蔡某等人应向李某返还投资款及其他欠款。

（一）关于双方基本法律关系及责任承担方式问题

根据《合伙企业法》第十五条和第六十二条的规定，合伙企业名称中应当标明"普通合伙"或"有限合伙"字样；根据《中华人民共和国企业法人登记管理条例》第三条的规定，企业领取《企业法人营业执照》，取得法人资格。在冷水江市某矿厂成立之初，相关合同将冷水江市某矿厂约定为股份制企业，后登记为集体所有制的企业法人，并明确了法定代表人，领取了《企业法人营业执照》。冷水江市某矿厂并未在其名称中标明"普通合伙"或"有限合伙"字样，也未在经营期间对企业名称进行过变更。同时，《合伙合同书》第四条约定："本煤矿是一家由全体合伙人共同出资、共同经营、共享收益、共负盈亏、合伙人承担无限连带法律责任、具有独立法人资格的合伙企业。"此后的合伙人会议决议和董事会决议均是根据《合伙合同书》,对煤矿经营、李某问题等内部合伙事项所作的处理。可见,冷水江市某矿厂并非合伙企业,其对外具有独立法人资格;蔡某等七人与李某共同签订并履行《合伙合同书》,并对冷水江市某矿厂进行投资、经营,由此产生本案纠纷。本案虽然还涉及李某替冷水江市某矿厂对外垫付的费用及其工资奖金返还纠纷,但双方主要争议在于《合伙合同书》的履行和李某合伙出资款的返还,故本案基本法律关系应为合伙协议纠纷,一审、二审将冷水江市某矿厂认定为合伙企业,并进而将本案定性为合伙企业纠纷不当,应予纠正。基于此,认定本案李某与蔡某等七人之间的法律关系,应当以《合伙合同书》以及双方认可的相关内部协议为依据,不应适用抗诉机关所引用的《合伙企业法》,一审、二审对此适用法律亦属不当,应一并纠正。《合伙合同书》为李某与蔡某等全体协议合伙人所签订,并加盖有冷水江市某矿厂印章;李某的出资款由冷水江市某矿厂收取,投入生产经营。若冷水江市某矿厂应向李某返还相应出资款,蔡某等其他协议合伙人作为《合伙合同书》的合同相对方,且均在处理李某退伙问题的会议纪要中签字同意,故应当对出资款的返还负有连带责任。

(二)关于李某应否承担 10000 元护矿费和 50000 元罚款的问题

1. 根据《合伙合同书》第十条约定:煤矿的各项费用支出必须严格遵守国家会计制度的规定,必须由经手人、验收人、矿长及董事长共同签字后,财务人员才能入账报销。李某主张向李某某支付了 1 万元护矿费,该款项收取人李某某系李某侄子,且没有证据证明取得了其他协议合伙人的同意,冷水江市某矿厂也不予认可该事实,故一审、二审对李某的该项诉讼请求不予支持,并无不当。

2. 2007 年 11 月 15 日,包括李某在内的八名协议合伙人开会,形成了除李某外的其他合伙人签字的决议,其中第三条规定:如煤矿合伙人擅自在煤矿无理取闹,阻止煤矿生产,每阻一次,责令该合伙人赔偿损失 5 万元,由煤矿直接从其向煤矿的出资款中扣除。同年 11 月 21 日,除李某外的其他协议合伙人再次作出决议,其中载明:2007 年 11 月 19 日上午,李某等人到煤矿堵住窑门,阻止煤矿生产经营,推翻矿车四辆,不准煤矿销售煤炭,推翻料石两车,使煤矿被迫停产,给煤矿造成巨大经济损失,决定扣除损失 5 万元。诉讼中，李某辩称其行为不是阻工，而是为了履行矿长职责和安全生产义务的正当行为，但此时煤矿的事务已经与其无关，故该辩解不能成立。2008年1月3日，煤矿作出决议，其中一项内容为：鉴于李某五次来煤矿阻止生产，致使煤矿停产长达一个多月，给煤矿造成了巨大的经济损失，根据2007年11月15日合伙人会议决议，一致同意从李某的出资款中扣除25万元。一审法院对上述情况也进行了调查确认。综合以上事实，李某阻工给煤矿造成损失的事实的确存在，一审、二审判处其承担5万元的赔偿责任并不缺乏事实和法律依据，李某要求改判的再审请求，再审法院不予支持。

（三）关于《合伙合同书》的解除、冷水江市某矿厂是否亏损及其对李某所主张的债权问题

1. 本案双方在诉讼中认可李某自2007年11月15日后不再是冷水江市某矿厂的矿长及法定代表人，结合此后多份会议决议、董事会决议以及李某此后不再参与煤矿经营管理的实际情况，足以认定自2007年11月15日起，李某已经退出合伙，李某与蔡某等人所签的《合伙合同书》就此解除。该合伙协议解除后，双方应当根据《合同法》相关规定及《合伙合同书》处理出资款的返还问题。

2. 2006年9月，冷水江市某矿厂原五名合伙人退股，退股时没有进行盈亏结算，由冷水江市某矿厂按照1∶1比例退股金共计3119598.40元。2005年2月至2006年3月，各协议合伙人在没有进行盈利亏损结算的情况下分红共计375000元。虽然蔡某等人认为375000元不是分红，但冷水江市某矿厂的会计处理记载为分红，蔡某等人未提供充分证据对其主张加以证明。冷水江市瑞达联合会计师事务所作出的《司法鉴定意见》《补充意见书》明确：因冷水江市某矿厂未严格按照企业会计制度进行做账和核算，造成送审资料不完整，司法鉴定意见的真实性和准确性难以保证。因此，二审对李某根据合伙协议参与经营冷水江市某矿厂经营期间的亏损不予认定，并驳回了冷水江市某矿厂及蔡某等人要求李某承担1303253元亏损的诉讼请求，并无不当。

3. 2008年1月25日，冷水江市某矿厂作出《关于李某挪用公款和借款长期不还的处理决定清单》，其对李某的债权包括：退李某股金、阻工损失、挪用煤矿资金、个人购田款、垫付公安机关追缴资金等，共计1581924元。冷

水江市某矿厂、蔡某等起诉时，在扣除李某剩余出资款后，诉请李某归还欠款273409元及利息655000元。对上述欠款的具体情况，该院认定如下：（1）在冷水江市某矿厂冲抵李某剩余出资款金额中已经扣除李某的3万元退股金；（2）如前所述，李某阻工数额为5万元，以25万元计，缺乏事实依据；（3）无法认定李某挪用5万元煤款，以一罚十依据不足；（4）李某代表煤矿征地，且已将征地协议交予煤矿，征地款3万元不应由李某承担；（5）向公安机关缴纳的40万元垫付款，不应计算利息，但应当在李某的出资款中扣除。因此，扣除后，李某在煤矿的出资尚余908515元。

（四）关于李某为冷水江市某矿厂垫付的费用及李某工资奖金问题

李某在履行《合伙合同书》期间，按约定应予报销费用为10387元，该费用实质上属于煤矿的对外债务。李某为原大石岭煤矿合伙过程中李某山等人返还财产纠纷一案垫付执行款5万元，后经全体协议合伙人同意将此作为煤矿负债，故冷水江市某矿厂应当向李某支付5万元。李某应获得的工资奖金共计13116元。因冷水江市某矿厂登记为具有独立法人资格的企业法人，目前处于按政策关闭清理阶段，故以上债务可以由其独立承担。一审、二审根据《合伙企业法》，判决蔡某等其他协议合伙人对此承担连带责任不当，予以纠正。冷水江市某矿厂、蔡某称李某的工资奖金为另一法律关系，一审、二审不应予以审理。但李某要求支付工资奖金的反诉请求与其要求退还出资款等其他诉讼请求，都是基于双方履行《合伙合同书》共同经营冷水江市某矿厂这一基本事实，人民法院对此一并审理并作出裁判，并不违反法律规定。

综上所述，李某的再审请求部分成立，冷水江市某矿厂、蔡某等人要求改判李某偿付欠款，承担合伙亏损的再审请求不成立，二审判决关于冷水江市某矿厂及蔡某等合伙人向李某返还出资款，支付垫付费用和工资奖金的承担责任方式不当，适用法律错误，应予纠正。

2. 发起人可选择设立何种公司类型？分别需满足何种要求？

发起人可选择设立有限责任公司和股份有限公司，在满足法定条件的情形下两种公司类型可互相转化。前述两类公司均要求发起人为具有完全民事行为能力的自然人或能够从事营利活动的独立法人，同时需向公司履行相应的出资义务。有限责任公司要求发起人人数在一人以上五十人以下，认缴出资自公司成立之日起五年内缴足；股份有限公司要求发起人人数在一人以上两百人以下，且半数以上应当在中国境内有住所，以发起方式设立的发起人应缴清其认缴出资额。①

法律提示： 2023 年《公司法》下有限责任公司和股份有限公司在发起人人数、治理结构、出资等方面的区别进一步缩小，如发起人人数下限修订为一致，一人股份有限公司首次被承认。但总体而言，股份有限公司仍适合资金实力更雄厚、经营布局更广阔、管理经验更丰富的发起人。发起人应在满足基本要求的情况下，按照经营需求选择公司类型，同时注意自身身份、职业是否受到特别限制，比如，国家公务人员、负有竞业限制义务的高级管理人员不能成为公司发起人。

相关法律规范：

2023 年《公司法》	2018 年《公司法》
第二条　本法所称公司，是指依照本法在中华人民共和国境内设立的有限责任公司和股份有限公司。 **第十二条第一款**　有限责任公司变更为股份有限公司，应当符合本法规定的股份有限公司的条件。股份有限公司变更为有限责任公司，应当符合本法规定的有限责任公司的条件。 **第四十二条**　有限责任公司由一个以上五十个以下股东出资设立。 **第四十七条第一款**　有限责任公司的注册资本为在公司登记机关登记的全体股东认缴的出资额。全体股东认缴的出资额由股东按照公司章程的规定自公司成立之日起五年内缴足。 **第九十二条**　设立股份有限公司，应当有一人以上二百人以下为发起人，其中应当有半数以上的发起人在中华人民共和国境内有住所。 **第九十七条**　以发起设立方式设立股份有限公司的，发起人应当认足公司章程规定的公司设立时应发行的股份。	**第二条**　本法所称公司是指依照本法在中国境内设立的有限责任公司和股份有限公司。 **第二十四条**　有限责任公司由五十个以下股东出资设立。 **第二十六条**　有限责任公司的注册资本为在公司登记机关登记的全体股东认缴的出资额。 法律、行政法规以及国务院决定对有限责任公司注册资本实缴、注册资本最低限额另有规定的，从其规定。 **第七十八条**　设立股份有限公司，应当有二人以上二百人以下为发起人，其中须有半数以上的发起人在中国境内有住所。 **第八十三条**　以发起设立方式设立股份有限公司的，发起人应当书面认足公司章程规定其认购的股份，并按照公司章程规定缴纳出资。以非货币财产出资的，应当依法办理其财产权的转移手续。 发起人不依照前款规定缴纳出资的，应当按照发起人协议承担违约责任。

---

① 本问答后文中所称"公司"，如非特别说明，均指有限责任公司。

续表

2023 年《公司法》	2018 年《公司法》
以募集设立方式设立股份有限公司的，发起人认购的股份不得少于公司章程规定的公司设立时应发行股份总数的百分之三十五；但是，法律、行政法规另有规定的，从其规定。 **第九十八条第一款** 发起人应当在公司成立前按照其认购的股份全额缴纳股款。	发起人认足公司章程规定的出资后，应当选举董事会和监事会，由董事会向公司登记机关报送公司章程以及法律、行政法规规定的其他文件，申请设立登记。 **第八十四条** 以募集设立方式设立股份有限公司的，发起人认购的股份不得少于公司股份总数的百分之三十五；但是，法律、行政法规另有规定的，从其规定。

3. 公司设立时，是否必须签订设立协议？

公司设立协议是在公司设立过程中由发起人订立的关于公司设立事项的协议，具有规范公司发起人在设立公司过程中行为的作用。应否签订该协议，法律根据不同公司形态作出不同要求：有限责任公司发起人可以选择签订公司设立协议；股份有限公司发起人设立公司时，则应当签订公司设立协议。

法律提示：公司设立协议的常见条款应当包括公司设立过程中各发起人的权利、义务、法律责任等，便于发起人开展设立公司的活动，使得公司设立中的各项事务更加符合发起人的预期。

相关法律规范：

2023 年《公司法》	2018 年《公司法》
第四十三条 有限责任公司设立时的股东可以签订设立协议，明确各自在公司设立过程中的权利和义务。 **第九十三条第二款** 发起人应当签订发起人协议，明确各自在公司设立过程中的权利和义务。	**第七十九条第二款** 发起人应当签订发起人协议，明确各自在公司设立过程中的权利和义务。
相关规定	
《最高人民法院关于适用〈中华人民共和国公司法〉若干问题的规定（三）》（2020年修正）（以下简称《公司法司法解释（三）》）第一条 为设立公司而签署公司章程、向公司认购出资或者股份并履行公司设立职责的人，应当认定为公司的发起人，包括有限责任公司设立时的股东。	

4. 如何妥善处理设立协议与公司章程之间的关系？

公司章程是公司设立的必备文件，载明了公司组织和活动的基本规范。以公司设立前后为分界点，设立协议与公司章程在不同时期发挥着重要的行为规范作用。一般来说，设立协议在公司成立之时即终止；公司章程则在公司成立后的存续期间发挥效力。关于二者的关系，公司章程常以设立协议为基础而制定，设立协议的主要内容通常会被章程所吸收。

法律提示：发起人应当避免公司章程模板化与格式化。公司成立后，对设立协议中仍有规范意义的内容，公司章程应予以吸收固定；其中被删除、发生变更的内容，可特别注明以章程为准，避免两文本中由于相关事项的空白或冲突引发争议。

相关法律规范：

2023 年《公司法》	2018 年《公司法》
第五条　设立公司应当依法制定公司章程。公司章程对公司、股东、董事、监事、高级管理人员具有约束力。	**第十一条**　设立公司必须依法制定公司章程。公司章程对公司、股东、董事、监事、高级管理人员具有约束力。

案例库参考案例

朱某某诉四川某集团有限公司与公司有关纠纷案

2023-08-2-494-002/ 民事 / 与公司有关的纠纷 / 四川省南充市中级人民法院 /2022.05.31/（2022）川 13 民终 1190 号 / 二审 / 入库日期：2024.02.23

【裁判要旨】

股东为成立公司签订的《合作协议》中关于公司设立和公司经营的部分内容已被公司章程吸收，属于公司治理范畴；关于公司经营管理设计的部分内容涉及公司经营理念，并非对于股东之间合同权利义务的约定。公司成立后，股东一方以公司违反《合作协议》前述约定为由要求解除《合作协议》的，不予支持。

【基本案情】

原告朱某某诉称：其与四川某集团有限公司就四川某线材有限公司的运营产生矛盾。故请求判令：解除朱某某与四川某集团有限公司所签订的《合作协议》；四川某集团有限公司支付朱某某垫付费 494965.07 元；将领取的政府补贴中的 49% 份额款 381858.47 元支付给原告；将朱某某已投资的价值

2395312.00 元的设备归还朱某某。

被告四川某集团有限公司辩称:《合作协议》是双方成立四川某线材有限公司的出资协议,四川某线材有限公司成立并正常生产经营后,出资协议已被公司章程吸收,双方应受公司章程约束。被告已按约出资现金 50 万元,原告仅实物出资到位,还没按约出资现金 15 万元。依照《公司法》(2018 年修正,下同)第二十八条第一款、第三十五条规定,原告作为股东,出资的设备是四川某线材有限公司的财产,被告作为股东无义务返还。原告混淆了四川某线材有限公司的义务及其股东的权利义务,诉请解除《合作协议》,不符合约定和法定的解除条件,法院应当驳回其诉讼请求。

法院经审理查明:2020 年 2 月 28 日,四川某线材有限公司取得公司法人营业执照。该营业执照和公司章程载明,股东朱某某和四川某集团有限公司分别以货币方式出资 49 万元和 51 万元,并以出资比例分配红利,出资时间为 2034 年 12 月 31 日,朱某某为法定代表人,公司章程规定只设执行董事一名、监事一名;股东在公司办理工商登记注册后不得抽回出资,在公司终止后依法分配公司剩余财产。

2020 年 3 月 16 日,朱某某和四川某集团有限公司就四川某线材有限公司成立前的口头约定合作事宜签订《合作协议》,载明朱某某以原有设备入股,负责所有生产技术、研发、管理及运营,负责人员调配、管理;四川某集团有限公司负责投资新项目及扩大生产的设备资金和运营资金;四川某线材有限公司负责设备搬迁、翻新及安装费用,朱某某在合作前的原始材料款项在后续采购中扣除;朱某某和四川某集团有限公司分别投入 15 万元和 50 万元作为启动资金,资金支配由双方共同监管,利润分成比例为朱某某占 49%、四川某集团有限公司占 51%;朱某某享受当地政府免三年房租、三免五减税收、对企业进出货物运输三年免运费获取员工补贴的政策,未尽事宜由双方协商解决。

朱某某和四川某集团有限公司均认可,双方所签《合作协议》是为设立四川某线材有限公司补签的发起人协议,朱某某和四川某集团有限公司对四川某线材有限公司的出资比例即为股权和分红比例,公司章程和《合作协议》约定不一致时以《合作协议》约定为准;四川某线材有限公司大约于 2020 年 11 月起投产,本案开庭前半个月停产至今,所需房屋土地由当地政府出租且尚在免租期内，当地政府至今尚未支付其他补贴费用；在四川某线材有限公司投产期间，朱某某除委托其弟朱某俊进行日常生产经营管理外，必要时也从深圳到四川某线材有限公司参与生产经营管理；双方除因四川某线材有限公司出资、垫资及分红纠纷外，另无其他债权债务纠纷。

四川省南充市高坪区人民法院于 2021 年 12 月 8 日作出（2021）川 1303 民初 4560 号民事判决：驳回朱某某的诉讼请求。判决后朱某某向四川省南充市中级人民法院提起上诉。四川省南充市中级人民法院于 2022 年 5 月 31 日作出（2022）川 13 民终 1190 号民事判决：驳回上诉，维持原判。

【裁判理由】

法院生效裁判认为：《合作协议》系朱某某与四川某集团有限公司为设立四川某线材有限公司而签订的发起人协议，对双方的出资金额、出资方式、职责分工、公司经营事项、权利义务等内容进行了约定。首先，《合作协议》中关于设立公司的相关内容，在四川某线材有限公司成立后，已经被公司章程所吸收，朱某某无法要求解除。其次，《合作协议》中关于公司经营中相关事项的约定，部分被公司章程吸收，部分为双方对公司经营管理的设计，并非朱某某与四川某集团有限公司的合同义务约定，不涉及解除的问题。再次，朱某某主张四川某集团有限公司未按照《合作协议》约定出资，其违约行为导致合同目的不能实现，但四川某集团有限公司举证证明其现金出资已经到位。最后，四川某线材有限公司未召开股东会属于公司经营管理问题，应按照《公司法》的规定召开。费用报销属于公司财务管理制度问题，朱某某可按照公司财务制度规定要求报销其为四川某线材有限公司生产经营垫付的费用。据此，朱某某主张解除《合作协议》的理由不成立，不予支持。对于朱某某主张四川某集团有限公司应向其支付设备搬迁费、设备翻新以及安装费用的问题，《合作协议》明确约定该费用由合资公司（四川某线材有限公司）负责，并非由四川某集团有限公司负责。对于朱某某主张垫付的交通运输物流费、零配件采购费等费用，因上述费用系朱某某为四川某线材有限公司生产经营而垫付，应当由四川某线材有限公司支付。对于四川某线材有限公司应当向朱某某支付的款项，朱某某可向四川某线材有限公司主张。对于朱某某主张的 49% 政府补贴款，因获得政府补贴费用的主体为四川某线材有限公司，朱某某要求四川某集团有限公司支付，没有事实和法律依据。对于朱某某主张返还其投资设备，并称该设备折价金额已超出其应当出资金额的问题，《合作协议》中明确约定朱某某以其原有设备入股，朱某某交付该设备系履行出资义务。同时，《公司法》第三十五条规定："公司成立后，股东不得抽逃出资。"在四川某线材有限公司未解散前，朱某某不得要求返还该设备。

5. 公司设立过程中，发起人应当如何防范法律风险？

一是发起人之间应当签订公司设立协议（发起人协议），有效解决发起人之间的潜在冲突，避免法律风险；二是公司设立时应当缴纳必要的出资，避免公司设立失败的风险，保障公司成立后的经营能力；三是应当展开必要的尽职调查，明确货币出资的来源，完善非货币出资的价值评估程序，在发起人协议或公司设立协议中约定必要的增信措施，防范此类风险的发生。

法律提示：资本充实责任是一种严格责任，不论公司设立时发起人对出资不实这一事实是否知悉或者应否知悉，均需承担连带责任。向公司按期足额缴纳出资是公司股东依法应当履行的出资义务，如虚假出资、未交付或者未按期交付作为出资的货币或者非货币财产，数额巨大、后果严重或者有其他严重情节，可能涉嫌虚假出资犯罪。

相关法律规范：

2023年《公司法》	2018年《公司法》
第五十条 有限责任公司设立时，股东未按照公司章程规定实际缴纳出资，或者实际出资的非货币财产的实际价额显著低于所认缴的出资额的，设立时的其他股东与该股东在出资不足的范围内承担连带责任。 **第九十九条** 发起人不按照其认购的股份缴纳股款，或者作为出资的非货币财产的实际价额显著低于所认购的股份的，其他发起人与该发起人在出资不足的范围内承担连带责任。	**第三十条** 有限责任公司成立后，发现作为设立公司出资的非货币财产的实际价额显著低于公司章程所定价额的，应当由交付该出资的股东补足其差额；公司设立时的其他股东承担连带责任。 **第九十三条** 股份有限公司成立后，发起人未按照公司章程的规定缴足出资的，应当补缴；其他发起人承担连带责任。 股份有限公司成立后，发现作为设立公司出资的非货币财产的实际价额显著低于公司章程所定价额的，应当由交付该出资的发起人补足其差额；其他发起人承担连带责任。

法答网精选问答：

答疑庭室	上海市高级人民法院商事审判庭（破产审判庭）
问题概述	抽逃出资股东承担补充责任后可否向其他抽逃出资股东追偿?
具体内容	有两种观点：其一，抽逃出资股东共享资金利益，故应就还款承担连带责任，按比例承担；其二，抽逃出资股东本身履行的是其应对公司履行的义务，不应向其他股东追偿。
回复内容	抽逃出资股东承担补充责任后不享有按出资比例向其他抽逃股东追偿之权利。履行出资义务系股东向公司负有的法定义务，未经法定程序不得抽回，抽逃出资股东承担补充责任本质上是履行补足出资义务。对于其他股东的责任，抽逃出资股东承担补足出资责任后可督促公司诉请其他抽逃出资股东补足出资，或者向其他股东主张违约责任。
回复时间	2023-07-10

6. 2023 年《公司法》施行后，公司发起人的法律责任有哪些?

公司发起人所承担的法律责任主要包括：一是发起人实施公司设立行为的法律责任，例如，发起人实施设立行为的合同责任、实施设立行为引发的侵权责任、从事民事活动的法律责任、公司未成立的连带法律责任、发起人因履行公司设立职责造成他人损害的连带赔偿责任等；二是对公司设立的资本充实责任，例如，有限责任公司发起人对公司设立时实缴出资的资本充实责任、股份有限公司发起人对其他发起人出资的资本充实责任等。

法律提示： 有限责任公司的资本充实责任，从非货币出资不足扩张至包括货币出资不足在内的所有出资责任，但发起人资本充实连带责任的范围限制在公司设立时其他发起人实缴出资范围内，不包括其他发起人的认缴范围，亦不包括增资情形。

相关法律规范：

2023 年《公司法》	2018 年《公司法》
第四十四条　有限责任公司设立时的股东为设立公司从事的民事活动，其法律后果由公司承受。 　公司未成立的，其法律后果由公司设立时的股东承受；设立时的股东为二人以上的，享有连带债权，承担连带债务。	

续表

2023 年《公司法》	2018 年《公司法》
设立时的股东为设立公司以自己的名义从事民事活动产生的民事责任，第三人有权选择请求公司或者公司设立时的股东承担。 设立时的股东因履行公司设立职责造成他人损害的，公司或者无过错的股东承担赔偿责任后，可以向有过错的股东追偿。	

相关规定
《公司法司法解释（三）》第二条　发起人为设立公司以自己名义对外签订合同，合同相对人请求该发起人承担合同责任的，人民法院应予支持；公司成立后合同相对人请求公司承担合同责任的，人民法院应予支持。 第十三条第三款　股东在公司设立时未履行或者未全面履行出资义务，依照本条第一款或者第二款提起诉讼的原告，请求公司的发起人与被告股东承担连带责任的，人民法院应予支持；公司的发起人承担责任后，可以向被告股东追偿。

法答网精选问答：

答疑庭室	上海市高级人民法院商事审判庭（破产审判庭）
问题概述	公司增资时的股东是否可以适用发起人责任？
具体内容	2023 年《公司法》第五十条规定了公司设立时发起人的责任，第二百二十八条则规定了新增资本的出资依照设立有限责任公司缴纳出资的规定执行。那么，对公司增资时的股东是否可以适用发起人责任？
回复内容	《公司法》之所以规定公司设立时发起人的责任，是因为在公司设立阶段，发起人之间属于合伙关系，发起人之间应负连带责任。此时公司尚不具备独立的法人人格，而发起人因设立公司行为所产生的一切权利义务均归属于将来的公司，在这一过程中，发起人很可能利用其优势地位，谋取不合法的利益，故对发起人规定了较为严苛的责任。当公司成立后，公司取得了独立法人人格，发起人成为公司的股东，受到有限责任的保护。在增资阶段，发起人已不具备公司设立时的特殊权利，增资款项的追缴事宜，依据 2023 年《公司法》的规定应由公司董事会进行催缴，此时仍要求发起人承担资本充实责任过于严苛。因此，公司设立后的增资股东的出资义务不在发起人承担连带责任的范围内。
回复时间	2024-08-21

案例库参考案例

御某公司诉优某公司、昌某公司缔约过失责任纠纷案

2023-01-2-074-001/民事/缔约过失责任纠纷/最高人民法院/2021.07.06/（2020）最高法民再 4 号/再审/入库日期：2024.02.20

【裁判要旨】

项目公司按照合作建设合同的约定依法设立后，独立享有民事权利，承担民事义务。项目公司与合作双方签订三方合作补充协议，系三方合作补充协议的签约主体，在该三方合作补充协议已被人民法院生效判决确定无效的情形下，提起缔约过失责任诉讼，与本案具有直接利害关系，享有诉讼权利，为本案适格原告。

【基本案情】

2010 年，昌某公司以优某公司的行为违反合同约定，且导致合同目的无法实现等为由，诉请解除昌某公司与优某公司签署的《合作建设合同书》《合作补充协议》，以及解除昌某公司、优某公司和第三人御某公司签署的三方《合作建设合同书补充协议》（以下简称三方《合作补充协议》），并要求返还昌某公司的投资款及经济损失。其后，法院判决昌某公司与优某公司签署的《合作建设合同书》《合作补充协议》以及昌某公司、优某公司和第三人御某公司签署的三方《合作补充协议》无效，并判决返还部分投资款及利息损失，驳回昌某公司的其他诉讼请求。同时该判决在"本院认为"部分写明：御某公司是昌某公司、优某公司为合作开发房地产项目的建设而合资设立的，且御某公司为合作项目的建设与第三方签订了一些服务合同，在《合作建设合同书》、双方《合作补充协议》和三方《合作补充协议》无效后，双方应当就御某公司的股权归属、御某公司与第三方签订的服务合同产生的债权债务处理、固定资产分配等事宜进行协商或通过法律途径予以解决，故双方的股金及御某公司管理费用、购置固定资产费用、开办费、招标服务费和支付第三方的合同款项，本案不予涉及。

御某公司遂提起本诉称：御某公司是依据优某公司与昌某公司签订的《合作建设合同书》所设立的项目公司，是将优某公司名下国有土地使用权转让

至项目公司下进行开发。后昌某公司、优某公司、御某公司签订三方《合作补充协议》，就项目公司御某公司支付案涉国有土地使用权出让金的数额和时间、开发建设相关费用、转让手续办理等进行了约定。为履行三方《合作补充协议》项下约定义务，御某公司先后支付了保证金、国有土地出让金、开发建设费用等。现法院生效判决确认上述合同无效，并由优某公司返还昌某公司投资款。但是对于御某公司支付的土地使用权出让金、开发建设等费用未予判决返还，剥夺了御某公司的合法权益。故请求优某公司向御某公司返还御某公司已支付的土地使用权出让金和土地使用权转让定金以及公司开办费、招标服务费、已支付给第三人的合同款项、职工工资、土地增值收益损失等费用，同时昌某公司对优某公司应赔偿数额中的 20% 承担连带责任。

北京市第三中级人民法院认为，御某公司并非合资、合作开发房地产合同关系的一方主体，且御某公司主张的诉讼请求中的部分请求已包含于生效判决认定的损失中，所以御某公司依据合资、合作开发房地产合同关系被确认无效，提起缔约过失责任之诉依据不足。遂于 2017 年 12 月 29 日作出（2016）京 03 民初 121 号民事裁定：驳回御某公司的起诉。御某公司提出上诉。

北京市高级人民法院认为，御某公司并非合资、合作开发房地产合同关系的一方主体，其诉讼请求不具有诉的利益，其起诉法院不应予以支持。遂于 2018 年 12 月 29 日作出（2018）京民终 191 号民事裁定：驳回上诉，维持原裁定。御某公司遂向最高人民法院申请再审。

【裁判理由】

人民法院在立案受理阶段判断原告是否符合 2017 年《民事诉讼法》第一百一十九条规定的"与本案有直接利害关系"时，只需审查原告是否提交了证明其与相对人因民事法律关系引发争议的相关事实依据。本案中，御某公司是三方《合作补充协议》的签约人，依约履行合同义务，故其在该三方《合作补充协议》已被人民法院生效判决确定无效的情形下，提起本案缔约过失责任诉讼，与本案具有直接利害关系，符合 2017 年《民事诉讼法》第一百一十九条规定的原告起诉条件。虽然御某公司是昌某公司与优某公司为履行双方间合资、合作开发房地产合同关系而设立的，《合作建设合同书》包含有关设立御某公司的内容，但设立协议并不是我国《公司法》规定的公司成立的必要条件，只要公司符合法定条件且依法成立，设立协议就不再对公司产生约束力。御某公司在签订三方《合作补充协议》时已依法成立，不受《合作建设合同书》及双方《合作补充协议》的影响而独立享有民事权利和承担民事义务，其就三方《合作补充协议》被确认无效而遭受的损失理应享有诉讼权利。至于御某公司诉讼请求是否具有事实及法律依据、能否得到全部或部分支持，均属于实体审查的范畴，有待于实体审理后依法作出裁判。原审裁定认定御某公司不具备原告主体资格、不具有诉的利益，适用法律错误，法院予以纠正。

经原审法院查明，御某公司主张的第一项关于返还土地使用权出让金和土地使用权转让定金的诉讼请求已包含于生效判决认定的损失之中，该生效判决已对土地使用权出让金和土地使用权转让定金的归属进行了实质审查，并判令由优某公司返还昌某公司该笔款项。故御某公司基于同一事实和相同法律关系提出的第一项诉请，实质上否定了前诉的裁判结果，应认定为重复诉讼，原审裁定驳回御某公司该项诉请，处理结果正确。

综上所述，最高人民法院于2021年7月6日作出（2020）最高法民再4号民事裁定：撤销北京市高级人民法院（2018）京民终191号民事裁定及北京市第三中级人民法院（2016）京03民初121号民事裁定。同时驳回御某公司第一项诉讼请求的起诉；指令北京市第三中级人民法院对本案其他起诉进行审理。

7. 因公司设立产生纠纷，应向哪家法院起诉？

若公司设立成功，由公司住所地人民法院管辖。公司住所地是指主要办事机构所在地，应据实在公司登记机关办理登记公示。公司主要办事机构所在地发生变更的，需及时在登记机关办理变更登记。在无证据证明公司主要办事机构所在地与其登记的住所地不同的情况下，应当根据登记的住所地确定案件管辖法院。若公司在设立过程中或设立失败，不存在公司住所地的概念，应根据具体纠纷类型按照一般地域管辖规则确定案件的管辖法院。如因设立协议、发起人对外签订合同产生纠纷，按照合同纠纷确定管辖法院。发起人履行设立职责造成他人损害的，则按照侵权纠纷确定管辖法院。在不违反级别管辖和专属管辖的情形下，合同纠纷和其他财产权益纠纷可由当事人约定管辖。

法律提示：预先约定管辖法院可有效减少诉讼成本。公司成立后，住所地发生变更的，应当及时在登记机关办理变更登记，避免发生纠纷时管辖法院所在地与实际住所地之间距离较远，增加不必要的诉讼成本。

相关法律规范：

相关规定
《民事诉讼法》 　　**第二十四条**　因合同纠纷提起的诉讼，由被告住所地或者合同履行地人民法院管辖。 　　**第二十七条**　因公司设立、确认股东资格、分配利润、解散等纠纷提起的诉讼，由公司住所地人民法院管辖。 　　**第二十九条**　因侵权行为提起的诉讼，由侵权行为地或者被告住所地人民法院管辖。 　　**第三十五条**　合同或者其他财产权益纠纷的当事人可以书面协议选择被告住所地、合同履行地、合同签订地、原告住所地、标的物所在地等与争议有实际联系的地点的人民法院管辖，但不得违反本法对级别管辖和专属管辖的规定。

案例库参考案例

曲某诉某林木业开发公司林业承包合同纠纷案

2024-01-2-132-002/ 民事 / 林业承包合同纠纷 / 最高人民法院 /2022.03.30/（2022）最高法民辖 52 号 / 其他 / 入库日期：2024.02.25

【裁判要旨】

法人或者其他组织的住所地是指法人或者其他组织的主要办事机构所在地。公司登记机关登记的公司住所地发生变更的，应当在迁入新住所地前申请变更登记。在无证据证明公司主要办事机构所在地与其登记的住所地不同的情况下，应当根据登记的住所地确定案件管辖法院。

【基本案情】

曲某诉称：2007 年 12 月 12 日，曲某与某林木业开发公司签订林木所有权及林地使用权转让合同，同时双方又签订一份林木管护合同。曲某按合同约定向某林木业开发公司支付管护费 15000 元，但某林木业开发公司一直未按合同约定将合同项下的林木转让给曲某，曲某遂向内蒙古自治区扎赉特旗人民法院提起诉讼。某林木业开发公司提出管辖权异议，认为虽然其工商注册地址为扎赉特旗，但其主要人员及办公住所地均位于辽宁省新民市高台子乡某村，故本案应由辽宁省新民市人民法院管辖。

内蒙古自治区扎赉特旗人民法院作出（2020）内 2223 民初 2543 号民事裁定，将案件移送辽宁省新民市人民法院处理。曲某不服该裁定，向内蒙古自治区兴安盟中级人民法院提起上诉。内蒙古自治区兴安盟中级人民法院作出（2020）内 22 民辖终 26 号民事裁定：驳回上诉，维持原裁定。

辽宁省新民市人民法院审查后认为移送不当，遂层报辽宁省高级人民法院。辽宁省高级人民法院经与内蒙古自治区高级人民法院协商未果，报请最高人民法院指定管辖。最高人民法院于 2022 年 3 月 30 日作出（2022）最高法民辖 52 号民事裁定：本案由内蒙古自治区扎赉特旗人民法院审理。

【裁判理由】

法院生效裁判认为：《最高人民法院关于适用〈中华人民共和国民事诉讼法〉的解释》第三条规定，法人或者其他组织的住所地是指法人或者其他组织的主要办事机构所在地。根据本案起诉时有效的《公司登记管理条例》的规定，公司的登记事项包括住所，经公司登记机关登记的公司住所只能有一个，公司变更住所的，应当申请变更登记。本案中，曲某与某林木业开发公司签订的林木管护合同约定，发生争议由某林木业开发公司所在地人民法院管辖。某林木业开发公司登记的住所地在内蒙古自治区兴安盟扎赉特旗，但主张其主要办事机构在辽宁省新民市。由于某林木业开发公司未提供证据证明，故不能认定其住所地发生变更。内蒙古自治区扎赉特旗人民法院作为某林木业开发公司住所地法院，对本案具有管辖权。

二、公司的登记与公示

8. 2023 年《公司法》施行后，公司登记事项应当包括哪些内容？

公司登记事项是公司必须向公司登记机关和社会提供的基本信息，是公司登记制度中的核心内容，包括名称、住所、注册资本、经营范围、法定代表人姓名、有限责任公司股东、股份有限公司发起人的姓名或者名称等。登记事项发生变更时，应当依法办理变更登记。公司登记机关应当将上述登记内容通过国家企业信用信息公示系统向社会公示。

法律提示：有限责任公司需登记全体股东，股份有限公司仅需登记发起人的姓名或名称。公司登记事项未经登记或者未经变更登记的，不得对抗善意相对人。

相关法律规范：

2023 年《公司法》	2018 年《公司法》
第三十二条　公司登记事项包括： （一）名称； （二）住所； （三）注册资本； （四）经营范围； （五）法定代表人的姓名； （六）有限责任公司股东、股份有限公司发起人的姓名或者名称。 　　公司登记机关应当将前款规定的公司登记事项通过国家企业信用信息公示系统向社会公示。 　　**第三十四条**　公司登记事项发生变更的，应当依法办理变更登记。 　　公司登记事项未经登记或者未经变更登记，不得对抗善意相对人。	**第三十二条第三款**　公司应当将股东的姓名或者名称向公司登记机关登记；登记事项发生变更的，应当办理变更登记。未经登记或者变更登记的，不得对抗第三人。
相关规定	
《市场主体登记管理条例》第八条　市场主体的一般登记事项包括： （一）名称； （二）主体类型； （三）经营范围； （四）住所或者主要经营场所； （五）注册资本或者出资额； （六）法定代表人、执行事务合伙人或者负责人姓名……	

案例库参考案例

安徽某汽车销售服务有限公司诉蒙城县市场监督管理局工商登记案

2024-12-3-006-006/ 行政 / 行政登记 / 蒙城县人民法院 /2021.09.01/（2021）皖 1622 行初 32 号 / 一审 / 入库日期：2024.07.09

【裁判要旨】

行政机关设定和实施行政许可，应当依照法定的权限、范围、条件和程序，不得随意增设条件。根据《公司登记管理条例》的规定，申请设立公司应当提交的公司住所证明是指能够证明公司对其住所享有使用权的文件，并由公司登记机关依法对材料的真实性进行审核。至于该住所是否符合从事特定经营活动的要求，不属于公司登记机关在设立登记时应当审查的内容。公司登记机关以申请人未能提交住所符合从事特定经营活动要求的材料为由不予登记的，属于增设许可条件，依法应予撤销。

【基本案情】

2021 年 4 月 1 日，安徽某汽车销售服务有限公司（以下简称安徽某汽车销售公司）向安徽省蒙城县市场监督管理局申请设立蒙城县某机动车检测服务有限公司（以下简称蒙城某机动车检测公司），同日，蒙城县市场监督管理局出具了受理通知书。该局受理后进行调查核实，认为申请材料中拟设立公司住所使用的土地不符合土地管理法的规定，于 2021 年 4 月 8 日向安徽某汽车销售公司送达了行政许可申请材料补正通知书，通知安徽某汽车销售公司补充提交拟设立登记的蒙城某机动车检测公司使用经营的土地和规划证明材料。2021 年 4 月 15 日，蒙城县市场监督管理局认为安徽某汽车销售公司没有提供上述材料，违反《公司登记管理条例》（2016 年修订，下同）第十条的规定，遂根据该条例第五十三条第二款作出（蒙市监）登记内驳字〔2021〕第 0415-01 号登记驳回通知书，对安徽某汽车销售公司申请设立蒙城某机动车检测公司，不予登记。安徽某汽车销售公司不服，向蒙城县人民法院提起行政诉讼，请求撤销上述不予登记。安徽省蒙城县人民法院于 2021 年 9 月 1 日作出（2021）皖 1622 行初 32 号行政判决：一、撤销蒙城县市场监督管理局 2021 年 4 月 15 日作出的（蒙市监）登记内驳字〔2021〕第 0415-01 号登记驳回通知书；二、责令蒙城县市场监督管理局于本判决生效之日起三十个工作日内对安徽某汽车销售公司的申请重新作出决定。宣判后，原告、被告未提出上诉，判决已发生法律效力。

【裁判理由】

法院生效裁判认为：根据《公司法》（2018 年修正）、《公司登记管理条例》的相关规定，蒙城县市场监督管理局作为工商行政管理部门，具有对本辖区内的公司设立登记申请进行审查并决定是否准予登记的法定职责。《公司登记管理条例》第二十条第二款第八项规定，申请设立有限责任公司，应当向公司登记机关提交公司住所证明。本案中，安徽某汽车销售公司申请材料齐全，符合法定形式。蒙城县市场监督管理局认为该公司未提交土地和规划证明材料，不能证明拟设立公司的住所能够从事机动车检测，对该公司申请设立登记蒙城某机动车检测公司决定不予登记，没有事实和法律依据。综上所述，蒙城县市场监督管理局作出的（蒙市监）登记内驳字〔2021〕第0415-01号登记驳回通知书依法应予撤销。故法院依法作出如上裁判。

9. 公司应当通过国家企业信用信息公示系统公示的内容有哪些?

有限责任公司股东认缴和实缴的出资额、出资方式和出资日期，股份有限公司发起人认购的股份数；有限责任公司股东，股份有限公司发起人的股权、股份变更信息；公司的行政许可的取得、变更、注销等信息；法律、行政法规规定的其他信息等，均应当在确保真实、准确、完整的情况下予以公示。

法律提示： 根据《企业信息公示暂行条例》的要求，企业应当在相关信息形成之日起二十个工作日内通过国家企业信用信息公示系统向社会公示，不能延迟至下一年公示年度报告时再公示。公司未依法公示有关信息或者不如实公示的，由公司登记机关责令改正，并根据情节轻重对公司及其直接负责的主管人员和其他直接责任人员处以罚款。

相关法律规范：

2023年《公司法》	2018年《公司法》
第四十条 公司应当按照规定通过国家企业信用信息公示系统公示下列事项： （一）有限责任公司股东认缴和实缴的出资额、出资方式和出资日期，股份有限公司发起人认购的股份数； （二）有限责任公司股东、股份有限公司发起人的股权、股份变更信息； （三）行政许可取得、变更、注销等信息； （四）法律、行政法规规定的其他信息。 公司应当确保前款公示信息真实、准确、完整。	

续表

相关规定
《企业信息公示暂行条例》 　　**第十条**　企业应当自下列信息形成之日起 20 个工作日内通过国家企业信用信息公示系统向社会公示： 　　（一）有限责任公司股东或者股份有限公司发起人认缴和实缴的出资额、出资时间、出资方式等信息； 　　（二）有限责任公司股东股权转让等股权变更信息； 　　（三）行政许可取得、变更、延续信息； 　　（四）知识产权出质登记信息； 　　（五）受到行政处罚的信息； 　　（六）其他依法应当公示的信息。 　　市场监督管理部门发现企业未依照前款规定履行公示义务的，应当责令其限期履行。

案例库参考案例

某医疗股份有限公司、荆某某、陈某某等股权转让执行纠纷执行复议案

2023-17-5-202-022/ 执行 / 执行复议案件 / 最高人民法院 /2021.03.27/（2021）最高法执复 19 号 / 执行 / 入库日期：2024.02.26

【裁判要旨】

在执行股权过程中，对股份有限公司发起人股东持股情况的查明，应以置备于该公司的股东名册载明内容为准。根据《公司法》《公司登记管理条例》等相关法律规定，股份有限公司发起人股东持股情况并非公司登记事项，发起人股东持股比例发生变更时也无须向登记机关办理变更登记。根据 2023 年《公司法》规定，股份有限公司发起人的股份变更，公司应当通过国家企业信用信息公示系统公示。2023 年《公司法》生效之后，审查发起人股东持股情况可以该系统公示信息为准。

【基本案情】

湖南省高级人民法院（以下简称湖南高院）在执行荆某某与陈某某、某农业食品股份有限公司股权转让纠纷一案中，向某医疗股份有限公司送达协助执行通知书，冻结陈某某在该公司所持有的30%股权及上述股权所产生的股息、红利等。某医疗股份有限公司以陈某某系代持股，其本人实际持股不到30%，协助事项超

出其协助范围为由，请求暂缓本案执行并解除冻结协助执行通知书所载内容。

湖南高院认为，根据某医疗股份有限公司工商登记信息，湖南高院于2018年向湖南省怀化市工商行政管理局和某医疗股份有限公司发出协助执行通知书时，案涉股权登记在陈某某名下，某医疗股份有限公司的主张缺乏充分有效证据予以证明。故于2020年10月28日作出（2020）湘执异25号执行裁定，裁定驳回某医疗股份有限公司的异议请求。某医疗股份有限公司不服，向最高人民法院申请复议。最高人民法院于2021年3月27作出（2021）最高法执复19号执行裁定，裁定撤销湖南高院（2020）湘执异25号执行裁定，发回湖南高院重新审查。

【裁判理由】

最高人民法院审查查明，某医疗股份有限公司为非上市股份有限公司，陈某某为该公司发起人之一。某医疗股份有限公司提交的《某医疗股份有限公司股本金明细表2018年》显示，陈某某本人持股比例为7.7%，代孙某持股0.48%，合计持股8.18%。湖南高院未查询某医疗股份有限公司的股东名册以确认陈某某的持股情况。

法院生效裁判认为，本案的焦点问题为：湖南高院要求某医疗股份有限公司协助冻结陈某某在其公司持有的30%股权是否具有充分依据。具体分析如下：《公司登记管理条例》（2016年修订）第九条规定："公司的登记事项包括：……（八）有限责任公司股东或者股份有限公司发起人的姓名或者名称。"根据上述规定，股份有限公司发起人的姓名或者名称属于公司的登记事项，但发起人持股情况并非公司登记事项，发起人持股比例发生变更时也无须向登记机关办理变更登记。《公司法》（2018年修正）第九十六条规定，股份有限公司应当将公司章程、股东名册、公司债券存根、股东大会会议记录、董事会会议记录、监事会会议记录、财务会计报告置备于本公司。第一百二十九条第二款规定，公司向发起人、法人发行的股票，应当为记名股票，并应当记载该发起人、法人的名称或者姓名，不得另立户名或者以代表人姓名记名。第一百三十九条第一款规定，记名股票，由股东以背书方式或者法律、行政法规规定的其他方式转让；转让后由公司将受让人的姓名或者名称及住所记载于股东名册。根据前述规定，股份有限公司发起人股东转让股份，应自其持有的记名股票载于股东名册时发生效力。目前法律法规并未明确规定股份有限公司发起人股东持有股份的信息公示途径及对抗效力等内容，对股东持股情况的查明，应以置备于该公司的股东名册为准。本案中，湖南高院未查阅某医疗股份有限公司股东名册，未确认陈某某在某医疗股份有限公司的持股比例，仅以工商登记显示的发起人信息作为陈某某现有持股情况，要求某医疗股份有限公司予以协助，认定事实不清，证据不足，应予纠正。

10. 公司虚假登记，应承担何种法律后果？

申请公司登记的相关材料应当真实、合法、有效，这是申请人最重要的义务之一，其重要意义在于保障公司登记的有效性和保证登记机关有效实施登记管理、保障社会秩序和公共利益。在公司登记时，申请人提交的材料存在代签名，冒用身份、地址等虚假情形，严重破坏登记管理秩序，侵害第三人、债权人利益，公司除可能被撤销登记外，还可能面临行政处罚。

法律提示：公司在登记过程中需注意严格按照相关规定申请，避免出现虚报注册资本、提供虚假材料、假冒签字等情形。公司股东应高度重视 2023 年《公司法》及配套法规规章和公司章程，理性安排注册资本，依法履行出资义务，防范出资责任风险；公司高级管理人员应严格按照法律法规及公司章程的规定规范履职，履行相关义务，促进公司健康发展。

相关法律规范：

2023 年《公司法》	2018 年《公司法》
第三十九条　虚报注册资本、提交虚假材料或者采取其他欺诈手段隐瞒重要事实取得公司设立登记的，公司登记机关应当依照法律、行政法规的规定予以撤销。 　　**第二百五十条**　违反本法规定，虚报注册资本、提交虚假材料或者采取其他欺诈手段隐瞒重要事实取得公司登记的，由公司登记机关责令改正，对虚报注册资本的公司，处以虚报注册资本金额百分之五以上百分之十五以下的罚款；对提交虚假材料或者采取其他欺诈手段隐瞒重要事实的公司，处以五万元以上二百万元以下的罚款；情节严重的，吊销营业执照；对直接负责的主管人员和其他直接责任人员处以三万元以上三十万元以下的罚款。	**第一百九十八条**　违反本法规定，虚报注册资本、提交虚假材料或者采取其他欺诈手段隐瞒重要事实取得公司登记的，由公司登记机关责令改正，对虚报注册资本的公司，处以虚报注册资本金额百分之五以上百分之十五以下的罚款；对提交虚假材料或者采取其他欺诈手段隐瞒重要事实的公司，处以五万元以上五十万元以下的罚款；情节严重的，撤销公司登记或者吊销营业执照。

续表

相关规定
《市场主体登记管理条例》第四十条第二款 　登记机关受理申请后，应当及时开展调查。经调查认定存在虚假市场主体登记情形的，登记机关应当撤销市场主体登记…… 　　**第四十四条** 　提交虚假材料或者采取其他欺诈手段隐瞒重要事实取得市场主体登记的，由登记机关责令改正，没收违法所得，并处 5 万元以上 20 万元以下的罚款；情节严重的，处 20 万元以上 100 万元以下的罚款，吊销营业执照。

典型案例

秦某娟诉某县市场监督管理局工商行政登记案

安徽省芜湖市中级人民法院（2017）皖 02 行终 70 号

【裁判要旨】

对因申请人冒用他人身份信息，隐瞒有关情况或者提供虚假材料导致工商登记错误的，主管登记的行政机关应当在行政诉讼中依法予以更正。对拒不自行更正的，法院应当对侵犯公民合法权益的行政行为判决撤销或者部分撤销。

【基本案情】

原告秦某娟诉称：2014 年 3 月，第三人等人伪造其签名，登记成立安徽朝某投资管理有限公司（以下简称朝某投资公司）。被告在进行公司设立登记时，未尽审查义务，在原告未到场，也未审核原告签名是否属实的情况下，就将原告登记为朝某投资公司的股东。2016 年 8 月，第三人又伪造原告的签名进行了公司股份转让。2016 年 11 月，在财产申报过程中，原告工作单位告知其有隐瞒公司股权未如实申报的情形，原告通过了解，才发现了上述情况。原告要求被告与第三人撤销错误登记行为未果，故起诉至法院，要求撤销被告在朝某投资公司设立登记时将原告登记为公司股东的工商登记；判令第三人赔偿各项损失 43568 元；本案诉讼费由被告承担。

被告某县市场监督管理局辩称：被告对公司的注册登记审查只是形式上的，因而原告应首先解决股东资格问题，而不应直接要求撤销公司登记行为。故请求驳回原告的诉讼请求。

第三人汪某霞述称：第三人与原告在 2014 年 6 月前曾为同一单位同事。

第三人为家人拟设立投资公司，遂向原告借用居民身份证办理登记公司事项，原告同意后，将其居民身份证交给第三人。第三人随后委托振某会计师事务所代为办理了朝某投资公司的公司注册登记。原告实际为公司股权代持人。原告提供的损失赔偿依据不客观，不能得到法律的支持。故请求法院驳回原告的诉讼请求，将其代持的朝某投资公司的30%股份予以归还。

法院经审理查明：2014年3月初，第三人委托芜湖永某投资策划管理咨询有限公司（以下简称永某咨询公司）代办公司注册，永某咨询公司接受委托后指定宋某经办。2014年3月3日，第三人向宋某递交了由三名股东签名的《企业名称预先核准申请书》。2014年3月5日，企业名称预先核准为朝某投资公司，投资人为张某英、张某燕、原告三人，张某英持股40%、张某燕持股30%、原告持股30%，认缴出资额为100万元。宋某根据第三人提供的三名股东的居民身份证复印件草拟了公司注册登记相关材料交给第三人进行股东签名，宋某并未通知三名股东当面签名。随后，第三人将三名股东签好名的《指定代表或者共同委托代理人授权委托书》《公司登记（备案）申请书》《股东会决议》《朝某投资公司章程》《确认书》等材料文书交给宋某，由宋某代办了朝某投资公司的公司注册登记事项，朝某投资公司于2014年3月13日设立。2016年8月17日，朝某投资公司委托第三人向被告申请办理股东变更手续，将股东张某燕的公司股份转让给第三人。第三人将《股东会决议》《朝某投资公司章程修正案》等申请文书交被告审查，第三人认可其中原告的签名由自己代签。被告经审查办理了股东变更手续并备案。2016年11月，原告在财产申报过程中，工作单位通知其有隐瞒公司股权未如实申报的情形。经了解，原告发现自己被朝某投资公司登记为公司股东。原告要求被告与第三人撤销错误登记行为未果，2016年11月7日，原告以身份信息被人冒用为由向公安机关报警，某县公安局刑事侦查大队于2016年11月16日出具了《关于秦某娟身份信息被人冒用一案的回复》证明：第三人汪某霞利用张某英、张某燕、秦某娟等三人身份证复印件并在该三人不在场的情况下通过代理人注册了朝某投资公司。注册时公司申请材料上的股东签名既不是注册股东本人签名也不是注册股东授权的人签名。在朝某投资公司的经营活动中，注册股东没有实际进行出资，没有参与实际经营活动，也没有参与分红，该公司的一切行为与注册股东无关。

【裁判理由】

法院认为：根据法律规定，申请公司登记，申请人应当对申请文件与材料的真实性负责。进行公司设立登记时应当申请名称预先核准。申请名称预先核准，应当提交公司全体股东签署的公司名称预先核准申请书、全体股东共同委托代理人的证明等文书。申请设立有限责任公司，应当向公司登记机关提交全体股东签署的共同委托代理人的证明、公司章程、股东会决议、公司居所证明等文书。第三人作为朝某投资公司设立登记的代理人，应当对申请文件与材料的真实性负责。第三人再委托中介机构代为办理公司设立登记不能免除其对申请文件与材料真实性负责的责任。经公安机关前期调查，证明第三人利用张某英、张某燕、原告秦某娟等三人身份证复印件并在该三人不在场的情况下通过代理人注册了朝某投资公司。注册时公司申请材料上股东签名既不是原告本人签名也不是原告授权的人签名。在朝某投资公司的经营活动中，原告没有实际进行出资，没有参与实际经营活动，也没有参与分红，该公司的一切行为与原告无关。在后期公司股东变更登记时，第三人又冒用原告的签名办理了变更登记。第三人辩称其是在得到原告同意并在原告将其身份证交给第三人的情况下进行的注册登记。首先，原告对此予以否认，第三人没有相应的证据进行佐证。其次，公司设立登记注册以股东在申请书及必备文书材料上签名确认为准，是否交付身份证不影响案件事实认定。故对第三人的辩称不予支持。第三人应对提供虚假材料进行公司登记注册行为负相应的法律责任。被告作为主管公司登记注册的行政机关，对申请人隐瞒有关情况或者提供虚假材料导致登记错误的，可以在诉讼中依法予以更正。登记机关拒不更正的，人民法院可以根据具体情况判决撤销登记行为，故对原告要求撤销被告在朝某投资公司设立登记中将其登记为公司股东的诉讼请求予以支持。

11. 冒名登记和借名登记如何区分，应当承担何种法律后果？

冒名股东与借名股东虽然只有一字之差，但性质完全不同，冒名股东对外无须承担股东责任，而借名股东基于商事外观主义原则对外须承担股东责任，因此对于冒名登记和借名登记的准确区分十分必要。冒名登记与借名登记最大的区别在于是否可以推定为知情且同意。

法律提示：对于公司债权人而言，公司股东以冒名为由逃脱出资责任时，应注重搜集冒名者与该股东之间的利益关系或亲属关系，以及该股东与公司之间的交易往来，以证明该股东对于工商登记系知情。对于被冒名的股东而言，应注意保管好自身的身份资料防止被冒用，发现被冒名后应第一时间采取报警、起诉等方式更正相关登记，避免因怠于维权被公司债权人起诉，在诉讼中处于被动地位。

相关法律规范：

相关规定
《公司法司法解释（三）》第二十六条　公司债权人以登记于公司登记机关的股东未履行出资义务为由，请求其对公司债务不能清偿的部分在未出资本息范围内承担补充赔偿责任，股东以其仅为名义股东而非实际出资人为由进行抗辩的，人民法院不予支持。 　　名义股东根据前款规定承担赔偿责任后，向实际出资人追偿的，人民法院应予支持。 　　第二十八条　冒用他人名义出资并将该他人作为股东在公司登记机关登记的，冒名登记行为人应当承担相应责任；公司、其他股东或者公司债权人以未履行出资义务为由，请求被冒名登记为股东的承担补足出资责任或者对公司债务不能清偿部分的赔偿责任的，人民法院不予支持。 　　《全国法院民商事审判工作会议纪要》（以下简称《九民会议纪要》）第28条　实际出资人能够提供证据证明有限责任公司过半数的其他股东知道其实际出资的事实，且对其实际行使股东权利未曾提出异议的，对实际出资人提出的登记为公司股东的请求，人民法院依法予以支持。公司以实际出资人的请求不符合公司法司法解释（三）第24条的规定为由抗辩的，人民法院不予支持。

▰ 案例库参考案例

叶某诉江苏某工程有限公司、第三人纪某等股东资格确认纠纷案

2024-08-2-262-001/ 民事 / 股东资格确认纠纷 / 江苏省无锡市中级人民法院 /2020.11.10/（2020）苏 02 民终 4197 号 / 二审 / 入库日期：2024.02.24

【裁判要旨】

1. 冒名股东与借名股东性质完全不同，虽然两者都不实际行使股东权利，但后者对于其名义被借用是明知或应知的，前者却根本不知其名义被冒用，完全没有成为公司股东的意思表示，故在对外法律关系上，两者的法律后果截然不同。借名股东遵循的是商事法的外观主义原则和公示公信原则，需对外承担股东责任；而对于冒名股东而言，由于其系在不知情的情况下形成了所谓的股

东外观,该外观系侵权行为所致,故应适用民法意思表示的原则,被冒名者不应被视为法律上的股东,不应对外承担股东责任。作为股东资格的反向确认,冒名股东的确认旨在推翻登记的公示推定效力,进而免除登记股东补足出资责任及对公司债务不能清偿部分的赔偿责任。因此,对主张被冒名者应适用较为严格的证明标准,以防止其滥用诉权规避其本应承担的法律责任。

2. 区分冒名股东与借名股东的关键在于当事人对于被登记为公司股东是否知情。由于公司在设立时并不严格要求投资人必须到场,代签可以在被代签者明知或者默认的情形下发生,故被"代签名"并不等同于被"盗用"或"盗用身份"签名,因此,仅凭工商登记材料中的签字并非登记股东亲自签署,并不能得出其系冒名股东的结论,即不能仅将工商登记材料中的签名情况作为唯一判定标准,而应考量冒名者持有其身份材料是否有合理解释、其与冒名者之间是否存在利益牵连等因素,作出综合认定。

【基本案情】

2004 年 6 月 28 日,江苏某工程有限公司(以下简称工程公司)成立,注册资本为 1000 万元,工商登记载明股东为纪某(占股 90%)、叶某(占股 10%),纪某担任公司执行董事兼总经理,叶某担任监事。2019 年 8 月,第三人某某公司诉至法院,要求纪某在抽逃出资 900 万元本息范围内对(2011)盱商初字第 ×××号民事判决书确认的工程公司欠付某某公司的债务承担赔偿责任;叶某在抽逃出资 100 万元本息范围内对(2011)盱商初字第 ×××号民事判决书确认的工程公司欠付某某公司的债务承担赔偿责任。叶某在收到上述案件开庭传票后另行提起本案诉讼,请求确认其不是工程公司的股东。

原告叶某诉称:第三人纪某在未经其同意的情况下冒用其名义将其登记为工程公司的股东,其对此不知情,也从未参与工程公司的登记注册、经营管理、分红等事宜,故其不是工程公司的股东。故请求判令:(1)确认其不是工程公司的股东;(2)工程公司承担本案的诉讼费用。

被告工程公司辩称:对叶某主张的诉讼请求无异议,叶某不是公司股东。

第三人纪某述称:其在叶某不知情的情况下借用叶某的身份证办理工商登记,叶某不是工程公司的股东。第三人某某公司述称:叶某与纪某关系密切,足以说明叶某同意纪某将叶某登记为工程公司的股东,构成借名登记,叶某是工程公司的名义股东。

经叶某申请，法院委托鉴定机构对工程公司设立登记时的出资协议书、公司章程、股东会决议中"叶某"的签名笔迹进行鉴定。经鉴定，上述材料中"叶某"笔迹均非叶某本人书写。

庭审中，某某公司提供工程公司2004年、2005年、2006年的年检材料，年检材料中均附有"叶某"签名笔迹的身份证复印件。对此，纪某陈述称，身份证复印件是叶某找工作和驾照证年审时给其的，其中2004年因为公司要年检，要叶某签字，所以其就和叶某说了，让叶某签了字；2005年、2006年的年检材料上的"叶某"均是由工程公司的会计王某签的。叶某解释称，2004年年检材料的身份证复印件是其交给纪某的，但目的是请纪某帮其找工作，签名是其本人所签；2005年年检材料的身份证复印件不是其交给纪某的，应该是纪某复印的，签名也不是其本人所签；2006年年检材料的新的二代身份证复印件是其交给纪某的，但目的是用于驾驶证年审，签名也不是其本人所签。

另查明，位于无锡市某庄园1区×××号房屋（以下简称案涉房屋）登记在叶某名下。2014年5月，纪某与某装饰公司签订工程承包合同，约定由某装饰公司承包案涉房屋的装修工程，纪某于合同签订当日向某装饰公司支付装修工程款20万元。关于为何会支付案涉房屋的装修工程款，纪某解释称其曾向叶某父亲借过很多钱，出于还债的心理帮叶某装修。

再查明，某汽车附件公司的工商登记载明纪某担任该公司董事长，叶某担任副总经理。法院在执行（2019）苏0213执恢×××号一案中，曾拍卖一处营业房，该营业房的登记簿载明标的所有人为纪某、叶某。

江苏省无锡市梁溪区人民法院于2020年8月17日作出（2019）苏0213民初12203号民事判决：驳回叶某的诉讼请求。宣判后，叶某、工程公司提出上诉。江苏省无锡市中级人民法院于2020年11月10日作出（2020）苏02民终4197号民事判决：驳回上诉，维持原判。

【裁判理由】

法院生效裁判认为，本案的争议焦点为叶某是否被冒名成为工程公司的股东。所谓冒名股东，是指被他人冒用或者盗用名义出资登记为公司股东的股东。被冒名者没有出资设立公司、参与经营管理、分享利润和承担风险的意思表示，也无为自己或者他人与公司其他股东设立公司的合意，且根本不知其名义被冒用，被冒名者不应视为法律上的股东。冒名登记不同于借名登记，借名登记表现为借用他人名义登记成为公司股东，并由借名人实际行使股东权利，被借名人并不行使股东权利。借名登记与冒名登记的根本区别之处在于对方是否知情并同意，如果对方不知情则为冒名登记行为，如果对方知情并同意则为借名登记行为。在对外法律关系中，由于被借名人登记为公司股东，依据公司法外观主义原则与公示原则，为保护无过错的公司债权人及公司其他股东，被借名人仍应承担相应的股东责任。根据《最高人民法院关于民事诉讼证据的若干规定》（2019 年修正）第九条的规定，当事人作出自认后，就要受到该自认的约束。只有在经对方当事人同意或自认是在受胁迫或者重大误解情况下作出的，才准许当事人撤销自认。纪某一审中陈述，"2004 年因为公司要年检，要叶某签字，所以我就和叶某说了，让叶某签了字"。二审中，纪某改变其自认，称其是和会计王某说了，让王某签的字。某某公司不同意纪某撤销自认，纪某也不是在受胁迫或者重大误解情况下作出的上述自认。故纪某应受一审中自认的约束。根据纪某的该陈述，叶某知道其是工程公司的股东，也并不反对其成为工程公司的股东。叶某不是被冒名成为工程公司的股东。经司法鉴定，工程公司设立时的相关文件上"叶某"的签名不是其本人所签，但对外不能据此即否定叶某为工程公司的股东。此外，叶某与纪某有共有房屋，纪某以自己的义务为登记在叶某名下的房屋进行装修并支出费用等，可以认定纪某与叶某关系密切，叶某称其对被登记为工程公司股东始终不知情，不足以令人采信。故叶某仅能认定为被借名成为工程公司股东，对外应承担股东的相应责任。对于叶某的诉讼请求，法院不予支持。

12. 担任公司的法定代表人需要满足哪些条件？

公司的法定代表人在公司中的地位特别重要，其对外以公司名义从事民事活动通常都对公司产生效力，因此任命法定代表人特别关键，担任公司法定代表人的资格标准也比较严格。2023 年《公司法》明确了法定代表人由执行公司事务的董事或经理担任，同时，《市场主体登记管理条例》规定：担任破产清算公司、非公司企业法人的法定代表人、董事或厂长、经理，对破产负有个人责任，自破产清算之日起未逾三年，担任因违法被吊销营业执照、责令关闭的公司、非公司企业法人的法定代表人，并负有个人责任，自被吊销营业执照之日起未逾三年，个人所负数额较大的债务到期未清偿等情形，不能担任法定代表人。

法律提示： 选任公司法定代表人时应注意法定代表人需要满足的条件以及排除任职的条件，否则市场管理机关可能会不予准许登记，即使准予登记亦存在撤销或变更登记的风险。同时，担任法定代表人意味着需要履行相应义务，承担相关法律责任，没有实质参与公司经营管理的情况下，不建议担任公司法定代表人。

相关法律规范：

2023 年《公司法》	2018 年《公司法》
第十条第一款 公司的法定代表人按照公司章程的规定，由代表公司执行公司事务的董事或者经理担任。	**第十三条** 公司法定代表人依照公司章程的规定，由董事长、执行董事或者经理担任，并依法登记。公司法定代表人变更，应当办理变更登记。

相关规定
《**市场主体登记管理条例**》**第十二条** 有下列情形之一的，不得担任公司、非公司企业法人的法定代表人： （一）无民事行为能力或者限制民事行为能力； （二）因贪污、贿赂、侵占财产、挪用财产或者破坏社会主义市场经济秩序被判处刑罚，执行期满未逾 5 年，或者因犯罪被剥夺政治权利，执行期满未逾 5 年； （三）担任破产清算的公司、非公司企业法人的法定代表人、董事或者厂长、经理，对破产负有个人责任的，自破产清算完结之日起未逾 3 年； （四）担任因违法被吊销营业执照、责令关闭的公司、非公司企业法人的法定代表人，并负有个人责任的，自被吊销营业执照之日起未逾 3 年； （五）个人所负数额较大的债务到期未清偿； （六）法律、行政法规规定的其他情形。

案例库参考案例

盛某新诉上海市金山区市场监督管理局行政登记案

2023-12-3-006-001/ 行政 / 行政登记 / 上海市第一中级人民法院 /2022.04.28/（2022）沪 01 行终 95 号 / 二审 / 入库日期：2024.02.20

【裁判要旨】

市场管理机关在作出登记行为时，不仅要对申请材料进行形式审查，更要对材料是否符合登记条件尽到依法全面审查义务，确保登记行为不违反相关法律规定。根据相关规定，担任因违法被吊销营业执照的企业的法定代表人，并对该企业违法行为负有个人责任，自该企业被吊销营业执照之日起未逾三年的，不得担任法定代表人，企业登记机关不予核准登记。公司注销后，法定代表人的前述任职限制并非当然解除，市场管理机关以公司注销为由对未满三年限期的法定代表人移除黑名单、解除其任职限制，并对其再次担任公司法定代表人的登记申请予以核准的，属于未尽到依法全面审查义务，该登记行为应当予以撤销或者变更。

【基本案情】

法院经审理查明：2021 年 6 月 21 日，上海市金山区市场监督管理局（以下简称金山区市监局）收到了上海甲公司提交的公司变更、备案登记申请材料，其中包括《公司登记（备案）申请书》《股东会决议》《股权转让协议》《增、减、补、换发证照申请书》、报纸公告、身份证明等文件。金山区市监局经审核认为，上海甲公司提交的法定代表人变更、主要成员备案的上述登记申请材料齐全，符合法定形式，于同年 6 月 23 日向上海甲公司作出准予变更（备案）登记通知书，决定准予上海甲公司变更登记，并告知将于五个工作日内通知上海甲公司换领营业执照。金山区市监局遂向上海甲公司送达上述准予变更（备案）登记通知书和内资公司备案通知书，告知上海甲公司的法定代表人由盛某新变更为徐某及公司执行董事、监事备案情况。盛某新不服，向法院提起行政诉讼，请求判令撤销金山区市监局于 2021 年 6 月 23 日作出的将上海甲公司的法定代表人由盛某新变更为徐某的行政行为（以下简称被诉变更登记行为），恢复盛某新为上海甲公司的法定代表人。

另查明：2020 年 3 月 19 日，金山区市监局对上海乙公司作出行政处罚决定，认定该公司成立后无正当理由超过六个月未开业，或者开业后自行停业连续六个月以上，并依据《公司法》（2018 年修正）第二百一十一条第一款的规定吊销营业执照。该公司的法定代表人（负责人）为徐某。上海市闵行区人民法院于 2021 年 11 月 23 日作出（2021）沪 0112 行初 706 号行政判决：驳回原告诉讼请求。盛某新不服，提起上诉。上海市第一中级人民法院于 2022 年 4 月 28 日作出（2022）沪 01 行终 95 号行政判决：一、撤销上海市闵行区人民法院于 2021 年 11 月 23 日作出的（2021）沪 0112 行初 706 号行政判决；二、撤销金山区市监局于 2021 年 6 月 23 日作出的准予变更（备案）登记通知书中对第三人上海甲公司法定代表人变更登记的行政行为。

【裁判理由】

法院生效判决认为，根据《公司登记管理条例》以及 2022 年 3 月 1 日施行的《市场主体登记管理条例》的相关规定，被上诉人金山区市监局作为公司登记机关，依法具有对其管辖范围内的公司变更登记申请进行处理的法定职责。本案中，第三人上海甲公司向被上诉人提交变更公司法定代表人的登记申请后，被上诉人经核准认为，该公司提交材料齐全、符合法定形式，遂作出被诉变更登记行为，将该公司法定代表人变更为徐某。本案的争议焦点在于被上诉人作出的被诉变更登记行为是否违反企业法定代表人核准登记的法律、法规的规定。《企业法人法定代表人登记管理规定》（以下简称《法人登记管理规定》）第四条第（六）项规定，担任因违法被吊销营业执照的企业的法定代表人，并对该企业违法行为负有个人责任，自该企业被吊销营业执照之日起未逾三年的，不得担任法定代表人，企业登记机关不予核准登记。《法人登记管理规定》已于 2022 年 3 月 1 日废止，同日施行的《市场主体登记管理条例》第十二条对前述规定亦予以延续。前述法规的立法宗旨系营造良好营商环境，维护正常市场经济秩序，而对曾担任过因违法被吊销营业执照的公司、非公司企业法人的法定代表人再次担任其他企业法定代表人的资格限制，故登记机关在作出相关登记行为时，不仅要对企业提交的申请材料进行形式审查，更应尽到审慎审查义务，确保作出的登记行为符合相关法律规定。在案证据可以证明，徐某在担任上海乙公司法定代表人期间，被上诉人金山区市监局于 2020 年 3 月 19 日对该公司以成立后无正当理由超过六个月未开业，或者开业后自行停业连续六个月以上为由作出吊销营业执照的行政处罚决定，并将徐某列入黑名单，对其担任法定代表人资格进行限制。被上诉人金山区市监局于 2021 年 6 月 23 日作出被诉变更登记行为时，距离上海乙公司被吊销营业执照之日起未逾三年，故徐某并不符合可以担任公司法定代表人的条件，被上诉人金山区市监局在审查过程中，未尽审慎审查义务，作出的被诉变更登记行为适用法律错误，依法应当予以撤销。关于被上诉人金山区市监局认为上海乙公司被注销后，公司不复存在，附着在公司上的行政处罚一并终结，徐某亦从黑名单中移除，故徐某不再受三年禁止担任法定代表人的限制，其符合担任公司法定代表人条件的主张，与相关规定不符，且缺乏相应上位法依据予以进一步佐证，故法院对其意见难以采纳。综上所述，原审判决驳回上诉人诉讼请求有所不当，法院依法应予纠正。

13. 2023 年《公司法》施行后，公司如何变更法定代表人？

公司依法作出变更法定代表人决议或者决定后，法定代表人已经发生变更，并不以变更登记为生效要件。公司申请变更法定代表人登记事项时，应当提交变更决议或者决定，以及变更后的法定代表人签署的变更登记申请书。

法律提示： 公司变更法定代表人系公司内部治理事项，关键在于公司作出的决议或者决定是否合法有效，故应更加关注所作决议或者决定的程序和效力，避免出现决议或者决定被撤销、被确认无效或不成立的风险。

相关法律规范：

2023 年《公司法》	2018 年《公司法》
第三十五条　公司申请变更登记，应当向公司登记机关提交公司法定代表人签署的变更登记申请书、依法作出的变更决议或者决定等文件。 公司变更登记事项涉及修改公司章程的，应当提交修改后的公司章程。 公司变更法定代表人的，变更登记申请书由变更后的法定代表人签署。	第十三条　公司法定代表人依照公司章程的规定，由董事长、执行董事或者经理担任，并依法登记。公司法定代表人变更，应当办理变更登记。
相关规定	
《市场主体登记管理条例》第二十四条　市场主体变更登记事项，应当自作出变更决议、决定或者法定变更事项发生之日起 30 日内向登记机关申请变更登记。 市场主体变更登记事项属于依法须经批准的，申请人应当在批准文件有效期内向登记机关申请变更登记。 第二十五条　公司、非公司企业法人的法定代表人在任职期间发生本条例第十二条所列情形之一的，应当向登记机关申请变更登记。	

案例库参考案例

盛某诉成都某大教育投资有限公司、四川某园林绿化工程有限公司、周某请求变更公司登记纠纷案

2023-08-2-264-004/民事/请求变更公司登记纠纷/四川省成都市中级人民法院/2022.04.20/（2020）川01民终2506号/二审/入库日期：2024.02.22

【裁判要旨】

法定代表人的变更属于公司自治的范围，经登记，法定代表人工商信息即具有公示效力。在公司法定代表人与公司存在实质性关联的情况下，如公司未就法定代表人变更作出决议，公司法定代表人请求变更法定代表人工商登记的，人民法院不予支持。

【基本案情】

法院经审理查明：2010年12月10日，盛某、四川某园林绿化工程有限公司及该公司委派的王某玉、孟某召开成都某大教育投资有限公司第一次股东会，决议通过《成都某大教育投资有限公司章程》，并选举盛某为成都某大教育投资有限公司执行董事及法定代表人，任期三年。盛某、四川某园林绿化工程有限公司及该公司委派的王某玉、孟某在该决议尾部签字、盖章确认。2010年12月15日，盛某、四川某园林绿化工程有限公司共同委托案外人杨某新办理成都某大教育投资有限公司的设立手续。成都某大教育投资有限公司工商档案登记信息载明盛某认缴出资10万元、实缴出资10万元，实缴出资日期为2010年12月10日。2010年12月17日，成都某大教育投资有限公司成立，盛某任公司法定代表人及执行董事。《成都某大教育投资有限公司章程》载明：公司注册资本为100万元人民币，实收资本为100万元人民币。其中，股东盛某认缴出资额10万元，并于2010年12月10日实缴10万元；四川某园林绿化工程有限公司认缴出资额90万元，并于2010年12月10日实缴90万元。成都某大教育投资有限公司不设董事会，只设执行董事一名，执行董事由股东会代表公司过半数表决权的股东同意选举产生。执行董事为公司的法定代表人。执行董事任期为三年，可以连选连任。执行董事在任期届满前，股东会不

得无故解除其职务。2014 年 6 月 20 日；经盛某介绍，中小企业合作发展促进中心（以下简称中促中心）与成都某大教育投资有限公司签订《协议书》，约定中促中心将四川工委交由成都某大教育投资有限公司协助运营管理，合作期限暂定三年，自 2014 年 6 月 20 日起至 2017 年 6 月 19 日止。成都某大教育投资有限公司向某促中心一次性交纳业务培训费 36 万元，用于本协议期内中促中心对四川工委业务人员的培训。2014 年 2 月 13 日，成都某大教育投资有限公司与案外人赵某政签订《合作协议》，双方就共同筹建中促中心（中小企业全国理事会）四川工委达成共识，赵某政自愿出资加入筹建中小企业全国理事会，希望共建地方工作机构。四川工委正式成立需要成都某大教育投资有限公司负责与中促中心张某林主任签署正式文件，约定具体经营管理办法及相关规定。赵某政出资的 50 万元应在成都某大教育投资有限公司与中促中心协议约定的时间支付到成都某大教育投资有限公司；在双方盈利溢价后，该款项返还赵某政，返还后剩余部分双方按各 50% 分配。双方在履行《合作协议》过程中发生争议，赵某政向成都高新技术产业开发区人民法院以成都某大教育投资有限公司、中促中心作为被告提起诉讼，成都高新技术产业开发区人民法院判令成都某大教育投资有限公司向赵某政退还出资款 445625 元，成都某大教育投资有限公司不服，上诉于成都市中级人民法院，成都市中级人民法院审理后作出（2017）川 01 民终 13895 号民事判决，维持一审判决。成都某大教育投资有限公司随后向四川省高级人民法院提起再审申请，四川省高级人民法院经再审审查，于 2019 年 10 月 31 日作出（2018）川民申 4217 号民事裁定，裁定由四川省高级人民法院提审，终止原判决的执行。盛某陈述其因上述民事纠纷已被列入失信被执行人名单，并被限制高消费。四川自由贸易试验区人民法院于 2019 年 10 月 21 日作出（2019）川 0193 民初 7378 号民事判决：驳回盛某的诉讼请求。宣判后，盛某不服判决，向成都市中级人民法院提起上诉。成都市中级人民法院于 2020 年 4 月 20 日作出（2020）川 01 民终 2506 号民事判决：驳回上诉，维持原判。

【裁判理由】

法院生效裁判认为：盛某对成都某大教育投资有限公司在设立时将其登记为股东和法定代表人的事项是知晓和认可的，成都某大教育投资有限公司亦依据法律规定和公司章程规定，按照法定程序，将盛某登记为成都某大教育投资有限公司股东及法定代表人。关于盛某的成都某大教育投资有限公司法定代表人身份应否涤除的问题。本院认为：首先，盛某并非被冒名登记为成都某大教育投资有限公司法定代表人，其对担任成都某大教育投资有限公司法定代表人事项是知晓和认可的。其次，法定代表人工商信息具有公示效力，债权人在与公司进行商事交易时，亦是基于对公示的法定代表人的信任而进行交易，现该法定代表人已被列入失信被执行人名单。涤除法定代表人登记将损害债权人利益。最后，公司变更法定代表人属于公司内部自治事项，应由公司决定，不属于人民法院民事诉讼受理的范围。故对盛某上诉主张涤除其成都某大教育投资有限公司法定代表人登记事项的请求，法院亦不予支持。

14. 公司能否以未产生新任法定代表人为由拒绝办理涤除登记?

法定代表人作为公司日常管理中的重要角色，在公司运营中发挥着重要的作用。法定代表人在日常工作中的一举一动都代表着公司。司法实践中，法定代表人的辞任一直较为容易产生纠纷，尤其是存在辞任后无法涤除其法定代表人登记的问题。这将导致在公司未履行法定义务时，已经辞任的法定代表人仍会承担不利后果，例如，可能被采取限制消费措施、限制出境等。根据2023年《公司法》第十条的规定，法定代表人的辞任并不需要单独的批准同意程序，而是基于公司与法定代表人之间为委托法律关系处理，即法定代表人作为受托人，可单方辞任，以书面形式通知公司即可，自公司收到通知之日起辞任即生效。

法律提示：当法定代表人不愿继续担任时，应积极与公司沟通，根据公司章程的相关规定通过内部程序，完成辞任和法定代表人变更登记的手续。若公司拒绝变更或者不配合完成工商变更登记，可以考虑通过律师函催告、向法院提起诉讼等方式促成办理，维护自身合法权益。

相关法律规范：

2023 年《公司法》	2018 年《公司法》
第十条 公司的法定代表人按照公司章程的规定，由代表公司执行公司事务的董事或者经理担任。 担任法定代表人的董事或者经理辞任的，视为同时辞去法定代表人。 法定代表人辞任的，公司应当在法定代表人辞任之日起三十日内确定新的法定代表人。	第十三条 公司法定代表人依照公司章程的规定，由董事长、执行董事或者经理担任，并依法登记。公司法定代表人变更，应当办理变更登记。

案例库参考案例

韦某某诉新疆某塔房地产公司、新疆某塔投资公司、新疆某鸿投资公司请求变更公司登记纠纷案

2023-08-2-264-002/ 民事 / 请求变更公司登记纠纷 / 最高人民法院 /2022.05.17/（2022）最高法民再 94 号 / 再审 / 入库日期：2024.02.23

【裁判要旨】

法定代表人是对外代表公司从事民事活动的公司负责人，登记的法定代表人依法具有公示效力。就公司内部而言，公司与法定代表人之间为委托法律关系，法定代表人代表权的基础是公司的授权，自公司任命时取得，至免除任命时终止。公司权力机关依公司章程规定免去法定代表人的职务后，法定代表人的代表权即为终止。有限责任公司股东会依据章程规定免除公司法定代表人职务的，公司执行机关应当执行公司决议，公司执行机关对外代表公司，因此，公司负有办理法定代表人工商变更登记的义务。公司办理工商变更登记中依法提交股东会决议、选任新的法定代表人等均是公司对登记机关的义务，公司是否履行该义务，不能成为法定代表人请求公司履行法定义务之权利行使的条件。

【基本案情】

新疆某塔房地产公司（以下简称某塔公司）于 2013 年 3 月 26 日成立，新疆某塔投资公司（以下简称某塔投资公司）持股 95%，新疆某鸿投资公司（以下简称某鸿公司）持股 5%，某塔投资公司系某集团公司下属公司。韦某某受

某集团公司委派担任某塔公司的董事长及法定代表人。2017 年 7 月 18 日，某塔投资公司根据某集团公司下发的《关于干部免职的决定》，向韦某某发出免职通知书，免除韦某某某塔公司董事长、法定代表人职务。但某塔公司一直未变更公司工商登记，致使韦某某因某塔公司的相关诉讼而被限制高消费，韦某某向宁夏回族自治区银川市中级人民法院提起诉讼。宁夏回族自治区银川市中级人民法院于 2020 年 8 月 25 日作出（2019）宁 01 民初 3717 号民事判决：驳回韦某某的诉讼请求。宣判后，韦某某提出上诉。宁夏回族自治区高级人民（2021）宁民终 82 号民事判决：驳回上诉，维持原判。宣判后，韦某某提出再审申请。最高人民法院于 2021 年 12 月 17 日作出（2021）最高法民 7049 号民事裁定：提审本案。最高人民法院于 2022 年 5 月 17 日作出（2022）最高法民再 94 号民事判决：一、撤销宁夏回族自治区高级人民法院（2021）宁民终 82 号民事判决、宁夏回族自治区银川市中级人民法院（2019）宁 01 民初 3717 号民事判决；二、某塔公司于本判决生效之日起三十日内为韦某某办理公司法定代表人变更登记；三、驳回韦某某的其他诉讼请求。

【裁判理由】

法院生效裁判认为，法定代表人是对外代表公司意志的机关之一，登记的法定代表人依法具有公示效力，但就公司内部而言，公司和法定代表人之间为委托法律关系，法定代表人行使代表人职权的基础为公司权力机关的授权，公司权力机关终止授权则法定代表人对外代表公司从事民事活动的职权终止，公司依法应当及时办理工商变更登记。

本案中，《新疆某塔公司章程》第 13 条规定，某塔公司股东会是公司的权力机构，有权选举和更换董事。第 19 条规定，董事会董事由股东委派，董事会对股东会负责，执行股东会决议，董事长由董事会选举产生。第 26 条规定，董事长为公司法定代表人。2013 年 3 月 26 日，某塔公司成立，韦某某是某塔公司股东，某塔投资公司委派的董事，依据公司章程经董事会选举为董事长，依据章程担任公司法定代表人，并办理了工商登记。因此，韦某某系受公司权力机关委托担任公司法定代表人。

2017 年 7 月 18 日，某集团公司下发《关于干部免职的决定》，免除韦某某某塔公司董事长、法定代表人职务。2017 年 7 月 20 日，某塔投资公司依据某集团公司上述干部免职决定，向韦某某发出免职通知书，免去韦某某公司董事长、法定代表人职务。免职通知书还载明："本公司作为某塔公司的控股股东，有权决定该公司董事长、法定代表人的任免。本公司已将对你的免职决定通知另一股东某塔公司，该公司未提出异议。本通知自发出之日生效。"韦某某被免职后，未在该公司工作，也未从公司领取报酬。本案诉讼中，某鸿公司明确其知晓并同意某塔公司决定，因此，可以认定某塔公司两股东已经就韦某某免职作出股东会决议并通知了韦某某，该决议符合某塔公司章程规定，不违反法律规定，依法产生法律效力，双方的委托关系终止，韦某某已经不享有公司法定代表人的职责。《公司法》（2018 年修正）第十三条规定："公司法定代表人依照公司章程的规定，由董事长、执行董事或者经理担任，并依法登记。公司法定代表人变更，应当办理变更登记。"某塔公司应当依法办理法定代表人变更登记。

按照原国家工商行政管理局制定的《企业法人法定代表人登记管理规定》（1999 年修订）第六条"企业法人申请办理法定代表人变更登记，应当向原企业登记机关提交下列文件：（一）对企业原法定代表人的免职文件；（二）对企业新任法定代表人的任职文件；（三）由原法定代表人或者拟任法定代表人签署的变更登记申请书"以及第七条"有限责任公司或者股份有限公司更换法定代表人需要由股东会、股东大会或者董事会召开会议作出决议……"之规定，某塔公司只需提交申请书以及对原法定代表人的免职文件、新法定代表人的任职文件，以及股东会、股东大会或者董事会召开会议作出决议即可自行办理工商变更登记。本案中，韦某某被免职后，其个人不具有办理法定代表人变更登记的主体资格，某塔公司亦不依法向公司注册地工商局提交变更申请以及相关文件，导致韦某某在被免职后仍然对外登记公示为公司法定代表人，在某塔公司相关诉讼中被限制高消费等，已经给韦某某的生活造成实际影响，侵害了其合法权益。除提起本案诉讼外，韦某某已无其他救济途径，故韦某某请求某塔公司办理工商变更登记，依法有据，应予支持。至于本案判决作出后，某塔公司是否再选任新的法定代表人，属于公司自治范畴，本案不予处理。

综上所述，再审法院认为，原一审、二审判决以某塔公司未形成决议等为由驳回韦某某的诉讼请求有误，依法予以纠正，韦某某请求某塔公司办理工商变更登记的请求成立，应予支持。某塔投资公司、某鸿公司仅是某塔公司的股东，且其已就免除韦某某法定代表人作出决议，依法也非办理变更登记的义务主体，韦某某请求该两公司办理或协助办理法定代表人工商变更登记，依据不足，不予支持。

15. 公司办理注销登记应当履行哪些手续?

市场主体注销登记是宣告市场主体终止、确保其有序退出的一项重要制度。为解决市场主体退出难问题，2023年《公司法》从法律层面确立了普通注销、简易注销、强制注销的制度。普通注销登记需开展清算、制作清算报告，报股东会或人民法院确认，并报送登记机关；简易注销程序通过国家企业信用信息公示系统向社会公告拟申请简易注销登记及全体投资人承诺等信息，公告期满后，即可进入注销登记程序；强制注销是指公司被吊销营业执照、责令关闭或者被撤销，满三年未清算完毕的，公司登记机关可以依法注销该公司登记的制度。公司被强制注销后，公司原有股东、清算义务人的责任不受影响。

法律提示： 市场主体需经依法清算后方可注销。市场主体未经依法清算即办理注销登记、以虚假的清算报告骗取注销登记，或者股东在办理注销登记时承诺对公司债务承担责任的，债权人可主张股东对公司债务承担相应的民事责任。

相关法律规范：

2023 年《公司法》	2018 年《公司法》
第二百四十条　公司在存续期间未产生债务，或者已清偿全部债务的，经全体股东承诺，可以按照规定通过简易程序注销公司登记。 　　通过简易程序注销公司登记，应当通过国家企业信用信息公示系统予以公告，公告期限不少于二十日。公告期限届满后，未有异议的，公司可以在二十日内向公司登记机关申请注销公司登记。 　　公司通过简易程序注销公司登记，股东对本条第一款规定的内容承诺不实的，应当对注销登记前的债务承担连带责任。 　　**第二百四十一条**　公司被吊销营业执照、责令关闭或者被撤销，满三年未向公司登记机关申请注销公司登记的，公司登记机关可以通过国家企业信用信息公示系统予以公告，公告期限不少于六十日。公告期限届满后，未有异议的，公司登记机关可以注销公司登记。 　　依照前款规定注销公司登记的，原公司股东、清算义务人的责任不受影响。	

案例库参考案例

王某与杨某慧执行复议案

2024-17-5-202-027/ 执行 / 执行复议案件 / 上海市第二中级人民法院 /2021.
11.18/（2021）沪 02 执复 277 号 / 执行 / 入库日期：2024.02.24

【裁判要旨】

　　股东在注销公司时向工商管理部门提交的注销清算报告等相关材料上作出的"公司债务已清偿完毕，若有未了事宜，股东愿意承担责任"的承诺，应当视为对公司注销时未了债务承担清偿责任的保结承诺，属于《最高人民法院关于民事执行中变更、追加当事人若干问题的规定》第二十三条规定的"第三人书面承诺对被执行人的债务承担清偿责任"的情形。在公司未能清偿执行债务且公司注销时未经依法清算的情况下，可以追加作为保结责任人的股东为被执行人。

【基本案情】

杨某慧诉上海某某电子印章安全认证有限公司（以下简称上海某某公司）、刘某欠款纠纷一案，上海市黄浦区人民法院于 2010 年 1 月 21 日作出（2009）黄民二（商）初字第 4684 号民事判决，判令：一、上海某某公司、刘某应于判决生效之日起十日内给付杨某慧 475604.58 元；二、驳回杨某慧其余诉请。案件受理费 8434 元，由上海某某公司、刘某共同负担。判决生效后，上海某某公司未按生效判决确定的义务履行，权利人杨某慧向上海市黄浦区人民法院申请执行。由于被执行人上海某某公司经营场所不明，名下无其他可供执行的银行存款、证券、车辆等财产，上海市黄浦区人民法院于 2010 年 10 月 18 日作出（2010）黄执字第 2709 号执行裁定，裁定该院（2009）黄民二（商）初字第 4684 号民事判决的本次执行程序终结。申请人杨某慧经工商查询得知，被执行人上海某某公司在注销登记时向工商局提交的清算报告明确写明："股东会确认上述清算报告，股东承诺：公司债务已清偿完毕，若有未了事宜，股东愿意承担责任。"因被执行人上海某某公司未经依法清算即办理注销登记，在注销时股东承诺对债务承担清偿责任，故申请人杨某慧提出追加被执行人上海某某公司股东王某为（2010）黄执字第 2709 号执行案件被执行人的申请。

经查，2013 年 10 月 28 日，被执行人上海某某公司股东会决议作出解散公司的决定，并成立清算组。同年 12 月 16 日，上海某某公司清算组作出注销清算报告，载明："一、清算过程：1. 因市场变化而无法发展业务，经公司股东会决定，解散公司。清算组成员为刘某、王某宜，刘某为清算组负责人。2. 清算组已在成立之日起十日内通知了所有债权人，并于 2013 年 10 月 30 日在报纸上刊登了注销报告。3. 清算组在清理公司财产、编制资产负债表和财产清单后，制定了清算方案，并报请股东会确认。二、清算结果：1. 清算组按制定的清算方案处置公司财产，并按法律规定的清偿程序进行清偿。……3. 公司债务已全部清偿。4. 公司财产已处置完毕。……股东会确认上述清算报告，股东承诺：公司债务已清偿完毕，若有未了事宜，股东愿意承担责任。"王某、刘某在股东签字、盖章处签名。上海市黄浦区市场监督管理局档案机读材料反映，被执行人上海某某公司于 2014 年 1 月 3 日注销。

上海市黄浦区人民法院于 2020 年 12 月 25 日作出（2020）沪 0101 执异

182 号执行裁定，裁定追加被申请人王某为（2010）黄执字第 2709 号执行案件的被执行人，并对（2010）黄执字第 2709 号执行案件中尚未向申请执行人杨某慧履行的债务承担清偿责任。王某不服上述裁定，申请复议。上海市第二中级人民法院于 2021 年 11 月 18 日作出（2021）沪 02 执复 277 号执行裁定，裁定驳回王某的复议申请，维持上海市黄浦区人民法院（2020）沪 0101 执异 182 号异议裁定。

【裁判理由】

法院生效裁判认为，本案争议焦点为：第一，上海某某公司在办理注销登记前是否经过"依法清算"；第二，王某作为上海某某公司股东，在注销时向工商局提交的清算报告中所作的股东承诺是否属于《最高人民法院关于民事执行中变更、追加当事人若干问题的规定》第二十三条所述的"第三人书面承诺"。上海市黄浦区人民法院经审理后认为，作为被执行人的法人或其他组织，未经依法清算即办理注销登记，在登记机关办理注销登记时，第三人书面承诺对被执行人的债务承担清偿责任，申请执行人申请变更、追加该第三人为被执行人，在承诺范围内承担清偿责任的，人民法院应予支持。王某作为上海某某公司的股东，在明知或应知上海某某公司有执行案件尚未了结，且未告知执行法院的情况下，自行办理公司注销登记，属于未经依法清算。王某在明知或应知上述情况下仍作出公司债务已经清偿完毕并愿意承担责任的保结承诺，故王某应当对上海某某公司未了债务在承诺范围内承担责任。

二审法院亦认为，根据上海某某公司的注销清算报告，股东承诺公司债务已经清偿完毕，但本案杨某慧的债权尚未清偿，难以说明某公司依法进行了清算。王某作为上海某某公司的股东，在公司办理清算注销程序时承诺并签字确认，公司债务已经清偿完毕，若有未了事宜，愿意承担责任，表明其愿意对某公司可能存在的未了债务承担清偿责任。故上海市黄浦区人民法院依杨某慧申请，追加王某为被执行人，符合《最高人民法院关于民事执行中变更、追加当事人若干问题的规定》第二十三条的规定。

16. 股权转让后未及时办理变更登记，有何法律后果？

股权转让协议生效后，受让人并不当然取得股东资格，股权转让也不当然发生对抗善意第三人的效力。一般而言，受让人的姓名或名称记载于股东名册时，受让人取得股东资格，可以向公司主张行使股东权利；而工商登记具有公示公信效力，债权人基于对登记事项的信赖作出决策，故未经工商部门变更登记，股权转让不能产生对抗善意第三人的效力，转让人仍应在工商登记的范围内承担责任。

法律提示：股权转让协议生效后，转让方和受让方应及时按照转让协议约定履行各自的义务并进行工商登记。同时，股权转让交易中的受让方，在决定受让股权的时候，应尽量了解清楚标的公司，标的股权的情况，核实是否存在大额债务，是否可能存在潜在债务没有披露，标的股权是否实缴出资，转让价格是否与公司净资产份额存在差异等情况。

相关法律规范：

2023 年《公司法》	2018 年《公司法》
第三十四条　公司登记事项发生变更的，应当依法办理变更登记。 　　公司登记事项未经登记或者未经变更登记，不得对抗善意相对人。 　　**第八十六条第一款**　股东转让股权的，应当书面通知公司，请求变更股东名册；需要办理变更登记的，并请求公司向公司登记机关办理变更登记。公司拒绝或者在合理期限内不予答复的，转让人、受让人可以依法向人民法院提起诉讼。	**第三十二条第三款**　公司应当将股东的姓名或者名称向公司登记机关登记；登记事项发生变更的，应当办理变更登记。未经登记或者变更登记的，不得对抗第三人。

案例库参考案例

佳某公司诉汇某公司、飞某公司案外人执行异议之诉案

2023-10-2-471-002/ 民事 / 执行异议之诉 / 最高人民法院 /2021.01.28/
（2020）最高法民终 675 号 / 二审 / 入库日期：2024.02.22

【裁判要旨】

根据商法公示主义与外观主义原则，公司的工商登记对社会具有公示公信效力。当事人通过省级产权交易所竞得案涉债权，并支付了相应对价，已经尽到审慎义务，其有权信赖公司登记机关的登记文件。案涉增加注册资本及调整

持股比例相关协议的履行期间跨越了外资审批制度的实施日，其效力发生条件已发生改变。即便如此，前述协议是否有效亦不影响当事人作为善意相对人执行案涉标的的权利。

【基本案情】

佳某公司诉称：甘肃省高级人民法院（以下简称甘肃高院）在执行汇某公司申请强制执行华某公司与飞某公司、甘肃飞某商场借款合同纠纷案判决时，查封、冻结了被执行人飞某公司在飞某酒店持有的股权及银行存款。佳某公司认为据以执行的飞某公司在飞某酒店持有的 400 万美元出资额评估及后续的股权拍卖关涉其重大利益，飞某公司持有的股权仅为 23% 而非 40%。请求判令中止对飞某公司在飞某酒店 400 万美元出资额的评估和后续处置，待飞某公司在飞某酒店的股权比例依法确定之后再行恢复相关执行事宜。

汇某公司辩称：第一，汇某公司为善意权利人，其合法债权执行权利应当得到全面、及时、有效的维护。汇某公司的债权执行权利系通过甘肃省产权交易所公开挂牌依法受让取得。《兰某绿化场债权价值评估报告》以及飞某酒店有限公司工商登记信息，汇某公司得知被执行人飞某公司对飞某酒店出资 400 万美元，持有 40% 的股权。飞某公司债权挂牌转让公告期间，无任何人对该转让债权提出异议。汇某公司通过协议转让方式支付 4297.98 万元人民币（以下币种未特别注明处均为人民币）受让兰某绿化场持有的飞某公司债权。第二，飞某酒店股东之间的合资合同或出资争议不能影响善意权利人汇某公司的合法执行权利。第三，人民法院对飞某公司所持有飞某酒店 400 万美元（40% 股权）的执行并不会影响佳某公司的实体权利，佳某公司可以依法向飞某酒店主张相应债权。

飞某公司述称：第一，飞某公司出资 400 万美元并持有飞某酒店 40% 股权。企业的注册资本以工商登记为准。第二，案涉执行标的是飞某公司持有飞某酒店的 40% 股权，而不是 400 万美元的出资额。第三，佳某公司提及的股权比例争议系因增资引起。但所谓增资金额应是佳某公司对飞某酒店提供的前期贷款，且当时飞某公司也对飞某酒店进行贷款，目前相关贷款正在按照无息贷款进行返还。

法院经审理查明：1988 年 4 月 20 日，飞某酒店设立，注册资本 1000 万美元，香港杰某公司出资 600 万美元，持股比例 60%，飞某公司出资 400 万美元，持股比例 40%。之后，佳某公司承继香港杰某公司在飞某酒店的股权。甘肃高院（2001）甘法经初字第 24 号民事判决对华某公司与飞某公司、甘肃飞某商场借款合同纠纷一案，作出（2001）甘法执字第 47 号执行裁定，执行飞某公司相应财产。2007 年 6 月，华某公司、甘肃省信某公司与甘肃省商务厅签订《债权转让合同》，甘肃省商务厅承继了华某公司在（2001）甘法经初字第 24 号民事判决书中的诉讼权利。2013 年 5 月 27 日，甘肃省商务厅与兰某绿化场签订《债权转让协议》，将该笔债权转让给兰某绿化场。2013 年 6 月 3 日，甘肃高院应兰某绿化场申请作出裁定，变更兰某绿化场为申请执行人。2016 年 7 月 26 日，甘肃高院作出（2011）甘法执字第 47-12 号协助执行通知书，继续对前述 400 万美元出资额冻结至 2019 年 7 月 25 日。受兰某绿化场委托，兰某绿化场持有的对飞某公司的债权于 2019 年 3 月 1 日至 2019 年 3 月 14 日在甘肃省产权交易所公开挂牌。工商行政管理机关的登记和企业信用信息公示系统公示的信息为：飞某公司系飞某酒店有限公司的股东，出资 400 万美元，持股比例 40%。2019 年 3 月 28 日，汇某公司与兰某绿化场签订《债权交易合同》，受让取得兰某绿化场持有的飞某公司的债权。2019 年 4 月 23 日，甘肃高院作出（2001）甘法执字第 47-8 号执行裁定，变更汇某公司为申请执行人。2019 年 6 月 4 日，甘肃高院作出（2019）甘执恢 6 号执行裁定书，裁定冻结、扣划被执行人飞某公司银行存款 44422303.82 元，如银行存款不足，则查封、扣押其他等值财产。2019 年 6 月 5 日、6 月 28 日，甘肃高院分别向甘肃省工商行政管理局、飞某酒店发出（2019）甘执恢 6 号协助执行通知。佳某公司认为据以执行的飞某公司在飞某酒店持有的 400 万美元出资额评估及后续的股权拍卖关涉其重大利益，飞某公司持有的股权仅为 23% 而非 40%，遂于 2019 年 7 月 19 日，针对执行标的，即 400 万美元出资额（40% 股权）提出执行异议。2019 年 8 月 7 日，甘肃高院作出（2019）甘执异 177 号执行裁定，驳回了佳某公司的异议请求。佳某公司不服该裁定，向该院提起案外人执行异议之诉。甘肃高院于 2019 年 9 月 10 日作出（2019）甘民初 181 号民事判决：驳回佳某公司的诉讼请求。佳某公司不服，向最高人民法院提起上诉。最高人民法院于 2021 年 1 月 28 日作出（2020）最高法民终 675 号民事判决：驳回上诉，维持原判。

【裁判理由】

法院生效裁判认为：佳某公司就案涉执行标的不享有足以排除强制执行的民事权益。

第一，汇某公司为善意相对人。在案证据表明，汇某公司申请执行的债权系通过甘肃省产权交易所公开挂牌依法受让所得。根据甘肃省产权交易所发布的兰某绿化场持有的飞某公司债权转让公告、甘肃某资产评估有限责任公司《兰某绿化场债权价值评估报告》以及飞某酒店工商登记等公开信息可知：飞某酒店注册资本为 1000 万美元，佳某公司出资 600 万美元，飞某公司出资 400 万美元，佳某公司与飞某公司股权比例分别为 60% 和 40%。根据商法公示主义与外观主义原则，公司的工商登记对社会具有公示公信效力，汇某公司通过甘肃省产权交易所竞得案涉债权，并支付了相应对价，已经尽到审慎义务，其有权信赖公司登记机关的登记文件。

第二，佳某公司与飞某公司的股权纠纷，不影响汇某公司对案涉标的的权利。对于《飞某酒店董事会第九次会议记录》《飞某酒店第二届第二次董事会决议（三）》《飞某酒店合同补充协议》《章程修改协议》等案涉增加注册资本及调整持股比例相关协议的履行期间跨越了外资审批制度的实施日，其效力发生条件已发生改变。即便如此，前述协议是否有效仍不影响汇某公司作为善意相对人执行案涉标的的权利。佳某公司与飞某公司的股权纠纷，可另寻救济途径。

第二章 公司资本制度

一、注册资本及出资方式

1. 2023年《公司法》关于公司注册资本缴纳有哪些调整与变化?

有限责任公司的注册资本为在公司登记机关登记的全体股东认缴的出资额,该出资应当由股东按照公司章程的规定自公司成立之日起五年内缴足,这也意味着公司章程规定股东认缴年限最长为五年。当然,对银行、证券公司、保险公司等受到特殊规范的公司的注册资本实缴、注册资本最低限额、出资期限,另有规定的,从其特殊规定。

法律提示: 限期认缴制的期限起算点为公司成立之日,即公司获发营业执照起五年。公司增加注册资本时,认缴公司新增资本的股东的出资最长期限同样为五年。

相关法律规范:

2023年《公司法》	2018年《公司法》
第四十七条 有限责任公司的注册资本为在公司登记机关登记的全体股东认缴的出资额。全体股东认缴的出资额由股东按照公司章程的规定自公司成立之日起五年内缴足。 法律、行政法规以及国务院决定对有限责任公司注册资本实缴、注册资本最低限额、股东出资期限另有规定的,从其规定。 **第二百二十八条** 有限责任公司增加注册资本时,股东认缴新增资本的出资,依照本法设立有限责任公司缴纳出资的有关规定执行。 股份有限公司为增加注册资本发行新股时,股东认购新股,依照本法设立股份有限公司缴纳股款的有关规定执行。	**第二十六条第一款** 有限责任公司的注册资本为在公司登记机关登记的全体股东认缴的出资额。 **第二十八条第一款** 股东应当按期足额缴纳公司章程中规定的各自所认缴的出资额……

续表

相关规定
《国务院关于实施〈中华人民共和国公司法〉注册资本登记管理制度的规定》 　　**第二条**　2024 年 6 月 30 日前登记设立的公司，有限责任公司剩余认缴出资期限自 2027 年 7 月 1 日起超过 5 年的，应当在 2027 年 6 月 30 日前将其剩余认缴出资期限调整至 5 年内并记载于公司章程，股东应当在调整后的认缴出资期限内足额缴纳认缴的出资额；股份有限公司的发起人应当在 2027 年 6 月 30 日前按照其认购的股份全额缴纳股款。 　　公司生产经营涉及国家利益或者重大公共利益，国务院有关主管部门或者省级人民政府提出意见的，国务院市场监督管理部门可以同意其按原出资期限出资。 　　**第四条**　公司调整股东认缴和实缴的出资额、出资方式、出资期限，或者调整发起人认购的股份数等，应当自相关信息产生之日起 20 个工作日内通过国家企业信用信息公示系统向社会公示。 　　公司应当确保前款公示信息真实、准确、完整。 　　**第八条**　公司自被吊销营业执照、责令关闭或者被撤销之日起，满 3 年未向公司登记机关申请注销公司登记的，公司登记机关可以通过国家企业信用信息公示系统予以公告，公告期限不少于 60 日。 　　公告期内，相关部门、债权人以及其他利害关系人向公司登记机关提出异议的，注销程序终止。公告期限届满后无异议的，公司登记机关可以注销公司登记，并在国家企业信用信息公示系统作出特别标注。

2. 2023 年《公司法》施行后，认缴的出资额要在成立之日起五年内缴足的规定，是针对新设公司还是包括存量公司？

"五年缴足"规定既适用于 2023 年《公司法》实施后设立的公司，也适用于 2023 年《公司法》实施前设立的公司。根据《国务院关于实施〈中华人民共和国公司法〉注册资本登记管理制度的规定》，对 2023 年《公司法》实施前注册的公司设置三年过渡期，自 2024 年 7 月 1 日至 2027 年 6 月 30 日。2023 年《公司法》施行前设立的公司出资期限超过 2023 年《公司法》规定期限的，应当在过渡期内进行调整。未调整出资期限的，公司登记机关可以要求其调整，出资期限自 2027 年 7 月 1 日起不得超过五年。

法律提示：2023 年《公司法》施行前后设立的公司都应当遵守认缴资本限期缴纳的规定，国务院为保障 2023 年《公司法》顺利施行，针对存量公司已经制定了新旧注册资本登记衔接制度，公司可以根据公司实际资金需求、公司业务需要、人员规模等因素确定是否调整出资期限、减少注册资本。

相关法律规范:

2023 年《公司法》	2018 年《公司法》
第二百六十六条 本法自 2024 年 7 月 1 日起施行。 本法施行前已登记设立的公司,出资期限超过本法规定的期限的,除法律、行政法规或者国务院另有规定外,应当逐步调整至本法规定的期限以内;对于出资期限、出资额明显异常的,公司登记机关可以依法要求其及时调整。具体实施办法由国务院规定。	
相关规定	
《国务院关于实施〈中华人民共和国公司法〉注册资本登记管理制度的规定》第二条 2024 年 6 月 30 日前登记设立的公司,有限责任公司剩余认缴出资期限自 2027 年 7 月 1 日起超过 5 年的,应当在 2027 年 6 月 30 日前将其剩余认缴出资期限调整至 5 年内并记载于公司章程,股东应当在调整后的认缴出资期限内足额缴纳认缴的出资额;股份有限公司的发起人应当在 2027 年 6 月 30 日前按照其认购的股份全额缴纳股款。 公司生产经营涉及国家利益或者重大公共利益,国务院有关主管部门或者省级人民政府提出意见的,国务院市场监督管理部门可以同意其按原出资期限出资。	

3. 股东的出资方式有哪些,股东分别应当如何向公司足额缴纳出资?

股东可以用货币出资,也可以用实物、知识产权、土地使用权、股权、债权等可以用货币估价并可以依法转让的非货币财产作价出资,对作为出资的非货币财产应当评估作价。但是,法律、行政法规规定不得作为出资的财产除外(如不可买卖的文物等)。有限责任公司股东以货币出资的,应当将货币出资足额存入公司在银行开设的账户;以非货币财产出资的,应当依法办理其财产权的转移手续,如将房产、商标权过户到公司名下等。股份有限公司在办理注册前,发起人应当缴足所有认购的股款。

法律提示:股权和债权是 2023 年《公司法》新增的股东出资方式,股权出资应当满足合法持有并依法可以转让、无权利瑕疵或权利负担、出资人已履行关于股权出资的法定手续,股权已依法进行价值评估等条件。债权出资则应当关注债权的真实性和可实现性,若因瑕疵出资导致公司遭受损失的,除应当向公司足额缴纳出资外,还应对给公司造成的损失承担赔偿责任。

相关法律规范：

2023 年《公司法》	2018 年《公司法》
第四十八条 股东可以用货币出资，也可以用实物、知识产权、土地使用权、股权、债权等可以用货币估价并可以依法转让的非货币财产作价出资；但是，法律、行政法规规定不得作为出资的财产除外。 对作为出资的非货币财产应当评估作价，核实财产，不得高估或者低估作价。法律、行政法规对评估作价有规定的，从其规定。 **第四十九条** 股东应当按期足额缴纳公司章程规定的各自所认缴的出资额。 股东以货币出资的，应当将货币出资足额存入有限责任公司在银行开设的账户；以非货币财产出资的，应当依法办理其财产权的转移手续。 股东未按期足额缴纳出资的，除应当向公司足额缴纳外，还应当对给公司造成的损失承担赔偿责任。 **第九十八条** 发起人应当在公司成立前按照其认购的股份全额缴纳股款。 发起人的出资，适用本法第四十八条、第四十九条第二款关于有限责任公司股东出资的规定。	**第二十七条** 股东可以用货币出资，也可以用实物、知识产权、土地使用权等可以用货币估价并可以依法转让的非货币财产作价出资；但是，法律、行政法规规定不得作为出资的财产除外。 对作为出资的非货币财产应当评估作价，核实财产，不得高估或者低估作价。法律、行政法规对评估作价有规定的，从其规定。

相关规定

《公司法司法解释（三）》第十一条 出资人以其他公司股权出资，符合下列条件的，人民法院应当认定出资人已履行出资义务：

（一）出资的股权由出资人合法持有并依法可以转让；

（二）出资的股权无权利瑕疵或者权利负担；

（三）出资人已履行关于股权转让的法定手续；

（四）出资的股权已依法进行了价值评估。

股权出资不符合前款第（一）、（二）、（三）项的规定，公司、其他股东或者公司债权人请求认定出资人未履行出资义务的，人民法院应当责令该出资人在指定的合理期间内采取补正措施，以符合上述条件；逾期未补正的，人民法院应当认定其未依法全面履行出资义务。

股权出资不符合本条第一款第（四）项的规定，公司、其他股东或者公司债权人请求认定出资人未履行出资义务的，人民法院应当按照本规定第九条的规定处理。

最高人民法院公报案例

中国长城资产某办事处与新疆华电工某有限责任公司、新疆华电红某发电有限责任公司、新疆华电苇某发电有限责任公司等借款合同纠纷案

《最高人民法院公报》（2009 年第 2 期）/ 最高人民法院 /（2008）民二终字第 79 号 /2008.12.02

【裁判要旨】

1. 注册资本是公司最基本的资产，确定和维持公司一定数额的资本，对于奠定公司基本债务清偿能力，保障债权人利益和交易安全具有重要价值。股东出资是公司资本确定、维持原则的基本要求，出资是股东最基本、最重要的义务，股东应当按期足额缴纳公司章程中规定的各自所认缴的出资额，以货币出资的，应当将货币出资足额存入公司在银行开设的账户；以非货币财产出资的，应当依法办理财产权的转移手续。

2. 根据《物权法》第二十三条的规定，动产物权的设立和转让自交付时发生效力，动产所有权的转移以实际交付为准。股东以动产实物出资的，应当将作为出资的动产按期实际交付给公司。未实际交付的，应当认定股东没有履行出资义务，其出资没有实际到位。

【基本案情】

上诉人中国长城资产某办事处（以下简称某办事处）为与被上诉人新疆华电工某有限责任公司（以下简称工某公司）、新疆华电红某发电有限责任公司（以下简称红某发电公司）、新疆华电苇某发电有限责任公司（以下简称苇某发电公司）、新疆华电哈某发电有限责任公司（以下简称哈某发电公司）、新疆华电喀某发电有限责任公司（以下简称喀某发电公司）、新疆华电昌某热电有限责任公司（以下简称昌某热电公司）、乌鲁木齐红某物业管理有限公司（以下简称红某公司）、新疆金某物业管理有限责任公司（以下简称金某公司）、新疆苇某发电厂某安装公司（以下简称安装公司）借款合同纠纷一案，不服新疆维吾尔自治区高级人民法院（2007）新民二初字第 25 号民事判决，向最高人民法院提起上诉。

2007 年 6 月 21 日，某办事处向新疆维吾尔自治区高级人民法院提起诉讼，请求判令：（1）工某公司给付借款本金 48526500 元、利息 5808622 元。（2）红某发电公司、苇某发电公司、哈某发电公司、喀某发电公司、昌某热电公司、红某公司、金某公司、安装公司承担连带清偿责任。（3）诉讼费由原审被告承担。

一、2004 年 8 月 17 日，工某公司与中国工商银行乌鲁木齐市某支行（以下简称工行某支行）签订《流动资金借款合同》，约定由工行某支行向工某公司提供借款 5000 万元、借款期限自 2004 年 8 月 17 日至 2005 年 8 月 16 日、借款利率为月息 4.425‰、借款逾期按日 0.21‰ 计收利息等。同日，工行某支行依据该《流动资金借款合同》向工某公司提供了 5000 万元借款。2005 年 7 月 22 日，中国工商银行新疆维吾尔自治区分行与某办事处签订《债权转让协议》，将工行某支行依据《流动资金借款合同》对工某公司享有的债权转让给某办事处。2005 年 8 月 11 日，某办事处在《新疆日报》上就债权转让事宜向工某公司发布公告。某办事处受让本案债权后，工某公司向某办事处返还借款 1473500 元。本案借款 2005 年 3 月 20 日至 2005 年 5 月 27 日期间的利息为 7508803 元。

二、工某公司于 2003 年 6 月 5 日成立，注册资本为 1000 万元，其发起人股东为红某发电公司、苇某发电公司、哈某发电公司、喀某发电公司、昌某热电公司、红某公司、金某公司、安装公司。工某公司成立时的公司章程第九条载明各发起人股东约定的出资比例及出资方式如下：红某发电公司以价值 300 万元的库房、储油罐等出资；苇某发电公司以价值 200 万元的库房、储油罐出资；哈某发电公司以价值 150 万元的库房、储油罐出资；喀某发电公司以价值 150 万元的库房、储油罐出资；昌某热电公司以价值 150 万元的库房、储油罐出资；红某公司以货币 25 万元出资；金某公司以货币 10 万元出资；安装公司以货币 15 万元出资。红某公司、金某公司、安装公司均依照约定足额向工某公司履行了货币出资义务。工某公司成立后，红某发电公司、苇某发电公司、哈某发电公司、喀某发电公司、昌某热电公司作为出资的库房未办理所有权变更手续。2006 年 7 月 25 日，新疆维吾尔自治区工商行政管理局（以下简称工商局）据此作出行政处罚决定，责令工某公司补足出资。2006年8月6日，工某公司股东会决议由红某发电公司、苇某发电公司、哈某发电公司、喀某发电公司、昌某热电公司以机器设备作为出资补足未到位的房产出资并置换原设备出资。2006年9月20日，工某公司对成立时的公司章程第九条中红某发电公司、苇某发电公司、哈某发电公司、喀某发电公司、昌某热电公司的出资方式进行修改，规定红某发电公司以价值300万元的设备出资、苇某发电公司以价值200万元的设备出资、哈某发电公司以价值150万元的设备出资、喀某发电公司以价值150万元的设备出资、昌某热电公司以价值150万元的设备出资。2006年9月28日，新疆宏某有限责任会计师事务所就工某公司股东补缴及置换出资事宜出具《验资报告》，证明红某发电公司、苇某发电公司、哈某发电公司、喀某发电公司、昌某热电公司补缴及置换的出资均已到位。红某发电公司、苇某发电公司、哈某发电公司、喀某发电公司、昌某热电公司与工某公司就作为补足出资的机器设备办理了所有权移交手续。工某公司补足出资的相关资料均在工商行政管理部门办理了登记备案手续。

三、2007年6月18日，某办事处向原审法院提出财产保全申请，请求冻结、查封、扣押工某公司的财产。该院根据某办事处的财产保全申请于年6月22日作出了（2007）新民二初字第25-1号民事裁定，裁定冻结工某公司的银行存款，不足部分则查封、扣押相应的财产。2007年6月27日至2007年7月3日期间，该院依据（2007）新民二初字第25-1号民事裁定，查封了红某发电公司、苇某发电公司、哈某发电公司、喀某发电公司、昌某热电公司作为补足出资的相应机器设备。

原审法院审理认为：

一、《流动资金借款合同》《债权转让协议》是各方当事人的真实意思表示，不违反法律、行政法规的强制性规定，应当确认为有效。某办事处受让本案所涉债权后，工某公司对此无异议。因此，工某公司应当按照《流动资金借款合同》的约定向某办事处返还借款、支付利息。工某公司已返还借款1473500元，尚未返还的借款数额为48526500元。工某公司对本案所涉借款在2005年3月20日至2005年5月27日期间的利息为7508803元无异议，但由于某办事处只就5808622元利息交纳了案件受理费，故对其未交纳案件受理费部分的 1700181 元利息，原审法院不予审理，某办事处可以另案提起诉讼。因此，工某公司应当向某办事处返还借款 48526500 元、支付 2005 年 3 月 20 日至 2005 年 5 月 27 日期间的利息 5808622 元。

二、在工某公司成立时，红某发电公司、苇某发电公司、哈某发电公司、喀某发电公司、昌某热电公司作为出资的库房未办理所有权变更手续，这属于出资不到位。但是，工某公司股东的货币出资、设备出资总额已经达到了《公司法》（2005 年修订）所规定的最低限额，故工某公司仍然具有法人资格。《最高人民法院关于金融机构为企业出具不实或者虚假验资报告资金证明如何承担民事责任问题的通知》（法〔2002〕21 号）第一条规定："出资人未出资或者未足额出资，但金融机构为企业提供不实、虚假的验资报告或者资金证明，相关当事人使用该报告或者证明，与该企业进行经济往来而受到损失的，应当由该企业承担民事责任。对于该企业财产不足以清偿债务的，由出资人在出资不实或者虚假资金额范围内承担责任。"第四条规定："企业登记时出资人未足额出资但后来补足的，或者债权人索赔所依据的合同无效的，免除验资金融机构的赔偿责任。"《最高人民法院关于审理涉及会计师事务所在审计业务活动中民事侵权赔偿案件的若干规定》（法释〔2007〕12 号）第十条规定："人民法院根据本规定第六条确定会计师事务所承担与其过失程度相应的赔偿责任时，应按照下列情形处理：（一）应先由被审计单位赔偿利害关系人的损失。被审计单位的出资人虚假出资、不实出资或者抽逃出资，事后未补足，且依法强制执行被审计单位财产后仍不足以赔偿损失的，出资人应在虚假出资、不实出资或者抽逃出资数额范围内向利害关系人承担补充赔偿责任。（二）对被审计单位、出资人的财产依法强制执行后仍不足以赔偿损失的，由会计师事务所在其不实审计金额范围内承担相应的赔偿责任。（三）会计师事务所对一个或者多个利害关系人承担的赔偿责任应以不实审计金额为限。"根据上述规定，在公司股东出资不到位但公司仍然具备法人资格的情况下，公司股东只在出资不到位的范围内对公司债务承担补充赔偿责任，如果公司股东补足了出资，则不应当对公司债务承担民事责任。具体到本案中，首先，在红某发电公司、苇某发电公司、哈某发电公司、喀某发电公司、昌某热电公司在工某公司成立时未足额出资、工某公司又具备法人资格的情况下，红某发电公司、苇某发电公司、哈某发电公司、喀某发电公司、昌某热电公司本应当只在其出资不到位的范围内对工某公司的债务承担补充赔偿责任，某办事处要求其对工某公司的债务承担连带责任的理由不能成立；其次，红某发电公司、苇某发电公司、哈某发电公司、喀某发电公司、昌某热电公司在工某公司成立后已经决议补足、置换出资，并就补足、置换出资办理了验资手续，补足、置换的出资财产也办理了所有权移交手续，补足、置换出资的相关资料也均在工商行政管理部门办理了工商登记备案手续，上述行为符合法律规定，应当认定其补足了出资、出资已经全部到位。在红某发电公司、苇某发电公司、哈某发电公司、喀某发电公司、昌某热电公司已经补足出资，出资已经全部到位的情况下，就不应当再对工某公司的债务承担民事责任。因此，某办事处要求红某发电公司、苇某发电公司、哈某发电公司、喀某发电公司、昌某热电公司对工某公司债务承担民事责任的理由不能成立。

三、红某公司、金某公司、安装公司均依照约定足额向工某公司履行了货币出资的义务，某办事处认为其未向工某公司足额出资的理由不能成立。于2006年1月1日前施行的《公司法》第二十八条规定："有限责任公司成立后，发现作为出资的实物、工业产权、非专利技术、土地使用权的实际价额显著低于公司章程所定价额的，应当由交付该出资的股东补交其差额，公司设立时的其他股东对其承担连带责任。"于2006年1月1日起施行的《公司法》第三十一条规定："有限责任公司成立后，发现作为设立公司出资的非货币财产的实际价额显著低于公司章程所定价额的，应当由交付该出资的股东补足其差额；公司设立时的其他股东承担连带责任。"根据上述规定，公司发起人股东为设立公司出资的非货币财产的实际价额显著低于公司章程所定价额时，交付该出资的股东负有差额补缴义务，公司设立时的其他股东应当对负有差额补缴义务的股东的相应民事责任承担连带责任。但是，上述规定只适用于公司股东的非货币出资财产实际价额显著低于公司章程所定价额的情形，而不适用于其他情形。某办事处未提出本案存在红某发电公司、苇某发电公司、哈某发电公司、喀某发电公司、昌某热电公司的非货币出资财产实际价额显著低于公司章程所定价额的情形，却在庭审中要求红某公司、金某公司、安装公司依据于2006年1月1日起施行的《公司法》（2005年修订，下同）第三十一条的规定对红某发电公司、苇某发电公司、哈某发电公司、喀某发电公司、昌某热电公司未足额出资的行为承担连带责任，其理由不能成立。综上所述，该院依据《合同法》第八十条、第二百零五条、第二百零六条，《最高人民法院关于审理涉及会计师事务所在审计业务活动中民事侵权赔偿案件的若干规定》第十条之规定，判决：一、工某公司在判决生效之日起十五日内向某办事处返还借款48526500元；二、工某公司在判决生效之日起十五日内向某办事处支付2005年3月20日至2005年5月27日期间的利息5808622元；三、驳回某办事处的其他诉讼请求。案件受理费313475.62元、财产保全费5000元，由工某公司负担。

某办事处不服原审法院上述民事判决，向最高人民法院提起上诉称：第一，原审判决未对某办事处提出的申请作出答复，违反法定程序。第二，原审判决对工某公司提供的复印件的书证进行确认不当。工某公司等提供的新疆宏某有限责任会计师事务所出具的《验资报告》以及工某公司的各股东向工某公司移交出资的机器设备的书面材料均系复印件。原审判决仅根据这些复印件认定工某公司的各股东出资到位，违反了《最高人民法院关于民事诉讼证据的若干规定》的相关规定。第三，原审判决对本案的事实认定错误。原审法院向本案被上诉人送达协助执行通知书时，对被上诉人做的调查是法院确认的事实。所作的笔录以及拍摄的照片都证实了工某公司的各股东出资不实，所置换的出资财产一直没有交付，自始至终均由各股东占有、使用。而且根据其拟出资的财产的性质，这些机械设备均属无法转让的财产，根本就无法移交给工某公司。综上所述，请求二审法院判令：（1）撤销（2007）新民二初字第25号民事判决书。（2）被上诉人红某发电公司、苇某发电公司、哈某发电公司、喀某发电公司、昌某热电公司、红某公司、金某公司、安装公司承担本案连带清偿责任。（3）诉讼费由被上诉人承担。

针对某办事处的上诉请求及理由，工某公司答辩称：第一，某办事处诉请事实及偿还责任与工某公司股东无关，工某公司向某办事处的借款责任应由工某公司独立承担。第二，工某公司股东注册资金全部依法到位：（1）工某公司股东在公司成立、验资、股东资格全过程中的行为都符合法律规定，并经有关部门确认为有效。（2）工某公司成立时部分股东出资的库房产权手续未过户，工商局作出责令补足出资处罚决定，该部分股东经过工商局同意以实物资产置换，上述行为符合法律规定。（3）某办事处实际是对工商局主管部门对被告成立、验资程序这些依法审核通过的行政行为提出质疑，而此质疑不能通过民事诉讼程序解决。（4）某办事处意图推翻经法定验资部门认可的工某公司及其股东《验资报告》及工商行政部门审核注册程序，并将股东权益、公司财产所有权与使用经营权混为一谈。（5）庭审证据证明某办事处将工某公司股东列为被告系无理之诉。综上所述，原审判决认定事实清楚，适用法律正确。请求二审法院驳回上诉，维持原判。

针对某办事处的上诉请求及理由，红某发电公司、苇某发电公司、喀某发电公司、昌某热电公司、金某公司、安装公司均答辩称：第一，工某公司符合法人条件，依法应当独自承担责任。第二，原审法院审判程序合法。第三，工某公司向法庭提交的《验资报告》来源于工商局，并加盖了工商局的公章，具有法律证明效力。综上所述，请求二审法院驳回上诉，维持原判。针对某办事处的上诉请求及理由，哈某发电公司、红某公司答辩称：第一，工某公司符合法人条件，依法应当独自承担责任。第二，原审法院审判程序合法。第三，工某公司向法庭提交的《验资报告》来源于工商局，并加盖了工商局的公章，具有法律证明效力。第四，2006年9月，工某公司的部分股东补足出资时提供的资产符合《公司法》第二十七条规定的资产，并非不能转让的资产，该资产经会计师事务所评估、验资，并经工商部门审核批准备案，是完全符合法律规定的出资资产。根据《公司法》的规定，在股东未能按期缴纳出资的情况下，股东负有补足出资的义务，既然部分股东补足了出资，对工某公司经营的债务就无须在出资范围内承担责任。综上所述，请求依法驳回被答辩人的上诉请求，维持原判。

最高人民法院对于原审法院查明事实除红某发电公司、苇某发电公司、哈某发电公司、喀某发电公司、昌某热电公司向工某公司完成出资义务部分以外的内容予以确认。

另查明：至本案诉前，红某发电公司、苇某发电公司、哈某发电公司、喀某发电公司、昌某热电公司未按照2006年8月6日工某公司股东会决议以及2006年9月20日工某公司新修改的公司章程中规定的内容将储油、供油泵等相关设备实际交付工某公司。上述拟作为出资的设备仍然分别由红某发电公司、苇某发电公司、哈某发电公司、喀某发电公司、昌某热电公司占有、使用。

【裁判理由】

最高人民法院二审认为，本案所涉借款合同系当事人的真实意思表示，不违反法律、行政法规的强制性规定，应为有效。该合同项下借款到期后，工某公司未能全额清偿，应依法向债权人某办事处返还借款、支付利息。本案各方当事人对于原审判决上述内容没有异议，最高人民法院予以维持。

本案二审主要争议焦点是：工某公司各股东是否已经足额出资，是否应当对工某公司所负本案债务承担民事责任。工某公司的股东出资分为货币出资和实物出资两个部分。关于货币出资部分，在工某公司设立过程中，红某公司、金某公司、安装公司分别以 25 万元、10 万元、15 万元人民币向工某公司履行了货币出资义务。某办事处关于红某公司、金某公司、安装公司抽逃出资的诉讼主张没有事实证据，最高人民法院不予支持。工某公司收到上述货币出资后，已经达到《公司法》规定的最低企业法人注册资本额，满足了企业法人设立的基本条件，依法具有独立的企业法人资格。某办事处关于工某公司不具有法人资格，各股东应当对工某公司债务承担连带责任的主张没有事实和法律依据，最高人民法院不予支持。关于实物出资部分，在工某公司设立过程中，红某发电公司、苇某发电公司、哈某发电公司、喀某发电公司、昌某热电公司作为出资的库房未办理所有权变更手续，属于出资不到位。后经工某公司股东会同意，上述股东承诺将各自的储油罐、供油泵等相关设备置换房产作为实物重新出资。但至本案诉前，上述设备未实际交付工某公司，仍由股东单位占有使用，工某公司出具的实物交接手续未能反映本案真实情况。上述设备属于动产，根据《物权法》第二十三条的规定，动产物权的设立和转让，自交付时发生效力。动产所有权的转移以实际交付为准。本案上述股东承诺出资的相关设备并未实际交付给工某公司，应当认定上述股东未能实际履行实物出资承诺，相关出资没有实际到位。新疆宏某有限责任会计师事务所出具的《验资报告》以及工某公司补足出资的相关工商登记备案资料未能反映真实出资情况，最高人民法院不予采信。注册资本是公司最基本的资产，确定和维持公司一定数额的资本，对于奠定公司基本的债务清偿能力，保障债权人利益和交易安全具有重要价值。股东出资是公司资本确定、维持原则的基本要求。出资是公司股东最基本、最重要的义务，同时也是公司法规定的股东必须承担的法定义务。根据《公司法》第二十八条第一款、第三十一条的规定，股东应当按期足额缴纳公司章程中规定的各自所认缴的出资额。股东以货币出资的，应当将货币出资足额存入有限责任公司在银行开设的账户；以非货币财产出资的，应当依法办理其财产权的转移手续。有限责任公司成立后，发现作为设立公司出资的非货币财产的实际价额显著低于公司章程所定价额的，应当由交付该出资的股东补足其差额。股东不实出资的，公司现有资产不足以偿还债权人债务的，公司股东应在不实出资数额的范围内向债权人承担补充赔偿责任。参照《最高人民法院关于企业开办的其他企业被撤销或者歇业后民事责任承担问题的批复》《最高人民法院关于人民法院执行工作若干问题的规定（试行）》《最高人民法院关于金融机构为企业出具不实或者虚假验资报告资金证明如何承担民事责任问题的通知》等相关规定，出资人未出资或者未足额出资，对于该企业财产不足以清偿债务的，由出资人在出资不实或者虚假资金金额范围内承担责任。红某发电公司、苇某发电公司、哈某发电公司、喀某发电公司、昌某热电公司应当在各自出资不实范围内对工某公司所欠本案债务承担补充清偿责任。原审判决认定上述股东已经完成出资义务，判决驳回某办事处的诉讼请求不当，应予改判。

综上所述，原审判决认定事实部分不清，适用法律不当。最高人民法院依照《民事诉讼法》第一百五十三条第一款第（一）、（三）项的规定，判决如下：一、维持新疆维吾尔自治区高级人民法院（2007）新民二初字第25号民事判决主文第一项、第二项；二、撤销新疆维吾尔自治区高级人民法院（2007）新民二初字第25号民事判决主文第三项；三、工某公司财产不足以清偿本判决第一项内容的，红某发电公司、苇某发电公司、哈某发电公司、喀某发电公司、昌某热电公司分别在300万元、200万元、150万元、150万元、150万元内向某办事处承担补充清偿责任；四、驳回某办事处的其他诉讼请求。

本案一审案件受理费31362元，由工某公司承担263475.62元，红某发电公司、苇某发电公司、哈某发电公司、喀某发电公司、昌某热电公司各承担

10000 元；财产保全费 5000 元，由工某公司承担。二审案件受理费 31375.62 元，由某办事处承担 263475.62 元（已预交 156737.81 元，须补交 106737.81 元），红某发电公司、苇某发电公司、哈某发电公司、喀某发电公司、昌某热电公司各承担 10000 元。

> 案例库参考案例

周某某、三亚某公司诉三亚某管理处股东出资纠纷案

2023-16-2-265-002/ 民事 / 股东出资纠纷 / 最高人民法院 /2016.06.30/（2016）最高法民再 87 号 / 再审 / 入库日期：2024.02.25

【裁判要旨】

划拨土地使用权由土地行政部门通过行政划拨行为创设，一般为无偿取得，法律规定划拨的土地使用权只能用于划拨用途，不能擅自进入市场流通。但在司法实践中，如出资人已约定将划拨土地使用权作为出资设立公司，工商行政管理部门已经办理了公司登记，公司和履约股东要求以划拨土地使用权出资人履行出资义务时，人民法院在诉讼过程中应根据《公司法司法解释（三）》（2014 年修正）第八条的规定，责令当事人在指定的合理期间内办理土地变更手续。已经实际补正的，人民法院可以认定当事人以划拨土地使用权出资的效力；逾期未办理的，应当认定出资人未依法全面履行出资义务。

【基本案情】

周某某、三亚某公司以三亚某管理处未履行股东出资义务为由起诉请求：依法确认三亚某管理处未履行其作为三亚某公司股东的出资义务；判令三亚某管理处一个月内按《合作合同》约定履行出资义务，将 9454 平方米土地和码头权属过户登记至三亚某公司名下；按三亚某公司股东实际投入的资金数额重新确定股东持股比例。

三亚某管理处提起反诉请求：判令解除《合作合同》；周某某与三亚某公司赔偿因占有土地、码头等所造成的财产损失（以鉴定为准）；依法对三亚某公司进行清算。

　　法院经审理查明：2002 年 4 月 28 日，三亚某管理处与周某某订立《合作合同》。该合同主要约定：三亚某管理处出资 400 万元，周某某出资 600 万元，并进一步明确三亚某管理处"主要以 9454 平方米土地和已建好的码头设施参股……"，周某某"主要以资金方式参股……"，共同设立三亚某公司，合作期为三十年（自 2002 年 5 月 1 日起至 2032 年 4 月 30 日止）。投资超过 1000 万元人民币，另按股东各自出资比例调整持股比例……亦可商定一个合理的基数，由合作实体按年度结算上缴。基数随着经营的发展，每五年做一次小幅度递增调整（基数额另行商定）。周某某负责合作公司注册登记之日起六个月内投入启动资金 200 万元，并保证后续资金按时到位。双方在合同中声明，目前三亚某管理处已完成项目规划、设计工作。

　　2002 年 12 月 1 日，周某某、方某、三亚某管理处三方签订三亚某公司章程。2002 年 12 月 24 日，三亚某公司成立，注册资金 500 万元。根据 2002 年 12 月 1 日三亚某公司章程，三亚某管理处以 9454 平方米土地作价 150 万元出资。目前为止，三亚某管理处已将案涉土地移交三亚某公司使用，但未将该土地使用权移转登记至三亚某公司名下。周某某以现金 200 万元出资，周某某另以方某名义以现金 150 万元出资。2006 年 12 月 10 日，方某将所持三亚某公司全部股权转让给周某某，至此，周某某持有三亚某公司股权 70%，方某退出三亚某公司。当日，周某某与三亚某管理处为此修订了三亚某公司的章程。本案审理过程中，周某某、三亚某公司申请对三亚某公司的财务状况进行司法会计鉴定。三亚某管理处申请对三亚某公司、周某某占用案涉土地、码头等财产造成的损失进行鉴定。经法院委托，由海南某会计师事务所作出司法会计鉴定报告，鉴定结论是：（1）经海南华某会计师事务所验资报告确认的实收资本 500 万元，不是股东真实出资。（2）以实收资本、借款、其他名义反映的三亚某公司的资金流入共计 36174089.10 元。（3）以费用开支、固定资产购置支出、工程款支出、退还借款支出、其他支出反映的三亚某公司资金流出共计 33749815.56 元，其中，以工程款支出形成的资金流出为 9428904.75 元。双方当事人均对该报告提出异议。为此，海南某会计师事务所作出说明，当事人未能为本次鉴定提供充分的会计凭证及银行对账单，可能对鉴定结论产生重大影响；三亚某公司未能提供原始会计凭证证明三亚某生态教育基地的工程造价为

52877824.57 元。

由海南某资产评估事务所作出的《三亚某管理处财产被占用损失司法鉴定项目资产评估报告书》，评估结论为委估损失评估值合计 7650968.19 元。其中，250 平方米建筑物损失评估值合计 506780.21 元，9454.2 平方米土地使用权损失评估值合计为 5469478.67 元，1800 平方米土地使用权损失评估值为 1041342.64 元，码头损失评估值合计 633366.67 元。

三亚某公司成立后即投资建设三亚某生态教育基地工程项目。三亚某公司自行委托三亚海某工程造价咨询有限公司对该建筑工程造价进行鉴定，作出《建筑工程结算书》，结算总值为 52877824.57 元。三亚某管理处承认该工程由周某某投资建造，但否定所鉴定的工程造价金额，主张另聘专业机构进行评估，且该工程造价只能作为公司的债务，而不能作为股东投入的注册资金。

另查明：案涉土地系国有划拨用地，登记权利人为三亚某管理处，证号为三土房（2001）字第 0975 号。

海南省三亚市中级人民法院于 2014 年 2 月 18 日作出（2011）三亚民一初字第 12 号民事判决：一、三亚某管理处应于本判决发生法律效力后三个月内，将三土房（2001）字第 0975 号土地证记载的 9454 平方米土地使用权移转登记至三亚某公司名下；二、驳回周某某、三亚某公司的其他诉讼请求；三、驳回三亚某管理处的反诉请求。宣判后，三亚某管理处不服提起上诉。海南省高级人民法院于 2014 年 11 月 11 日作出（2014）琼民二终字第 22 号民事判决：驳回上诉，维持原判。三亚某管理处不服，向最高人民法院申请再审。最高人民法院于 2016 年 6 月 30 日作出（2016）最高法民再 87 号判决：一、撤销海南省高级人民法院（2014）琼民二终字第 22 号民事判决、海南省三亚市中级人民法院（2011）三亚民一初字第 12 号民事判决主文第一项；二、维持海南省三亚市中级人民法院（2011）三亚民一初字第 12 号民事判决主文第二项、第三项；三、确认三亚某管理处未全面履行对三亚某公司的股东出资义务。

【裁判理由】

最高人民法院再审认为，本案争议的焦点问题是：三亚某管理处是否全面履行了股东的出资义务。具体包括：（1）本案纠纷是股东出资纠纷还是股东出资纠纷、项目合作纠纷；（2）三亚某管理处的出资义务是否由实物出资变更为货币出资；（3）三亚某管理处是否应将划拨土地使用权转移登记至三亚某公司名下。现围绕上述争议焦点问题详述如下。

第一，关于本案纠纷是股东出资纠纷还是股东出资纠纷、项目合作纠纷的问题。民事案件纠纷性质应当依据当事人主张的民事法律关系的性质来确定。周某某、三亚某公司以三亚某管理处未履行出资义务为由，提起本案诉讼。原审法院据此认定本案案由为股东出资纠纷，并无不当。

第二，关于三亚某管理处的出资方式是否由实物出资变更为货币出资的问题。原审查明，三亚某管理处与周某某于2002年4月28日订立《合作合同》，约定共同设立三亚某公司，三亚某管理处主要以9454平方米土地和已建好的码头设施参股。三亚某公司2002年公司章程载明，三亚某管理处以9454平方米土地作价150万元出资。依据上述合同及公司章程，三亚某管理处的出资义务应为实物出资，即其应向三亚某公司交付约定的9454平方米土地，并将该土地使用权变更登记到三亚某公司名下。三亚某公司设立后，三亚某管理处将案涉土地交付给三亚某公司使用，但未办理权属变更手续。股东出资是指股东根据协议的约定以及法律和公司章程的规定向公司交付财产或履行其他给付义务，股东出资义务既属于约定义务又属于法定义务，故股东出资方式在公司设立后是否发生变更应结合股东会决议、公司章程及公司工商登记事项作出综合认定。三亚某公司2006年公司章程、2006年12月10日股东会决议书以及公司章程修正案涉及的是三亚某公司原股东方某转让股权给周某某，周某某在三亚某公司的股份比例由49%变更为70%，并未涉及三亚某管理处的出资方式变更事项。三亚某管理处虽主张其出资方式由土地使用权出资变更为货币出资，但提交的股东会决议及公司章程修正案等证据材料尚不足以证明该事项，不予支持。

第三，关于三亚某管理处是否应将案涉土地使用权转移登记至三亚某公司名下的问题。案涉出资土地系国有划拨用地，依据《土地管理法》等相关法律法规，划拨土地使用权只能用于划拨用途，不能直接用于出资。出资人欲以划拨土地使用权作为出资，应由国家收回直接作价出资或者将划拨土地使用权变更为出让土地使用权。《公司法司法解释（三）》第八条规定的本意就是考虑到在司法实践中，如果划拨土地使用权存在的权利瑕疵可以补正，且在法院指定的合理期限内实际补正，可以认定当事人以划拨土地使用权出资的效力。但能否补正瑕疵的决定权在于土地所属地方政府及其土地管理部门，人民法院判断出资行为的效力应以瑕疵补正的结果作为前提。因而，《公司法司法解释（三）》第八条等规定"……人民法院应当责令当事人在指定的合理期间内办理土地变更手续……"，即人民法院应当在诉讼过程中给当事人指定合理的期间，由其办理相关的土地变更手续，并视变更手续完成的结果再行作出判决。本案中，最高人民法院在再审审查期间已给予当事人相应的时间办理土地变更手续，再审审理过程中又为当事人指定了两个月（2016 年 4 月 23 日至 6 月 22 日）的合理期限办理土地变更登记手续，但当事人未能在本院指定的期间内完成土地变更登记行为，即其无法自行补正划拨土地使用权出资的瑕疵。故三亚某管理处虽将案涉土地交付给三亚某公司使用，但未将案涉土地过户登记至三亚某公司名下，因而其以案涉土地使用权出资的承诺并未履行到位。周某某、三亚某公司请求确认三亚某管理处未履行作为三亚某公司股东的出资义务，有事实和法律依据，最高人民法院予以支持。但因案涉出资土地系划拨用地，当事人未能在最高人民法院指定的合理期间内办理土地变更登记手续，故周某某、三亚某公司请求将案涉土地办理过户登记至三亚某公司名下，没有法律依据，不予支持。

案例库参考案例

北京某建材公司诉北京某科技公司、马某等买卖合同纠纷案

2023–08–2–084–028/ 民事 / 买卖合同纠纷 / 北京市第一中级人民法院 /2021.07.19/（2021）京 01 民终 4078 号 / 二审 / 入库日期：2024.02.25

【裁判要旨】

公司资本是公司经营的基础和债权人利益的保障，为维护公司资本制度，保护公司债权人利益，应对股东抵销出资义务的条件进行限定。未履行或者未全面履行出资义务的股东对公司享有到期债权，主张以该债权抵销出资义务的，应当符合以下条件：第一，应通过股东会决议修改公司章程，将出资方式变更为债权出资，并确认实缴出资；第二，该股东会决议作出时，公司应具有

充足的清偿能力；第三，修改后的公司章程应经公司登记机关备案，否则不得对抗善意相对人。

【基本案情】

原告（被上诉人）北京某建材公司诉称：北京某科技公司多次从北京某建材公司购买建材，至今尚欠货款381206.77元。马某、李某某作为北京某科技公司股东，尚未全面履行出资义务。请求判令：（1）北京某科技公司向北京某建材公司支付货款381206.77元及利息；（2）马某、李某某在未出资本息范围内对上述欠款不能清偿部分承担补充赔偿责任。

被告北京某科技公司辩称：确认尚欠北京某建材公司381206.77元货款，同意支付。

被告（上诉人）马某辩称：确认北京某科技公司尚欠381206.77元货款，但马某的出资义务已履行完毕。马某向北京某科技公司的转账记录明确载明系"投资款"的款项为61.75万元。此外，因经营需要，马某为北京某科技公司垫付了高额资金。北京某科技公司曾召开临时股东会决议，确认将公司对马某借款中的103.25万元转为马某对公司的出资，马某的出资已全部实缴到位。现行法律未有股东之债不可抵销股东出资义务的强制性规定，而债转股却有明确规定。故马某已履行出资义务，无须承担补充赔偿责任。

被告李某某未参加庭审，亦未提交答辩意见。

法院经审理查明：2017年11月21日，北京某建材公司向北京某科技公司发函，载明北京某科技公司尚欠基材款381206.77元，北京某科技公司在该函上盖章，马某、李某某在该函上签字。

北京某科技公司的工商登记材料显示：马某于2016年3月31日成为该公司股东。2017年1月9日北京某科技公司章程载明，公司注册资本300万元，马某认缴出资数额为165万元，出资方式为货币，出资时间为2024年6月30日。2018年5月7日修改的北京某科技公司章程载明，公司注册资本300万元，马某认缴出资额为165万元，出资方式为货币，出资时间为2017年12月25日。北京某科技公司工商登记材料无验资相关材料。马某称，修改章程时已有债权人向北京某科技公司提起诉讼。2018年4月26日，北京某科技公司临时股东会决议载明，经大会审议投票表决，一致通过以下决议：（1）修改北京某科技公司章程第七条。修改后马某的出资信息为，马某认缴出资额为 165 万元，实缴出资额为 165 万元，出资方式为货币、债权，出资期限为 2018 年 6 月 30 日。（2）公司审阅财务账簿后得出公司对马某借款 104 万元，现公司决议将公司对马某借款中的 103.25 万元转为马某对公司的出资，即日起马某的出资全部实缴到位。该临时股东会决议未在工商登记机关备案。国家企业信用信息公示系统显示，北京某科技公司于 2019 年 6 月 26 日公示的 2018 年度企业年报载明，马某认缴出资额为 165 万元，实缴出资额为 61.75 万元。北京某科技公司于 2020 年 6 月 25 日公示的 2019 年度企业年报载明，马某认缴出资额为 165 万元，实缴出资额为 165 万元。2016 年 5 月 11 日至 2018 年 5 月 16 日，马某向北京某科技公司进行多笔转账，其中 61.75 万元的摘要为"投资款"，其余摘要为"借款""社保""工资"等。马某还向北京某科技公司的交易方进行多笔转账，马某称其系替北京某科技公司向第三人支付租金、发放工资等。北京某科技公司向马某亦有转账，对此，马某主张，其向北京某科技公司直接转账和替北京某科技公司向第三人转账的金额，远高于北京某科技公司向马某转账的金额，二者差额已高于马某认缴的出资额。2021 年 4 月 25 日，某会计师事务所有限公司出具《北京某科技公司验资报告》，载明：经审验，截至 2018 年 5 月 25 日，北京某科技公司股东马某累计实缴注册资本为人民币 165 万元。该验资报告的依据为马某向北京某科技公司的转账记录、马某向第三人的转账记录、第三人与北京某科技公司的交易合同等。另查明，2018 年 6 月 26 日，北京市门头沟区人民法院作出（2018）京 0109 执 963 号之一执行裁定书，载明北京某科技公司名下暂无财产可供执行，裁定终结本次执行程序。此外，北京某科技公司还有多起作为被执行人的案件，因无财产可供执行，法院裁定终结本次执行。2018 年，北京某科技公司向北京市门头沟区人民法院申请破产清算。2019 年 9 月 29 日，该院作出（2019）京 0109 破申 4 号民事裁定书，准许申请人北京某科技公司撤回破产清算的申请。北京市门头沟区人民法院于 2021 年 1 月 26 日作出（2020）京 0109 民初 1877 号民事判决：一、北京某科技公司于判决生效之日起七日内向北京某建材公司支付货款 381206.77 元及相应利息；二、马某在未出资 103.25 万元本息的范围内对上述欠款不能清偿的部分承担补充赔偿责任；三、李某某在未出资 58 万元本息的范围内对上述欠款不能清偿的部分承担补充赔偿责任。

宣判后，马某提起上诉。北京市第一中级人民法院于 2021 年 7 月 19 日作出（2021）京 01 民终 4078 号民事判决：驳回上诉，维持原判。

【裁判理由】

法院生效裁判认为：本案的争议焦点为，马某主张其对北京某科技公司的出资义务已与北京某科技公司对马某的债务抵销，该主张能否予以支持。从《公司法》关于资本缴付规定的立法本意看，股东认缴的出资系公司经营的基础和公司债权人利益的保障。相较于股东对公司的债权而言，股东对公司的出资义务是法定义务，二者之抵销需考量是否损害其他债权人的利益。本案中，马某提交的 2018 年 4 月 26 日临时股东会决议载明，将北京某科技公司章程中的出资信息修改为，马某认缴出资额为 165 万元，实缴出资额为 165 万元，出资方式为货币、债权，出资期限为 2018 年 6 月 30 日。但该股东会决议未在工商登记机关备案，且北京某科技公司在工商登记机关备案的 2018 年 5 月 7 日修改的公司章程中并未体现上述修改内容，仍载明马某认缴出资额为 165 万元，出资方式为货币。马某确认，上述临时股东会决议作出时，已有债权人对北京某科技公司提起诉讼。法院作出的执行裁定书亦确认，北京某科技公司无财产可供执行。故在北京某建材公司已起诉请求马某承担出资瑕疵赔偿责任的情况下，即使马某对公司享有债权，其主张以对公司享有的债权抵销出资义务，等同于股东债权具有优先于其他债权受偿的权利，损害了公司其他债权人的利益。故对于马某关于抵销出资义务的主张，法院不予支持。

二、股东及董事责任

4. 2023 年《公司法》施行后，股东出资什么情况下应当加速到期？

股东出资加速到期是指在公司资产不足以偿还公司到期债务时，不考虑股东认缴出资期限是否届满，从而要求股东提前履行出资义务的情形。2023 年《公司法》将现有的股东出资加速到期条件进一步放宽，例如，权利人能够证明公司丧失清偿能力或财产不足以清偿全部债务，债权人多次催收，公司以无清偿能力为由不予履行，已强制执行仍无法实现全部债权等，公司或者已到期债权的债权人均有权要求已认缴但出资期限未届满的股东提前缴纳出资。

法律提示： 2023 年《公司法》实施后，股东不能再以公司未进入破产程序或未实质满足破产条件进行抗辩。股东应当及时缴纳出资，如其认缴出资额超出其实际能力的，应当及时通过法定程序减少注册资本，并变更工商登记信息。

相关法律规范：

2023 年《公司法》	2018 年《公司法》
第五十四条 公司不能清偿到期债务的，公司或者已到期债权的债权人有权要求已认缴出资但未届出资期限的股东提前缴纳出资。	
相关规定	
《企业破产法》第三十五条 人民法院受理破产申请后，债务人的出资人尚未完全履行出资义务的，管理人应当要求该出资人缴纳所认缴的出资，而不受出资期限的限制。 《九民会议纪要》第6条 在注册资本认缴制下，股东依法享有期限利益。债权人以公司不能清偿到期债务为由，请求未届出资期限的股东在未出资范围内对公司不能清偿的债务承担补充赔偿责任的，人民法院不予支持。但下列情形除外：（1）公司作为被执行人的案件，人民法院穷尽执行措施无财产可供执行，已具备破产原因，但不申请破产的；（2）在公司债务产生后，公司股东（大）会决议或以其他方式延长股东出资期限的。	

案例库参考案例

保定市某建材公司诉庄某某、上海某矿业公司等股东损害公司债权人利益纠纷案

2023-08-2-277-002/ 民事 / 损害公司债权人利益责任纠纷 / 上海市嘉定区人民法院 /2022.02.15/（2021）沪 0114 民初 24658 号 / 一审 / 入库日期：2024.02.23

【裁判要旨】

1. 延长股东的出资期限本属于公司自治的范畴，但对于股东在明知公司财产无法清偿债务情形下延长出资期限的，审判实践中，一般认定为存在逃避债务的恶意，产生对外部债权人无约束力的法律后果，债权人有权按照先前的出资期限主张股东在尚未出资的额度范围内承担补充责任。

2. 出资期限未届期即转让股份，转让人的出资义务是否随股权转让而转

移，需要进一步区分转让人是否存在恶意。审判实践中，可从债务形成时间是否早于股权转让、股权转让双方的交接情况、标的公司的实际经营情况、股权转让双方是否存在特殊身份关系、转让对价等多角度，判断是否存在恶意。认定存在恶意的，应当根据民法共同侵权的理论判令转让人对受让人承担连带清偿责任。

【基本案情】

保定市某建材公司诉称：庄某某、上海某矿业公司、上海某石业公司是上海某装饰公司的股东，在未缴全额出资的情况下，庄某某在执行期间将股权转让给上海某矿业公司，逃避出资义务。上海某矿业公司在案件终结本次执行程序后未履行出资义务，将股权再次转让给上海某石业公司，又恶意延长出资期限至2040年11月19日。三被告均存在逃避债务的恶意，应依法对未清偿债务承担相应补充赔偿责任。故请求判令：三被告在未出资985万元的范围内对（2017）冀0606民初4727号民事判决书确定的上海某装饰公司对保定市某建材公司应负的债务（本金789601.87元和迟延履行期间的债务利息）承担补充赔偿责任。

庄某某、上海某矿业公司辩称：在股权转让时，附属于股权的其他权利义务都随股权的转让而转让，且转让股权时出资期限未届满，两被告的出资义务已随股权转让豁免。

上海某石业公司辩称：被告在受让股权时通过修改章程的方式延长出资期限，并办理了工商变更登记，已经履行了法律规定的出资期限变更程序，目前，被告的出资期限未届满，不承担出资义务。

法院经审理查明：2011年11月20日，上海某装饰公司经工商机关核准登记设立，注册资本为10万元，公司性质为一人有限责任公司，股东为上海某石业公司。2015年11月25日，公司注册资本增至100万元，出资期限为2021年11月20日。上海某石业公司将上海某装饰公司95%的股权转让给庄某某、5%的股权转让给案外人朱某某。2016年7月15日，公司注册资本增至1000万元，庄某某认缴出资995万元（出资比例99.5%）、朱某某认缴出资5万元（出资比例5%），出资期限为2021年11月19日。2019年3月1日，庄某某将上海某装饰公司99.5%的股权作价0元转让给上海某矿业公司。2020年12月25日，上海某矿业公司将上海某装饰公司99.5%的股权作价0元转让给上海某石业公司，同时延长出资期限至 2040 年 11 月 19 日。上海某装饰公司 2020 年的企业年报显示，公司注册资本实缴 15 万元，分别为朱某某实缴 5 万元、上海某石业公司实缴 10 万元。目前企业公示信息显示，庄某某为上海某石业公司的法定代表人，同时系上海某矿业公司的监事。

上海某装饰公司对保定市某建材公司有 2018 年 12 月 24 日法院生效判决确认的债务。上海某装饰公司未按判决履行，保定市某建材公司遂向法院申请执行。2021 年 6 月 21 日，生效执行裁定书确认，仅执行到上海某装饰公司部分款项，尚余债务 789601.87 元。经过法院查控，上海某装饰公司暂无其他可供执行的财产，裁定终结本次执行程序。

上海市嘉定区人民法院于 2022 年 2 月 15 日作出（2021）沪 0114 民初 24658 号民事判决书，判决：一、被告上海某石业公司在未出资本金 985 万元范围内对（2017）冀 0606 民初 4727 号民事判决书确定的上海某装饰公司对保定市某建材公司应负的债务（本金 789601.87 元和迟延履行期间的债务利息）承担补充赔偿责任。被告上海某石业公司在其他案件中已实际履行应承担的补充赔偿责任的部分，不再承担。被告上海某石业公司应于本判决生效之日起十日内向原告保定市某建材公司清偿。二、被告上海某矿业公司、庄某某在未出资本金 985 万元的范围内对被告上海某石业公司的上述第一项付款义务承担连带清偿责任。被告上海某矿业公司、庄某某在其他案件中已实际履行应承担的责任的部分，不再承担。被告上海某矿业公司、庄某某应于本判决生效之日起十日内向原告保定市某建材公司清偿。

宣判后，双方均未提起上诉，一审判决已生效。

【裁判理由】

法院生效判决认为，本案主要争议的焦点有以下两点。

一、关于现股东上海某石业公司的责任承担

根据法律规定，股东应当按期足额缴纳公司章程中规定的各自所认缴的出资额。这是公司资本充实原则的具体体现。未履行或者未全面履行出资义务的股东应在未出资本息范围内对公司债务不能清偿的部分承担补充赔偿责任。股东可基于意思自治，通过修改公司章程的方式延长出资期限，但不得滥用该期限利益逃避出资义务、损害公司债权人的利益。关于上海某装饰公司内部延长出资期限是否构成恶意延长出资期限问题，"恶意延长出资期限"的认定标准，可从以下几方面进行考虑：第一，对于债务产生之前所进行的延长出资期限的决议，应强化公司的告知义务。第二，对于债务产生之后所进行的延长出资期限的决议，也不能一概而论认为存在恶意，《九民会议纪要》规制的是通过延长出资期限避免自身利益受损的情形。当债权人请求特定股东提前履行出资义务时，应当由该特定股东对不具有逃避特定债务的恶意进行举证。第三，审理中，还应当考虑延长期限和所涉金额的问题。期限问题的核心，是比较公司债务到期的期限与公司决议延长的出资期限。如果公司债务即将到期或已经到期，此时不考虑公司的账面资产能否偿还到期债务，延长出资期限就应推定为具有恶意。反之，如果债务到期尚早，延长后的出资期限相比之下处于合理范围，就不应认定恶意，即使将来债务到期公司未清偿债务，债权人也不能要求股东提前履行出资义务。个案裁判中的基本标准应当是，如果公司决议延长后的出资期限大于公司债务到期的期限，则一般应认定为在延长期限上满足了认定恶意的基本条件。股东主张自己不具有恶意的，应在被债权人要求提前履行出资义务时承担举证责任。金额问题的核心，是比较公司的债务额度与延期出资的额度。如果延期出资的额度基本等于或者超过公司的债务额度（包括未到期债务和到期债务），此时不考虑公司的账面资产能否偿还到期债务，延长出资期限就应推定为具有恶意。反之，如果延期出资的额度显著低于公司的债务额度，就不应认定为恶意。

本案系争的主债权发生时，上海某装饰公司的出资期限为 2021 年 11 月 19 日，上海某石业公司应于 2021 年 11 月 19 日前缴足其认缴的出资 995 万元，但截至目前，根据工商登记记载，仅实缴 10 万元，且在上海某装饰公司已欠付保定市某建材公司债务的情况下，上海某装饰公司通过修改公司章程的方式延长了出资期限，进而损害了保定市某建材公司作为债权人的合法权益。故上海某装饰公司内部延长出资期限的约定对保定市某建材公司不发生法律效力，上海某石业公司应在未缴纳出资 985 万元的范围内对保定市某建材公司的债务承担补充赔偿责任。

此外，值得注意的是，公司延期出资决议被认定为恶意，产生的是对外部债权人无约束力的法律后果，债权人有权按照先前的出资期限主张股东在尚未出资的额度范围内承担补充责任。如果股东尚未缴纳的出资额度超过公司未清偿的债务额度，对于超过部分，股东仍然享有按照公司延期决议出资的权利，即享有相应的出资期限利益。

二、关于前股东庄某某、上海某矿业公司的责任承担

关于股东的出资义务是否随着股权转让行为转移，是否因此豁免出资义务，法院认为，为平衡股东出资期限利益与债权人利益保护，未届期股权转让后的出资责任原则上由受让人承担，只有在转让人与受让人存在主观恶意的特殊情形下由转让人承担连带责任。具体可从如下几点来判断股权转让双方是否存在主观上逃避债务的恶意：第一，债务形成时间早于股权转让时间。第二，股权转让双方未交接公司财务报表、资产负债表、公章、营业执照以及资产，股权转让人仍然实际控制和管理公司。第三，股权转让双方之间存在特殊的身份关系。第四，转让人无偿转让所持有的股权。综上所述，审理中在判定主观恶意时，应当结合上述要素进行全面调查后作出判断。

关于责任的承担形式，本案认定股权的出让方和受让方构成共同侵权。共同侵权，是指二人以上共同实施故意侵权行为造成他人损害，进而承担连带责任的情形。共同侵权规则的规范目的，在于将那些具有共同故意的数个加害实施行为评价为一个侵权行为，使各个加害人承担连带责任，从而有效地减轻受害人因果关系的证明责任，最大限度地保护受害人的权益。而共同侵权规则将各个加害人的行为整合在一起的依据，就是各个加害人的意思联络。当共同侵权规则被运用于股权恶意转让时，法院在论证主观要件时，只要认定转让人与受让人存在关联关系，就可以据此推定转让人与受让人存在共同侵权意义上的意思联络，受让人对转让人的债务情况明知，结合推定主观恶意的其他情形，即可被认定构成共同侵权承担连带责任。至于转让人和受让人的主观状态究竟是积极追求损害发生的故意，还是未尽到合理注意义务的过失，并不在法院的考量范围之内。

庄某某与上海某矿业公司、上海某矿业公司与上海某石业公司之间内部股权转让时股权出资期限虽未届至，已经办理工商变更登记，但被告庄某某和上海某矿业公司在出让股权时上海某装饰公司已负债务，同时，结合上述转让方和受让方均未支付对价，与认缴的出资比例明显不符，且庄某某同时系现股东

上海某石业公司的法定代表人和上海某矿业公司的股东、监事等情形，上述两手股权转让的转让方和受让方均存在逃避债务的主观恶意，股权转让行为损害了原本在上海某装饰公司股东认缴出资届满后债务可能得到清偿的保定市某建材公司的合法权益，出让方和受让方属于共同侵权行为，出让方庄某某、上海某矿业公司均应当与受让方一起向债权人保定市某建材公司承担连带责任。

法答网精选问答：

答疑庭室	最高人民法院民二庭
问题概述	债权人以出资加速到期为由提起诉讼的，能否请求未出资履行出资义务股东直接清偿？
具体内容	倾向意见：出资加速到期情形下，应允许债权人请求股东直接向其清偿。一方面，根据《公司法司法解释（三）》的规定，股东未履行或未全面履行出资义务的，债权人可以请求其承担补充赔偿责任。直接清偿也有《民法典》关于代位权的规定作为制度基础。另一方面，出资加速到期情形下，公司往往缺乏清偿能力，如果不允许直接清偿，债权人主张出资加速到期的动力明显不足，将导致立法目的落空。
回复内容	对于股东出资责任的实现方式，新旧《公司法》均未明确股东可以向债权人直接清偿。《公司法司法解释（三）》根据《合同法》及其司法解释关于债权人代位权的规定，规定股东可以向债权人直接清偿。《民法典》第五百三十七条就债权人代位权规定了"由债务人的相对人向债权人履行债务"，明确放弃"入库规则"。股东对公司的出资责任，属于对公司应承担的侵权之债，在公司未行使其债权时，公司债权人代位行使权利，与《民法典》关于代位权的规定相一致。尽管《民法典》相对于《公司法》属于一般规定，《公司法》如有特别规定应优先适用《公司法》，但《公司法》对此未规定或规定不明确，应依据《民法典》规定，这也符合《立法法》规定及民法适用方法的基本原理。 在认缴出资加速到期的情况下，是否因具特殊性而应区别对待？第一，出资加速到期本质上还是公司所享有的"债务人丧失期限利益的债权"，这与到期债权无实质区别。第二，尽管加速到期情况下公司基本已濒临破产，甚至已具备破产条件，直接清偿有对其他债权人不公之嫌。但股东出资责任加速到期无非是股东对债权人承担出资不足补充赔偿责任的一种特殊情形，即便是出资缴纳期限已届至，进行直接清偿也同样面临上述问题，故无实质理由加以区别。第三，在公司个别债权人利益和整体债权人利益的平衡方面，在公司未进入破产程序的情况下，向个别债权人清偿，并不妨碍其他债权人申请公司破产，也不妨碍公司自身申请破产。一旦申请破产，未届出资缴纳期限的股东即应将其出资归入债务人财产，实现所有债权人公平清偿。第四，如果不允许直接清偿，债权人考虑到在诉讼中付出诉讼费、保全费、律师费等成本，便无动力提起诉讼，要求股东承担出资责任，导致《公司法》赋予债权人的请求"股东提前缴纳出资"诉权弱化或虚化。第五，如果按归入公司思路，债权人在请求股东向公司履行出资义务的同时，请求对该公司债权诉讼保全，在执行程序中同样可以达到直接清偿之效果，无非是让债权人更费周折而已。面临这种情况，其他债权人还是要靠执行分配或申请破产来维护自己的权益，与归入公司的情况下所能采取的救济手段也无二致。

续表

回复内容	需要说明的是，从法律适用而言，由于 2023 年《公司法》对该问题无明确规定，目前仍应按《九民会议纪要》精神判令股东向债权人直接清偿。2023 年《公司法》发布后，对股东出资加速到期情况下债权人是否能够直接受偿存在截然相反的两种观点，在新公司法司法解释起草过程中将广泛征求各方面的意见，特别需要征求立法部门意见，以确保司法解释与立法精神保持高度一致。新公司法司法解释制定后，此类案件应根据新公司法司法解释办理。
回复时间	2024-08-28

5. 2023 年《公司法》规定的董事会催缴出资规则与董事责任是什么？

有限责任公司成立后，董事会应当对股东的出资情况进行核查，如股东未按照公司章程规定按期足额缴纳出资的，应当向股东发出书面催缴通知，该书面催缴通知可以载明缴纳出资的宽限期。董事履行确保公司资本充实的职责是董事对公司负有勤勉义务的必然要求，董事未履行前述义务，给公司造成损失的，负有责任的董事应当承担赔偿责任。

法律提示： 负有核查股东出资情况义务的是董事会，故作出催缴决定时亦应当由董事会作出决议，并适用关联董事回避表决制度，如关联董事回避后人数不足三人的，则应当提交股东会表决。董事会对股东进行催缴必须采取书面形式。

相关法律规范：

2023 年《公司法》	2018 年《公司法》
第五十一条　有限责任公司成立后，董事会应当对股东的出资情况进行核查，发现股东未按期足额缴纳公司章程规定的出资的，应当由公司向该股东发出书面催缴书，催缴出资。 　　未及时履行前款规定的义务，给公司造成损失的，负有责任的董事应当承担赔偿责任。	
相关规定	
《公司法司法解释（三）》第十三条第四款　股东在公司增资时未履行或者未全面履行出资义务，依照本条第一款或者第二款提起诉讼的原告，请求未尽公司法第一百四十七条第一款规定的义务而使出资未缴足的董事、高级管理人员承担相应责任的，人民法院应予支持；董事、高级管理人员承担责任后，可以向被告股东追偿。	

案例库参考案例

天津某教育公司诉上海某泵业公司等股东出资纠纷案

2023-08-2-265-002/ 民事 / 股东出资纠纷 / 上海市第一中级人民法院 /2022.06.30/
（2021）沪 01 民终 14513 号 / 二审 / 入库日期：2024.02.23

【裁判要旨】

股东抽逃出资侵害的是目标公司财产权益，公司其他股东依据《公司法司法解释（三）》第十四条行使出资请求权属于共益权范畴，目的是维持公司资本，对该法条中行使出资请求权的"其他股东"进行限缩与公司资本制度也不符。即便行权股东自身出资存在瑕疵，或公司明确表示无须返还，从出资责任、请求权性质、价值选择三个方面考虑，抽逃出资的股东也不能以此主张免除自己的返还义务。在公司尚未经法定清算、清偿债权债务的情况下，为保障公司债权人的合法权益，股东抽逃的公司资本仍需补足，可主张返还出资的主体应包括所有股东。

【基本案情】

天津某教育公司诉称：天津某教育公司通过司法拍卖从上海某创业公司处取得上海某小贷公司 10% 股份并经法院生效裁定确认所有权。经查上海某小贷公司涉诉信息发现，法院生效判决认定上海某泵业公司及其他八家股东抽逃出资并将上述股东追加为被执行人。可见，上海某泵业公司构成抽逃出资，应当返还出资；林某某作为上海某小贷公司董事长、董事，协助上海某泵业公司抽逃出资，应当承担连带责任。请求判令：（1）上海某泵业公司向上海某小贷公司返还其抽逃出资 600 万元；（2）林某某就上述诉讼请求承担连带责任。

上海某泵业公司、林某某辩称：天津某教育公司不具有股东资格身份，无权提出本案诉讼。天津某教育公司通过拍卖方式继受取得股权，但未按协议内容办理工商变更登记手续，在知道转让方上海某创业公司也抽逃出资的情况下，并未向上海某小贷公司履行出资义务。上海某小贷公司自 2016 年之后不再经营并办理了相关工商变更手续，其权益并未受到侵害。林某某非本案适格被告，没有证据证明其协助抽逃出资。

上海某小贷公司述称：当时股东都没有出资，天津某教育公司要求上海某泵业公司返还抽逃的出资不合理。上海某小贷公司经营时由上海某创业公司管理，自 2012 年起未再经营，目前也无负债。

法院经审理查明：上海某小贷公司成立时有包括上海某泵业公司、上海某创业公司在内的九名股东。成立前，九名股东收到案外人上海某发展公司汇款共计 6000 万元，当日即分别转汇至上海某小贷公司账户，以货币出资形式缴足上海某小贷公司的注册资本 6000 万元。其中，上海某创业公司汇入注册资本 600 万元，上海某泵业公司汇入注册资本 1200 万元。成立后两天左右，所有股东再以本票形式分别将 6000 万元的注册资本由上海某小贷公司账户转回上海某发展公司账户。

之后，上海某小贷公司因涉诉被申请强制执行，法院追加上海某泵业公司等为共同被执行人，上海某泵业公司所缴代管款被法院划扣。上海某创业公司进入破产清算程序，名下上海某小贷公司 10% 股权被法院裁定归买受人天津某教育公司所有。双方协议约定：转让标的为上海某创业公司合法持有的上海某小贷公司 10% 的股权（对应注册资本为 600 万元），转让股权包括对应的所有权利和利益。本次交易系在司法拍卖平台以 1 元价格变卖进行，天津某教育公司对标的股权及目标公司的现状及瑕疵均明知并自愿接受，成交价为 16000元。双方确认以法院作出破产裁定之日为标的股权的交割日。

另查明，林某某系上海某泵业公司的法定代表人，兼上海某小贷公司董事长。2016 年，上海某小贷公司关于取消本市小额贷款公司试点资格的申请被相关部门批复同意，未再开展新的小额贷款业务。

上海市闵行区人民法院于 2021 年 9 月 26 日作出（2021）沪 0112 民初 19563 号民事判决：驳回天津某教育公司的诉讼请求。宣判后，天津某教育公司不服一审判决，提起上诉。上海市第一中级人民法院于 2022 年 6 月 30 日作出（2021）沪 01 民终 14513 号民事判决：一、撤销上海市闵行区人民法院（2021）沪 0112 民初 19563 号民事判决；二、上海某泵业公司于判决生效之日起十日内向上海某小贷公司返还出资 600 万元；三、驳回天津某教育公司的其余诉讼请求。

【裁判理由】

法院生效裁判认为，本案主要争议是：第一，天津某教育公司是否有权主张上海某泵业公司向上海某小贷公司返还抽逃出资；第二，林某某应否承担连带责任。

一、天津某教育公司是否有权主张上海某泵业公司向上海某小贷公司返还抽逃出资

首先，上海某泵业公司通过第三方代垫出资并将其出资抽回的行为并未经过法定程序，属于《公司法司法解释（三）》第十二条第（四）项规定的情形，构成抽逃出资。另案生效裁定也对此进行了认定。

其次，天津某教育公司通过法院公开拍卖获得上海某创业公司持有的上海某小贷公司10%股权并支付股权转让款，所有权已获生效裁定确认，应享有上海某小贷公司的股东权利，根据《公司法司法解释（三）》第十四条规定，有权提起本案诉讼。

最后，即便受让的股权有瑕疵，天津某教育公司作为股东仍有权请求抽逃出资的股东上海某泵业公司向上海某小贷公司返还全部出资（需扣除上海某泵业公司已因抽逃出资被法院执行并划扣以清偿上海某小贷公司对外债务的款项金额）。理由如下：第一，法律没有明确规定《公司法司法解释（三）》第十四条中的其他股东应限定为守约股东。从促进公司资本充实的目的看，也不应将抽逃出资股东或者受让瑕疵股权的股东排除在该法条中请求其他抽逃出资股东向公司返还出资本息的其他股东之外。对未履行出资义务或者抽逃出资的股东提起股东出资诉讼是法律赋予其他股东的权利，对该条中其他股东的资格进行限缩，与公司资本制度不符。第二，全体股东都有向公司出资的义务，该出资并非股东之间的对待给付，权利主体是上海某小贷公司，包括上海某泵业公司在内的任一股东均不得以对方未履行出资义务或者抽逃出资或者受让之股权存在瑕疵为由拒绝履行自身的出资义务。第三，股东抽逃出资侵害的是公司财产权益，股东行使出资请求权属于共益权范畴。况且，从公司资本维持的角度来看，未履行出资义务或者抽逃出资的股东之间互相催缴出资，有利于公司资本充实。第四，股东的出资义务具有法定性，公司资本维持是股东承担有限责任的基础，公司资本缺失显然会降低公司的履约能力和偿债能力，故不应以

公司意志予以免除。

二、林某某应否对上海某泵业公司的返还出资义务承担连带责任

上海某泵业公司作为上海某小贷公司股东，其抽逃出资侵犯了公司财产权。如果公司其他股东、董事、高级管理人员或者实际控制人协助抽逃出资，则构成共同侵权，应与上海某泵业公司承担连带责任。但上海某小贷公司企业公示信息显示，林某某虽系上海某小贷公司董事长，但并非法定代表人，现有证据也不能证明林某某系上海某小贷公司实际控制人，或者上海某小贷公司发起设立时通过案外人代垫验资事宜系由林某某经办，因此，天津某教育公司主张林某某协助抽逃出资缺乏事实依据。

法答网精选问答：

答疑庭室	湖北省荆门市中级人民法院民二庭
问题概述	如果经董事催缴股东仍不出资，董事会未跟进采取股东失权措施，是否同样承担责任？
具体内容	个人意见：催缴和失权程序是一个相互衔接的完整的履行义务程序，董事不履行该义务的，给公司造成损失应当承担责任。
回复内容	董事会作为公司的执行机构，在发现股东存在未按期足额缴纳出资的情况时，应代表公司对该股东进行催缴。2023年《公司法》第五十一条第一款规定："有限责任公司成立后，董事会应当对股东的出资情况进行核查，发现股东未按期足额缴纳公司章程规定的出资的，应当由公司向该股东发出书面催缴书，催缴出资。" 对于董事会没有及时履行上述核查催缴义务的后果，2023年《公司法》第五十一条第二款规定："未及时履行前款规定的义务，给公司造成损失的，负有责任的董事应当承担赔偿责任。"即该条款明确规定董事会未履行核查催缴义务，则"负有责任的董事"对公司损失应承担赔偿责任，该"负有责任的董事"一般为执行公司事务的董事（相当于2018年《公司法》的执行董事）、董事会分工中负责注册资本核查的董事。 2023年《公司法》第五十二条第一款规定："股东未按照公司章程规定的出资日期缴纳出资，公司依照前条第一款规定发出书面催缴书催缴出资的，可以载明缴纳出资的宽限期；宽限期自公司发出催缴书之日起，不得少于六十日。宽限期届满，股东仍未履行出资义务的，公司经董事会决议可以向该股东发出失权通知，通知应当以书面形式发出。自通知发出之日起，该股东丧失其未缴纳出资的股权。" 关于股东经催缴仍未履行出资义务，董事会是否必须采取股东失权措施。股东欠缴出资，公司进行催缴后，董事会并非必须作出股东失权决议。董事会是否作出失权决议，应综合各种因素，从有利于公司的角度考虑，谨慎作出决定。公司的价值不仅体现在出资形成的注册资本金上，还包含公司经营累积的价值、股东拥有的资源等独特价值，如欠缴出资的股东对公司发展起着至关重要的作用，则不宜立即对其股权作出失权决定。董事会也可采取再次催缴等措施，其他股东也可以要求公司监事会或监事对董事会不履职的行为进行监督。

续表

回复内容	综上所述，2023 年《公司法》第五十一条明确规定董事会应履行核查催缴义务，否则负有责任的董事应对公司损失承担赔偿责任；2023 年《公司法》第五十二条第一款规定"股东仍未履行出资义务的，公司经董事会决议可以向该股东发出失权通知"，该处表述为"可以"并非"必须"，且未包含否则董事对公司损失承担赔偿责任之内容，综合前述，不能以股东经董事会催缴后未出资，董事会未向股东发出失权通知为由，要求董事对公司损失承担赔偿责任。
回复时间	2024-10-23

6. 股东因未按董事会催缴出资导致股东失权的程序、法律后果以及救济途径是什么？

股东未按照公司章程规定的出资日期缴纳出资，公司发出书面催缴书催缴出资的，可以载明缴纳出资的宽限期；宽限期自公司发出催缴书之日起，不得少于六十日。宽限期届满，股东仍未履行出资义务的，公司经董事会决议可以向该股东发出失权通知，通知应当以书面形式发出。自通知发出之日起，该股东丧失其未缴纳出资的股权。股东对失权有异议的，应当自接到失权通知之日起三十日内向人民法院提起诉讼。

法律提示：催缴失权有着严格的程序，董事会应对未按章程缴纳出资的股东进行书面催缴，且须给予不少于六十日宽限期。该股东仍不缴纳出资的，经公司董事会决议，才可向该股东发出失权通知。

相关法律规范：

2023 年《公司法》	2018 年《公司法》
第五十二条　股东未按照公司章程规定的出资日期缴纳出资，公司依照前条第一款规定发出书面催缴书催缴出资的，可以载明缴纳出资的宽限期；宽限期自公司发出催缴书之日起，不得少于六十日。宽限期届满，股东仍未履行出资义务的，公司经董事会决议可以向该股东发出失权通知，通知应当以书面形式发出。自通知发出之日起，该股东丧失其未缴纳出资的股权。 　　依照前款规定丧失的股权应当依法转让，或者相应减少注册资本并注销该股权；六个月内未转让或者注销的，由公司其他股东按照其出资比例足额缴纳相应出资。 　　股东对失权有异议的，应当自接到失权通知之日起三十日内，向人民法院提起诉讼。	

续表

相关规定
《公司法司法解释（三）》第十七条　有限责任公司的股东未履行出资义务或者抽逃全部出资，经公司催告缴纳或者返还，其在合理期间内仍未缴纳或者返还出资，公司以股东会决议解除该股东的股东资格，该股东请求确认该解除行为无效的，人民法院不予支持。 　　在前款规定的情形下，人民法院在判决时应当释明，公司应当及时办理法定减资程序或者由其他股东或者第三人缴纳相应的出资。在办理法定减资程序或者其他股东或者第三人缴纳相应的出资之前，公司债权人依照本规定第十三条或者第十四条请求相关当事人承担相应责任的，人民法院应予支持。

案例库参考案例

某智慧水务（深圳）有限公司诉上海某泵业制造有限公司 公司决议效力确认纠纷案

2024–08–2–270–005/ 民事 / 公司决议纠纷 / 上海市金山区人民法院 /2021.12.20/（2021）沪 0116 民初 14414 号 / 一审 / 入库日期：2024.06.13

【裁判要旨】

股东除名是强行剥夺公司成员股东身份的行为，我国公司法对于股东除名的条件严格限定在"未出资"和"抽逃全部出资"这两种事由中，公司与股东不得自行约定其他的除名条件，股东会据此作出的除名决议无效。

【基本案情】

原告某智慧水务（深圳）有限公司诉称：被告上海某泵业制造有限公司于 2010 年 6 月 7 日注册成立，2016 年 12 月 24 日，原告以 105 万元的对价从案外人胡某某（被告大股东）处受让了被告公司 3.5% 的股权，并于同日与案外人胡某某签订了股权代持协议，约定由案外人代持被告公司股权。其后，原告一直实际参与公司经营管理，自行行使股东职权，参与公司分红，被告及其他股东对原告股东地位知情并认可。2021 年 7 月 25 日，被告以股东会决议形式作出股东会议纪要，决议原告从被告撤股并退出股东会。原告认为，该股东会议纪要超越了《公司法》赋予股东会的职权，侵犯了原告的合法权益，依法应不具有法律效力，故诉至法院，请求判令：确认被告 2021 年 7 月 25 日所作股东会议决议第一项、第二项无效。

被告上海某泵业制造有限公司辩称：原告通过其实际控制人设立多家公司、销售与被告同类的产品，违反了竞业限制的约定，给被告及其股东造成了重大经济损失，为此，公司全体股东按照公司章程规定的程序召集了股东会，原告法定代表人余某某参加了股东会，股东会议作出决议对原告除名，投票时因表决事项与原告存在利害关系，原告应当回避，故原告未参加决议的表决。

法院经审理查明：2016年12月24日，原告（乙方）、胡某某（甲方）、刘某某（第三人）、被告（目标公司）签订股权转让协议书，协议约定甲方将其持有被告5%的股权以150万元的价格转让给乙方，乙方于2017年1月15日前支付40%的转让款（60万元）、于2017年6月1日前支付30%的转让款（45万元）、于2017年10月1日前支付30%的转让款（45万元），若第一期转让款逾期未到账，则本协议视为不成立、不生效；若第二期、第三期转让款逾期未到账，则按实际到账金额计算股权受让比例；协议第三条"陈述与保证"第2款"乙方的权利与义务"第4项约定，目标公司每年召开两次董事会，重大项目的投资（50万元以上）时，应召开临时董事会，乙方通过董事会参与决定公司的经营方针和投资计划，不参与公司的日常经营事务；第5项约定甲方经营目标公司过程中，每半年向乙方提供一次财务报表，每年年底分红一次，每次以当年利润的30%进行分红，其余利润作为目标公司的发展基金投入再生产；第8项约定未经甲方书面同意，乙方不得单独设立或以任何形式（包括但不限于以股东、合伙人、董事、经理、职员、代理人、顾问等身份）参与设立新的生产同类产品或与目标公司业务相近或相关联的其他经营实体，不得经营与目标公司产品相同的产品；协议还约定了其他事项。同日，原告与胡某某签订股权代持协议，协议约定原告委托胡某某代为持有被告5%的股份，对应的出资额为150万元（实际代持股以股权转让协议书最终实际履行的股份为准），原告作为代持股份的实际拥有者，以代持股份为限，根据被告公司章程规定行使股东权利、承担股东义务，在代持期间，获得因代持股份而产生的收益，包括但不限于利润、现金分红等，由原告按出资比例享有，协议还约定了其他事项。签约后，原告支付了股权转让款105万元，实际受让了被告公司3.5%的股权。此后，原告也每年按照该持股比例行使股东权利、取得相应股东红利。

2021 年 7 月 25 日，被告召开股东会，应到股东 10 人、实到股东 9 人，分别为胡某某、原告某智慧水务（深圳）有限公司授权代表余某某等，缺席股东为王某，会议通过如下决议：（1）某智慧水务（深圳）有限公司因违反签订的股权转让协议书中第三条"陈述与保证"中第 2 款第 8 项的规定，需从上海某泵业制造有限公司撤股并退出股东会；（2）违反股权转让协议书中第三条"陈述与保证"中第 2 款第 8 项的规定的股东，无条件退股；（3）对 2021 年、2022 年、2023 年年底的利润不进行分配，2023 年度后的利润分配根据企业盈利情况再行决定。出席会议的股东除原告授权代表余某某未签字外，其余股东均签字确认。

2021 年 8 月 9 日，原告向法院起诉，要求确认胡某某持有的被告公司 3.5% 的股权为原告所有，并请求办理股权变更登记，法院于 2021 年 10 月 8 日公开开庭进行了审理，目前，该案中止审理。

另查明：2014 年 5 月 7 日，深圳某控股集团有限公司注册成立，法定代表人为余某某，股东为黄某某、胡某某、余某某。2015 年 3 月 31 日，某智慧水务（深圳）有限公司注册成立，股东为深圳某控股集团有限公司，法定代表人为余某某。2018 年 7 月 30 日，广东某工程服务有限公司注册成立，法定代表人为余某某、监事为黄某某，股东为深圳某控股集团有限公司。2019 年 8 月 14 日，深圳市某水务有限公司注册成立，法定代表人为余某某、监事为黄某某，股东为深圳某控股集团有限公司。2019 年 9 月 5 日，上海某智慧水务股份有限公司出具经销商授权书，授权深圳市某水务有限公司为该公司产品的渠道经销商。此外，广东某工程服务有限公司也曾与深圳某建设工程有限公司签订成套供水设备供货合同，为深圳市南山区某花园等 13 个小区提供二次供水设备。

又查明：2015 年 9 月 14 日至 2021 年 7 月 14 日，原告为被告产品的独家代理商，在深圳地区代理销售被告的供水设备。2019 年 3 月 5 日，原告与被告曾签订代理合作协议，被告授权原告为被告产品在深圳等地区独家代理商。

再查明：2016 年 12 月 24 日，胡某某、刘某某及被告分别与刘某、王某某、王某签订股权转让协议书，胡某某向刘某等人转让其持有的被告公司相应股权；同日，胡某某分别与刘某、王某某、王某签订代持股协议书，刘某等人委托胡某某代为持有被告公司的相应股权。庭审中，被告确认胡某某转让给原告等人的被告公司相应股权，均由胡某某代持，并未办理股权变更登记。

上海市金山区人民法院于 2021 年 12 月 20 日作出（2021）沪 0116 民初 14414 号民事判决：确认被告上海某泵业制造有限公司于 2021 年 7 月 25 日作出的股东会议决议中"（1）某智慧水务（深圳）有限公司因违反签订的股权转让协议书中第三条'陈述与保证'中第 2 款第 8 项的规定，需从上海某泵业制造有限公司撤股并退出股东会；（2）违反股权转让协议书中第三条'陈述与保证'中第 2 款第 8 项的规定的股东，无条件退股"的内容无效。宣判后，双方当事人均未提出上诉，判决已发生法律效力。

【裁判理由】

法院生效裁判认为：有限责任公司的股东未履行出资义务或者抽逃全部出资，经公司催告缴纳或者返还，其在合理期间内仍未缴纳或者返还出资，公司以股东会决议解除该股东的股东资格，该股东请求人民法院确认该解除行为无效的，人民法院不予支持。就本案而言，首先，原告是通过受让胡某某转让的股权而取得股东资格，已经向胡某某支付了相应的股权转让款，并不存在未履行出资义务或者抽逃全部出资的情形。其次，被告股东会决议解除原告股东资格的事由是原告违反了股权转让协议书中第三条"陈述与保证"中第 2 款第 8 项的约定，但股权转让协议书并未明确约定原告违反该条约定就丧失股东资格；假如原告违反了股权转让协议书该条款的约定，构成了违约，被告完全可以依据股权转让协议书的约定追究原告的违约责任，或者可以依据《公司法》的规定追究原告滥用股东权利损害公司利益的赔偿责任，并不应当据此剥夺原告的股东资格。最后，虽然被告以股东会决议的方式解除原告的股东资格，符合法律规定的形式要件，但决议内容缺乏法律依据，并不具有法律效力。综上所述，原告提出的诉讼请求，于法有据，法院应予支持；被告提出的抗辩主张，缺乏法律依据，法院不予采纳。故法院依法作出如上裁判。

法答网精选问答：

答疑庭室	上海市高级人民法院商事审判庭（破产审判庭）
问题概述	股东失权的条件、程序和后果？
具体内容	个人意见：2023 年《公司法》条文中对于具体有权主体存在"公司""董事会"等衔接不明之处，对于董事会"应当""可以"行权的规定也存在不确定性。
回复内容	2023 年《公司法》新增股东失权制度，旨在督促股东尽快出资，保证公司资本的确定和充实。鉴于股东失权的后果是使股东丧失股东资格，对股东的权利影响重大，且对公司债权人利益产生重要影响，应当严格遵循 2023 年《公司法》关于股东失权制度的规定。 　　股东未按照公司章程规定的出资日期缴纳出资的，公司董事会应当依据 2023 年《公司法》第五十一条的规定履行催缴义务。公司向股东发出书面催缴书的，可以载明缴纳出资的宽限期；宽限期自公司发出催缴书之日起，不得少于六十日。宽限期届满，股东仍未履行出资义务的，公司经董事会决议可以向该股东发出失权通知，通知应当以书面形式发出。自通知发出之日起，该股东丧失其未缴纳出资的股权。 　　股东失权后，该股东丧失相应股权的股东资格，而相应股权失权股东所认缴的出资依旧处于"空洞"状态，公司应当及时消除公司资本中的"空洞"状态。公司相应股权应当依法转让，或者相应减少注册资本并注销该股权；六个月内未转让或者注销的，由公司其他股东按照其出资比例足额缴纳相应出资。 　　另外，失权股东若对失权有异议，依法应当自接到失权通知之日起三十日内，向人民法院提起诉讼，失权股东逾期提起诉讼的，人民法院对其诉讼请求应不予支持。若公司发出的失权通知所依据的股东未出资的事实不成立，股东实际已出资的，我们认为，应当不受前述三十日限制。
回复时间	2024-03-26

法答网精选问答：

答疑庭室	辽宁省高级人民法院民二庭
问题概述	如果大股东不按期缴纳出资担任执行董事，如何使大股东失权？
具体内容	存在小股东无法权利救济的困境，《公司法司法解释（三）》除名由股东会决议，2023 年《公司法》要求董事会行使该权利，如果大股东本身就是执行董事，会造成大股东失权不能。

续表

回复内容	关于小股东与大股东之间的利益平衡，应立足于整个公司法体系来考察，并不仅限于某一制度。2023 年《公司法》第五十一条第二款规定了负有责任的董事对公司损失的赔偿责任。第五十二条规定了公司经董事会决议可以向股东发出失权通知。设定了董事的赔偿责任，并且在董事、监事及高级管理人员的义务部分也规定了勤勉义务，给公司造成损失的，要承担赔偿责任，损害股东利益的，股东可以向人民法院提起诉讼等，一系列制度安排构成了对董事行使职权的制约。《公司法》也设定了小股东利益的保护机制，因此小股东利益的保护不仅限于股东失权制度。当然关于新增的股东失权制度，还存在一些实践上的具体问题有待最高人民法院进一步明确。
回复时间	2024-07-17

7. 抽逃出资的股东应当承担什么责任；公司的董事、监事及高级管理人员应否对股东抽逃出资承担责任？

抽逃出资是指股东在公司成立后未经法定程序，从公司抽回相当于已缴出资数额的财产，同时继续持有公司股权或者股份的行为。抽逃出资一般表现为制作虚假财务会计报表虚增利润进行分配、虚构债权债务关系将出资转出、利用关联交易将出资转出等形式。债权人有权要求抽逃出资的股东在抽逃出资本息范围内对公司债务不能清偿的部分承担补充赔偿责任，协助抽逃出资的其他股东、董事、高级管理人员或实际控制人等应对此承担连带责任。

法律提示：出资义务是股东应当对公司履行的义务，一旦发生抽逃出资行为，需要承担返还出资责任和损失赔偿责任。抽逃出资通常并非由股东一人完成，协助股东抽逃出资的人员需要一并承担相应的责任。

相关法律规范：

2023 年《公司法》	2018 年《公司法》
第五十三条　公司成立后，股东不得抽逃出资。违反前款规定的，股东应当返还抽逃的出资；给公司造成损失的，负有责任的董事、监事、高级管理人员应当与该股东承担连带赔偿责任。 　　**第二百五十三条**　公司的发起人、股东在公司成立后，抽逃其出资的，由公司登记机关责令改正，处以所抽逃出资金额百分之五以上百分之十五以下的罚款；对直接负责的主管人员和其他直接责任人员处以三万元以上三十万元以下的罚款。	**第三十五条**　公司成立后，股东不得抽逃出资。 　　**第二百条**　公司的发起人、股东在公司成立后，抽逃其出资的，由公司登记机关责令改正，处以所抽逃出资金额百分之五以上百分之十五以下的罚款。

续表

相关规定
《最高人民法院民二庭关于"股东以土地使用权的部分年限对应价值作价出资，期满后收回土地是否构成抽逃出资"的答复》 　　根据我国公司法及相关法律法规的规定，股份有限公司设立时发起人可以用土地使用权出资。土地使用权不同于土地所有权，其具有一定的存续期间即年限，发起人将土地使用权出资实际是将土地使用权的某部分年限作价用于出资，发起人可以将土地使用权的全部年限作价用于出资，作为公司的资本。发起人将土地使用权的部分年限作价作为出资投入公司，在其他发起人同意且公司章程没有相反的规定时，并不违反法律法规的禁止性规定，此时发起人投入公司的资本数额应当是土地使用权该部分年限作价的价值。 　　在该部分年限届至后，土地使用权在该部分年限内的价值已经为公司所享有和使用，且该部分价值也已经凝结为公司财产，发起人事实上无法抽回。由于土地使用权的剩余年限并未作价用于出资，所以发起人收回土地使用权是取回自己财产的行为，这种行为与发起人出资后再将原先出资的资本抽回的行为具有明显的区别，不应认定为抽逃出资。发起人取回剩余年限的土地使用权后，公司的资本没有发生变动，所以无须履行公示程序。 　　本案中，你院应当查明作为股东的鞍山市人民政府在鞍山第一工程机械股份有限公司设立时投入的 570620 平方米土地使用权作价 1710 万元所对应的具体年限。如果该作价 1710 万元的土地使用权对应的出资年限就是十年，在十年期满后，鞍山市人民政府将剩余年限的土地使用权收回，不构成抽逃出资，也无须履行公示程序；反之，则鞍山市人民政府存在抽逃出资的行为，其应当承担对公司债务的赔偿责任，但以抽逃出资的价值为限。 　　以上意见，仅供参考。

案例库参考案例

某房地产公司诉厉某某、卢某某股东出资纠纷案

2023-10-2-265-002/ 民事 / 股东出资纠纷 / 山东省高级人民法院 / 2022.03.09 /（2021）鲁民终 2360 号 / 二审 / 入库日期：2024.02.22

【裁判要旨】

　　公司注册验资后，原始股东在没有基础法律关系的情况下转出资金，构成抽逃出资。若新股东知悉原始股东抽逃出资情况，加入公司并进行股权重置，重新约定各方股东的出资额，并变更了工商登记。原始股东在公司的出资数额满足变更后登记数额的，公司起诉原始股东补足抽逃出资，不应予以支持。

【基本案情】

　　原告某房地产公司诉称：某房地产公司系由被告厉某某、卢某某设立，二人利用股东身份之便，恶意串通实施抽逃出资行为，严重损害公司利益。请求

判令：（1）厉某某、卢某某向某房地产公司返还出资款1700万元及利息损失100万元（暂计，实际以1700万元为本金，按照中国人民银行同期同类贷款利率的标准，从2008年3月14日起计至2019年8月19日止，按照全国银行间同业拆借中心公布的贷款市场报价利率的标准，从2019年8月20日起计至实际支付之日止），并对上述款项的清偿承担连带责任；（2）判令厉某某、卢某某承担本案全部诉讼费用。

厉某某、卢某某辩称：某房地产公司以2007年9月至2008年3月支出的五笔款项主张厉某某、卢某某抽逃出资，没有事实依据，且某房地产公司已提交证据确认其中部分款项为公司之间的经济往来。某房地产公司提交的支付凭证仅仅是资金流转过程中的某几笔数据，不能反映实际资金往来结果，亦不能证明厉某某、卢某某抽逃出资。厉某某、卢某某的行为不符合股东抽逃出资的形式要件和实质要件。某公司成为控股股东后操纵某房地产公司起诉，以拒绝股东行使知情权等方式损害厉某某的权利。厉某某、卢某某出资金额及比例不同，要求二人承担连带责任，没有事实与法律依据。

法院经审理查明：厉某某、卢某某系夫妻关系。2007年9月21日，二人出资设立某工某公司，二人按约出资后，在没有基础法律关系的情况下转出资金，构成抽逃出资。2010年4月20日，某工某公司变更名称为某房地产公司。2012年4月26日，某公司与厉某某、卢某某签订《山东乳山、广东惠州房地产项目合作合同》，约定某公司以30万元向厉某某、卢某某收购其二人持有的包括某房地产公司在内的五家公司各75%的股份。合同载明，五家公司的债权债务关系明晰，已由双方以书面形式作了完整准确的披露并经光某会计师事务所有限公司出具审计报告。协议签订后，某房地产公司的股东变更为某公司持股75%，厉某某持股25%。2013年8月15日，某公司与厉某某签订《关于某房地产公司的补充协议》，约定双方对某房地产公司进行增资，本次以货币形式增资的1000万元由某公司负责实缴，厉某某不承担出资义务。增资后目标公司注册资本为3000万元，双方股权比例不变。某房地产公司于2018年提起了本案诉讼，主张厉某某、卢某某返还抽逃出资。

山东省威海市中级人民法院于2021年7月6日作出（2020）鲁10民初201号民事判决：驳回某房地产公司的诉讼请求。某房地产公司、厉某某、卢某某均提起上诉，山东省高级人民法院于 2022 年 3 月 9 日作出（2021）鲁民终 2360 号民事判决：驳回上诉，维持原判。

【裁判理由】

法院生效裁判认为，某房地产公司主张厉某某、卢某某在某房地产公司注册资金验资后，先后五次将 1700 万元转出，没有合同关系，款项往来没有对价，构成抽逃出资。厉某某、卢某某辩称：某房地产公司付给某磁钢厂 200 万元系偿还代付的土地款，转出的其他款项是正常经济往来，并非抽逃出资，即使抽逃出资也已补足。经查，某房地产公司的出资情况分为两个阶段。

第一个阶段，某房地产公司自始成立至 2012 年 4 月 26 日重置股权前。该公司由厉某某与卢某某出资于 2007 年 9 月 21 日设立，根据公司章程规定，注册资本为 2000 万元，厉某某以现金出资 1600 万元，占注册资本的 80%，卢某某以现金出资 400 万元，占注册资本的 20%。至 2007 年 12 月 26 日，注册资本 2000 万元出资到位。转出的五笔款项分别为：2007 年 9 月 25 日，某房地产公司将 725 万元款项转出至惠州某公司账户。2007 年 12 月 27 日，某房地产公司将 90 万元款项转出至卢某某账户，转出 200 万元至某磁钢厂账户。2008 年 3 月 13 日，厉某某缴纳出资款 548 万元，卢某某缴纳出资款 137 万元。2008 年 3 月 14 日，某房地产公司转出 400 万元至厉某某账户，转出 285 万元至卢某某账户。以上五笔共计 1700 万元。其中，某房地产公司于 2007 年 12 月 27 日向某磁钢厂转账 200 万元，该款为某房地产公司偿还某磁钢厂代付的土地款，支付对价的基础法律关系存在，某公司委托光某会计师事务所有限公司对某房地产公司出具的专项审计报告中，列明了该款项，该款不属于抽逃出资。厉某某与卢某某转出的其余四笔 1500 万元，没有合同对价，没有基础法律关系。厉某某与卢某某辩解他人出具的《证明》可证实二人转回了出资，因二人主张的往来款没有注明补足出资，没有补足出资的意思表示，亦未履行法定程序，不能认定为补足注册资本。故厉某某与卢某某抽逃出资 1500 万元，事实清楚。

第二个阶段，2012 年 4 月 26 日重置股权后。2012 年 4 月 26 日，某公司与厉某某、卢某某签订《山东乳山、广东惠州房地产项目合作合同》，约定某公司以 30 万元向厉某某、卢某某收购其二人持有的包括某房地产公司在内的五家公司各 75% 的股份。协议签订后，双方办理了股权变更登记。某房地产公司的股东变更为某公司持股 75%，厉某某持股 25%。某公司持股的 75% 为 1500 万元，厉某某持股的 25% 为 500 万元。此时，厉某某在某房地产公司的出资保持在 500 万元。所以，厉某某在某房地产公司的注册资本出资满足了约定的股东出资额。某房地产公司于 2018 年提起本案诉讼，主张厉某某、卢某某返还出资款，没有事实依据，对其上诉请求不予支持。二审判决：驳回上诉，维持原判。

典型案例

种业公司诉罗某等追收抽逃出资纠纷案

2024 年江苏法院公司纠纷典型案例 / 江苏省灌南县人民法院

【裁判要旨】

公司资本是构成公司独立人格的重要条件，也是公司正常开展经营活动和对外承担责任的物质基础。相较于未履行出资义务和未全面履行出资义务，抽逃出资具有更高的隐蔽性。2023 年《公司法》第八十八条规定的受让人与转让人承担连带责任也仅限定逾期未实缴出资及出资不实两种情况，未涉及抽逃出资情形。司法实践中，可综合考虑股权转让价格、转让股东与受让股东的关系、受让股东有无采取必要的审查措施等因素，判断受让人是否知道或应当知道转让股东抽逃出资事宜，进而判断其应否承担连带责任。因此，股东应当依法履行出资义务，确保公司资本充实，不得通过抽逃出资、违法减资或者未经法定程序以其他方式变相收回投资，影响公司的正常生产经营。

【基本案情】

种业公司由罗某设立，注册资本 100 万元。2011 年 5 月，公司股东会决定修改公司章程，增加注册资本 400 万元，由罗某认缴 300 万元，罗某之妻孙某梅认缴 100 万元，于 2011 年 5 月 17 日前一次缴足。罗某、孙某梅各自认缴的出资由他人代为缴纳验资，同年 5 月 19 日，400 万元验资款被转出。2019 年 6 月 5 日，孙某梅之兄孙某兵以 0 元受让二人全部股权，法定代表人变更为孙某兵。后公司进入破产程序，管理人接管后代表种业公司提起追收抽逃出资诉讼，请求罗某、孙某梅立即向公司缴纳抽逃出资款，孙某兵承担连带责任。

【裁判理由】

法院认为，股东应按期足额缴纳公司章程中规定的认缴出资额，未缴纳或虚假验资后又返还验资款的，股东仍应继续缴纳其认缴的出资。本案中，罗某及孙某梅各自认缴增资，由他人代为验资后，第二日增资款又被转回给代为验资人，故该二人仍应继续履行出资义务。罗某及孙某梅将其股权以 0 元价格转让给孙某兵，鉴于三人之间的特殊关系，可以认定孙某兵应当知晓二人的出资情况，其应对罗某及孙某梅的补缴出资义务承担连带责任。

法答网精选问答：

答疑庭室	最高人民法院民二庭
问题概述	受让股东明知转让股东存在抽逃出资行为而以公司名义请求转让股东返还抽逃资本应否支持？
具体内容	股权转让时，受让股东明知转让股东存在抽逃出资行为，双方根据公司实际资本确定股权转让对价后，受让股东以公司名义请求转让股东返还抽逃资本的，如何认定？
回复内容	标的公司实缴出资后，作为受让方的新股东明知作为转让方的老股东抽逃出资，而与老股东协商按照抽逃出资后标的公司实际资本确定股权转让对价的，可以推定新老股东达成了老股东不再负有返还抽逃出资责任、由新股东承担该责任的约定。公司起诉老股东返还抽逃出资，如果机械地按照公司可以向抽逃出资的股东追缴出资的法律规定，直接判决老股东向公司返还抽逃出资本息，那么老股东返还之后必然起诉请求新股东向其返还，处理结果仍是新股东承担了补足所抽逃出资的责任。也就是说，在新老股东之间的内部责任划分上，最终责任应该由新股东承担。 新股东持有标的公司 100% 股权的情形下，标的公司完全由新股东控制，公司利益与新股东利益完全一致，标的公司应无意愿要求新股东支付该款项。此时，要通盘考虑公司债权人的利益，应向公司释明履行减资程序，引导当事人通过正规减资程序，减少已经抽逃的注册资本。减资后，新老股东均无须另行支付款项，符合各自预期。减资保护了公司债权人利益，同时，彻底解决了抽逃出资的隐患。减资最终符合各方利益。如果减资不成功，往往涉及公司债权人利益保护，此时，便不是新老股东之间的内部法律关系，而是涉及公司与债权人之间的外部法律关系，新老股东应该对公司承担补足出资的连带责任，且因新老股东实质系达成了抽逃出资的责任转由新股东承担的约定，则老股东承担责任后，可以向新股东追偿。
回复时间	2024-08-29

8. 未出资股权转让后，转让股东是否应当承担责任？

股东转让已认缴出资但未届出资期限的股权的，由受让人承担缴纳出资的义务；受让人未按期足额缴纳出资的，转让方对受让人未按期缴纳的出资承担补充责任。转让方以非货币财产出资的，如该非货币财产的实际价额显著低于所认缴的出资额，转让人与受让人在出资不足的范围内承担连带责任，但受让人不知道且不应当知道存在上述情形的，由转让人承担责任。

法律提示： 出资期限未届满的股权转让后，受让股东承担相应的出资义务和出资责任，转让股东承担补充责任。瑕疵股权转让后，转让股东虽然不再是股东，但仍然需要对公司的出资承担连带责任，在受让股东无法知晓出资不足的情况下，责任则全部由转让股东承担。

相关法律规范：

2023 年《公司法》	2018 年《公司法》
第八十八条　股东转让已认缴出资但未届出资期限的股权的，由受让人承担缴纳该出资的义务；受让人未按期足额缴纳出资的，转让人对受让人未按期缴纳的出资承担补充责任。 　　未按照公司章程规定的出资日期缴纳出资或者作为出资的非货币财产的实际价额显著低于所认缴的出资额的股东转让股权的，转让人与受让人在出资不足的范围内承担连带责任；受让人不知道且不应当知道存在上述情形的，由转让人承担责任。	
相关规定	
《公司法司法解释（三）》第十八条第一款　有限责任公司的股东未履行或者未全面履行出资义务即转让股权，受让人对此知道或者应当知道，公司请求该股东履行出资义务、受让人对此承担连带责任的，人民法院应予支持；公司债权人依照本规定第十三条第二款向该股东提起诉讼，同时请求前述受让人对此承担连带责任的，人民法院应予支持。	

案例库参考案例

江苏某种业有限公司诉扬州某种业有限公司、戴某、杨某、柏某侵害植物新品种权纠纷案

2023-13-2-161-005/ 民事 / 植物新品种权权属、侵权纠纷 / 最高人民法院 / 2021.12.20/（2021）最高法知民终 884 号 / 二审 / 入库日期：2024.02.21

【裁判要旨】

侵害植物新品种权纠纷中，侵权主体往往较多且侵权方式隐蔽，对于实施侵权行为的股东通过恶意转让公司股权、虚构债务等手段逃避侵权责任，导致品种权人损失无法获得弥补的，人民法院可以依品种权人请求判决滥用权利逃避债务的原股东对于公司转让之前的侵权之债在公司不能清偿的范围内承担补充赔偿责任。

【基本案情】

江苏某种业有限公司（以下简称江苏某公司）诉称：扬州某种业有限公司（以下简称扬州某公司）未经江苏某公司授权非法生产、销售"扬辐麦 4号"小麦种子，构成侵权，戴某、杨某系扬州某公司原始股东，在侵权行为发生后，为躲避债务将各自股份以 0 元的价格转让给明显无偿还能力的柏某，柏某为扬州某公司的唯一自然人股东。故请求判令：（1）扬州某公司立即停止生产、销售侵害江苏某公司涉案品种权种子的行为；（2）扬州某公司赔偿江苏某公司经济损失 200 万元；（3）戴某、杨某在认缴的出资范围内对扬州某公司债务承担补充赔偿责任；（4）柏某对扬州某公司债务承担连带赔偿责任；（5）诉讼费由扬州某公司、戴某、杨某、柏某承担。

扬州某公司辩称：其在案涉场地借用一处房间从事部分其他非案涉种子的销售，与本案并无关联性，本案被告诉讼主体不适格。江苏某公司据以主张权利的案涉公证书存在重大瑕疵，未查明购买行为人与本案是否有关联关系，也未证明购买人行为的合法性。江苏某公司主张的法定赔偿不符合举证规则。江苏某公司主张的公证费、差旅费、律师费，均无法律依据。柏某系扬州某公司股东，并非共同侵权人，在侵权结果确认后，江苏某公司才可以向股东提起诉

讼，本案江苏某公司将柏某列为共同被告不符合相关处理程序。

戴某、杨某辩称：其没有销售，也没有授权他人销售任何种子，诉讼主体不适格。其在扬州某公司成立后，转让股权给柏某符合《公司法》的规定，且相关行政机关已经审核通过，其未侵犯他人权利。

法院经审理查明：扬州某公司成立于2016年3月1日，类型为有限责任公司（自然人独资），注册资本为10万元，经营范围为农作物种子生产、销售。扬州某公司的原股东为戴某、杨某，原法定代表人为杨某，现股东及法定代表人为柏某。原注册资本为680万元，戴某、杨某分别认缴出资408万元、272万元，认缴时间为2036年2月29日前，出资方式为货币。2018年11月15日，戴某、杨某参加股东会并作出决议，将戴某、杨某的股权以0元转让给柏某，柏某为扬州某公司新股东，当日作出的显示有柏某签字的公司章程记载，柏某认缴出资680万元，认缴时间为2036年2月29日前。2019年1月11日，扬州某公司作出股东决定，将注册资本由680万元变更为10万元，并作出如下章程修正案：股东柏某认缴数额10万元，认缴时间为2036年2月29日前。2019年3月27日，高邮市市场监督管理局作出公司准予变更登记通知书，对上述注册资本变更予以核准。

2016年2月29日，某工某公司（甲方）与扬州某公司（乙方）签订《房屋租赁协议书》，约定甲方将原某工某公司所属的标准化厂房两幢、晒场1500平方米租赁给乙方使用；租赁期限十年，至2026年12月30日止；租金为每年24万元。该协议书乙方落款处有杨某、戴某签字。扬州某公司陈述，某工某公司的法定代表人为戴某，该陈述意见与公司工商登记信息一致。

被诉品种经与涉案品种检测，结论为："待测样品中与对照品种XIN0711*（品种入库编号）经用42个位点的DNA指纹谱带数据进行比对，差异位点数为1，判定为近似品种。"

江苏省南京市中级人民法院于2021年1月20日作出（2019）苏01民初2143号民事判决：一、扬州某公司自本判决生效之日起立即停止生产、销售侵害江苏某公司"扬辐麦4号"植物新品种权的种子的行为；二、扬州某公司自本判决生效之日起十五日内赔偿江苏某公司经济损失（包含合理费用）20万元，戴某、杨某对该20万元中不能清偿的部分承担补充赔偿责任，柏某对该 20 万元承担连带赔偿责任；三、驳回江苏某公司的其他诉讼请求。宣判后，扬州某公司以其未参与江苏某公司指控的交易行为、一审判决根据江苏某公司的推测认定扬州某公司销售涉案种子系举证责任分配不当以及一审判决戴某等三人与扬州某公司承担补充赔偿责任或连带赔偿责任于法无据为由，提起上诉。戴某、杨某以其未销售也未授权他人销售案涉种子、一审判令其承担补充赔偿责任适用法律不当为由，提起上诉。最高人民法院于 2021 年 12 月 20 日作出（2021）最高法知民终 884 号民事判决：驳回上诉，维持原判。

【裁判理由】

法院生效裁判认为，扬州某公司是本案被诉侵权行为的实施主体，一审判决认定扬州某公司实施了生产、销售被诉侵权种子的行为，并无不当。因被诉侵权种子是未经品种权人许可生产的授权品种的繁殖材料而非收获材料，根据《种子法》（2015 年修订）第二十八条的规定，一审判决认定扬州某公司实施了生产、销售被诉侵权品种的行为，侵害涉案品种权，事实认定和法律适用正确。

关于戴某、杨某提出的二人转让股权时并未到认缴时间的最后期限，即使扬州某公司构成侵权，其二人也无需承担补充赔偿责任的主张，法院认为，在出资期限没有届满前，原股东未实缴出资的情形一般不构成公司法上的出资瑕疵，《公司法》也没有禁止未届出资期限的原股东的转让行为。但是，任何股东均应依法善意行使其股东权利和义务。根据《公司法》（2018 年修正，下同）第二十条第一款、第三款规定，如果出资期限未届满而未缴纳出资的原股东明知存在侵权之债，为逃避债务而恶意转让其未届出资期限的股权，增加公司注册资本不能实缴到位的风险，明显损害债权人利益，该恶意转让行为属于股东滥用其出资期限利益逃避债务的行为，对于转让之前的侵权之债应承担相应的法律责任。首先，扬州某公司原股东戴某、杨某有逃避债务的恶意。戴某、杨某作为扬州某公司的发起股东，在侵权行为事发后以 0 元对价转让股权，明显存在逃避出资义务以及逃避侵权责任的故意，其转让公司股权后随即对公司进行减资，公司减资后已不能偿付公司减资前产生的侵权之债。戴某、杨某存在利用股权转让的形式，严重损害债权人利益，逃避债务的恶意。其次，戴某、杨某的未足额出资行为与其经营行为的风险严重失衡，损害了债权人利益。扬州某公司的经营范围为农作物生产、销售，除了案涉交易行为，其经营场所还有大量其他品种麦种，其公司经营场所也超出《房屋租赁协议书》约定面积，可见其系具有一定规模的农作物生产、销售公司，戴某、杨某作为扬州某公司的发起人，负责公司经营管理，应当认识到在公司经营过程中所隐含的经营风险。然而，戴某、杨某在扬州某公司成立后实际缴纳公司的资本数额与公司经营所隐含的风险相比明显不匹配。戴某、杨某在扬州某公司成立前就代表扬州某公司（乙方）与某工某公司（甲方）签订了《房屋租赁协议书》，某工某公司的法定代表人也系戴某。本案在侵权行为发生后，戴某、杨某又在未足额履行出资义务的情况下，将股权以0元对价有意转让给无经营能力的柏某，转让后还对公司进行了减资。结合扬州某公司已无经营状况的现状可以认定，在戴某、杨某作为公司股东负责扬州某公司经营管理期间，存在滥用股东出资期限利益和有限责任，严重损害债权人利益的行为。戴某、杨某上述行为具有连续性和目的性，明显存在逃避出资的故意，目前公司减资后已不能偿付公司减资前产生的侵权之债。此时，如果不判决公司原股东就该债务对债权人承担补充赔偿责任，实际上纵容了原股东戴某、杨某利用股权转让的形式，损害债权人利益，逃避出资义务的行为。综合考虑本案已经查明的事实，戴某、杨某为恶意逃避债务，在出资期限届满前恶意转让股权，目前公司财产不足以清偿债务。根据《公司法》第二十条的规定，债权人关于戴某、杨某承担补充赔偿责任的请求应当得到人民法院的支持。

至于柏某应承担的责任，其对于戴某、杨某未履行出资义务，恶意转让股权的事实应当知道，且变更后的扬州某公司为自然人独资的一人有限责任公司，柏某作为扬州某公司的唯一股东，未参加本案的审理，未提交公司的经营情况、财务支出账目，并无证据证明该公司存在规范的财务制度，公司财产与股东个人财产相分离，根据《公司法》第六十三条的规定，柏某应对扬州某公司的债务承担连带赔偿责任。

甲公司与李某、乙公司等股东损害公司债权人利益责任纠纷案

北京市第三中级人民法院发布的与 2023 年《公司法》相关十大典型案例

【裁判要旨】

股东出资期限利益受法律保护，但股东不得滥用其出资期限利益以逃避债务、损害公司债权人权益，在明知公司对外负债且无力清偿的情况下恶意转让未届出资期限的股权、增加公司注册资本实缴到位的风险，其行为损害债权人利益，不应得到法律保护，股权转让人应在未出资范围内对公司不能清偿的债务承担补充赔偿责任。2023 年《公司法》第八十八条第一款规定，股权转让人对受让人未按期缴纳的出资承担补充责任，以避免转让人利用股权转让逃避出资义务，尤其是避免出现转让人将未届出资期限的股权转让给不具有出资能力的受让人的情形。因此，未届出资期限的股东转让股权后，受让人应承担按期缴纳该出资的义务，若受让人未按期足额缴纳出资，转让人对受让人未按期缴纳的出资承担补充责任。此外，根据 2023 年《公司法》第八十八条第二款规定，若存在瑕疵出资股权转让的情形，即转让人转让的股权出资期限已经届满但仍未实缴或者用于出资的非货币财产的实际价额显著低于认缴的出资额的，除非受让人不知道或不应当知道此种情况，否则转让人与受让人应在出资不足的范围内承担连带责任。

【基本案情】

李某、刘某为乙公司股东，分别认缴出资 90 万元和 10 万元，认缴出资时间均为 2036 年 12 月。2018 年 7 月，甲公司因合同纠纷将乙公司诉至法院，请求乙公司返还 50 万元，法院依法予以支持，但乙公司无财产可供执行。经查，诉讼过程中，李某、刘某分别将其所持有的乙公司股权以 0 元对价转让给案外人华某、陈某。故甲公司以乙公司原股东李某、刘某恶意转让股权逃避债务为由将二人诉至法院，要求二人对乙公司的债务承担连带责任。

【裁判理由】

李某、刘某转让股权时，甲公司已经提起诉讼，二人应对案涉债务有预

期，此种情况下仍 0 元对价转让股权，具有逃避债务的主观恶意，侵害了公司
债权人的利益，应在未缴纳出资范围内承担补充赔偿责任。故法院判决李某在
未实缴出资 90 万元范围内、刘某在未实缴出资 10 万元范围内对乙公司不能清
偿的债务承担补充赔偿责任。

法答网精选问答：

答疑庭室	上海市高级人民法院商事审判庭（破产审判庭）
问题概述	认缴出资到期前进行多次股权转让的，债权人主张转让股东及前几手转让股东承担责任，该责任为连带还是补充？
具体内容	根据 2023 年《公司法》，认缴出资到期前进行股权转让的，认缴出资到期（或加速到期）时的直接责任人是受让股东，首先应由受让股东承担缴纳出资的义务，即先由其直接向公司债权人承担责任，受让股东不能清偿的，出让股东承担补充责任。但如果出让股东也不能清偿，前手出让股东对其不能清偿的部分应承担何种责任？
回复内容	个人意见：出让股东也不能清偿的，前手出让股东对其不能清偿的部分也应承担补充责任，以此类推，逐级承担补充责任。
回复时间	2024-08-30

9. 公司增资时，如何确定各股东的出资比例，原股东是否享有优先认购权，应当如何行使？

一般情况下，有限责任公司股东在同等条件下优先按照实缴的出资比例增资，全体股东约定不按出资比例优先认缴出资的除外。股份有限公司的股东原则上没有优先认购权，但可以自愿在公司章程中约定或者由股东会决议明确股东的优先认购权。增资属于公司的重大变更事项，有限责任公司的增资决议需经代表三分之二以上表决权的股东通过，股份有限公司的增资决议需经出席会议的股东所持表决权的三分之二以上通过，如果公司发行类别股的，还需要经类别股股东会决议通过。

法律提示： 公司增资应当履行相应的程序，包括股东会决议、股东行使优先认缴权、其他投资人认缴新股、修改公司章程、办理变更公司登记等。增资是提升公司偿债能力的行为，因此公司增资时并无通知或者公告债权人的法定程序。

相关法律规范：

2023 年《公司法》	2018 年《公司法》
第六十六条　股东会的议事方式和表决程序，除本法有规定的外，由公司章程规定。 股东会作出决议，应当经代表过半数表决权的股东通过。 股东会作出修改公司章程、增加或者减少注册资本的决议，以及公司合并、分立、解散或者变更公司形式的决议，应当经代表三分之二以上表决权的股东通过。 第一百一十六条　股东出席股东会会议，所持每一股份有一表决权，类别股股东除外。公司持有的本公司股份没有表决权。 股东会作出决议，应当经出席会议的股东所持表决权过半数通过。 股东会作出修改公司章程、增加或者减少注册资本的决议，以及公司合并、分立、解散或者变更公司形式的决议，应当经出席会议的股东所持表决权的三分之二以上通过。 第一百四十六条　发行类别股的公司，有本法第一百一十六条第三款规定的事项等可能影响类别股股东权利的，除应当依照第一百一十六条第三款的规定经股东会决议外，还应当经出席类别股股东会议的股东所持表决权的三分之二以上通过。 公司章程可以对需经类别股股东会议决议的其他事项作出规定。 第二百二十七条　有限责任公司增加注册资本时，股东在同等条件下有权优先按照实缴的出资比例认缴出资。但是，全体股东约定不按照出资比例优先认缴出资的除外。 股份有限公司为增加注册资本发行新股时，股东不享有优先认购权，公司章程另有规定或者股东会决议决定股东享有优先认购权的除外。	第三十四条　股东按照实缴的出资比例分取红利；公司新增资本时，股东有权优先按照实缴的出资比例认缴出资。但是，全体股东约定不按照出资比例分取红利或者不按照出资比例优先认缴出资的除外。 第四十三条　股东会的议事方式和表决程序，除本法有规定的外，由公司章程规定。 股东会会议作出修改公司章程、增加或者减少注册资本的决议，以及公司合并、分立、解散或者变更公司形式的决议，必须经代表三分之二以上表决权的股东通过。 第一百零三条　股东出席股东大会会议，所持每一股份有一表决权。但是，公司持有的本公司股份没有表决权。 股东大会作出决议，必须经出席会议的股东所持表决权过半数通过。但是，股东大会作出修改公司章程、增加或者减少注册资本的决议，以及公司合并、分立、解散或者变更公司形式的决议，必须经出席会议的股东所持表决权的三分之二以上通过。

黄某忠诉陈某庆等股东资格确认案

《最高人民法院公报》2015 年第 5 期／上海市第二中级人民法院／（2013）沪二中民四（商）终字第 188 号

【裁判要旨】

未经公司有效的股东会决议通过，他人虚假向公司增资以"稀释"公司原有股东股份，该行为损害原有股东的合法权益，即使该出资行为已被工商行政机关备案登记，仍应认定为无效，公司原有股东股权比例应保持不变。

【基本案情】

2004 年 4 月 21 日，黄某忠与陈某庆、陈某、张某、顾某平、王某英共同设立了宏某公司，注册资本为 400 万元，其中：张某出资 120 万元，持股 30%；黄某忠、顾某平各出资 80 万元，各持股 20%；陈某、陈某庆、王某英各出资 40 万元，各持股 10%。

2006 年 10 月 20 日，苏州市太仓工商行政管理局根据宏某公司的申请，将宏某公司登记的注册资本由 400 万元变更登记为 1500 万元，同时将股东及持股比例变更登记为：张某出资 120 万元，持股 8.00%；黄某忠、顾某平各出资 80 万元，各持股 5.33%；陈某、陈某庆、王某英各出资 40 万元，各持股 2.67%；新某公司出资 1100 万元，持股 73.33%。申请上述变更登记的主要依据为落款日期均为 2006 年 10 月 16 日的《宏某公司章程》《宏某公司股东会决议》。其中，《宏某公司章程》的主要变更内容为：宏某公司的注册资本由原来的 400 万元增加至 1500 万元；增加新某公司为股东；等等。《宏某公司股东会决议》载明的主要内容为：同意修改后的公司章程；增加公司注册资本，由原来的 400 万元增加到 1500 万元，新某公司增加投资 1100 万元；等等。

一审中，新某公司等出示了落款日期为 2006 年 9 月 26 日的《新某公司股东大会决议》及落款日期为 2006 年 9 月 28 日的《宏某公司章程》，分别载明"2006 年 9 月 26 日在新某公司会议室召开全体股东大会。经全体股东讨论同意以现金人民币 1100 万元入股宏某公司""2006 年 9 月 28 日在宏某公司筹备处会议室召开了全体股东会议，全体股东均表示同意新某公司入股"。

2009 年 5 月 21 日，陈某庆作为宏某公司股东代表与苏州恩某公司签订股权转让合同，苏州恩某公司以 8248500 元价格受让了宏某公司的全部股权，受让方暂定为苏州恩某公司，在正式办理股权转让前该公司提供最终的股东名单。2009 年 6 月 24 日，苏州市太仓工商行政管理局出具公司准予变更登记通知书，载明：江苏恩某公司原股东已由黄某忠、陈某庆、陈某、张某、顾某平、王某英、新某公司变更为苏州恩某公司、南通远某公司，上述变更事项已经工商备案，等等。

因黄某忠及王某英均否认上述公司章程和股东会决议的真实性，为此，新某公司提出申请，要求对 2006 年 9 月 26 日的《新某公司股东大会决议》及 2006 年 9 月 28 日宏某公司的股东会决议上"黄某忠"的字迹是否系黄某忠的笔迹进行鉴定。经鉴定，鉴定意见为，上述两份决议上"黄某忠"的签名字迹与对比样本上"黄某忠"的签名字迹不是同一人书写形成。

根据《宏某公司章程》规定，公司增加注册资本，应由公司股东会作出决议，并经代表三分之二以上表决权的股东通过。新某公司用于所谓增资宏某公司的 1100 万元，于 2006 年 10 月 18 日完成验资后，就以"借款"的形式归还给新某公司。

【裁判理由】

上海市虹口区人民法院一审认为：在黄某忠没有依公司章程对其股权作出处分的前提下，除非宏某公司进行了合法的增资，否则黄某忠的持股比例不应当降低。新某公司等辩称宏某公司曾于 2006 年 10 月 20 日完成增资 1100 万元，并为此提供了所谓股东会的决议，但在黄某忠及王某英否认的情况下，新某公司等却没有提供足以证明该些书面材料系真实的证据材料。相反，有关"黄某忠"的笔迹鉴定意见进一步证实了黄某忠并没有在相关股东会决议上签名的事实。由此可推知，黄某忠、陈某庆、陈某、张某、顾某平、王某英作为宏某公司的前股东，未就宏某公司增资 1100 万元事宜召开过股东会。在未召开股东会的情况下，所谓宏某公司增资 1100 万元的行为，违反了宏某公司的章程及法律的规定，是无效的行为。此外，从结果上来看，宏某公司用于所谓增资的 1100 万元，在完成验资后，就以"借款"的形式归还给新某公司，此种情形不能认定新某公司已经履行了出资的义务。因此，法院认定，宏某公司并未在2006年10月20日完成实质上增资，宏某公司以增资为名，降低黄某忠的持股比例，侵犯了黄某忠的合法权益。遂于2012年12月31日作出判决：确认黄某忠2004年4月21日至2009年6月24日期间持有宏某公司（已变更名称为江苏恩某公司）20%的股权。

新某公司不服一审判决，提出上诉。

上海市第二中级人民法院二审认为：宏某公司系黄某忠与陈某庆、陈某、张某、顾某平、王某英共同出资设立，设立时黄某忠依法持有20%股权。在黄某忠没有对其股权作出处分的前提下，除非宏某公司进行了合法的增资，否则黄某忠的持股比例不应当降低。宏某公司的章程明确约定公司增资应由股东会作出决议。现经过笔迹鉴定，宏某公司和新某公司的股东会决议上均非黄某忠本人签名，不能依据书面的股东会决议来认定黄某忠知道增资的情况，出资买地与公司增资之间不具有必然的关联性。因此，在没有证据证明黄某忠明知且在股东会上签名同意宏某公司增资至1500万元的情况下，对宏某公司设立时的股东内部而言，该增资行为无效，且对黄某忠没有法律约束力，不应以工商变更登记后的1500万元注册资本金额来降低黄某忠在宏某公司的持股比例，而应当仍旧依照20%的股权比例在股东内部进行股权分配。原审适用法律正确，审判程序合法，判决黄某忠自宏某公司设立后至股权转让前持有宏某公司20%的股权并无不当。遂于2013年4月11日判决：驳回上诉，维持原判。

案例库参考案例

文某诉四川某投资顾问股份有限公司、黄某国等新增资本认购纠纷案

2023-08-2-266-002/民事/新增资本认购纠纷/四川省成都市中级人民法院/2020.12.17/（2020）川01民终12126号/二审/入库日期：2024.02.26

【裁判要旨】

债权人主张公司承担民事责任，并要求公司股东在未出资本息范围内承担

补充赔偿责任的，公司股东享有公司对债权人的诉讼时效抗辩权。

【基本案情】

法院经审理查明：2013 年 7 月 5 日，黄某国、杨某明、王某宇、李某会、黄某发起设立四川某投资顾问股份有限公司。四川某投资顾问股份有限公司章程载明发起人的认缴期为 2015 年 6 月 24 日前，黄某国等发起人均未按期缴足认购股份。2013 年 8 月 16 日，文某委托成都某科技有限公司向四川某投资顾问股份有限公司支付投资款 10 万元。2013 年 8 月 17 日，四川某投资顾问股份有限公司召开并形成第一次股东会决议，将注册资本增加至 2000 万元，向文某等人募集股份。2013 年 8 月 22 日，四川某投资顾问股份有限公司向文某出具《股权证书》，载明文某持股份额为 10 万股。四川某投资顾问股份有限公司将文某载入《股东花名册》，并于 2014 年 2 月 18 日向文某支付 5433.79 元股东红利。2014 年 2 月 15 日，文某参加四川某投资顾问股份有限公司第二次股东大会并签到。该次股东会对《董事会、监事会成员津贴、薪酬管理制度》《2013 年利润分配方案》两项议案进行审议，文某对两项审议事项进行投票，行使表决权。2014 年 9 月底，四川某投资顾问股份有限公司因资金链断裂停止经营。文某于 2019 年 7 月 4 日起诉主张四川某投资顾问股份有限公司返还投资款 10 万元，发起人股东在未出资范围内承担补充赔偿责任。

四川自由贸易试验区人民法院于 2019 年 12 月 10 日作出（2019）川 0193 民初 5660 号民事判决，以四川某投资顾问股份有限公司增资无效，发起人股东不享有诉讼时效抗辩权为由，判令四川某投资顾问股份有限公司向文某返还投资款 94566.21 元及资金占用利息，发起人股东在未出资范围内对公司债务承担补充赔偿责任。宣判后，杨某明、王某宇、李某会、黄某提出上诉。四川省成都市中级人民法院于 2020 年 12 月 17 日作出（2020）川 01 民终 12126 号民事判决，以四川某投资顾问股份有限公司增资行为无效，发起人股东享有诉讼时效抗辩权，文某诉请超过诉讼时效为由，改判撤销一审判决，驳回文某全部诉讼请求。

【裁判理由】

法院生效裁判认为：关于四川某投资顾问股份有限公司股东是否享有公司

对文某的诉讼时效抗辩权问题。首先，四川某投资顾问股份有限公司在本案中并未提出诉讼时效抗辩，视为其放弃诉讼时效抗辩的权利。文某主张公司股东在未出资范围内对公司债务承担补充赔偿责任，法律依据为《公司法司法解释（三）》（2014年修正，下同）第十三条第二款。该条文原理在于债权人基于代位权向股东主张履行出资义务的权利，对权利本身而言，该缴付出资请求权并不受诉讼时效的约束，股东对该请求权并不享有诉讼时效抗辩的权利。但债权人享有代位权的前提，应为其债权未过诉讼时效期间，这在《公司法司法解释（三）》第十九条第二款："公司债权人的债权未过诉讼时效期间……"规定中亦有体现。故应当对债权人对公司所享债权是否过诉讼时效期间进行审查，此即赋予了股东对债权人的债权请求权进行诉讼时效抗辩的权利。其次，四川某投资顾问股份有限公司目前并未进入破产清算程序，本案属于债权人个别清偿。在股东出资义务的填补责任一次用尽的情况下，若不赋予股东对单个债权人的诉讼时效抗辩权，则会损害其他对公司所享债权尚在诉讼时效期间内的公司债权人的合法利益。最后，最高人民法院2019年发布的《九民会议纪要》第16条第1款规定："公司债权人请求股东对公司债务承担连带清偿责任，股东以公司债权人对公司的债权已经超过诉讼时效期间为由抗辩，经查证属实的，人民法院依法予以支持。"按照类似问题类似处理的规则，公司债权人请求股东对公司债务承担补充赔偿责任时，股东也应当享有公司对债权人的诉讼时效抗辩权。综上所述，四川某投资顾问股份有限公司股东享有公司对文某的诉讼时效抗辩权，对文某本案诉请是否超过诉讼时效期间，应当予以审查。

10. 2023年《公司法》对公司减资制度有哪些调整与变化？

2023年《公司法》确定了等比例减资原则及例外情形，即按照股东出资或者持有股份的比例相应减少出资额或者股份，需经股东会决议三分之二以上通过，而法律另有规定、有限责任公司全体股东另有约定或者股东有限公司章程另有约定的除外。一般减资要求公司在作出减资决议之日起十日内通知债权人，并于三十日内在报纸或国家企业信用信息系统公告，债权人可以要求公司清偿债务或提供担保。

法律提示：公司董事会应当就减资方案作出决议，然后提交股东会审议批准，公司应当清点各类资产，编制资产负债表及财产清单，为向股东分配或减免出资以及债权人行使相应权利做准备。如果需要定向减资，如股东通过减资方式退出，则应当由有限责任公司全体股东决议通过。违反《公司法》规定减少注册资本的，股东应当退还其收到的资金，减免股东出资的应当恢复原状；给公司造成损失的，股东及负有责任的董事、监事、高级管理人员应当承担赔偿责任。公司在减资时对已知或应知的债权人负有法定的通知义务，不能在未通知的情况下直接以登报公告方式代替通知。如公司减资时未依法履行通知已知或应知的债权人的义务，股东不能证明其在减资过程中对怠于通知的行为无过错的，当公司减资后不能偿付减资前的债务时，股东应当就该债务对债权人承担补充赔偿责任。

相关法律规范：

2023 年《公司法》	2018 年《公司法》
第二百二十四条 公司减少注册资本，应当编制资产负债表及财产清单。 公司应当自股东会作出减少注册资本决议之日起十日内通知债权人，并于三十日内在报纸上或者国家企业信用信息公示系统公告。债权人自接到通知之日起三十日内，未接到通知的自公告之日起四十五日内，有权要求公司清偿债务或者提供相应的担保。 公司减少注册资本，应当按照股东出资或者持有股份的比例相应减少出资额或者股份，法律另有规定、有限责任公司全体股东另有约定或者股份有限公司章程另有规定的除外。	第一百七十七条 公司需要减少注册资本时，必须编制资产负债表及财产清单。 公司应当自作出减少注册资本决议之日起十日内通知债权人，并于三十日内在报纸上公告。债权人自接到通知书之日起三十日内，未接到通知书的自公告之日起四十五日内，有权要求公司清偿债务或者提供相应的担保。

案例库参考案例

上海博某数据通信有限公司诉梅某信息科技（苏州）有限公司、杨某林、陈某兰等买卖合同纠纷案

2024–08–2–084–010/ 民事 / 买卖合同纠纷 / 上海市高级人民法院 /2021.02.01/（2020）沪民再 28 号 / 再审 / 入库日期：2024.03.07

【裁判要旨】

1. 公司减资依法应当通知债权人。债权人范围不仅包括公司股东会作出减资决议时已确定的债权人，还包括公司减资决议后工商登记变更之前产生的债权债务关系中的债权人。至于债权未届清偿期或者尚有争议，并不影响债权人身份的认定。

2. 减资通知方式分为书面通知和公告通知。对能够通知到的债权人，公司必须以书面方式通知，并在报纸上或者国家企业信用信息公示系统公告通知。

3. 公司怠于履行上述通知义务的，有过错的股东应在违法减资范围内对公司不能清偿部分承担补充赔偿责任。

【基本案情】

原告上海博某数据通信有限公司（以下简称博某通信公司）诉称：梅某信息科技（苏州）有限公司（以下简称梅某科技公司）不履行买卖合同项下付款义务且未通知减资事宜。故诉请判令：（1）被告梅某科技公司立即支付货款 507094 元；（2）被告梅某科技公司支付逾期付款违约金（自 2016 年 8 月 1 日起至判决生效日止，按中国人民银行同期贷款利率的 4 倍计算）；（3）被告杨某林对被告梅某科技公司的债务在 1000 万元限额内承担连带清偿责任；（4）被告陈某兰对被告梅某科技公司的债务在 1000 万元限额内承担连带清偿责任。

梅某科技公司辩称：对拖欠货款的金额不认可。

杨某林、陈某兰辩称：梅某科技公司减资决议于 2015 年 9 月 15 日生效，设备买卖合同均于此后签订。梅某科技公司减资时博某通信公司并非其债权人，故梅某科技公司不负有通知义务，二人作为梅某科技公司股东亦不承担赔偿责任。梅某科技公司同意两位股东的抗辩意见。

法院经审理查明：博某通信公司与梅某科技公司先后于 2015 年 10 月 8 日、2015 年 11 月 11 日、2016 年 1 月 5 日签订三份设备买卖合同。博某通信公司已按约交付设备，至起诉前梅某科技公司尚欠货款人民币（以下币种同）507094 元。

梅某科技公司设立于 2014 年 7 月，注册资本 2000 万元，股东为杨某林、陈某兰。梅某科技公司股东会于 2015 年 9 月 15 日形成决议：公司注册资本从

2000 万元减少到 1000 万元，杨某林出资金额由 1950 万元减少到 950 万元，陈某兰出资额 50 万元，维持不变。2015 年 10 月 16 日，梅某科技公司在《苏州日报》上对上述减资事宜进行了公告，载明债权人可自本公告之日起四十五日内要求公司清偿债务或者提供担保。2016 年 1 月 21 日，梅某科技公司向苏州工业园区市场监督管理局申请注册资本变更登记申请。2016 年 8 月，苏州工业园区市场监督管理局核发了新的营业执照。

梅某科技公司至 2015 年 12 月 31 日实缴出资 500 万元，至 2016 年 12 月 31 日实缴出资 1000 万元。为办理减资变更登记，2015 年 12 月 1 日杨某林、陈某兰向工商管理部门出具《公司债务担保情况的说明》一份，承诺"本公司于 2015 年 9 月 15 日经股东会决议，将公司注册资本从 2000 万元减至 1000 万元，公司已于减资决议作出之日起十日内通知了全体债权人，并于 2015 年 10 月 16 日在《苏州日报》上发布了减资公告。至 2015 年 12 月 1 日，公司已对债务提供担保，所有债务由减资后全体股东担保。"

上海市浦东新区人民法院于 2018 年 5 月 2 日作出（2017）沪 0115 民初 65504 号民事判决：一、梅某科技公司向博某通信公司支付货款 507094 元；二、梅某科技公司向博某通信公司支付相应的违约金（以 507094 元为基数，自 2016 年 8 月 1 日起至判决生效之日止，按中国人民银行同期贷款利率 4 倍计算）；三、驳回博某通信公司其他诉讼请求。宣判后，博某通信公司提起上诉。上海市第一中级人民法院于 2018 年 11 月 8 日作出（2018）沪 01 民终 11345 号民事判决：驳回上诉，维持原判。

博某通信公司向上海市高级人民法院申请再审。上海市高级人民法院于 2020 年 6 月 24 日作出（2019）沪民申 1003 号民事裁定，提审本案。2021 年 2 月 1 日，上海市高级人民法院作出（2020）沪民再 28 号民事判决：一、撤销上海市第一中级人民法院（2018）沪 01 民终 11345 号民事判决；二、维持上海市浦东新区人民法院（2017）沪 0115 民初 65504 号民事判决第一项；三、撤销上海市浦东新区人民法院（2017）沪 0115 民初 65504 号民事判决第三项；四、变更上海市浦东新区人民法院（2017）沪 0115 民初 65504 号民事判决第二项为一审被告梅某科技公司应于判决生效之日起十日内支付再审申请人博某通信公司违约金（以人民币 507094 元为基数，自 2016 年 8 月 1 日起至 2019 年 8 月 19 日止按中国人民银行公布的同期贷款基准利率的 4 倍计付；2019 年 8 月 20 日之后按同期全国银行间同业拆借中心公布的贷款市场报价利率的 4 倍计付）；五、被申请人杨某林、陈某兰在 1000 万元范围内，对一审被告梅某科技公司的上述付款义务向再审申请人博某通信公司承担连带清偿责任。

【裁判理由】

法院生效裁判认为，本案的争议焦点：第一，博某通信公司是否是梅某科技公司的债权人，梅某科技公司就减资事宜对博某通信公司是否负有通知义务；第二，如梅某科技公司负有通知义务，应以何种方式通知；第三，如梅某科技公司未依法履行通知义务，梅某科技公司股东应如何承担责任。

关于争议焦点一，法院认为公司应通知的债权人范围不仅包括股东会形成减资决议时已确定的债权，还包括减资决议形成后至工商登记变更前产生的债权。具体考虑如下：第一，从条款定位和立法目的出发，《公司法》（2018 年修正，下同）第一百七十七条第二款"公司应当自作出减少注册资本决议之日起十日内通知债权人"之规定，旨在督促公司尽早履行通知义务，以保障债权人的信赖利益和知情权，而非免除公司对减资过程中与之形成债权关系的债权人的通知义务。第二，从商事外观主义和保障交易安全角度考虑，债权人对于注册资本的合理信赖应当受到保护。交易相对方与公司进行交易之前通常会充分评估公司的资产信用状况，最直接的方法便是查阅市场监督管理部门公示的公司注册资本。虽然公司实际资产比注册资本更能反映公司的真实财产状况，但现实是，除上市公司外，交易相对方要从公开渠道获悉公司的实际资产状况几乎无可能。在公司资产信息和实收资本信息难以查明的情况下，注册资本作为股东权益的重要组成部分仍然是交易相对方衡量公司偿债能力的主要因素。交易相对方对于公司注册资本的合理信赖理应得到法律的尊重和保护。第三，从双方利益衡平角度思考，不应对债权人范围进行机械限缩解释。全面认缴制下公司资本的形成不再由强制性规范规制，而由股东根据实际经营需要确定出资的方式、期限和金额。实践中股东滥用认缴制损害债权人利益的情况屡见不鲜，考虑到现有立法就债权人保护制度仍延续法定资本制的规定，所以有必要对公司及其股东与债权人利益保护失衡的状态进行适当矫正，以避免股东利用减资程序损害债权人利益。第四，根据诚信原则，民事主体在民商事活动中应恪守诚信，善意行使权利、履行义务。公司及其股东明知减资行为会损害公司的偿债能力却不履行通知义务，有滥用公司减资程序之嫌，有违诚信原则。此外，公司工商登记变更之前发生的未届清偿期债权和尚存争议债权的债权人亦属于已知债权人。债权履行期限未届至只是行使权利存在一时性障碍，除不能立即受偿之外，与已届清偿期的债权并无本质差别。同时，还应对债权的发生和债权的确定作必要区分，债权尚存争议亦不能否定债权的发生。故上述两类债权人均属于公司的已知债权人。

本案中，博某通信公司与梅某科技公司之间的买卖合同分别于 2015 年 10 月 8 日、2015 年 11 月 11 日、2016 年 1 月 5 日签订。合同是债发生的原因，故买卖合同签订之日，即博某通信公司与梅某科技公司的债权债务关系发生之时。博某通信公司享有要求梅某科技公司支付货款的请求权，是梅某科技公司的债权人。至于债权尚未到期或者债权数额尚未明确，均不影响博某通信公司作为债权人的身份。梅某科技公司对博某通信公司负有通知义务。

关于争议焦点二，减资通知方式分为书面通知和公告通知。关于通知的具体形式，虽然法律并未明确规定对于已知债权人必须采用书面通知方式，但从立法目的出发，《公司法》第一百七十七条规定公司减资应通知债权人，旨在保护债权人的信赖利益和知情权，以便债权人选择要求清偿或者提供债的担保。采取书面通知的方式，方能确保债权人收到减资通知，进而选择行使异议权。而公告通知作为一种拟制通知的方式，应当是对书面通知的一种补充，仅适用于无法找到或者无法通知到的债权人。对于已知的、明确的债权人，公司应当以书面方式通知。本案中，博某通信公司是明确的债权人，梅某科技公司应以书面方式通知，而不得以公告方式替代。梅某科技公司未以书面通知形式履行通知义务，存在违法减资行为。

关于争议焦点三，尽管《公司法》规定公司减资时的通知义务人是公司，但公司减资系股东会决议的结果，是否减资以及如何减资完全取决于股东的意志。杨某林、陈某兰在通知债权人一事上亦未尽到合理的注意义务。本案中，梅某科技公司减少的是股东认缴的尚未实缴的注册资本。梅某科技公司对外承担责任的财产因此而减少，对外偿债能力亦因此而下降。梅某科技公司的瑕疵减资对博某通信公司的债权造成了实际的侵害。杨某林减资客观上降低了梅某科技公司的偿债能力，产生了和股东抽逃出资相同的法律后果，应对梅某科技公司不能清偿的部分在减资范围内承担补充赔偿责任。陈某兰虽未减资，但股东会决议由杨某林、陈某兰共同作出。陈某兰同意杨某林的减资，导致公司出现无法以自身财产清偿债务的后果，陈某兰应与减资股东杨某林在减资范围内承担连带责任。同时，考虑到二人书面承诺对公司全部债务提供担保的实际情况，再审判令杨某林、陈某兰应对公司债务承担连带清偿责任。

法答网精选问答 1：

答疑庭室	上海市高级人民法院商事审判庭（破产审判庭）
问题概述	公司减资时能否以公告替代通知？
具体内容	公司知道或者应当知道债权人的具体联系方式、地址的，应当采用通知的方式。而对于那些确实未知或确实无法得知联系方式的债权人能否采取公告方式替代通知？
回复内容	2018 年《公司法》第一百七十七条第二款规定，"公司应当自作出减少注册资本决议之日起十日内通知债权人，并于三十日内在报纸上公告。债权人自接到通知书之日起三十日内，未接到通知书的自公告之日起四十五日内，有权要求公司清偿债务或者提供相应的担保。"该条款规定了公司减资时应当告知债权人。减资时应履行法定通知程序的目的在于使债权人有机会在公司财产减少前要求债务人清偿债务或者提供担保，避免公司财产减少给债权人造成损害。根据我国民事诉讼程序中有关送达方式的规定，送达首选方式应当是直接送达，在受送达人下落不明或用其他方式无法送达的情况下，才选择公告送达。民事诉讼程序中的送达是指民事诉讼中的送达，对于公司通知债权人的送达没有法律约束力，但可以引用其送达原理。故，公司减资在通知程序上，对于已知债权人应采用书面通知。即公司知道或者应当知道债权人的具体联系方式、地址的，应当采用通知的方式。而对于那些确实未知或确实无法得知联系方式的债权人，则可以采取公告方式。据此，公司减资时应当履行通知义务，而不能直接以公告替代通知。公告作为一种拟制通知的方式，应当是对直接通知的一种补充，如果对于能够直接通知的债权人未采用直接通知方式而事后以已作公告通知进行抗辩，不仅有违债权人利益保护原则，也不符合法律规定的本意。
回复时间	2024-01-08 15

法答网精选问答 2：

答疑庭室	上海市高级人民法院商事审判庭（破产审判庭）
问题概述	公司减资未依法通知债权人的，未被通知的债权人请求瑕疵减资股东承担相应责任的诉讼时效起算点如何认定？

续表

具体内容	一般而言，债权人不会对债务人公司工商登记情况密切关注，因此，存在债务人公司办理减资手续后，许久才发现自己未被通知，且减资损害了自己的债权，故提起诉讼，此时，诉讼时效起点应如何计算？
回复内容	公司减资行为会直接导致公司责任财产减少，为保护公司债权人的合法权益，公司减资时应直接向债权人送达减资通知书，公告通知仅系针对无法联系的已知债权人与未知债权人。实务中，应当直接通知而未被通知的债权人丧失了在公司减资时要求公司清偿债务或提供相应担保的机会。在公司减资登记完成之后，未被通知的债权人有权起诉请求不当减资的公司股东在减资本息范围内对公司债务承担补充赔偿责任。 诉讼时效期间自权利人知道或者应当知道权利受到损害以及义务人之日起计算，故这一责任的诉讼时效应当从债权人知道或者应当知道减资行为侵害其债权实现时起算。有观点认为，对于公司不当减资的诉讼时效，应当从债权人知道或者应当知道公司减资事宜时起算，考虑到公司办理减资登记时即具有对外公示的作用，可以推定债权人此时应当知晓公司发生了减资，故诉讼时效应当从公司办理减资登记时起算。这一观点隐含的前提是公司减资必然侵害了债权人的债权实现，但实际上公司减资并不代表公司必然无法偿还对外债务，债权人亦不能在知晓公司减资后立即判定公司无法偿还债务，因此在公司办理减资登记即开始起算诉讼时效对债权人难谓公平，也不符合侵权行为的基本原理。从平衡债权人利益的角度出发，可以将诉讼时效从债权人确定公司无法清偿债务时起算，如在债权人申请对公司强制执行后，知晓人民法院出具终结本次执行的裁定时起算。
回复时间	2024-04-23

11. 2023 年《公司法》规定的简易减资主要针对什么情形？

简易减资主要针对公司以任意公积金、法定公积金、资本公积金弥补亏损后，仍有亏损的，以亏损数额为限，相应地减少公司的注册资本数额以弥补亏损。简易减资简化了一般减资情形下的债权人保护程序，即适用简易减资制度的，自股东会作出减少注册资本决议之日起三十日内在报纸上或者国家企业信用信息公示系统公告即可。

法律提示：简易减资不得向股东分配利润，也不得免除股东缴纳出资或者股款的义务；在法定公积金和任意公积金累计额达到公司注册资本百分之五十前，不得分配利润。

相关法律规范：

2023 年《公司法》	2018 年《公司法》
第二百一十四条第一款、第二款　公司的公积金用于弥补公司的亏损、扩大公司生产经营或者转为增加公司注册资本。 　　公积金弥补公司亏损，应当先使用任意公积金和法定公积金；仍不能弥补的，可以按照规定使用资本公积金。 　　**第二百二十五条**　公司依照本法第二百一十四条第二款的规定弥补亏损后，仍有亏损的，可以减少注册资本弥补亏损。减少注册资本弥补亏损的，公司不得向股东分配，也不得免除股东缴纳出资或者股款的义务。 　　依照前款规定减少注册资本的，不适用前条第二款的规定，但应当自股东会作出减少注册资本决议之日起三十日内在报纸上或者国家企业信用信息公示系统公告。 　　公司依照前两款的规定减少注册资本后，在法定公积金和任意公积金累计额达到公司注册资本百分之五十前，不得分配利润。	**第一百七十七条**　公司需要减少注册资本时，必须编制资产负债表及财产清单。 　　公司应当自作出减少注册资本决议之日起十日内通知债权人，并于三十日内在报纸上公告。债权人自接到通知书之日起三十日内，未接到通知书的自公告之日起四十五日内，有权要求公司清偿债务或者提供相应的担保。

法答网精选问答 1：

答疑庭室	上海市高级人民法院商事审判庭（破产审判庭）
问题概述	对股东认缴且期限尚未届满的出资能否适用 2023 年《公司法》关于简易减资的规定？
具体内容	对股东认缴且期限尚未届满的出资能否适用 2023 年《公司法》关于简易减资的规定？
回复内容	2023 年《公司法》新增的简易减资规则，适用前提是公司通过任意公积金、法定公积金及资本公积金弥补亏损后，仍不能弥补公司亏损的情形。简易减资的优点是债权人无权请求提供担保或者提前清偿，条件是不得对股东进行分配或者免除其出资义务。简言之，简易减资对已实缴的出资不得分配流向股东，对未实缴的出资不得免除股东认缴出资义务。
回复时间	2024-06-17

法答网精选问答 2：

答疑庭室	上海市高级人民法院商事审判庭（破产审判庭）
问题概述	公司减资必须严格按照法律规定程序如何理解？
具体内容	公司减资必须严格按照法律规定程序如何理解？

续表

回复内容	《公司法》中所称的减资主要是在公司资本过剩或亏损严重的情况下，公司根据其业务经营状况，依法减少注册资本的行为。根据《公司法》相关规定，在生效要件上，公司减资必须通过股东大会决议；在程序要件上，必须履行保护债权人的法定程序，同时允许债权人对公司减资提出异议；在实质要件上，公司减资后的注册资本不得低于法定的最低限额。虽然《公司法》赋予了公司基于自身情况或需要而减少注册资本的权利，但因公司注册资本的减少缩小了公司责任财产的范围，直接涉及公司、公司股东和公司债权人的权益，对内涉及各股东的自身权利和义务，对外影响公司经济活动的连续性和稳定性。因此，相关法律对公司的减资行为规定了一系列严格且强制性的程序和条件，公司减资必须按照法定程序条件进行。在实施并进行必备程序和条件后，方能办理减资变更登记，减资行为才算完成。
回复时间	2024-01-08

三、实缴注册资本的证明

12. 股东已实缴出资后，公司应当制备哪些材料？

　　有限责任公司应当制备股东名册、出资证明书，修订公司章程，并按照规定对外公示。股东的出资额应当区分为认缴和实缴进行记载，并增加出资方式和出资日期等记载事项。

　　法律提示：现实中存在股东为公司垫付员工工资、材料款等情形，在发生争议后，又抗辩该汇款系其实缴出资。为避免争议发生，股东应当将出资款汇入公司专门用于收取出资的账户，及时要求公司出具出资证明书、变更股东名册、修改公司章程、更新工商登记材料。

　　相关法律规范：

2023 年《公司法》	2018 年《公司法》及相关规定
第五十五条　有限责任公司成立后，应当向股东签发出资证明书，记载下列事项： 　　（一）公司名称； 　　（二）公司成立日期； 　　（三）公司注册资本； 　　（四）股东的姓名或者名称、认缴和实缴的出资额、出资方式和出资日期； 　　（五）出资证明书的编号和核发日期。 　　出资证明书由法定代表人签名，并由公司盖章。	**第三十一条**　有限责任公司成立后，应当向股东签发出资证明书。 　　出资证明书应当载明下列事项： 　　（一）公司名称； 　　（二）公司成立日期； 　　（三）公司注册资本； 　　（四）股东的姓名或者名称、缴纳的出资额和出资日期； 　　（五）出资证明书的编号和核发日期。 　　出资证明书由公司盖章。

续表

2023 年《公司法》	2018 年《公司法》及相关规定
第五十六条 有限责任公司应当置备股东名册，记载下列事项： （一）股东的姓名或者名称及住所； （二）股东认缴和实缴的出资额、出资方式和出资日期； （三）出资证明书编号； （四）取得和丧失股东资格的日期。 记载于股东名册的股东，可以依股东名册主张行使股东权利。	第三十二条 有限责任公司应当置备股东名册，记载下列事项： （一）股东的姓名或者名称及住所； （二）股东的出资额； （三）出资证明书编号。 记载于股东名册的股东，可以依股东名册主张行使股东权利。 公司应当将股东的姓名或者名称向公司登记机关登记；登记事项发生变更的，应当办理变更登记。未经登记或者变更登记的，不得对抗第三人。

案例库参考案例

某广告有限公司与宁夏某投资控股集团有限公司等合同纠纷案

2023-08-2-483-010/ 民事 / 合同纠纷 / 最高人民法院 /2021.12.20/（2021）最高法民申 7606 号 / 再审 / 入库日期：2024.02.23

【裁判要旨】

债权人经过债转股成为公司股东，为满足工商管理部门出资比例与持股比例、表决权比例应当一致的要求，工商登记的其股权金额大于债转股金额，其差额部分并非股权转让形成。股东对公司债权人承担补充赔偿责任的前提是股东未履行或者未全面履行出资义务，债转股股东的出资数额为债转股数额，对公司的出资义务已经全面履行，公司债权人无权依据《公司法》（2018 年修正，下同）第三条第二款、《公司法司法解释（三）》第十三条要求债转股股东就上述差额承担补足出资责任。

【基本案情】

某广告有限公司（以下简称广告公司）申请再审称，原判决存在《民事诉讼法》（2017 年修正）第二百条第二项、第六规定的情形，应予再审。主要事实和理由为：第一，银川某投资开发有限公司（以下简称银川投资公司）16425 万元债转股仅具有形式，该债权债务款项资金缺乏证据，该部分股权出资不实，银川投资公司应当在该 16425 万元股权数额范围内对本案债务承担连带责任，原判决认为银川投资公司不存在出资瑕疵，缺乏证据证明。（1）银川投资公司缺乏银川市某基金管理有限公司（以下简称基金公司）1.5 亿元进入宁夏某投资控股集团有限公司（以下简称宁夏投资公司）的证据，其提交的基金公司向宁夏投资公司转账的《进账单》，不符合常理。银川投资公司提交的其他进账单，均加盖银行收讫章，唯有 1.5 亿元《进账单》只有银行业务受理章，不能证明付款到账。（2）二审判决提及的"国有资产管理部门对该债转股有相应的审核批准"，不能证明 1.5 亿元是否实际支付，审核批准是针对债转股行为，不是针对债务形成过程，不能代替相应的银行流水或者转账记录。第二，即使债转股得到认定，银川投资公司工商登记的股权数额 24404.75 万元与债转股数额 16425 万元存在 7979.75 万元差额，也不能认为其完成差额部分出资义务。原判决以银川投资公司与向某、吴某之间存在投资人协议，免除银川投资公司对该差额部分的出资义务错误。（1）我国《公司法》采纳的是注册资本认缴登记制，根据《公司法》第三条第二款规定，工商登记的股东出资额是多少，股东就应该以该部分出资额为限对公司承担责任。本案中，银川投资公司工商登记的出资额为 24404.75 万元，其至少应在 7979.75 万元差额范围内承担责任。（2）银川投资公司与向某、吴某之间的投资人协议仅是内部协议，不能对抗广告公司。（3）银川投资公司在成为股东、受让向某及吴某股权时，对于其二人存在出资不实、抽逃出资知情或应当知情，不能免除出资瑕疵责任。银川投资公司一审提交的某会计师事务所出具的《审计报告》，载明股东出资后又将出资款全部转出并列出抽逃出资明细，证明银川投资公司当时明知或应知其受让的向某、吴某 7979.75 万元股权存在出资瑕疵。（4）银川投资公司受让 7979.75 万元股权并未支付对价，其应在该金额内对本案债务承担补充连带责任。

银川投资公司提交意见称：第一，银川投资公司已履行 16425 万元债转股出资义务。（1）基金公司对宁夏投资公司 1.5 亿元债权实际支付且合法有效。银川投资公司一审提供的《保证借款合同》、中信银行转账支票存根、基金公司单位账户明细查询单、宁夏投资公司向基金公司出具的收据等证据，证实基金公司已向宁夏投资公司实际支付 1.5 亿元，故不能仅凭《进账单》上加盖印章的名称便否认该事实。（2）银川投资公司对 16425 万元债转股股权已出资到位。银川投资公司代宁夏投资公司向基金公司偿还借款本息 16200 万元、向西部某担保有限公司（以下简称西部担保公司）偿还该笔借款担保费用 225 万元，总计偿还金额为 16425 万元，均有银行转账凭证为据。第二，银川投资公司 16425 万元出资所对应的股权比例为 67%，不存在广告公司主张的差额出资问题。（1）宁夏投资公司股东约定不按实际出资比例确定持股比例及表决权比例，银川投资公司 16425 万元债转股对应的股权比例为 67%，无须再行对宁夏投资公司出资，已实缴出资到位。（2）银川投资公司无须支付差额出资 7979.75 万元。宁夏投资公司为办理股权变更登记手续，按照工商管理部门关于在申请工商注册变更登记时股东出资比例与持股比例原则上应当相同的要求，银川投资公司、向某、吴某才签订《债转股补充协议》，将向某股权出资 3622.25 万元、吴某股权出资 4357.5 万元转让给银川投资公司，但实质上三方并未发生股权转让行为。第三，银川投资公司对吴某、向某抽逃出资的行为不知情，也未协助抽逃出资，无须对其抽逃出资或者未全面履行出资义务的行为承担责任。第四，广告公司涉嫌以欺诈、恶意串通手段损害国家利益，银川投资公司已经报案，公安部门已立案受理。综上所述，请求驳回广告公司的再审申请。

北京市第一中级人民法院于 2019 年 12 月 24 日作出（2019）京 01 民初 11 号民事判决：一、宁夏投资公司于本判决生效之日起十日内支付广告公司垫付的广告款 8480 万元；二、宁夏投资公司于本判决生效之日起十日内支付广告公司垫付的广告款的利息（以 8480 万元为基数，自 2018 年 9 月 1 日起至 2019 年 8 月 19 日止，按中国人民银行同期同类贷款利率计算；自 2019 年 8 月 20 日起至实际付清之日止，按照同期全国银行间同业拆借中心公布的贷款市场报价利率计算）；三、吴某在抽逃出资 8000 万元的范围内、向某在抽逃出资 12000 万元的范围内对宁夏投资公司所欠上述第一项、第二项债务不能清偿的部分向广告公司承担补充赔偿责任；四、驳回广告公司的其他诉讼请求。宣判后，广告公司、宁夏投资公司提出上诉。北京市高级人民法院于 2021 年 7 月 19 日作出（2020）京民终 348 号民事判决：一、维持北京市第一中级人民法院（2019）京 01 民初 11 号民事判决第一项；二、撤销北京市第一中级人民法院（2019）京 01 民初 11 号民事判决第二项、第三项、第四项；三、宁夏投资公司于本判决生效之日起十日内向广告公司支付逾期付款利息（以 8480 万元为基数，自 2018 年 9 月 1 日起至 2019 年 8 月 19 日止，按中国人民银行同期同类贷款利率上浮 30% 计算；自 2019 年 8 月 20 日起至实际付清之日止，按照同期全国银行间同业拆借中心公布的贷款市场报价利率上浮 30% 计算）；四、吴某、向某在抽逃出资 20000 万元的范围内，对宁夏投资公司第一项、第三项债务不能清偿的部分向广告公司承担连带赔偿责任；五、驳回广告公司的其他诉讼请求；六、驳回宁夏投资公司的上诉请求。广告公司申请再审，最高人民法院于 2021 年 12 月 20 日作出（2021）最高法民申 7606 号民事裁定：驳回广告公司的再审申请。

【裁判理由】

最高人民法院经审查认为，广告公司的再审申请理由不成立。

第一，原判决认定银川投资公司债转股不存在出资瑕疵并不缺乏证据。本案中，银川投资公司通过受让基金公司持有的对宁夏投资公司 1.62 亿元债权（其中本金 1.5 亿元），以及通过受让西部担保公司持有的对宁夏投资公司 225 万元债权，以上总计 16425 万元，受让债权后再通过债转股的形式增资成为宁夏投资公司的股东。广告公司主张，银川投资公司自基金公司处受让债权即作为银川投资公司前手的基金公司的 1.5 亿元债权仅具有形式，缺乏资金款项证据，该笔款项的《进账单》仅仅加盖银行受理业务章，未加盖银行收讫章，不能证明付款到账。再审法院认为，1.5 亿元《进账单》未加盖银行收讫章，形式上存在瑕疵，但是原审认定银川投资公司债转股并非仅仅依据《进账单》，还有宁夏投资公司向基金公司开具的收据，银川市国资委同意银川投资公司投资入股宁夏投资公司的批复，另两案生效判决确认债转股协议合法有效，签订债转股协议后银川投资公司向基金公司银行账户转账 16200 万元并向西部担保公司银行账户转账 225 万元，以及宁夏投资公司出具《股东出资证明书》载明银川投资公司通过债转股的方式实缴出资 16425 万元等相互佐证的事实。因此，《进账单》存在瑕疵，不足以否定该债权存在的事实，原审认定银川投资公司债转股的 16425 万元已经实际出资到位，并不缺乏证据。

第二，原审认定银川投资公司对工商登记的股权数额与债转股数额的差额不存在补足出资责任，认定事实以及适用法律并无不当。本案中，银川投资公司工商登记的股权数额为 24404.75 万元，与 16425 万元债转股数额存在 7979.75 万元的差额。广告公司据此主张银川投资公司就差额部分承担责任。再审法院认为，银川投资公司对宁夏投资公司负有的出资义务为 16425 万元，其已经实缴出资到位。至于工商登记的股权数额为 24404.75 万元的问题，系为满足工商管理部门出资比例与持股比例及表决权比例原则上应当相同的要求，才以银川投资公司名义持有向某和吴某 7979.75 万元部分出资对应的 24.32% 股权。银川投资公司与向某和吴某之间并无转让 7979.75 万元股权的真实意思，仅是为了按照工商登记需要进行的形式转让，并不存在真正的股权转让。广告公司以银川投资公司在受让 7979.75 万元股权时知道或者应当知道向某和吴某存在抽逃出资以及受让该部分股权未支付对价等为由，要求银川投资公司承担责任，理由不能成立。股东对公司债权人承担补充赔偿责任的前提是股东未履行或者未全面履行出资义务。如前所述，银川投资公司应增资的 16425 万元已经足额到位，其对宁夏投资公司的出资义务已经全面履行。故原审未支持广告公司关于银川投资公司在 7979.75 万元差额范围内承担责任，并不违反《公司法》规定。

法答网精选问答：

答疑庭室	北京市高级人民法院民二庭
问题概述	如何认定实缴出资？
具体内容	股东损害债权人利益纠纷中，被告股东及第三人公司均未有效送达，债权人要求股东在未实缴出资范围内承担补充责任，股权未届认缴出资期限，但通过查询工商登记信息可见已部分实缴，现无法联系到股东或公司，不能获取注资流水、验资报告等，能否仅依靠工商登记信息确认股东实缴出资金额？
回复内容	同意提问者个人意见：工商登记具有公示公信效力，在没有其他途径可以佐证，且剩余未实缴的股权金额已显著超过原告诉讼请求的情况下，可以依据工商登记信息确认实缴出资金额。在确定穷尽送达方式，无法联系到被告股东和第三人的情况下，可依据工商登记信息确认实缴出资金额。
回复时间	2024-08-09

第三章　公司经营制度

1. 公司转投资或者向他人提供担保，是否应当履行内部决策程序？

公司转投资或者向他人提供担保，需要具备以下条件。

一般情况：公司向其他企业投资或者为他人提供担保，要按照公司章程的规定由董事会或者股东会决议。即公司章程会明确规定哪些情况再由董事会决策，哪些情况需由股东会决议。例如，有的公司可能规定金额较小的投资或担保事项由董事会决定，金额较大的则需股东会决议。公司为公司股东或实际控制人提供担保的，应当经股东会决议。并且，前述公司股东或者受前述实际控制人支配的股东，不得参加该担保事项的表决。该项表决由出席会议的其他股东所持表决权的过半数通过。

数额限制方面：公司章程对投资或者担保的总额及单项投资或者担保的数额有限额规定的，公司不得超过规定的限额。

如果是公司外部的债权人等相对人接受公司提供的担保，应当对担保人公司章程、公司担保决议等内部文件从形式上进行合理审查。具体审查相关材料是否齐全，股东或董事的身份是否属实，关联担保中应当回避表决的股东是否参与了表决等。若相对人未尽到合理审查义务，可能会影响担保合同的效力。

法律提示：对于转投资和向他人提供担保事项，《公司法》仅赋予了公司章程可规定由董事会或股东会决议，而不能另行约定无须任何决议。至于违反规定对外担保合同的效力，原则上对公司不发生效力，但相对人为善意的除外，具体可参照《最高人民法院关于适用〈中华人民共和国民法典〉有关担保制度的解释》（以下简称《担保制度解释》）第七条至第十一条的规定分情形处理。

相关法律规范：

2023 年《公司法》	2018 年《公司法》
第十五条　公司向其他企业投资或者为他人提供担保，按照公司章程的规定，由董事会或者股东会决议；公司章程对投资或者担保的总额及单项投资或者担保的数额有限额规定的，不得超过规定的限额。 公司为公司股东或者实际控制人提供担保的，应当经股东会决议。 前款规定的股东或者受前款规定的实际控制人支配的股东，不得参加前款规定事项的表决。该项表决由出席会议的其他股东所持表决权的过半数通过。	第十六条　公司向其他企业投资或者为他人提供担保，依照公司章程的规定，由董事会或者股东会、股东大会决议；公司章程对投资或者担保的总额及单项投资或者担保的数额有限额规定的，不得超过规定的限额。 公司为公司股东或者实际控制人提供担保的，必须经股东会或者股东大会决议。 前款规定的股东或者受前款规定的实际控制人支配的股东，不得参加前款规定事项的表决。该项表决由出席会议的其他股东所持表决权的过半数通过。

案例库参考案例

重庆市某电缆公司诉重庆某房地产开发公司、西南某房地产开发（集团）有限公司合同纠纷案

2024–08–2–483–011 / 民事 / 合同纠纷 / 重庆市第五中级人民法院 / 2022.07.27 / （2022）渝 05 民终 5682 号 / 二审 / 入库日期：2024.06.13

【裁判要旨】

非上市公司为其采用多层股权架构间接持股 100% 的公司提供担保，实质系为其自己利益进行担保，并无损害中小股东或其他股东权益之虞，可以认定属于《担保制度解释》第八条第一款第二项规定的公司对外担保无须决议的情形。

【基本案情】

2021 年 6 月 30 日，重庆某房地产开发有限公司（以下简称重庆某房地产公司）签发了票据金额为人民币 100 万元（币种下同）的电子商业承兑汇票一张，票面记载出票人和承兑人为重庆某房地产公司，收票人为重庆某机电设备安装有限公司，汇票到期日为 2021 年 12 月 29 日，承兑人承诺：本汇票已经承兑，到期无条件付款。2021 年 11 月 19 日，重庆某机电设备安装有限公司将案涉票据背书转让给重庆市某电缆有限公司（以下简称重庆某电缆公司）。

重庆某电缆公司于 2022 年 1 月 18 日提示付款，当日遭到拒付。

2022 年 3 月 9 日，持票人重庆某电缆公司（甲方）与承兑人重庆某房地产公司（乙方）、保证人西南某房地产开发（集团）有限公司（以下简称西南某房地产集团公司）（丙方）达成《商票兑付延期协议》。该协议主要约定：三方一致同意将前述商票的兑付时间延期至 2022 年 3 月 22 日，乙方向甲方完成线下兑付，同时，乙方于 2022 年 3 月 22 日向甲方支付资金占用费 17054.79 元；乙方应于兑付当日将应承兑的商票票面金额及对应的资金占用费转入甲方指定账户；若乙方未按本协议约定完成线下兑付商票及支付资金占用费，则自逾期之日起，乙方向甲方以应付未付款金额为基数计算按日万分之五支付违约金；甲方为实现债权而实际支出的诉讼费、差旅费、律师费等费用，全部由乙方承担；丙方对本协议项下乙方所付全部商票兑付义务、资金占用费支付义务、违约金或损失支付义务（若有）提供连带责任担保。甲、乙、丙三方分别在协议上加盖公章。约定付款到期后，重庆某房地产公司未能按约履行上述义务。故重庆某电缆公司提起诉讼，请求：（1）重庆某房地产公司向重庆某电缆公司支付商票兑付款 100 万元、资金占用费 17054.79 元及按照约定计算的迟延支付违约金、律师费 5 万元；（2）西南某房地产集团公司对重庆某房地产公司前述债务承担连带清偿责任；（3）诉讼费、保全费、担保费由重庆某房地产公司、西南某房地产集团公司承担。

另查明：《商票兑付延期协议》签订时，西南某房地产集团公司并未提供董事会或股东会决议。此外，西南某房地产集团公司持有某霖公司 100% 股权，某霖公司持有某申公司 100% 股权，某申公司持有某麒公司 100% 股权，某麒公司持有重庆某房地产公司 70% 股权；西南某房地产集团公司持有某地公司 100% 股权，某地公司持有重庆某房地产公司 30% 股权，即西南某房地产集团公司间接持有重庆某房地产公司 100% 股权。重庆某电缆公司委托律师处理本案诉讼事宜，支出律师费 5 万元。

重庆市江津区人民法院于 2022 年 5 月 19 日作出（2022）渝 0116 民初 5555 号民事判决：一、重庆某房地产公司自本判决生效之日起五日内向重庆某电缆公司支付 100 万元；二、重庆某房地产公司自本判决生效之日起五日内向重庆某电缆公司支付前期资金占用损失费 17054.79 元；三、重庆某房地产公司自本判决生效之日起五日内向重庆某电缆公司支付违约金（以100万元基数，从2022年3月23日起直至清偿完毕之日止，按全国银行间同业拆借中心公布的一年期贷款市场报价利率3倍计付）；四、重庆某房地产公司自本判决生效之日起五日内向重庆某电缆公司支付律师费5万元；五、西南某房地产集团公司对重庆某房地产公司上述支付义务承担连带清偿责任；六、驳回重庆某电缆公司的其他诉讼请求。宣判后，重庆某房地产公司不服，提起上诉。重庆市第五中级人民法院于2022年7月27日作出（2022）渝05民终5682号民事判决：驳回上诉，维持原判。

【裁判理由】

本案争议焦点是西南某房地产集团公司未经公司决议订立案涉《商票兑付延期协议》，为重庆某房地产公司债务提供担保，应否按照约定承担担保责任。

根据《担保制度解释》第八条第一款第二项的规定，非上市公司为其全资子公司开展经营活动提供担保，公司以其未依照《公司法》关于公司对外担保的规定作出决议为由主张不承担担保责任的，人民法院不予支持。本案中，西南某房地产集团公司并非上市公司。《商票兑付延期协议》签订时，重庆某房地产公司不是西南某房地产集团公司的全资子公司。西南某房地产集团公司系间接持有重庆某房地产公司100%股权的实际控制人。西南某房地产集团公司为重庆某房地产公司提供担保是否需要公司决议，应当根据《公司法》（2018年修正，下同）第十六条和《担保制度解释》第八条的规定及立法目的予以判定。

根据《公司法》第十六条的规定，公司对外担保需要公司决议。《公司法》如此规定，是考虑到，公司对外担保可能会承担相应的责任，给公司和股东利益带来影响，故以公司决议作为切入点来规制公司对外担保行为，以确保公司担保符合公司真实意思，防止法定代表人或公司其他人员为他人利益而损害公司及股东的合法利益。《公司法》第十六条是以公司决议来证明公司对外担保符合公司的真实意思表示。《担保制度解释》第八条第一款第二项关于非上市公司为其全资子公司开展经营活动提供担保无须公司决议的规定，则是考虑到公司持有子公司全部股权，而全资子公司利益全部归属于公司，与其他主体无关。公司为全资子公司经营活动提供担保是为自身利益提供担保，也不存在向子公司其他股东不当输送利益的情形，可以认定公司具有对外担保的真实意思表示。前述规定，既可以避免扰乱安定的公司交易秩序，又能防范公司恶意逃避担保责任的道德风险。同理，在担保人公司为其实际控制、间接持有100%股权的公司提供担保时，也是为了自己的利益，亦不存在为其他股东输送利益的情形。此种情形下，即使公司对外担保未经公司决议，也不违背《公司法》第十六条的立法目的和《担保制度解释》第八条第一款第二项的规范目的，不能因此认定该担保对公司不发生效力。本案中，西南某房地产集团公司未经公司决议通过订立《商票兑付延期协议》为重庆某房地产公司提供担保，该协议仍应对其发生效力，西南某房地产集团公司应当承担相应担保责任。

2. 公司可以利用股东个人账户开展经营吗?

根据《公司法》《商业银行法》相关规定，公司应当开设对公账户用于开展经营，对公司财产，不得以任何个人名义开立账户存储。以股东个人账户收支公司经营款项可能导致公司丧失独立人格，股东和公司之间财产混同，股东可能需要对公司债务承担连带责任。利用个人账户经营公司只是股东滥用行为的一种方式，只要是滥用公司法人独立地位和股东有限责任逃避公司债务，严重损害公司债权人利益的，都应当对公司债务承担连带责任。

法律提示： 公司人格独立主要体现在公司拥有独立的财产、公司设有独立的组织机构、公司独立承担财产责任，该责任与股东有限责任相辅相成。如果公司独立人格地位和股东有限责任成为股东逃避债务的工具，就会突破公司有限责任，由股东对公司债务承担连带责任。

相关法律规范：

2023 年《公司法》	2018 年《公司法》
第二十三条第一款 公司股东滥用公司法人独立地位和股东有限责任，逃避债务，严重损害公司债权人利益的，应当对公司债务承担连带责任。	**第二十条第三款** 公司股东滥用公司法人独立地位和股东有限责任，逃避债务，严重损害公司债权人利益的，应当对公司债务承担连带责任。

编写案例

甲与乙系某教育培训公司股东，主要从事课外辅导相关业务。陈某某与该教育培训公司签订《委托教育辅导协议》，约定由该教育培训公司向陈某某提供课外辅导服务，并累计支付培训费用2万元。因行业发展不景气，某教育培训公司出现无力支付房租、员工工资等情况，并导致无法继续提供课外辅导服务。陈某某向该教育培训公司申请退还剩余课时的课外辅导费。在公司经营过程中，甲、乙作为某教育培训公司的股东并以个人账户收取大量课外辅导费等其他费用，一直没有将相关款项划入公司公账，导致公司财产与股东个人财产无法区分，公司与股东人格混同，严重损害公司债权人利益。依据《公司法》，某教育培训公司应当退还课外辅导费并承担资金占用损失，甲、乙对公司债务承担连带清偿责任。

3. 法定代表人超出章程规定的职权对外订立合同，公司是否承担责任？

法定代表人是唯一无公司特别授权即有权对外独立代表公司的自然人，其代表公司从事民事活动的法律后果由公司承受。如果法定代表人违反法律、行政法规对代表权所作的限制对外签订合同，则法定代表人的代表行为原则上构成越权代表，只有在相对人已尽到合理审查义务情况下，才有可能构成表见代表。如果相对人未尽到合理的审查义务，则推定其对法定代表人超越权限这一事实知情，不构成善意，公司不应承担相应民事责任。如果仅系公司章程或股东会对法定代表人的职权进行限制，原则上仅在公司内部产生效力，如果交易相对方是善意的，即相对方不知道或者不应当知道公司对法定代表人职权的限制，即便法定代表人越权签订合同，公司也应当受到合同约束，但若交易相对方明知职权受限情形，仍然与该法定代表人签订超出权限的合同，则公司不承担民事责任。

法律提示：法定代表人越权订立合同的行为如果给公司造成损失，公司承担民事责任后，可以依照法律或者章程的规定，向有过错的法定代表人追偿。

相关法律规范：

2023 年《公司法》及相关规定	2018 年《公司法》
第十一条 法定代表人以公司名义从事的民事活动，其法律后果由公司承受。 公司章程或者股东会对法定代表人职权的限制，不得对抗善意相对人。 法定代表人因执行职务造成他人损害的，由公司承担民事责任。公司承担民事责任后，依照法律或者公司章程的规定，可以向有过错的法定代表人追偿。	
相关规定	
《民法典》第六十一条　依照法律或者法人章程的规定，代表法人从事民事活动的负责人，为法人的法定代表人。 法定代表人以法人名义从事的民事活动，其法律后果由法人承受。 法人章程或者法人权力机构对法定代表人代表权的限制，不得对抗善意相对人。	

其他生效案例

仙居弘某小额贷款有限公司诉宿迁广某投资有限公司等破产债权确认纠纷案

江苏省宿迁市中级人民法院 /（2022）苏 13 民终第 3729 号 /2023.02.20

【基本案情】

王某某持万某公司股东王洪某向其出具且经公证的委托书，代办事项：行使宿迁广某投资有限公司（以下简称广某公司）股东投票权、银行贷款抵押权、办理公司房产抵押签字权、代为签署上述各项事宜需要的全部文件等。广某公司出具股东会决议，包含：股东会同意王某某向仙居弘某小额贷款有限公司（以下简称弘某公司）借款 600 万元，决议经公司股东表决权的 85% 通过，符合公司章程规定等内容，并加盖广某公司的印章。其中"王某某、王洪某"均是王某某一人签字。该份股东会决议实际上并未通知王洪某、另一股东朱菊某。

后弘某公司与王某某、牟某某、广某公司（抵押人）签订最高额抵押借款合同，约定最高贷款限额为 600 万元，王某某、牟某某在借款人处签字，杨某某在贷款人（抵押权人）处签字，王某某在抵押人栏法定代表人处签字。同时，弘某公司、王某某、广某公司还签订了不动产抵押合同，约定广某公司以其房屋为王某某向弘某公司借款提供抵押担保，并办理了抵押权登记手续。

后广某公司进入重整程序，弘某公司向管理人申报案涉债权，管理人对于弘某公司申报的债权作出不予确认的认定。

之后，因王某某未还款，弘某公司起诉要求确认依广某公司抵押合同享有优先债权。

【裁判理由】

法院认为，案涉股东会会议召集程序存在瑕疵，导致部分股东无法获知股东会会议的召开信息，故而也不可能形成能够约束全体股东的股东会决议，故诉争股东会决议不成立。

王某某作为广某公司的法定代表人可以代表公司对外开展经营活动，但其应当在公司章程和法律规定的权限范围内活动。根据查明的事实，虽然王某某已就担保合同签名并加盖公司印章，但因股东会决议不成立，其代表行为已无事实以及法律依据，应认定为越权担保。

但本案债权人弘某公司在签订担保合同前已经要求广某公司提供股东会决议且进行了审查，该股东会决议上虽然有关联股东王某某的签字，但另一股东王洪某经王某某全权委托签字，在排除王某某表决权的情况下，决议也符合其他股东所持表决权的过半数通过的要件，可见弘某公司已经尽到合理注意义务，构成善意相对人，担保合同对公司发生效力。据此，法院判决：确认弘某公司对广某公司享有债权 5974026.70 元，债权性质为优先债权。

4. 背靠背付款合同是什么，效力如何认定?

背靠背付款合同是指合同中负有付款义务的一方在合同中设置的，以其在和第三人的相关合同中收到相关款项作为其支付本合同相关款项的前提条件的条款。简单来说，就是甲、乙双方签订合同，约定甲方向乙方付款的时间、金额、方式等要以第三方给甲方支付为条件。这种合同常见于建设工程施工、采购商品或者服务等领域。例如，总包方与分包方签订合同，约定总包方在收到业主方支付的工程款后，再向分包方支付相应款项。

通常情况下，企业之间签订的背靠背付款合同，如果条款清晰，双方对风险有明确认知且自愿承担，则合同具有法律效力，当事人均应遵照执行。但大型企业与中小企业之间签订背靠背付款合同，一般系大型企业利用其强势地位将第三方的付款风险转嫁给下游中小企业，对于诚信履行合同的中小企业而言不公平，故依据《保障中小企业款项支付条例》《最高人民法院关于大型企业与中小企业约定以第三方支付款项为付款前提条款效力问题的批复》相关规定，应认定该背靠背付款合同不具有法律效力。

法律提示：背靠背付款合同的效力认定需要根据具体的合同主体、合同内容以及相关法律法规进行综合判断。在签订此类合同时，合同双方应充分了解合同条款的含义和法律后果，确保合同的合法性和有效性。

相关法律规范：

相关规定
《保障中小企业款项支付条例》 　　第六条　机关、事业单位和大型企业不得要求中小企业接受不合理的付款期限、方式、条件和违约责任等交易条件，不得违约拖欠中小企业的货物、工程、服务款项。 　　中小企业应当依法经营，诚实守信，按照合同约定提供合格的货物、工程和服务。 　　第八条　机关、事业单位从中小企业采购货物、工程、服务，应当自货物、工程、服务交付之日起30日内支付款项；合同另有约定的，付款期限最长不得超过60日。 　　大型企业从中小企业采购货物、工程、服务，应当按照行业规范、交易习惯合理约定付款期限并及时支付款项。 　　合同约定采取履行进度结算、定期结算等结算方式的，付款期限应当自双方确认结算金额之日起算。 《最高人民法院关于大型企业与中小企业约定以第三方支付款项为付款前提条款效力问题的批复》 　　一、大型企业在建设工程施工、采购货物或者服务过程中，与中小企业约定以收到第三方向其支付的款项为付款前提的，因其内容违反《保障中小企业款项支付条例》第六条、第八条的规定，人民法院应当根据民法典第一百五十三条第一款的规定，认定该约定条款无效。 　　二、在认定合同约定条款无效后，人民法院应当根据案件具体情况，结合行业规范、双方交易习惯等，合理确定大型企业的付款期限及相应的违约责任。双方对欠付款项利息计付标准有约定的，按约定处理；约定违法或者没有约定的，按照全国银行间同业拆借中心公布的一年期贷款市场报价利率计息。大型企业以合同价款已包含对逾期付款补偿为由要求减轻违约责任，经审查抗辩理由成立的，人民法院可予支持。

案例库参考案例

广西某物资公司诉某工程公司买卖合同纠纷案

2024-08-2-084-011 / 民事 / 买卖合同纠纷 / 最高人民法院 / 2022.07.26 / （2021）最高法民再238号 / 再审 / 入库日期：2024.07.26

【裁判要旨】

在承包方与供应商签订和履行涉建设工程领域采购合同时，承包方作为独立的商事主体，应当独立承担第三方业主不能支付工程款的商业风险。承包方约定以第三方业主支付款项作为向供应商支付货款条件，并以此作为拒绝付款理由的，由于该条款不符合双方签订合同的目的，人民法院不予支持。

【基本案情】

某工程公司为承建某跨海大桥工程，向广西某物资公司采购钢筋等货物，双方签订《临购钢筋买卖合同》与《钢筋买卖合同》，约定由乙方广西某物资公司向甲方某工程公司出卖钢筋等货物。关于货款的支付，均约定在该两份合同的第六条，内容相同，具体为"第6.6条，甲方需要下列条件成就后付款：……第6.6.1条，甲方支付乙方价款的比例与本工程业主同期计量支付甲方工程进度款比例一致。如业主延误支付甲方工程进度款，乙方愿意充分理解，并放弃追究甲方因此造成的违约责任（包括但不限于违约金、逾期付款利息等）"。关于违约责任，《临购钢筋买卖合同》第11.1条约定："如因甲方上级或业主拨款不及时、不到位导致甲方不能按时支付乙方货款时，乙方应予以充分理解，保证本合同的正常履行。乙方承诺不因此要求甲方承担任何违约金、利息等损失赔偿责任。"

合同签订后，广西某物资公司向某工程公司提供钢筋等货物，某工程公司以业主原因造成案涉工程停工，业主迟延支付工程款为由未及时支付货款，广西某物资公司将其诉至法院。

河北省唐山市中级人民法院于2019年3月27日作出（2018）冀02民初315号民事判决：驳回广西某物资公司的诉讼请求。宣判后，广西某物资公司提起上诉。河北省高级人民法院于2019年11月4日作出（2019）冀民终784号民事判决：驳回上诉，维持原判。之后，广西某物资公司申请再审称：某工程公司并非本案所涉及项目的中标单位，不是业主海南某度假公司建筑施工合同的相对方，业主支付工程款对象不是某工程公司，因此案涉合同第6.6.1条约定所附的条件不可能发生，违背合同相对性原则。最高人民法院于2022年7月26日作出（2021）最高法民再238号民事判决：一、某工程公司在本判决生效后十日内向广西某物资公司支付货款26306765.32元；二、某工程公司在本判决生效后十日内向广西某物资公司支付律师费 182630 元；三、驳回广西某物资公司的其他诉讼请求。

【裁判理由】

本案的争议焦点为：对于案涉两份钢筋买卖合同约定的付款条款，某工程公司是否能以业主未付款作为抗辩理由。因本案纠纷发生在《民法典》施行之前，应当适用当时的法律和司法解释的相关规定。《合同法》第一百二十五条规定，在当事人对合同条款的理解有争议时，应当按照合同所使用的词句、合同的有关条款、合同的目的、交易习惯以及诚实信用原则，确定该条款的真实意思。从《临购钢筋买卖合同》与《钢筋买卖合同》第 6.6 条约定内容看，双方对于货款支付的成就条件约定了三点内容，并且明确在三个条件具备后，某工程公司则承担付款义务。而第 6.6.1 条关于进度款比例一致的约定虽然约定在货款支付条款项下，但并未像第 6.6 条那样明确约定三项付款条件，也难以从字面文义上得出该条款系付款条件之一。从合同目的来看，广西某物资公司向某工程公司提供货品钢筋系为取得相应货款，双方形成买卖合同法律关系，而某工程公司购买货品钢筋系为承揽海南某度假公司工程项目所需，其目的是取得工程价款。某工程公司作为独立的商事主体，应当独立承担业主方不能支付工程款的商业风险，在没有证据证明广西某物资公司愿意为某工程公司承担业主单位海南某度假公司不能支付工程价款的商业风险的情况下，将业主单位支付款项作为案涉货款的支付条件并不符合广西某物资公司的合同目的。因此，案涉合同第 6.6.1 条关于"进度款比例一致"的约定不能认定为货款支付条件。再审申请人广西某物资公司关于付款比例一致的约定不构成付款条件的事由成立，法院予以支持。

5. 2023 年《公司法》施行后，法定代表人如何选任和辞任？

2023 年《公司法》将公司的法定代表人选任范围扩大至所有执行公司事务的董事和经理，而不仅限于董事长、执行董事、经理，并给予公司一定的自治空间，即由公司章程规定，法律不作具体规定，但不得选任上述范围以外的自然人，独立董事、外部董事等负担监督职能的董事通常不能担任。同时，董事或者经理辞任时，视为同时辞去法定代表人。公司应当在法定代表人辞任之日起三十日内确定新的法定代表人。

法律提示： 担任法定代表人的董事或者经理如仅辞去法定代表人身份，可继续保留董事或者经理职务。至于法定代表人辞任至新的法定代表人确定期间应当由谁具体代表公司，法律并无明确规定，可由公司章程进一步明确。

相关法律规范：

2023 年《公司法》	2018 年《公司法》
第十条 公司的法定代表人按照公司章程的规定，由代表公司执行公司事务的董事或者经理担任。 担任法定代表人的董事或者经理辞任的，视为同时辞去法定代表人。 法定代表人辞任的，公司应当在法定代表人辞任之日起三十日内确定新的法定代表人。	**第十三条** 公司法定代表人依照公司章程的规定，由董事长、执行董事或者经理担任，并依法登记。公司法定代表人变更，应当办理变更登记。

编写案例

王某请求变更公司登记纠纷案

【基本案情】

甲公司是某集团公司全资子公司，甲公司与乙公司共同持有丙公司股份。丙公司有三名董事，张某、吴某、王某。其中，王某由某集团公司委派，自2017 年 12 月起担任丙公司董事长及法定代表人。2023 年底，王某因个人职业规划从某集团公司离职。2024 年 2 月，王某向相关公司发送《通知函》，要求变更法定代表人及董事长登记。之后，王某召集临时董事会，议题为免除其董事长职务，重新选任董事长。但由于未能选出新董事长，会议未能形成有效决议。由于丙公司未配合变更登记，王某遂向法院提起诉讼，要求涤除其作为公司法定代表人及董事长的登记事项。

【裁判理由】

本案中，王某已通过向股东发函、召开董事会等方式尝试变更涤除其董事长、法定代表人身份，但始终无果，故王某提起本案诉讼前已穷尽公司内部救济途径，因而在公司内部救济失灵的情况下，司法有必要介入予以干预，以保障相关人员合法权益。故法院适用 2023 年《公司法》，判决支持王某的诉讼请求，认为其辞任生效，不再担任丙公司董事长，并判决丙公司办理涤除王某作为公司法定代表人、董事长的登记事项。同时，因王某辞任后，公司董事人数低于章程规定，在新任董事就任前，王某仍应按照法律规定继续履行董事职务。

6. 2023 年《公司法》施行后，关联交易行为应当如何规范开展？

关联交易是指公司与其关联方之间转移资源或者义务的交易。董事、监事、高级管理人员的近亲属，董事、监事、高级管理人员或者其近亲属直接或者间接控制的企业以及与董事、监事、高级管理人员有其他关联关系的主体均属于关联主体的范围。一旦进行关联交易，在关联交易发生前、发生时及发生后，董事、监事、高级管理人员负有向公司股东会或者董事会全面、准确披露关联方信息的义务，关联交易的同意权则由公司章程规定，即由公司章程规定应当经过董事会或者股东会决议通过。且进行关联交易时，公司应进行充分的市场调研，确保关联交易的价格合理、公允。

法律提示：关联董事不得参与关联交易的表决，如因回避导致人数不足，无法形成有效的董事会决议，则应当将该事项提交股东会决议。否则，不足三人的董事会强行作出决议，该董事会决议会被确认不成立。利用关联关系损害公司利益，给公司造成损失的，应当承担赔偿责任。

相关法律规范：

2023 年《公司法》	2018 年《公司法》
第二十二条 公司的控股股东、实际控制人、董事、监事、高级管理人员不得利用关联关系损害公司利益。 违反前款规定，给公司造成损失的，应当承担赔偿责任。 第一百八十二条 董事、监事、高级管理人员，直接或者间接与本公司订立合同或者进行交易，应当就与订立合同或者进行交易有关的事项向董事会或者股东会报告，并按照公司章程的规定经董事会或者股东会决议通过。 董事、监事、高级管理人员的近亲属，董事、监事、高级管理人员或者其近亲属直接或者间接控制的企业，以及与董事、监事、高级管理人员有其他关联关系的关联人，与公司订立合同或者进行交易，适用前款规定。	第二十一条 公司的控股股东、实际控制人、董事、监事、高级管理人员不得利用其关联关系损害公司利益。 违反前款规定，给公司造成损失的，应当承担赔偿责任。 第一百四十八条第一款第四项 董事、监事、高级管理人员不得有下列行为： （四）违反公司章程的规定或者未经股东会、股东大会同意，与本公司订立合同或者进行交易；

续表

相关规定
最高人民法院关于适用《中华人民共和国公司法》若干问题的规定（五）第一条　关联交易损害公司利益，原告公司依据民法典第八十四条、公司法第二十一条规定请求控股股东、实际控制人、董事、监事、高级管理人员赔偿所造成的损失，被告仅以该交易已经履行了信息披露、经股东会或者股东大会同意等法律、行政法规或者公司章程规定的程序为由抗辩的，人民法院不予支持。 　　公司没有提起诉讼的，符合公司法第一百五十一条第一款规定条件的股东，可以依据公司法第一百五十一条第二款、第三款规定向人民法院提起诉讼。 　　**第二条**　关联交易合同存在无效、可撤销或者对公司不发生效力的情形，公司没有起诉合同相对方的，符合公司法第一百五十一条第一款规定条件的股东，可以依据公司法第一百五十一条第二款、第三款规定向人民法院提起诉讼。

案例库参考案例

某甲公司诉高某某、程某公司关联交易损害公司利益纠纷案

2023-16-2-276-002 / 民事 / 损害公司利益责任纠纷 / 最高人民法院 / 2021.08.31 / （2021）最高法民再 181 号 / 再审 / 入库日期：2024.02.25

【裁判要旨】

关联关系是指公司控股股东、实际控制人、董事、监事、高级管理人员与其直接或间接控制的企业之间的关系，以及可能导致公司利益转移的其他关系。董事及公司经营层人员除公司章程规定或者股东会同意外，不得同本公司订立合同或者进行交易。披露关联交易有赖于董事、高级管理人员积极履行忠诚及勤勉义务，将其所进行的关联交易情况向公司进行披露及报告。公司的控股股东、实际控制人、董事、监事、高级管理人员不得利用其关联关系损害公司利益。董事及公司经营层人员执行公司职务时违反法律、行政法规或者公司章程的规定，给公司造成损害的，应当依法承担赔偿责任。关联公司所获利益应当归公司所有。

【基本案情】

高某某、程某是某甲公司董事，某乙公司是二人的关联公司。某乙公司在市场上采购产品后，加价转售给唯一客户某甲公司。在高某某主持工作期间，关联交易总额及比例均大幅上升，在公司监事会发现并出具报告要求整改后，

关联交易急速减少并消失。高某某、程某未向公司披露关联交易，造成利益不当流向某乙公司。某甲公司起诉请求高某某、程某赔偿给某甲公司造成的损失。

陕西省西安市中级人民法院于 2020 年 5 月 6 日作出（2017）陕 01 民初 469 号民事判决：驳回原告某甲公司的全部诉讼请求。某甲公司不服，提起上诉。陕西省高级人民法院于 2020 年 10 月 16 日作出（2020）陕民终 777 号民事判决：驳回上诉，维持原判。某甲公司向最高人民法院申请再审。最高人民法院于 2021 年 8 月 31 日作出（2021）最高法民再 181 号民事判决：一、撤销陕西省高级人民法院（2020）陕民终 777 号民事判决；二、高某某、程某于本判决生效之日起十五日内向某甲公司赔偿损失 7064480.35 元；三、驳回某甲公司的其他诉讼请求。

【裁判理由】

最高人民法院再审认为，本案系公司关联交易损害责任纠纷。结合案涉当事人诉辩理由与主张以及庭审查明的事实，本案争议焦点如下。

一、某甲公司与某乙公司之间的交易是否构成关联交易问题

鉴于本案双方当事人对某甲公司与某乙公司之间的交易系关联交易均无异议，根据《公司法》（2018 年修正，下同）第二百一十六条第四项的规定，某甲公司和某乙公司之间的交易构成关联交易。原审判决关于案涉交易性质的认定并无不当，最高人民法院予以确认。

二、案涉关联交易是否损害某甲公司利益的问题

1. 高某某、程某是否履行了披露义务。披露关联交易有赖于董事、高级管理人员积极履行忠诚及勤勉义务，将其所进行的关联交易情况向公司进行披露及报告。根据某甲公司章程第三十六条关于"董事及公司经营层人员不得自营或者为他人经营与本公司同类的业务或者从事损害本公司利益的活动。从事上述业务或者活动的，所有收入应当归公司所有。董事及公司经营层人员除公司章程规定或者股东会同意外，不得同本公司订立合同或者进行交易。董事及公司经营层人员执行公司职务时违反法律、行政法规或者公司章程的规定，给公司造成损害的，应当依法承担赔偿责任"的规定，本案高某某、程某作为董事及高级管理人员，未履行披露义务，违反了董事、高级管理人员的忠诚义务。根据《公司法》第二十一条的规定，高某某、程某的行为不仅违反某甲公司章

程的约定，而且违反上述法律规定。

2. 案涉关联交易价格是否符合市场公允价格。《公司法》保护合法有效的关联交易，并未禁止关联交易，关联交易合法有效的实质要件是交易对价公允。参照《最高人民法院关于适用〈中华人民共和国公司法〉若干问题的规定（五）》（法释〔2019〕7号，下同）第一条的精神，应当从交易的实质内容，即合同约定、合同履行是否符合正常的商业交易规则以及交易价格是否合理等方面进行审查。第一，高某某、程某设立某乙公司后，高某某、程某利用关联交易关系和实际控制某甲公司经营管理的便利条件，主导某甲公司与某乙公司签订若干采购合同。案涉诉讼双方均认可交易模式为某乙公司在市场上采购加工定制产品后，转售给某乙公司的唯一客户某甲公司。某甲公司提交的第三组证据虽不能直接证明关联交易给某甲公司造成了损失，但送货单能够证明生产加工单位可直接向某甲公司发货，进一步证明能够从市场上直接采购到生产所需的零部件，最高人民法院对该证据予以采信。在这种交易模式中，某甲公司本可以在市场上采购相关产品，而通过某乙公司采购产品则增设了不必要的环节和增加了采购成本，由某乙公司享有增设环节的利益。第二，关于高某某、程某所提交的黄某和某丙公司出具的两份《情况说明》。鉴于黄某系某乙公司的前股东和前法定代表人，故黄某与本案具有利害关系，且黄某作为证人未出庭作证。此外，虽然某丙公司出具《情况说明》，但某丙公司的股东包某某亦为某乙公司股东，与本案亦有利害关系。依据《最高人民法院关于民事诉讼证据的若干规定》（2019年修正）第九十条第三项的规定，仅凭两份《情况说明》无法认定本案存在大型汽轮机公司对外协加工单位限制的情形，故上述两份证据不足以证明高某某、程某所称设立某乙公司是为了避开同业公司对外协厂家限制的主张。此外，在取消与某乙公司关联交易后，某甲公司亦通过市场直接采购的方式购买了相关产品，高某某、程某未能对此作出合理解释。第三，高某某、程某亦未能进一步提供证据证明其主张降低某甲公司采购成本的抗辩事实成立。综上所述，某甲公司关于高某某、程某将本可以通过市场采购的方式购买相关产品转由向某乙公司进行采购而增加购买成本，某甲公司所多付出的成本，损害了某甲公司权益的主张，有事实和法律依据。某甲公司关于案涉交易价格高于市场价格且不具备公允性的主张，最高人民法院予以采信。

3. 高某某、程某的行为与某甲公司损害结果的发生有因果关系。关联交易发生在高某某、程某任职董事期间，高某某于2011年7月8日任副董事长、总经理。某甲公司公司章程中明确规定了总经理职责为主持生产经营工作，某甲公司亦提交了审批单等证据证明高某某实际履行了总经理的职权。而程某作为董事，同时兼任其他公司职务，参与并影响某甲公司的运营。在高某某任总经理主持生产经营工作期间，关联交易额所占某甲公司采购总额的比例大幅上升，而在高某某、程某被解除相应职务后，关联交易急速减少并消失。关联交易的发生及变化与高某某、程某任职期间及职务变化存在同步性。根据《公司法》第二十一条的规定，高某某、程某共同实施的关联交易行为，损害了某甲公司利益。

三、本案是否已过诉讼时效的问题

根据《民法通则》第一百三十五条及第一百三十七条的规定，关联交易损害公司利益为侵权责任纠纷，应从知道或应当知道公司利益受损之日起两年内行使诉讼权利。某甲公司在再审中提交的第二组证据能够证明专项调查工作组发现存在关联交易损害公司利益情形并得出结论，出具《核查报告》的时间为2015年6月30日，最高人民法院对此予以采信。故应自2015年6月30日开始计算诉讼时效期间。某甲公司起诉时间为2017年4月25日，并未超出两年诉讼时效期间，最高人民法院对高某某、程某的该项抗辩不予采信。

四、某甲公司的损失数额问题

一审法院查明某乙公司存续期间合计利润为7578851.41元。根据《最高人民法院关于适用〈中华人民共和国民事诉讼法〉的解释》（法释〔2015〕5号）第三百二十三条的规定，诉讼双方均未对"合计利润7578851.41元"的事实进行上诉。二审法院在未查明一审判决存在损害国家利益、社会公共利益、他人合法权益的情形下，对一审法院查明某乙公司"合计利润7578851.41元"予以纠正不当。且某甲公司在一审中向法院提交申请书，申请调取某乙公司2009年5月成立后至2016年11月注销前的全部采购合同、总账、明细账、年度会计报告、清算报告等证据。一审法院责令高某某、程某一周内向法院提交清算报告、财务报告等证据，逾期承担法律责任。高某某、程某回答"听清了"。但高某某、程某仅提交了2010年至2015年的利润表等证据，并未提交完整的清算报告、财务报告等证据。根据《最高人民法院关于民事诉讼证据的若干规定》第九十五条的规定，高某某、程某作为某乙公司合计控股 60% 的股东以及清算组成员，拒不提供某乙公司财务报告等证据，未能提供足以反驳的证据。结合某甲公司提交的第四组证据，某甲公司认为因某乙公司遭受损失数额为 7064480.35 元的主张，最高人民法院予以采信，故高某某、程某应连带赔偿某甲公司损失共计 7064480.35 元。

此外，某甲公司向一审法院起诉请求为由高某某、程某向某甲公司连带赔偿 33310000 元。某甲公司在上诉时明确请求高某某、程某向某甲公司赔偿损失 7578854.41 元。在本案再审审理过程中，又明确高某某、程某应赔偿损失 7064480.35 元。根据《民事诉讼法》(2017 年修正) 第十三条第二款的规定，某甲公司减少其诉讼请求是处分自身诉讼权利的行为，故应以某甲公司最后请求的 7064480.35 元为准进行审理。

综上所述，某甲公司的再审请求成立。

7. 董事、监事、高级管理人员能否利用公司商业机会?

董事、监事、高级管理人员对公司负有忠实义务，除特定例外情形以外，不能利用职务便利为自己或者他人谋取属于公司的商业机会，例外情形有两个：一是向董事会或者股东会报告，并按照公司章程的规定经董事会或者股东会决议通过；二是根据法律、行政法规或者公司章程的规定，公司不能利用该商业机会。需要注意的是，2023 年《公司法》对其施行前涉及董事、监事、高级管理人员谋取属于公司商业机会的案件也同样适用。

法律提示：商业机会本质上属于公司利益范畴，董事、监事、高级管理人员基于在公司的地位可以接触到大量商业信息，如公司正在从事或者将要从事的与经营活动有关的商业机会被其篡夺，构成对忠实义务的违反。未经公司同意且不符合前述例外情形，董事、监事、高级管理人员可能会面临法律责任的追究，如赔偿公司因此遭受的损失等。

相关法律规范：

2023 年《公司法》	2018 年《公司法》及相关规定
第一百八十三条　董事、监事、高级管理人员，不得利用职务便利为自己或者他人谋取属于公司的商业机会。但是，有下列情形之一的除外： （一）向董事会或者股东会报告，并按照公司章程的规定经董事会或者股东会决议通过； （二）根据法律、行政法规或者公司章程的规定，公司不能利用该商业机会。	第一百四十八条　董事、高级管理人员不得有下列行为： （一）挪用公司资金； （二）将公司资金以其个人名义或者以其他个人名义开立账户存储； （三）违反公司章程的规定，未经股东会、股东大会或者董事会同意，将公司资金借贷给他人或者以公司财产为他人提供担保； （四）违反公司章程的规定或者未经股东会、股东大会同意，与本公司订立合同或者进行交易； （五）未经股东会或者股东大会同意，利用职务便利为自己或者他人谋取属于公司的商业机会，自营或者为他人经营与所任职公司同类的业务； （六）接受他人与公司交易的佣金归为己有； （七）擅自披露公司秘密； （八）违反对公司忠实义务的其他行为。 董事、高级管理人员违反前款规定所得的收入应当归公司所有。

案例库参考案例

上海某流体设备技术有限公司诉施某某损害公司利益责任纠纷案

2023–08–2–276–003 / 民事 / 损害公司利益责任纠纷 / 上海市青浦区人民法院 / 2021.01.28 /（2019）沪 0118 民初 17485 号 / 一审 / 入库日期：2024.02.23

【裁判要旨】

1. 在商业机会的归属认定上，坚持以公平为原则，着重从公司的经营活动范围、公司对商业机会的实质性努力等方面综合判断。在明确当事人的职务身份的基础上，采用客观化的要素分析考量商业机会的归属。首先，通过公司的经营活动范围确定公司商业机会的保护边界，在司法审查中从形式和实质两个层面进行把握：形式上对公司登记的经营范围进行审查，若该商业机会不在注册的范围内，则需进一步从实质方面进行审查，即公司实际的经营活动范围。其次，属于公司的商业机会的产生离不开公司的实质性努力。实质性努力是公司董事、高级管理人员等具有特定身份的人实施的营造行为，这种营造行为一般表现为公司为获取该商业机会而投入的人力、财力等资源，或者是在以往经营中逐渐形成的。在案件审理过程中尤其需明确商业机会来源的核心资源，对于核心资源的判断应以对生成商业机会起到关键作用为标准，比如人力资本、财力、信息、渠道、资料等。最后，对商业机会归属的判断，也应考量机会提供者对交易相对人的预期，理论界及实务界对这一因素普遍持认可态度，实务中多数机会提供者没有明确意向，但若机会提供者有明确意向，在案证据亦可佐证，审理中可据此作出判断。

2. 在高级管理人员的行为是否构成"谋取"上，应以善意为标准，重点审查披露的及时性、完全性、有效性。针对有限责任公司合意性较强的特点，重点审查公司是否在事实上同意，而公司同意的前置条件在于高级管理人员对公司尽到了如实的披露义务，甄别高级管理人员的披露动机是否善意，以判断其是否履行了忠实义务。在披露时间的及时性上，从理性管理人的角度考虑，审查高级管理人员是否在利用公司机会之前就将商业机会披露给公司，除非在诉讼中能够承担其行为对公司公平的举证责任。在披露内容的完全性上，高级管理人员应向公司真实、准确以及完整地披露包括交易相对方、性质及标的等与机会本身有关的事实、与公司利益有关联的信息，不得故意陈述虚伪事实或者隐瞒真实情况，具体认定上应从正常合理的角度去考量，高级管理人员应具有一个普通谨慎的人在同等情形下应有的勤勉和公正。在披露效果的有效性上，需确保公司是在已及时、充分了解商业机会相关的所有内容的基础上，而非基于瑕疵披露的"引诱"作出错误决定。

【基本案情】

上海某流体设备技术有限公司系由上海某投资有限公司与西班牙某公司合资的外商投资企业，系西班牙某公司阀门在中国的独家代理商。在案涉业务发生期间，施某某系上海某流体设备技术有限公司的总经理、董事。

2017年9月6日，长沙市某科技股份有限公司向施某某在上海某流体设备技术有限公司的工作邮箱发送询价邮件，邀请其对伊拉克某项目所涉的阀门邀请报价。9 月 26 日，长沙市某科技股份有限公司再次向施某某的工作邮箱发邮件邀请报价，施某某安排上海某流体设备技术有限公司销售部工作人员刘某某予以跟进。后续，刘某某就西班牙某公司阀门样本简介、资质文件以及价格等与长沙市某科技股份有限公司进一步磋商。

2017 年年底，施某某安排刘某某以其实际控制的香港某商贸有限公司参与案涉项目的投标工作，并以提高效率为由向长沙市某科技股份有限公司解释更换投标主体。2018 年 1 月，香港某商贸有限公司与长沙市某科技股份有限公司进行签约，长沙市某科技股份有限公司向香港某商贸有限公司采购西班牙某公司阀门 2853 台，总价款 3133439 美元。

2018 年 2 月至 3 月，施某某通过上海某流体设备技术有限公司相关人员促成西班牙某公司与香港某商贸有限公司签约，涉及西班牙某公司阀门 2853 台，总价款 1910675 美元。后续，西班牙某公司安排上海某流体设备技术有限公司共同参与上述合同项下阀门的生产、运输等，并直接向长沙市某科技股份有限公司指定地点交货。

上海某流体设备技术有限公司认为，施某某利用职务便利，非法谋取原本属于上海某流体设备技术有限公司的商业机会，获得合同差价 1222764 美元，故应将该 1222764 美元赔偿给原告。被告施某某则认为，系争商业机会系其个人的商业机会，并已向上海某流体设备技术有限公司披露，双方共同参与，共同获益，没有损害上海某流体设备技术有限公司利益。

上海市青浦区人民法院于 2021 年 1 月 28 日作出（2019）沪 0118 民初 17485 号民事判决书，判决：被告施某某应于判决生效之日起十日内赔偿原告上海某流体设备技术有限公司经济损失 1222764 美元。一审判决已生效。

【裁判理由】

法院生效裁判认为，本案的争议焦点为：一是长沙市某科技股份有限公司提供的商业机会归属于施某某个人还是归属于上海某流体设备技术有限公司；二是上海某流体设备技术有限公司参与交易是否已构成事实上同意施某某个人利用商业机会。

来自长沙市某科技股份有限公司的商业机会属于上海某流体设备技术有限公司的商业机会。上海某流体设备技术有限公司系西班牙某公司在华代理商，案涉商业机会属于其经营范围。案涉业务发生期间，施某某作为上海某流体设备技术有限公司的总经理，对上海某流体设备技术有限公司负有忠实义务，在其履行职务行为过程中营造的商业机会均应属于上海某流体设备技术有限公司所有，且刘某某系上海某流体设备技术有限公司员工，为获取该商业机会，上海某流体设备技术有限公司付出了人力及财力成本。考虑到长沙市某科技股份有限公司的意向，是与西班牙某公司的中国代理商上海某流体设备技术有限公司合作，并认为香港某商贸有限公司系上海某流体设备技术有限公司的关联公司。

施某某未将商业机会向上海某流体设备技术有限公司如实披露，私自将案涉商业机会安排给香港某商贸有限公司。施某某虽向上海某流体设备技术有限公司披露长沙市某科技股份有限公司需采购西班牙某公司阀门，但其披露的目的并非履行其总经理职务，使上海某流体设备技术有限公司获得长沙市某科技股份有限公司的商业机会，而是通过上海某流体设备技术有限公司促成西班牙某公司与香港某商贸有限公司签约，以实现其攫取公司商业机会的目的。因此，施某某利用其作为上海某流体设备技术有限公司总经理的职务便利，私自将属于上海某流体设备技术有限公司的商业机会安排给香港某商贸有限公司，损害了上海某流体设备技术有限公司利益，构成侵权。

综上所述，董事、高级管理人员未经股东会或者股东大会同意，不得利用职务便利为自己或者他人谋取属于公司的商业机会，自营或者为他人经营与所任职公司同类的业务。在本案中，施某某作为上海某流体设备技术有限公司的总经理、董事，对上海某流体设备技术有限公司负有忠实义务，不得谋取属于上海某流体设备技术有限公司的商业机会是其履行该义务的具体体现。施某某明知案涉业务是属于上海某流体设备技术有限公司的商业机会，未经股东会同意，私自将该商业机会安排给香港某商贸有限公司，造成上海某流体设备技术有限公司利益损失，其行为构成侵权，应当予以赔偿。查明事实反映，案涉业务带来的收益为两份合同差价1222764美元，故上海市青浦区人民法院依法作出如上裁判。

8. 一人公司的股东如何避免对公司债务承担连带责任？

一人公司开展经营活动应严格区分公司财产与股东财产，避免股东与公司账户混用，除法定分红和合法减资外，股东不应从公司取得财产。一人公司应将其经营场所与股东的经营场所或住所分离，避免使用股东持有的生产资料、办公设备等。一人公司应建立独立、完整、规范的财务制度和财务账簿并妥善保管原始会计凭证等财务资料，编制年度财务会计报告并经会计师事务所审计，将股东财产与公司财产分别列支列收、单独核算，利润分别分配、保管。

法律提示：一人公司包括有限责任公司和股份有限公司，由于一人公司财产独立的证明责任在于股东，故股东在设立一人公司时，应当充分考量举证风险，不仅要充分保障一人公司的独立性，还应当妥善保管证明一人公司独立性的相关证据，避免责任风险。

相关法律规范：

2023 年《公司法》	2018 年《公司法》
第二十三条第三款 只有一个股东的公司，股东不能证明公司财产独立于股东自己的财产的，应当对公司债务承担连带责任。	**第六十三条** 一人有限责任公司的股东不能证明公司财产独立于股东自己的财产的，应当对公司债务承担连带责任。

案例库参考案例

泰安某公司诉铁岭某公司、陈某、谢某买卖合同纠纷案

2024-08-2-084-004 / 民事 / 买卖合同纠纷 / 山东省泰安市中级人民法院 / 2022.10.10 /（2022）鲁 09 民终 3392 号 / 二审 / 入库日期：2024.02.23

【裁判要旨】

1. 一人有限责任公司的原股东是公司原投资者和所有者，对其持股期间发生的债务情况明知且熟悉，股权转让行为既不能免除其应当承担的举证证明责任，也不能产生债务消灭或者责任免除的法律后果。原股东如不能证明股权转让前公司财产独立于自己财产，应对其持股期间即股权转让前的债务承担连带责任；股权转让后，原股东即退出公司的投资和管理，对于公司股东变更后发生的债务，不负清偿责任。如原股东对股权转让后的债务向债权人出具欠条、

承诺书等表示愿意加入债务，债权人未在合理期限内明确拒绝，视为债务加入，原股东亦应对股权转让后的债务承担连带责任。

2.一人有限责任公司的现股东，对股权受让后公司债务的承担，应根据《最高人民法院关于适用〈中华人民共和国公司法〉时间效力的若干规定》直接适用2023年《公司法》第二十三条第三款规定进行认定；对股权受让前公司债务的承担，如现股东不能证明公司财产独立于其个人财产，亦应对公司债务承担连带责任，理由如下：首先，虽然公司债务形成于股权受让前，但公司的债务始终存在，并未清偿，公司内部股权、资本变更并不影响公司的主体资格，相应的权利义务应由变更后的主体概括承受；其次，现股东作为公司新的投资者和所有者，在决定是否受让股权前，有能力且应当对公司当前的资产负债情况包括既存债务及或有债务情况予以充分了解，以便对是否受让股权、受让股权之对价、公司债务承担规则作出理性决定和妥善安排，而对于债权人等公司外部人来说，现股东对受让股权前已经存在的公司债务应视为已经知晓；最后，结合2023年《公司法》第二十三条第三款的条文规定和立法本意，该条文赋予债权人在特定条件下刺破公司面纱的权利，同时将证明股东财产与公司财产分离的举证责任分配给股东，系对公司股东与债权人之间风险与利益的合理分配，现股东如认为不应承担责任，可依据该条规定进行救济。综上所述，一人有限责任公司的现股东，如不能证明股权受让后公司财产独立于自己的财产，对股权受让前后的公司债务均应承担连带责任。

【基本案情】

铁岭某公司系一人有限责任公司（自然人独资），原股东为谢某，之后，股东由谢某变更为陈某。铁岭某公司与泰安某公司签订购销合同，泰安某公司按照合同约定发货后，谢某通过其个人账户支付部分货款，陈某通过其个人账户支付部分货款，剩余款项未付。铁岭某公司与谢某又分别就合同欠款向泰安某公司出具欠条一份。后泰安某公司诉至法院，要求铁岭某公司、谢某、陈某连带偿还其货款并支付违约金。铁岭某公司、陈某辩称：铁岭某公司原系谢某投资设立的自然人独资公司，虽然谢某已将铁岭某公司相关权利义务转让给陈某，但是，转让前的债权债务应由谢某自行享有或负担；股权转让后欠款属于公司之债，与陈某个人无关。

【裁判理由】

一人有限责任公司的股东不能证明公司财产独立于股东自己的财产的，应当对公司债务承担连带责任。第一，关于陈某是否应承担连带责任的问题。泰安某公司系与铁岭某公司发生的业务，无论股东是否变更，公司主体不变，公司的债权债务延续，陈某未提交证据证明自己的财产独立于铁岭某公司的财产，应对铁岭某公司的债务承担连带责任。第二，关于谢某是否应承担连带责任的问题。（1）谢某是铁岭某公司的原股东，虽然其已将股权和公司相关权利义务转让给陈某，但转让行为既不能免除其应当承担的举证证明责任，也不能产生债务消灭或者责任免除的法律后果。谢某作为部分购销合同签订、履行期间公司的唯一股东，未提交证据证明公司财产独立于其个人财产，应对付其持股期间的公司债务承担连带责任，即谢某应对铁岭某公司欠付泰安某公司货款承担连带责任。（2）股权变更后，谢某以个人名义向泰安某公司出具欠条，根据《民法典》第五百五十二条的规定，应视为谢某自愿加入股权转让后的债务，亦应对转让后货款承担责任。故谢某应对铁岭某公司欠付泰安某公司的全部货款承担连带责任。综上所述，陈某、谢某应对铁岭某公司欠付泰安某公司的货款承担连带责任。

9. 公司控股股东和实际控制人负有什么义务和责任？

控股股东因持股比例对应表决权足以对股东会决议产生影响，实际控制人通过投资关系、协议或者其他安排实际支配公司行为，两者均会对公司经营产生重大影响。2023 年《公司法》实施后，控股股东、实际控制人也被纳入对公司负有忠实勤勉义务的人员范围。若两者实际执行公司事务，则构成"事实董事"，若指示董事、高级管理人员从事损害公司或股东利益的行为，则构成"影子董事"，上述行为如造成公司损失，控股股东、实际控制人将承担相应的赔偿或连带责任。

法律提示：在公司日常经营过程中，应当规范治理结构，严格通过股东会任命董事、董事管理公司的方式进行内部治理，避免控股股东、实际控制人绕过董事直接执行公司事务，或者以个人名义对董事发出指示，否则控股股东、实际控制人存在被认定为"事实董事"或"影子董事"而承担责任的风险。

相关法律规范：

2023 年《公司法》	2018 年《公司法》及相关规定
第一百八十条　董事、监事、高级管理人员对公司负有忠实义务，应当采取措施避免自身利益与公司利益冲突，不得利用职权牟取不正当利益。 　　董事、监事、高级管理人员对公司负有勤勉义务，执行职务应当为公司的最大利益尽到管理者通常应有的合理注意。 　　公司的控股股东、实际控制人不担任公司董事但实际执行公司事务的，适用前两款规定。 　　第一百九十二条　公司的控股股东、实际控制人指示董事、高级管理人员从事损害公司或者股东利益的行为的，与该董事、高级管理人员承担连带责任。 　　第二百六十五条　本法下列用语的含义： 　　…… 　　（二）控股股东，是指其出资额占有限责任公司资本总额超过百分之五十或者其持有的股份占股份有限公司股本总额超过百分之五十的股东；出资额或者持有股份的比例虽然低于百分之五十，但依其出资额或者持有的股份所享有的表决权已足以对股东会的决议产生重大影响的股东。 　　（三）实际控制人，是指通过投资关系、协议或者其他安排，能够实际支配公司行为的人。 　　……	第一百四十七条第一款　董事、监事、高级管理人员应当遵守法律、行政法规和公司章程，对公司负有忠实义务和勤勉义务。 　　第二百一十六条　本法下列用语的含义： 　　…… 　　（二）控股股东，是指其出资额占有限责任公司资本总额百分之五十以上或者其持有的股份占股份有限公司股本总额百分之五十以上的股东；出资额或者持有股份的比例虽然不足百分之五十，但依其出资额或者持有的股份所享有的表决权已足以对股东会、股东大会的决议产生重大影响的股东。 　　（三）实际控制人，是指虽不是公司的股东，但通过投资关系、协议或者其他安排，能够实际支配公司行为的人。 　　……

案例库参考案例

覃某诉中国证券监督管理委员会行政处罚及行政复议案

2023-12-3-001-003 / 行政 / 行政处罚 / 北京市第一中级人民法院 / 2019.08.28 / （2019）京 01 行初 670 号 / 一审 / 入库日期：2024.02.22

【裁判要旨】

1. 实际控制人指使行为的界定与证明标准问题。（1）关于指使的界定。实际控制人是指"虽不是公司的股东，但通过投资关系、协议或者其他安排，能够实际支配公司行为的人"。对于立法采用的"指使"二字，应紧紧抓住滥用支配权这一核心特征，对实际控制人所实施的各种形态的行为进行甄别，将符合上述特征的行为纳入指使的范畴予以规制。符合滥用支配权特征的指使行为主要包含以下几种情形：一是主动组织违法行为，进行策划、分工、协调及指挥；二是授权或委托他人组织违法行为，进行策划、分工、协调及指挥；三是对于他人提出的违法行为实施方案予以肯定，在违法行为实施过程中进行协调或给予帮助，积极促成违法行为效果的实现。（2）关于指使的证明标准。对于公司从事的违法行为，判断实际控制人意思的表达、特定信息的传递是否构成指使，应当依据所有证据进行综合客观认定，而不能以实际控制人本人认可指使、有人指认指使、有直接证据指向指使行为为据。

2. 实际控制人指使行为的责任认定问题。实际控制人应当承担什么责任，取决于实际控制人指使的行为内容。如果实际控制人指使的是高级管理人员，通过被指使的高级管理人员实施的是高级管理人员职权范围内的行为，那么实际控制人的指使行为应当比照高级管理人员个人的行为承担责任，即"直接负责的主管人员"或者"其他负责的责任人员"责任。如果实际控制人指使的是公司，直接以公司意志的方式行为，那么就应当比照公司的责任来承担自己的法律责任。

【基本案情】

覃某系宁波某甲公司实际控制人。宁波某甲公司在 2014 年度业绩亏损的情况下，为防止公司股票被特别处理（ST），在 2015 年会计年度期间，通过虚构影视版权转让业务、虚构财政补助的方式，虚增收入和利润，导致 2015 年年度报告存在虚假记载，构成信息披露违法行为。时任董事长胡某东、时任财务总监康某在具体操作涉案事项过程中向实际控制人覃某汇报，覃某对相关汇报内容表示同意，知悉并授意涉案行为。中国证券监督管理委员会依据《证券法》（2014 年修正）第一百九十三条第三款之规定，对覃某给予警告，并处以 60 万元罚款。

【裁判理由】

由于实际控制人不是公司股东，而是通过投资关系、协议或者其他安排，能够实际支配公司行为的人，在实际控制人指使公司从事违法行为的案件中，实际控制人往往更具隐蔽性。对此，如果在案证据能够形成证据链条，并结合日常生活逻辑和经验法则，证明实际控制人存在"指使"情形，而该实际控制人又不能提供合理解释说明和反证，则可认定实际控制人实施了指使上市公司从事相关违法行为。

本案中，综合分析在案证据能够认定，覃某作为宁波某甲公司的实际控制人，指使宁波某甲公司从事涉案信息披露违法行为。其一，覃某对公司董事会及管理层具有控制权，并实际参与公司经营决策。其二，覃某知悉宁波某甲公司2015年业绩存在亏损并具有财务造假动机。其三，宁波某甲公司涉案两项违法事实均发生在2015年年底财务确认收入前，目的均是通过虚构收入确保公司2015年度利润扭亏为盈，时间上具有一致性、重合性，应作为一个整体进行分析判断。

在案证据能够形成证据链条，共同证明覃某对宁波某甲公司财务造假具有实施指使的动机，其对涉案虚假收入知情，相关资金流转均经其实际控制的"某某系"公司调配、划转。再结合前述覃某对宁波某甲公司的实际控制和参与经营，涉案两则财务造假行为发生的特殊时期和实际效果等事实，并遵循日常生活经验和逻辑法则，有理由认定覃某指使宁波某甲公司从事涉案违法行为。

10. 2023年《公司法》施行后，股东利用其控制的多个公司逃避债务，严重损害公司债权人利益的，应如何承担责任？

股东利用其控制的多个公司实施滥用公司法人独立地位和股东有限责任的行为逃避债务，因此严重损害公司债权人利益的，具体表现为各公司均不具有独立意志和独立财产，财产与债务随意混同，不加区分或者无法区分，此时公司已经沦为该股东的工具，各公司均应对任一公司的债务承担连带责任。

认定公司股东是否滥用公司法人独立地位和股东有限责任，应当综合多种因素作出判断。其中，公司设立的背景，公司的股东、实际控制人以及主要财务人员的情况，该公司的主要经营业务以及公司与其他公司之间的交易目的，公司的纳税情况以及具体债权人与公司签订合同时的背景情况和履行情况等因素，均应纳入考察范围。如果有证据证明在前后两个公司之间，后一公司的设立目的是通过其恢复前一公司的生产经营，前一公司通过其法定代表人及他人代持股权的方式成为后一公司的股东，前后两个公司在财务人员、工作人员、股东构成、办公地点、经营设备、经营场所、生产经营等方面存在相互交叉或者相互重合等高度混同的现象，应当认定前一公司通过此种方式设立后一公司并利用了后一公司的法人独立地位和股东有限责任，如果因此损害了债权人的利益，则前一公司应当对以后一公司的名义向他人借款形成的债务承担连带清偿责任。

法律提示：股东对公司的控制，并不仅限于基于股权的母子公司式控制，还包括以协议或者其他方式对公司具有支配力的控制，公司横向人格否认和纵向人格否认在符合法人人格否认的情形下，可以同时适用。因此，公司的独立责任与股东有限责任相辅相成，股东不得过度支配与控制公司，更不得利用公司规避法律义务，否则将导致公司丧失法人独立人格，股东亦无法仅在其认缴出资额范围内承担责任。

相关法律规范：

2023 年《公司法》	2018 年《公司法》
第二十三条第二款　股东利用其控制的两个以上公司实施前款规定行为的，各公司应当对任一公司的债务承担连带责任。	
相关规定	
《九民会议纪要》第 11 条第 2 款　控制股东或实际控制人控制多个子公司或者关联公司，滥用控制权使多个子公司或者关联公司财产边界不清、财务混同，利益相互输送，丧失人格独立性，沦为控制股东逃避债务、非法经营，甚至违法犯罪工具的，可以综合案件事实，否认子公司或者关联公司法人人格，判令承担连带责任。	

案例库参考案例

郑州某某公司诉河南某某公司等买卖合同纠纷案

2023-08-2-084-026 / 民事 / 买卖合同纠纷 / 河南省郑州市中级人民法院 / 2020.12.11 /（2020）豫 01 民终 16156 号 / 二审 / 入库日期：2024.02.25

【裁判要旨】

形式上独立的两个公司，住所地、经营场所均一致，经营范围重合，且公司主要成员存在亲属关系，两个公司表征人格的因素（人员、业务、财务等）高度混同，导致各自财产无法区分，已丧失独立人格，构成法人人格混同。其中一公司在对外高额负债、被列为失信被执行人情形下，为另一公司的结算客户加盖自己公司的公章，意欲使另一公司逃避案涉债务，严重损害债权人利益，该行为违背法人制度设立的宗旨及诚信原则，另一公司应当就案涉债务承担连带清偿责任。

【基本案情】

郑州某某公司与河南某某公司签订《购销合同》，约定向河南某某公司供应涂料产品。产品交货后郑州某某公司出具客户名称为"鹤壁某某公司"的对账单，载明鹤壁某某公司欠其货款，河南某某公司在该对账单上签章确认。

河南某某公司法定代表人李某甲与鹤壁某某公司法定代表人李某乙系同胞兄弟，且二人妻子系其各自所在公司监事。在李某甲与郑州某某公司业务员刘某某的微信聊天中，李某甲要求刘某某提供商品报价，并主动提供其弟李某乙手机号码，指示刘某某直接与李某乙联系。河南某某公司自认，其与鹤壁某某公司住所地及经营场所均一致；鹤壁某某公司自认，李某甲曾指示郑州某某公司向其发货，但其系代河南某某公司收货并转交。

因货款长期未结清，郑州某某公司诉至法院，要求河南某某公司与鹤壁某某公司对所欠货款承担连带赔偿责任。

【裁判理由】

公司人格独立是其作为法人独立承担责任的前提。河南某某公司与鹤壁某某公司住所地、经营场所均一致，经营范围重合，且公司主要成员存在亲属关系，两个公司表征人格的因素（人员、业务、财务等）高度混同，导致各自财产无法区分，已丧失独立人格，构成法人人格混同；河南某某公司在对外高额负债、被列为失信被执行人的情形下，却在客户名称为"鹤壁某某公司"的结算单上盖章确认，意欲使之逃避案涉债务，严重损害债权人利益；上述行为违背法人制度设立的宗旨及违背诚信原则，行为本质和危害结果与《公司法》规定的公司股东滥用公司法人独立地位和股东有限责任，逃避债务，严重损害公司债权人利益的情形相当，故河南某某公司、鹤壁某某公司应当就本案债务向郑州某某公司承担连带清偿责任。

11. 公司向股东分配利润，应具备哪些条件?

可分配利润是税后利润且为公司弥补亏损和提取公积金之后的剩余部分。公司分配利润前，除依法缴纳企业所得税等各项税费外，应提取 10% 利润列入法定公积金，若公司有未弥补的往年亏损，应当先弥补亏损再提取法定公积金和任意公积金。公司弥补亏损和提取公积金后，可根据股东会作出的利润分配决议向股东分配所余税后利润。股东会作出分配利润的决议后，董事会应当在六个月内进行分配。

法律提示：公司当年无盈利时，原则上不得分配利润；只有在依法纳税、弥补亏损和提取公积金之后仍有剩余的，才可向股东分配。如果股东会作出违反上述规定的利润分配决议，则该决议无效。

相关法律规范：

2023 年《公司法》	2018 年《公司法》
第二百一十条　公司分配当年税后利润时，应当提取利润的百分之十列入公司法定公积金。公司法定公积金累计额为公司注册资本的百分之五十以上的，可以不再提取。 公司的法定公积金不足以弥补以前年度亏损的，在依照前款规定提取法定公积金之前，应当先用当年利润弥补亏损。 公司从税后利润中提取法定公积金后，经股东会决议，还可以从税后利润中提取任意公积金。 公司弥补亏损和提取公积金后所余税后利润，有限责任公司按照股东实缴的出资比例分配利润，全体股东约定不按照出资比例分配利润的除外；股份有限公司按照股东所持有的股份比例分配利润，公司章程另有规定的除外。 公司持有的本公司股份不得分配利润。 第二百一十一条　公司违反本法规定向股东分配利润的，股东应当将违反规定分配的利润退还公司；给公司造成损失的，股东及负有责任的董事、监事、高级管理人员应当承担赔偿责任。 第二百一十二条　股东会作出分配利润的决议的，董事会应当在股东会决议作出之日起六个月内进行分配。	第三十四条　股东按照实缴的出资比例分取红利；公司新增资本时，股东有权优先按照实缴的出资比例认缴出资。但是，全体股东约定不按照出资比例分取红利或者不按照出资比例优先认缴出资的除外。 第一百六十六条　公司分配当年税后利润时，应当提取利润的百分之十列入公司法定公积金。公司法定公积金累计额为公司注册资本的百分之五十以上的，可以不再提取。 公司的法定公积金不足以弥补以前年度亏损的，在依照前款规定提取法定公积金之前，应当先用当年利润弥补亏损。 公司从税后利润中提取法定公积金后，经股东会或者股东大会决议，还可以从税后利润中提取任意公积金。 公司弥补亏损和提取公积金后所余税后利润，有限责任公司依照本法第三十四条的规定分配；股份有限公司按照股东持有的股份比例分配，但股份有限公司章程规定不按持股比例分配的除外。 股东会、股东大会或者董事会违反前款规定，在公司弥补亏损和提取法定公积金之前向股东分配利润的，股东必须将违反规定分配的利润退还公司。 公司持有的本公司股份不得分配利润。

案例库参考案例

金某诉洛阳某公司盈余分配纠纷案

2023-08-2-274-001/民事/公司盈余分配纠纷/河南省高级人民法院/2021.01.25/（2021）豫民终 1104 号/二审/入库日期：2024.02.23

【裁判要旨】

1. 公司盈余利润是否分配是公司的商业判断，本质上属于公司的内部自治事项，通常情况下司法不宜介入。故《公司法》及相关司法解释仅规定了只有在公司已通过分配利润的股东会决议后，公司无正当理由未予执行；或公司未通过分配利润的股东会决议，但大股东滥用股东权利导致公司不分配利润，给其他股东造成损失的情况下，司法才有限度地介入公司盈余分配，以适当调整、纠正不公正的利益状态，保护股东利益。法院对公司商业决策的判断应秉持审慎态度。

2. 当事人诉请对公司盈余进行分配，人民法院首先应当甄别当事人诉求的分配内容、分配程序及分配目的。公司净资产分配与公司盈余分配在分配目的、实现程序、分配内容上均有显著区别。公司净资产是指属于企业所有，并可以自由支配的资产，为企业总资产减去总负债的余额，包括实收资本（股本金）、资本公积金、盈余公积金和未分配利润等。公司如进行盈余分配，应是在公司弥补亏损、提取公积金后仍有利润的情况下，再由股东会制定分配方案进行分配。

【基本案情】

杨某某、金某为洛阳某公司股东，分别以货币出资 3600 万元（60%）、2400 万元（40%）。后因杨某某向刘某某借款，将其持有的 60% 股权转让给刘某某做担保。因杨某某与刘某某之间借款纠纷案件，洛阳某公司资产进行了评估，经评估，刘某某持有洛阳某公司 60% 股权实际为杨某某持有。

其后，杨某某、金某签订会议纪要，内容为两人一致同意将洛阳某公司整体转让给洛阳某集团。金某和刘某某签订股东会决议，明确将法定代表人和董事长更换为刘某某指定人陶某某，同意在适当时将公司注册资金减少到 2000 万元，同意将公司整体转让给洛阳某集团的意向，刘某某同意将来利益分配时与金某按照 50∶50 进行分配。

2019 年 5 月 8 日，洛阳某资产评估公司受托评估洛阳某公司，评估结果为净资产账面价值 −4072.85 万元，评估价值 20908.15 万元。股东金某与原股东杨某某签订《净资产分配方案》，约定：（1）利益分配时股东金某占 50%，原股东杨某某占 50%；（2）认可洛阳某公司净资产评估价值为 20908.15 万元；（3）原股东杨某某与股东金某各自在洛阳某公司应分配利润为评估价值的 50%，即 10454.075 万元。

金某诉至法院，称根据金某和杨某某签订的《净资产分配方案》，洛阳某公司净资产评估价值 20908.15 万元，其二人作为股东应分配利润均为 10454.075 万元，但洛阳某公司至今未付。故请求判令：洛阳某公司向金某支付公司分配利润 10454.075 万元。

【裁判理由】

依据《公司法》规定，公司如进行盈余分配，应是在公司弥补亏损、提取公积金后仍有利润的情况下，再由股东会制定分配方案进行分配。本案中，金某、杨某某签订的《净资产分配方案》，是对洛阳某公司净资产所作的一种分配，该分配实质上是对包括洛阳某公司股本金在内的公司全部财产的一种处理，该分配与公司盈余分配在分配目的、实现程序、分配内容上均有着明显区别，金某提交的案涉《净资产分配方案》并非洛阳某公司股东会通过的公司盈余利润分配方案，金某因在本案中未能举证证明洛阳某公司已通过了载有具体分配方案的股东会决议，法院不予支持其诉讼请求。

一般来说，公司盈余利润是否分配是公司的商业判决，本质上属于公司的内部自治事项，通常情况下司法不宜介入。故《公司法》及相关司法解释仅规定了只有在公司已通过分配利润的股东会决议后，公司无正当理由未予执行；或公司未通过分配利润的股东会决议，但大股东滥用股东权利导致公司不分配利润，给其他股东造成损失的情况下，司法才有限度地介入公司盈余分配，以适当调整、保护股东利益。本案中，洛阳某公司主张"对金某的诉讼请求，可按照洛阳某公司评估总资产价值，减去 2000 万元的注册资本金、10% 的法定公积金、20% 个人所得税后，再按金某和杨某某各 50% 的比例分配"，该主张亦得到金某的认可，并请求按照该主张予以分配。洛阳某公司、金某共同认可的该项主张实为洛阳某公司自主处理公司内部经营事项，系公司自治、股东自治范围，且现洛阳某公司、金某对此亦无争议，该事项并无司法介入的必要。金某的该项主张不符合《公司法》及相关司法解释规定的人民法院受案范围，法院对金某的该项主张不予审查。

12. 什么是公司简易合并制度?

简易合并是 2023 年《公司法》增设的一项重要制度，指公司与其持股百分之九十以上的公司合并的情形，一般是指母子公司的关联合并，被合并的公司不需经股东会决议，经董事会决议即可。小规模合并是指公司合并支付的价款不超过本公司净资产百分之十的情形，一般是指大公司对小公司的吸收合并，除非公司章程另有规定，否则可以不经股东会决议，经董事会决议即可。

法律提示：为保障公司债权人的权益，简易合并、小规模合并也应按照 2023 年《公司法》第二百二十条规定签订合并协议，编制资产负债表及财产清单，并在作出合并决议之日起十日内通知债权人，于三十日内在报纸上或国家企业信用信息公示系统公告。为保障被合并公司的小股东利益，简易合并情形下被合并的公司应当通知其他股东，其他股东有权请求公司以合理价格回购股权或股份。

相关法律规范：

2023 年《公司法》	2018 年《公司法》
第二百一十九条　公司与其持股百分之九十以上的公司合并，被合并的公司不需经股东会决议，但应当通知其他股东，其他股东有权请求公司按照合理的价格收购其股权或者股份。 公司合并支付的价款不超过本公司净资产百分之十的，可以不经股东会决议；但是，公司章程另有规定的除外。 公司依照前两款规定合并不经股东会决议的，应当经董事会决议。 **第二百二十条**　公司合并，应当由合并各方签订合并协议，并编制资产负债表及财产清单。公司应当自作出合并决议之日起十日内通知债权人，并于三十日内在报纸上或者国家企业信用信息公示系统公告。债权人自接到通知之日起三十日内，未接到通知的自公告之日起四十五日内，可以要求公司清偿债务或者提供相应的担保。	

刘某鞋业公司与蜀某集团合并案

刘某、关某、张某三人共同创立了刘某鞋业公司，此后刘某又与诸葛某、赵某等人成立了蜀某集团，刘某鞋业公司成为蜀某集团的子公司，蜀某集团持有刘某鞋业公司90%股权，乙、丙各持有5%股权。为了进一步整合集团资源，刘某打算将刘某鞋业公司与蜀某集团进行整合，初步想法是将蜀某集团与刘某鞋业公司合并，合并后保留蜀某集团，刘某鞋业公司则注销。

第一，刘某鞋业公司与蜀某集团合并，刘某鞋业公司是否必须经股东会决议？本案中，刘某鞋业公司与持股其90%以上的公司蜀某集团合并，被合并的刘某鞋业公司不需经股东会决议。但刘某鞋业公司应当通知其他股东关某、张某，关某、张某有权请求刘某鞋业公司按照合理价格收购其股权。

第二，若蜀某集团的净资产为2亿元，最终敲定收购价格为1500万元，那么本次合并，蜀某集团可否不经股东会决议？本案中，公司合并支付的价款为1500万元，没有超过本公司净资产10%，在蜀某集团公司章程没有另行规定的情况下，本次公司合并可以不经蜀某集团股东会决议。

13. 股份有限公司可以为他人取得本公司或者其母公司的股份进行财务资助行为吗？

2023年《公司法》施行后，公司在一般情况下不得为他人取得本公司股份提供财务资助，但存在特定的例外情形。原则上，公司不得为他人取得本公司或者其母公司的股份提供赠与、借款、担保以及其他财务资助。这是为了维护公司资本的稳定性和公司及股东的利益，防止公司资产被不当转移或滥用。

但是，存在两种例外情形。一是实施员工持股计划。公司实施员工持股计划时，可以为员工取得本公司股份提供财务资助。员工持股计划是公司为吸引、留住和激励核心人才而实施的一种特殊福利计划，对于公司的长期发展具有积极意义，所以法律允许在此情况下提供财务资助。二是为公司利益且经特定程序决议。为公司利益，经股东会决议，或者董事会按照公司章程或者股东会的授权作出决议，公司可以为他人取得本公司或者其母公司的股份提供财务资助，但财务资助的累计总额不得超过已发行股本总额的百分之十。并且，如果是董事会作出决议，应当经全体董事的三分之二以上通过。

法律提示： 违反 2023 年《公司法》第一百六十三条第一款、第二款的上述规定，给公司造成损失的，负有责任的董事、监事、高级管理人员应当承担赔偿责任。

相关法律规范：

2023 年《公司法》	2018 年《公司法》
第一百六十三条　公司不得为他人取得本公司或者其母公司的股份提供赠与、借款、担保以及其他财务资助，公司实施员工持股计划的除外。 为公司利益，经股东会决议，或者董事会按照公司章程或者股东会的授权作出决议，公司可以为他人取得本公司或者其母公司的股份提供财务资助，但财务资助的累计总额不得超过已发行股本总额的百分之十。董事会作出决议应当经全体董事的三分之二以上通过。 违反前两款规定，给公司造成损失的，负有责任的董事、监事、高级管理人员应当承担赔偿责任。	

编写案例

某科技公司为激励员工，推出员工持股计划。公司决定为部分员工提供借款，以帮助他们购买公司股权。然而，公司在实施该计划时，未严格按照法律规定的程序进行操作。

关于合法性问题。根据 2023 年《公司法》，公司实施员工持股计划时可以为员工取得本公司股份提供财务资助。但在这个案例中，公司虽然有良好的初衷，却未能严格遵守法律规定的程序。首先，公司未经过股东会决议或董事会未按照公司章程或股东会的授权作出决议。这使得该财务资助行为的合法性被质疑。其次，即使是董事会作出决议，也应当经全体董事的三分之二以上通过。而在该案例中，公司未确保董事会决议符合这一要求。

关于责任承担。公司的行为违反了法律规定，给公司造成了损失。在此情况下，负有责任的董事、监事、高级管理人员应当承担赔偿责任。如果公司能够证明具体哪些董事、监事、高级管理人员在决策和执行过程中存在过错，相关人员须承担赔偿公司损失的法律责任。

由此可见，对于员工持股计划等合法的财务资助行为，要确保经过正确的决策程序，如股东会决议或符合要求的董事会决议。公司管理层应当充分认识到违反法律规定的后果，谨慎决策和执行，以避免给公司带来不必要的损失和法律风险。

14. 自然人股东死亡后，其合法继承人能否继承取得公司股权？

自然人股东死亡后，其合法继承人一般情况下可以继承取得公司股权，但股份转让受限的股份有限公司的章程另有规定的除外，即股份转让受限的股份有限公司的章程如没有特别限制，合法继承人有权继承股东资格，成为公司的新股东，享有相应的股东权利，如参与公司决策、获得分红等。公司章程中只有死亡股东生前订立的公司章程才能限制其继承人的股权继承，股东可以在公司章程中对股权继承作出排除或者限制规定，但不能剥夺继承人获得与股权价值相适应的财产对价。

法律提示： 除上述规定外，继承人还存在特定身份限制，例如，公务员、现役军人等特定身份的人不得继承有限责任公司的股东资格，以及经股权继承后，公司股东人数突破法定上限的，也可能导致部分股东无法继承股东资格等。

相关法律规范：

2023 年《公司法》	2018 年《公司法》
第一百六十七条　自然人股东死亡后，其合法继承人可以继承股东资格；但是，股份转让受限的股份有限公司的章程另有规定的除外。	第七十五条　自然人股东死亡后，其合法继承人可以继承股东资格；但是，公司章程另有规定的除外。

出版案例

陶某诉某有限公司股东权纠纷案

《法律适用》2007 年第 5 期 / 上海市第二中级人民法院 /（2006）沪二中民三（商）终字第 243 号

【基本案情】

A 公司于 2003 年 7 月 9 日制定的公司章程载明：公司由陶某等 44 名股东共同出资设立，由陶某担任法定代表人。股东之间可以相互转让出资，股东的出资额可以依法继承。2005 年 1 月 17 日，陶某因病去世，其第一顺序继承人之间达成协议，由陶某之子陶某某一人继承陶某所持有的 A 公司 43.36% 的股份。2005 年 6 月，A 公司召开股东大会，形成不同意陶某某成为公司股东的决议。同年 8 月 29 日，A 公司召开股东大会，形成公司章程修改（草案）的决议。该章程明确：股东死亡后，继承人可以依法获得其股份财产权益，但不当然获得股东身份权。陶某某遂诉至法院，要求 A 公司将其记载于股东名册，并办理股东变更登记手续。

【裁判理由】

法院审理认为，继承人对股权的继承，应是全面概括的继承，即通过继承取得的股权，是既包括财产性权利，也包括非财产性权利在内的完全股权。

本案涉及的继承行为发生于 2005 年修订的《公司法》施行之前，当时生效的《公司法》（2004 年修正）对自然人股东资格是否可继承的问题没有明确规定，其他法律法规和司法解释对此问题也未进行规范，根据《最高人民法院关于适用〈中华人民共和国公司法〉若干问题的规定（一）》（法释〔2006〕3 号）第二条的规定，本案应适用 2005 年修订的《公司法》第七十六条"自然人股东死亡后，其合法继承人可以继承股东资格；但是，公司章程另有规定的除外"的规定，A 公司于 2005 年 8 月 29 日召开股东大会形成的 A 公司章程修改（草案）发生在陶某股权继承纠纷之后，且修改后的章程未在工商部门进行变更登记，故该修改后的章程不产生约束力，不属于 2005 年修订的《公司法》第七十六条规定的"公司章程另有规定"的情形。

法院遂判决：一、A 公司应将股东名册上记载于陶某名下的 43.36% 股份变更记载于陶某某名下；二、A 公司应向公司登记机关办理上述股东变更登记事项。

15. 上市公司未依法依规披露信息可能引发的后果？

对于上市公司而言，未依法依规披露信息可能会被证券监管机构责令改正、给予警告，并处罚款等。就民事赔偿责任而言，投资者因公司未披露信息而遭受损失的，可以向公司提起民事诉讼，要求赔偿损失，公司可能需要承担相应赔偿投资者的直接经济损失以及因信息披露违规导致的间接损失责任等。另，上市公司的董事、监事、高级管理人员等可能因未尽到勤勉尽责义务，对信息披露违规行为承担连带赔偿责任。

法律提示：对于上市公司而言，信息披露违规可能会影响其再融资计划，如增发股票、发行债券等。除上述后果外，还可能带来投资者对公司的诚信产生疑问，不愿意参与公司的再融资活动，对其商业信誉产生怀疑等后果，并最终导致合作伙伴减少合作力度、供应商提高供货价格或客户减少订单，从而对公司的业务发展造成不利影响。

相关法律规范：

2023 年《公司法》	2018 年《公司法》
第一百四十条 上市公司应当依法披露股东、实际控制人的信息，相关信息应当真实、准确、完整。禁止违反法律、行政法规的规定代持上市公司股票。	

出版案例

邱某某诉欢某世纪联合股份有限公司证券虚假陈述责任纠纷案

《人民法院案例选》2022 年第 6 辑（总第 172 辑）/ 重庆市高级人民法院 /（2021）渝民终 429 号

【基本案情】

欢某世纪联合股份有限公司（以下简称欢某世纪股份公司）系在深圳证券交易所上市的公司。2016年2月1日，欢某世纪股份公司公告《星某联合股份有限公司发行股份购买资产并募集配套资金暨关联交易报告书（草案）》〔以下简称《重组报告（草案）》〕，以非公开发行股份的方式购买60名股东所持有的欢某影视有限公司100%股权，并募集配套资金。该公司在《重组报告（草案）》中声明：本公司及全体董事、监事、高级管理人员保证本报告书内容的真实、准确、完整，对报告书的虚假记载、误导性陈述或重大遗漏负连带责任。2016年5月16日，欢某世纪股份公司公告《重组报告（草案）》修订稿。2016年10月10日，欢某世纪股份公司公告《2016年6月30日财务报告审计报告》《重组报告（草案）》。2016年11月9日，欢某世纪股份公司公告其重大资产重组获得证监会核准信息。2016年11月11日，该次重组标的资产完成股权过户手续及相关工商变更登记，欢某影视有限公司成为欢某世纪股份公司的全资子公司。2017年4月7日，欢某世纪股份公司发布《2016年年度报告》。2017年7月17日，欢某世纪股份公司收到证监会重庆监管局送达的《调查通知书》。次日，欢某世纪股份公司在巨潮网上发布《关于收到中国证监会立案调查通知的公告》。2019年11月4日，欢某世纪股份公司收到证监会重庆监管局送达的行政处罚决定书（〔2019〕4号，以下简称《4号决定书》）和行政处罚决定书（〔2019〕5号，以下简称《5号决定书》）。《4号决定书》主要内容为：（1）欢某影视有限公司提前确认收入致虚增营业收入，造成2013年虚增营业收入69396226.42元；2014年虚增营业收入27894339.63元。（2）欢某影视有限公司虚构收回应收款项2550万元，造成2015年年报少计提坏账准备425万元，2016年半年报少计提坏账准备4675000元。（3）欢某影视有限公司推迟计提应收款项坏账准备，造成2013年少计提坏账准备52000元，2014年少计提坏账准备208000元，2015年少计提坏账准备234万元。（4）欢某影视有限公司控股股东及其关联方占用欢某影视有限公司资金，造成欢某影视有限公司2013年年报未披露关联方占用资金700万元的关联交易，2014年年报未披露关联方占用资金余额700万元的关联交易，2015年年报未披露关联方占用资金余额3000万元的关联交易，2016年半年报未披露关联方占用资金余额 3000 万元的关联交易。欢某影视有限公司作为涉案重大资产重组的有关方，因未能提供真实、准确、完整的财务数据，导致欢某世纪股份公司公开披露的重大资产重组文件存在虚假记载及重大遗漏。证监会重庆监管局决定：责令欢某世纪股份公司改正，给予警告，并处以 60 万元罚款；对钟某某给予警告，并处以 30 万元罚款；对赵某某、张某甲、陈某甲、庄某、张某乙、江某某、陈某乙、李某某、徐某给予警告，并分别处以 5 万元罚款。《5 号决定书》主要内容为：（1）欢某影视有限公司 2015 年虚构收回应收账款 850 万元，2016 年虚构收回应收账款 1700 万元，2016 年虚构收回其他应收账款 2600 万元，造成欢某世纪股份公司 2016 年年报少计提坏账准备 2835 万元，虚增利润总额 2835 万元。（2）未充分披露关联方资金占用的关联交易情况。欢某影视有限公司控股股东及其关联方通过利用项目等方式占用欢某影视有限公司资金，造成欢某世纪股份公司 2016 年年报未披露关联方占用资金 800 万元和占用资金余额 3800 万元的关联交易。欢某世纪股份公司披露的 2016 年年度报告存在虚假记载及重大遗漏的行为，证监会重庆监管局决定：责令欢某世纪股份公司改正，给予警告，并处以 30 万元罚款；对钟某某给予警告，并处以 10 万元罚款；对赵某某、张某甲、陈某甲、庄某、张某乙、江某某、陈某乙、李某某、徐某给予警告，并分别处以 3 万元罚款。

邱某某于 2016 年 12 月 9 日、2017 年 2 月 3 日、2017 年 2 月 13 日、2017 年 3 月 17 日、2017 年 3 月 22 日、2017 年 4 月 12 日、2017 年 4 月 14 日分别多次买入欢某世纪股份公司股票，于 2017 年 8 月 8 日、2017 年 10 月 12 日卖出部分欢某世纪股份公司股票。欢某世纪股份公司相关交易日股价情况：2016 年 2 月 1 日，收盘价 14.07 元；2016 年 2 月 23 日，收盘价 19.32 元；2017 年 8 月 8 日，收盘价 8.76 元；2017 年 8 月 11 日，收盘价 7.8 元。

【裁判理由】

法院经审理后认为欢某世纪股份公司在 2016 年 2 月 1 日、2016 年 5 月 16 日和 2016 年 10 月 10 日公告的《重组报告（草案）》中，包含虚假的置入资产营业收入、营业成本、应收账款、坏账准备、利润总额及关联交易重大遗漏；欢某世纪股份公司披露的 2016 年年度报告存在虚假记载及重大遗漏的行为，构成虚假陈述行为。原告邱某某在实施日之后买入案涉股票，并在揭露日之后卖出或持有而产生损失，欢某世纪股份公司依法应对邱某某的损失承担赔偿责任。据此判决：欢某世纪股份公司应于判决生效之日起十日内赔偿邱某某投资差额损失 17835.1 元、印花税损失 17.84 元、利息 33.1 元，共计 17886.04 元。

16. 公司未及时执行司法裁决可能引发的后果?

公司未按司法裁判文书指定的期限及时执行司法裁决的，法院有权查封、扣押、冻结公司的财产，包括公司的银行账户资金、不动产、动产、有价证券等。还可以强制拍卖公司被查封、扣押的财产以清偿债务。如果公司有财产可供执行而拒绝履行，人民法院还可根据具体情况对公司法定代表人、主要负责人或直接责任人员采取纳入失信被执行人名单、限制消费、司法拘留等强制措施。

法律提示： 公司一旦被纳入失信被执行人名单，其信用记录将受到严重损害。可能影响公司在金融机构的信用评级，导致银行等金融机构拒绝为公司提供贷款、授信等金融服务，使公司的融资渠道受阻。公司的法定代表人、主要负责人等还可能被限制消费等。

相关法律规范：

相关规定
《最高人民法院、最高人民检察院关于办理拒不执行判决、裁定刑事案件适用法律若干问题的解释》第三条 负有执行义务的人有能力执行而拒不执行，且具有下列情形之一，应当认定为全国人民代表大会常务委员会关于刑法第三百一十三条的解释中规定的"其他有能力执行而拒不执行，情节严重的情形"：（四）具有拒绝报告或者虚假报告财产情况、违反人民法院限制消费令等拒不执行行为，经采取罚款、拘留等强制措施后仍拒不执行的；

中国法院网案例

谢某、某汽车公司拒不执行判决、裁定案

中国法院网 2022 年 6 月 1 日

【基本案情】

谢某经营某汽车公司，2020 年 11 月 25 日，在浙江省开化县人民法院（以

下简称开化法院）主持调解下，谢某及其公司与余某达成了调解协议，约定谢某及其公司归还余某借款本金 35 万元及利息。但谢某及其公司均未按约定如期归还借款本息，余某遂于 2021 年 1 月 6 日向开化法院申请强制执行。

案件进入执行阶段后，承办法官依法向二被执行人发出了执行裁定书、执行通知书等催告履行义务的法律文书，但二被执行人仍拒不履行。

经调查发现，执行立案后，谢某经营某汽车公司共收入 60 万元，但谢某未将该收入用于履行生效法律文书确定的还款义务，而是转入他人的银行账户用于其他支出。开化法院遂将上述犯罪线索移送公安机关侦查，并由检察机关提起公诉。

【裁判要旨】

法院认为，为规避法院执行，谢某将其公司收入 60 万元转入他人银行账户，用于其他支出，拒不履行生效法律文书确定的还款义务。被告人谢某和被告单位某汽车公司对人民法院的判决、裁定有能力执行而拒不执行，情节严重，已构成拒不执行判决、裁定罪。据此作出判决：判处被告人谢某有期徒刑七个月，判处被告单位某汽车公司罚金 15000 元。

17. 上市公司能否交叉持股？

上市公司禁止交叉持股是 2023 年《公司法》第一百四十一条新增条款。上市公司控股子公司不得取得该上市公司的股份。上市公司控股子公司因公司合并、质权行使等原因持有上市公司股份的，不得行使所持股份对应的表决权，并应当及时处分相关上市公司股份。禁止交叉持股的规则与现阶段证券交易所的监管规定相呼应。

法律提示：A 股或 H 股上市公司、或拟申报 A 股或 H 股 IPO 的境内企业，均应遵守 2023 年《公司法》第一百四十一条之纵向交叉持股制度禁止规定，即控股子公司不得持有上市公司股份，因特殊原因持有的股份需限期处分，处分前不享有上市公司股份的表决权；对于（拟）上市企业与其股东或参股公司之间、非上市企业之间的交叉持股等其他情形，法律层面未作一般性禁止（特殊行业除外）。

相关法律规范：

2023 年《公司法》	2018 年《公司法》
《最高人民法院、最高人民检察院关于办理拒不执行判决、裁定刑事案件适用法律若干问题的解释》第三条　负有执行义务的人有能力执行而拒不执行，且具有下列情形之一，应当认定为全国人民代表大会常务委员会关于刑法第三百一十三条的解释中规定的"其他有能力执行而拒不执行，情节严重的情形"：（四）具有拒绝报告或者虚假报告财产情况、违反人民法院限制消费令等拒不执行行为，经采取罚款、拘留等强制措施后仍拒不执行的；	

编写案例

案例 1：上市公司某口腔公司所持某百货公司股票来自公司设立时某牙膏厂作为股东出资所投入的资产，由于某百货公司同时为某口腔公司的股东，为解决交叉持股问题，某口腔公司召开临时股东大会审议通过决议，采取集中竞价交易、大宗交易、协议转让等合法方式出售全部所持某百货公司股票。

案例 2：某上市公司通过购买资产交易持有交易对方 33.50% 股权，交易对方持有上市公司 0.533% 股份，某上市公司披露了预计解决措施，通过承诺交易后放弃表决权、不会增持上市公司股份以及锁定期满后一年内减持完毕解决。

第四章 公司治理制度

一、公司组织机构设置

1. 2023 年《公司法》施行后，股东会的职权有哪些变化？

2023 年《公司法》不再区分有限责任公司的股东会与股份有限公司的股东大会，统一称为"股东会"。2023 年《公司法》调整了股东会的职权，由原来的 11 项缩减为 9 项，取消了"决定公司的经营方针和投资计划"以及"审议批准公司的年度财务预算方案、决算方案"两项职权，增加了"股东会可以授权董事会对发行公司债券作出决议"的规定。2023 年《公司法》亦明确了股东会会议一般决议应经代表过半数表决权的股东通过，改变了 2018 年《公司法》关于股东会会议一般决议的比例由公司章程约定的规定。

法律提示：股东会由公司的全体股东组成，是公司的权力机构，除一人公司外，公司必须设置股东会。2023 年《公司法》调整股东会职权，删除了"董事会对股东会负责"的规定，同时新增"股东会可授予董事会其他职权"的规定，意味着由股东会中心主义变为董事会中心主义。为避免将来经营过程中的未知风险，对于如何分配股东会和董事会的职权，切忌直接套用章程模板，股东们可依法在公司章程中进行灵活约定，量体裁衣。对于应属股东会职权范围内的事项，如果由董事会作出决议，可能面临决议效力被否定的风险。

相关法律规范：

2023 年《公司法》	2018 年《公司法》及相关规定
第五十八条　有限责任公司股东会由全体股东组成。股东会是公司的权力机构，依照本法行使职权。 　第五十九条　股东会行使下列职权： 　（一）选举和更换董事、监事，决定有关董事、监事的报酬事项；	第三十六条　有限责任公司股东会由全体股东组成。股东会是公司的权力机构，依照本法行使职权。 　第三十七条　股东会行使下列职权： 　（一）决定公司的经营方针和投资计划；

续表

2023 年《公司法》	2018 年《公司法》及相关规定
（二）审议批准董事会的报告； （三）审议批准监事会的报告； （四）审议批准公司的利润分配方案和弥补亏损方案； （五）对公司增加或者减少注册资本作出决议； （六）对发行公司债券作出决议； （七）对公司合并、分立、解散、清算或者变更公司形式作出决议； （八）修改公司章程； （九）公司章程规定的其他职权。 　股东会可以授权董事会对发行公司债券作出决议。 　对本条第一款所列事项股东以书面形式一致表示同意的，可以不召开股东会会议，直接作出决定，并由全体股东在决定文件上签名或者盖章。 　**第六十六条**　股东会的议事方式和表决程序，除本法有规定的外，由公司章程规定。 　股东会作出决议，应当经代表过半数表决权的股东通过。 　股东会作出修改公司章程、增加或者减少注册资本的决议，以及公司合并、分立、解散或者变更公司形式的决议，应当经代表三分之二以上表决权的股东通过。 　**第一百一十一条**　股份有限公司股东会由全体股东组成。股东会是公司的权力机构，依照本法行使职权。 　**第一百一十二条**　本法第五十九条第一款、第二款关于有限责任公司股东会职权的规定，适用于股份有限公司股东会。 　本法第六十条关于只有一个股东的有限责任公司不设股东会的规定，适用于只有一个股东的股份有限公司。	（二）选举和更换非由职工代表担任的董事、监事，决定有关董事、监事的报酬事项； （三）审议批准董事会的报告； （四）审议批准监事会或者监事的报告； （五）审议批准公司的年度财务预算方案、决算方案； （六）审议批准公司的利润分配方案和弥补亏损方案； （七）对公司增加或者减少注册资本作出决议； （八）对发行公司债券作出决议； （九）对公司合并、分立、解散、清算或者变更公司形式作出决议； （十）修改公司章程； （十一）公司章程规定的其他职权。 　对前款所列事项股东以书面形式一致表示同意的，可以不召开股东会会议，直接作出决定，并由全体股东在决定文件上签名、盖章。 　**第四十三条**　股东会的议事方式和表决程序，除本法有规定的外，由公司章程规定。 　股东会会议作出修改公司章程、增加或者减少注册资本的决议，以及公司合并、分立、解散或者变更公司形式的决议，必须经代表三分之二以上表决权的股东通过。 　**第九十八条**　股份有限公司股东大会由全体股东组成。股东大会是公司的权力机构，依照本法行使职权。 　**第九十九条**　本法第三十七条第一款关于有限责任公司股东会职权的规定，适用于股份有限公司股东大会。

2. 2023 年《公司法》施行后，董事会的职权有哪些扩张与变化？

董事会是公司治理的核心，2023 年《公司法》中董事会职权由法律直接规定的法定职权、章程规定的章定职权以及股东会授予的授予职权三类构成，新增了由股东会授权的内容，例如，董事会可在股东会授权下对公司发行债券作出决议。董事会的职权得到了扩张，例如，决定公司的经营方针和投资计划，以及审议批准公司的年度预算方案、决算方案两项职权不再由股东会行使，前一项职权明确由董事会行使，后一项职权亦可由股东会对董事会授权，并删除了董事会对股东会负责的规定。

法律提示： 公司章程不仅可以扩张董事会职权，也可以对董事会权力进行限制。但通常情况下，公司交易的相对人没有义务主动审查公司章程对董事会权力所作的限制，如果相对人不知道或者不应当知道公司章程对董事会权力所作的限制，则该限制对其不产生法律效力。

相关法律规范：

2023 年《公司法》	2018 年《公司法》
第五十九条 股东会行使下列职权： （一）选举和更换董事、监事，决定有关董事、监事的报酬事项； （二）审议批准董事会的报告； （三）审议批准监事会的报告； （四）审议批准公司的利润分配方案和弥补亏损方案； （五）对公司增加或者减少注册资本作出决议； （六）对发行公司债券作出决议； （七）对公司合并、分立、解散、清算或者变更公司形式作出决议； （八）修改公司章程； （九）公司章程规定的其他职权。 股东会可以授权董事会对发行公司债券作出决议。 对本条第一款所列事项股东以书面形式一致表示同意的，可以不召开股东会会议，直接作出决定，并由全体股东在决定文件上签名或者盖章。 **第六十七条** 有限责任公司设董事会，本法第七十五条另有规定的除外。 董事会行使下列职权： （一）召集股东会会议，并向股东会报告工作； （二）执行股东会的决议； （三）决定公司的经营计划和投资方案； （四）制订公司的利润分配方案和弥补亏损方案； （五）制订公司增加或者减少注册资本以及发行公司债券的方案；	**第三十七条** 股东会行使下列职权： （一）决定公司的经营方针和投资计划； （二）选举和更换非由职工代表担任的董事、监事，决定有关董事、监事的报酬事项； （三）审议批准董事会的报告； （四）审议批准监事会或者监事的报告； （五）审议批准公司的年度财务预算方案、决算方案； （六）审议批准公司的利润分配方案和弥补亏损方案； （七）对公司增加或者减少注册资本作出决议； （八）对发行公司债券作出决议； （九）对公司合并、分立、解散、清算或者变更公司形式作出决议； （十）修改公司章程； （十一）公司章程规定的其他职权。 对前款所列事项股东以书面形式一致表示同意的，可以不召开股东会会议，直接作出决定，并由全体股东在决定文件上签名、盖章。 **第四十六条** 董事会对股东会负责，行使下列职权： （一）召集股东会会议，并向股东会报告工作； （二）执行股东会的决议； （三）决定公司的经营计划和投资方案； （四）制订公司的年度财务预算方案、决算方案； （五）制订公司的利润分配方案和弥补亏损方案； （六）制订公司增加或者减少注册资本以及发行公司债券的方案；

续表

2023 年《公司法》	2018 年《公司法》
（六）制订公司合并、分立、解散或者变更公司形式的方案； （七）决定公司内部管理机构的设置； （八）决定聘任或者解聘公司经理及其报酬事项，并根据经理的提名决定聘任或者解聘公司副经理、财务负责人及其报酬事项； （九）制定公司的基本管理制度； （十）公司章程规定或者股东会授予的其他职权。 公司章程对董事会职权的限制不得对抗善意相对人。	（七）制订公司合并、分立、解散或者变更公司形式的方案； （八）决定公司内部管理机构的设置； （九）决定聘任或者解聘公司经理及其报酬事项，并根据经理的提名决定聘任或者解聘公司副经理、财务负责人及其报酬事项； （十）制定公司的基本管理制度； （十一）公司章程规定的其他职权。

案例库参考案例

上海某某企业管理咨询有限公司诉上海某某企业管理有限公司公司决议撤销纠纷案

2024-08-02-270-002/ 民事 / 公司决议撤销纠纷 / 上海市第二中级人民法院 / 2019.09.17/（2019）沪 02 民终 4260 号民事判决 / 二审 / 入库日期：2024.08.02

【裁判要旨】

在审查封闭公司的董事会决议应否撤销时，如果结合《公司法》及公司章程的规定判断出决议内容构成对公司章程的实质性修改，则相关决议应属股东会而非董事会的职权范围，应予撤销。

【基本案情】

上海某某企业管理有限公司成立于 2015 年 8 月，登记股东包括上海某某企业管理咨询有限公司及西藏某某企管公司，股权比例分别为 30%、70%，上海某某企业管理咨询有限公司与西藏某某企管公司共同签署过一份公司章程。章程第八条规定，股东会由全体股东组成，是公司的最高权力机构，行使包括修改公司章程在内的各项职权。章程第十三条规定，股东会会议作出修改公司章程、增加或者减少注册资本等重大决议，必须经全体股东一致同意。章程第十四条规定，公司设董事会，成员三名，由股东双方委派，其中西藏某某企管公司委派两名，上海某某企业管理咨询有限公司委派一名；董事会设董事长一人，由西藏某某企管公司委派的董事担任。章程第十五条规定，董事会行使包括召集股东会会议、聘任或者解聘总经理在内的各项职权，董事长行使包括召集主持股东会、董事会会议在内的各项职权。章程第十八条规定，公司股东会、董事会的会议召集程序、表决方式违反法律、行政法规或者公司章程，或者决议内容违反公司章程的，股东可以自决议作出之日起六十日内请求法院撤销。章程第十九条规定，公司实行总经理负责制，设总经理一名，由上海某某企业管理咨询有限公司委派，总经理全面负责公司经营管理，对董事会负责，行使包括拟订公司内部管理机构设置方案、制订除应由董事会批准之外的公司各项管理规章制度、代表公司对外签署各类合同、在董事会授予的权限内审批公司费用支出在内的各项职权。

上海某某企业管理咨询有限公司委派汤某某担任总经理。西藏某某企管公司委托刘某某为上海某某企业管理有限公司公章、法人章、财务章的共同保管人。

2018 年 7 月 1 日，上海某某企业管理有限公司召开董事会议，作出一份董事会决议，决议事项包括：（1）公司印章、证照、重要文件、重要合同由董事长负责保管管理；（2）所有对外签订的合同需由承办人员逐级发起审批，最后由董事长审批后，方可由总经理或承办人员代为办理；（3）所有资金、费用必须经董事长签字审批后方可执行；（4）公司办公地址全部搬迁至 1 号楼 301 房间，原办公室对外出租；（5）通知各租户暂不将租金交纳至公司被冻结银行账户，待新的收租账户信息确定后再通知租户交纳；（6）和上海某某信息技术有限公司司、上海某某商务咨询有限公司协商由其暂时收取租金，租金全部汇入其指定账户，用于归还其募集资金；（7）同陈某某商洽拖欠的 4500 万元租赁支付事宜，争取缓交租金；（8）推进第三方审计单位加快对约定合同价款进行审计，审计意见出来后同总包方住某公司洽谈落实工程款支付事宜；（9）解除与某某物业公司的物业管理合同，选聘新的物业公司；（10）解聘汤某某总经理职务，在上海某某企业管理咨询有限公司委派新的、被董事会决定聘任的总经理之前，暂时由董事长余某某代理总经理职务，代为履行总经理职权。

上海某某企业管理咨询有限公司起诉请求：撤销上述董事会决议。

上海市宝山区人民法院于 2018 年 11 月 19 日作出（2018）沪 0113 民初

13040 号民事判决：一、上海某某企业管理有限公司于 2018 年 7 月 1 日通过的董事会决议中除"解聘汤某某总经理职务"外的其余事项予以撤销；二、对上海某某企业管理咨询有限公司的其余诉讼请求不予支持。宣判后，两公司均提起上诉。上海市第二中级人民法院于 2019 年 9 月 17 日作出（2019）沪 02 民终 4260 号民事判决：驳回上诉，维持原判。

【裁判理由】

上海某某企业管理有限公司章程第八条、第十三条、第十四条、第十五条、第十九条所规定的条款，性质上均为公司组织机构方面的规定，属公司治理结构范畴，是公司所有者（股东）对公司的经营管理及绩效改进进行监督、激励、控制和协调的一整套制度安排，通常由股东会、董事会（或执行董事）、经理层和监事会（或监事）实施，而每个机构的职权则由《公司法》及公司章程进行规定，并会因章程规定的不同而有所区别。各机构依据法律或章程所赋予的职权范围运作，彼此间既协作又相互制衡。具体到上海某某企业管理有限公司，从其章程中关于股东会、董事会（或董事长）、总经理的职权范围的规定来看，公司实行总经理负责制，总经理由小股东上海某某企业管理咨询有限公司委派，全面负责公司经营管理，董事会有权聘任或者解聘总经理，可以看出小股东上海某某企业管理咨询有限公司在经营权控制、防止大股东西藏某某企管公司滥用表决权优势的考虑，以及西藏某某企管公司就此作出的权利让渡，而相关制度安排应该在公司运作中被尊重和遵循。

系争决议共 10 项，第 1 项涉及公司印章、证照、重要文件的保管及管理，其中上海某某企业管理咨询有限公司与西藏某某企管公司已另行就共管公司印章达成合意，故不属于公司章程第十五条所规定的由董事会批准的基本管理制度，而证照、重要文件的保管及管理问题，在公司章程中没有规定；第 2 项决定公司对外签订的合同由董事长审批，其本属于章程第十九条规定的总经理职权范围；第 3 项决定所有资金、费用的支出由董事长审批，而依照公司章程第十五条及第十九条的规定，董事长只审批月度预算之外的费用支出，其他资金、费用的支出由总经理审批；第 4 项决定将公司办公地址全部搬迁至 1 号楼，原办公室对外出租，原办公室即章程第四条规定的住所，迁至他处并将该场所对外出租，应视为公司住所的实质变更；第 5 项关于通知各租户暂缓交纳租金、第 6 项关于与案外两公司协商由其暂时收取租金、第 7 项关于同案外人商洽拖欠的租金支付事宜、第 8 项关于同总包方洽谈落实工程款支付等事宜、第 9 项关于解除物业管理合同等事宜，均应属于公司章程第十九条规定的总经理所负责的生产经营管理工作范围；第 10 项解聘汤某某总经理职务，暂时由董事长余某某代理总经理职务，代为履行总经理职权。上海某某企业管理咨询有限公司章程规定董事会有权解聘总经理，但并未规定总经理被解聘后由董事长代行总经理职权，而一旦允许由西藏某某企管公司委派的董事长代行总经理职权，将导致上海某某企业管理咨询有限公司基本丧失对上海某某企业管理有限公司的经营管理权，总经理负责制名存实亡。

通过上文将系争决议的内容逐项与上海某某企业管理咨询有限公司的章程进行比照后，法院认为，根据上海某某企业管理有限公司章程的规定，修改公司章程是股东会的职权范围，修改公司章程的决议必须经全体股东一致同意。因此，案涉董事会的 10 项决议中，除了解聘汤某某总经理职务外的其余决议事项均构成对上海某某企业管理有限公司章程有关规定的实质性变更，依法应予撤销。上海某某企业管理有限公司根据系争决议已办理变更登记的，应向公司登记机关申请撤销变更登记。

3. 2023 年《公司法》对于监事会、监事的设置规则有何调整？

2023 年《公司法》规定有限责任公司与股份有限公司的监事会成员均为三人以上，且规定有限责任公司经全体股东一致同意可以不设监事会或监事，并允许规模较小、股东人数较少的股份有限公司不设监事会或监事。2023 年《公司法》明确了监事会与审计委员会设置二选一的原则，不属于规模较小或者股东人数较少的有限责任公司或股份有限公司，不设监事会或者监事的，应在董事会中设置由董事组成的审计委员会，行使监事会或监事的职权，其中，股份有限公司的审计委员会成员应为三名以上。另外，国有独资企业不设监事会或者监事，直接设置审计委员会。

法律提示： 2023 年《公司法》规定监事会为公司治理的非必须机构，有限责任公司与股份有限公司可以自行选择是否设立监事会。但如果不设置监事会或监事且不满足规模较小或股东人数较少的条件，则董事会应当下设审计委员会。公司对于是否设立监事会或监事应当慎重选择，对于不设立监事会或监事的公司，应当通过完善公司章程等实现对大股东的监督制约，以保护中小股东的权益。

相关法律规范：

2023 年《公司法》	2018 年《公司法》
第六十九条　有限责任公司可以按照公司章程的规定在董事会中设置由董事组成的审计委员会，行使本法规定的监事会的职权，不设监事会或者监事。公司董事会成员中的职工代表可以成为审计委员会成员。 **第七十六条第一款**　有限责任公司设监事会，本法第六十九条、第八十三条另有规定的除外。 **第二款**　监事会成员为三人以上…… **第八十三条**　规模较小或者股东人数较少的有限责任公司，可以不设监事会，设一名监事，行使本法规定的监事会的职权；经全体股东一致同意，也可以不设监事。 **第一百二十一条第一款**　股份有限公司可以按照公司章程的规定在董事会中设置由董事组成的审计委员会，行使本法规定的监事会的职权，不设监事会或者监事。 **第二款**　审计委员会成员为三名以上，过半数成员不得在公司担任除董事以外的其他职务，且不得与公司存在任何可能影响其独立客观判断的关系。公司董事会成员中的职工代表可以成为审计委员会成员。 **第一百三十条第一款**　股份有限公司设监事会，本法第一百二十一条第一款、第一百三十三条另有规定的除外。 **第二款**　监事会成员为三人以上…… **第一百三十三条**　规模较小或者股东人数较少的股份有限公司，可以不设监事会，设一名监事，行使本法规定的监事会的职权。 **第一百七十六条**　国有独资公司在董事会中设置由董事组成的审计委员会行使本法规定的监事会职权的，不设监事会或者监事。	**第五十一条第一款**　有限责任公司设监事会，其成员不得少于三人。股东人数较少或者规模较小的有限责任公司，可以设一至二名监事，不设监事会。 **第七十条第一款**　国有独资公司监事会成员不得少于五人，其中职工代表的比例不得低于三分之一，具体比例由公司章程规定。 **第一百一十七条第一款**　股份有限公司设监事会，其成员不得少于三人。

4. 2023 年《公司法》施行后，董事会设置审计委员会后还需要设监事会吗？

审计委员会和监事会均是公司监督机构，在二者职权一致的情况下，公司设置审计委员会和监事会须"二选一"，避免职能的交叉与矛盾。审计委员会的成员须是董事，其组成条件在有限责任公司和股份有限公司有所不同，股份有限公司的审计委员会成员须有三名以上，且过半数成员不得在公司担任除董事以外的职务，不得与公司存在任何可能影响其独立客观判断的关系。

法律提示： 在董事会内设的审计委员会，董事会既是公司经营权力机构又是公司监督权力机构。在股东自行召集主持股东会会议时，前置程序要求股东分别请求董事会和审计委员会已无必要，只要董事会不能履行或者不履行召集股东会会议职责，便满足前置条件，股东有权召集临时股东会。

相关法律规范：

2023 年《公司法》	2018 年《公司法》
第六十九条 有限责任公司可以按照公司章程的规定在董事会中设置由董事组成的审计委员会，行使本法规定的监事会的职权，不设监事会或者监事。公司董事会成员中的职工代表可以成为审计委员会成员。 **第一百二十一条** 股份有限公司可以按照公司章程的规定在董事会中设置由董事组成的审计委员会，行使本法规定的监事会的职权，不设监事会或者监事。……	

5. 董事会是否需要有职工代表，职工代表如何产生？

职工人数在三人以上三百人以下的有限责任公司、股份有限公司，设董事会的，董事会成员可以有职工代表。职工人数在三百人以上的有限责任公司、股份有限公司，不设监事会或监事会中没有职工代表的，董事会成员中应当有职工代表。换言之，对于人数超三百人的公司，至少要接受一名职工代表以董事身份或监事身份深度参与公司的经营管理。职工代表通过职工代表大会、职工大会或者其他形式民主选举产生。原则上来说，职工董事除应当享有非职工董事的全部职权外，可能还享有基于"职工代表"的身份产生的相应职权，例如，对涉及职工合法权利或大多数职工切身利益的董事会议案、方案提出意见和建议；就涉及职工切身利益的规章制度或者重大事项，提出董事会议题，依法提请召开董事会会议，反映职工合理要求，维护职工合法权益等。

法律提示：公司可以根据自身情况确定在董事会成员中是否要有公司职工代表。与其他董事由股东会选举产生不同，董事会中的职工代表通过职工代表大会、职工大会或者其他形式民主选举产生。

相关法律规范：

2023 年《公司法》	2018 年《公司法》
第六十八条 有限责任公司董事会成员为三人以上，其成员中可以有公司职工代表。职工人数三百人以上的有限责任公司，除依法设监事会并有公司职工代表的外，其董事会成员中应当有公司职工代表。董事会中的职工代表由公司职工通过职工代表大会、职工大会或者其他形式民主选举产生。 董事会设董事长一人，可以设副董事长。董事长、副董事长的产生办法由公司章程规定。 **第一百二十条** 股份有限公司设董事会，本法第一百二十八条另有规定的除外。 本法第六十七条、第六十八条第一款、第七十条、第七十一条的规定，适用于股份有限公司。	**第四十四条** 有限责任公司设董事会，其成员为三人至十三人；但是，本法第五十条另有规定的除外。 两个以上的国有企业或者两个以上的其他国有投资主体投资设立的有限责任公司，其董事会成员中应当有公司职工代表；其他有限责任公司董事会成员中可以有公司职工代表。董事会中的职工代表由公司职工通过职工代表大会、职工大会或者其他形式民主选举产生。 董事会设董事长一人，可以设副董事长。董事长、副董事长的产生办法由公司章程规定。 **第一百零八条** 股份有限公司设董事会，其成员为五人至十九人。 董事会成员中可以有公司职工代表。董事会中的职工代表由公司职工通过职工代表大会、职工大会或者其他形式民主选举产生。 本法第四十五条关于有限责任公司董事任期的规定，适用于股份有限公司董事。 本法第四十六条关于有限责任公司董事会职权的规定，适用于股份有限公司董事会。

二、公司决议制度

6. 公司决议在何种情形下会被认定无效？

股东会和董事会依法作出的决议，体现的是公司的意志，对公司、股东、董事、监事和高级管理人员等均具有法律效力。因此，公司的经营运行和管理决策必须在法律及行政法规允许的范围内进行。对于决议效力的审查，应当适用《民法典》关于民事法律行为效力的判断规则，如果决议内容存在违反法律、行政法规的效力性强制性规定或违背公序良俗等情形，则会被认定无效。

法律提示： 无效的决议严重损害了公司及其利益相关者的合法权益，只要是决议涉及的直接利害关系人均有权提起确认决议无效之诉。

相关法律规范：

2023 年《公司法》	2018 年《公司法》
第二十五条　公司股东会、董事会的决议内容违反法律、行政法规的无效。	**第二十二条**　公司股东会或者股东大会、董事会的决议内容违反法律、行政法规的无效。 　　股东会或者股东大会、董事会的会议召集程序、表决方式违反法律、行政法规或者公司章程，或者决议内容违反公司章程的，股东可以自决议作出之日起六十日内，请求人民法院撤销。 　　股东依照前款规定提起诉讼的，人民法院可以应公司的请求，要求股东提供相应担保。 　　公司根据股东会或者股东大会、董事会决议已办理变更登记的，人民法院宣告该决议无效或者撤销该决议后，公司应当向公司登记机关申请撤销变更登记。
相关规定	
《民法典》第一百三十四条第二款　法人、非法人组织依照法律或者章程规定的议事方式和表决程序作出决议的，该决议行为成立。 　　《民法典》第一百五十三条　违反法律、行政法规的强制性规定的民事法律行为无效。但是，该强制性规定不导致该民事法律行为无效的除外。 　　违背公序良俗的民事法律行为无效。	

案例库参考案例

谢某、刘某诉安徽某化工有限责任公司公司决议纠纷案

2023–08–2–270–001/ 民事 / 公司决议效力纠纷 / 上海市金山区人民法院 / 2021.12.20/（2021）沪 0116 民初 14414 号民事判决 / 一审 / 入库日期：2024.08.02

【裁判要旨】

对股东会决议效力的审查，一方面是程序的合法性审查，另一方面是内容的合法性审查。公司股东会决议以"补偿金"名义对股东发放巨额款项，在并无实际补偿事由，且无法明确款项来源的情形下，此类"补偿金"不符合《公

司法》的"分红"程序，也超出"福利"的一般数额标准，属于变相分配公司资产，损害部分股东的利益，更有可能影响债权人的利益，应依法认定为无效。

【基本案情】

安徽某化工有限责任公司（以下简称化工公司）是改制企业，现共有25名自然人股东。谢某、刘某系该公司的股东，分别持有公司14.54%和13.38%的股权。谢某、刘某因认为公司法定代表人及其他一些管理人员侵害公司及谢某、刘某的利益，双方发生纠纷及诉讼。谢某、刘某曾提出由化工公司给谢某、刘某各发放40万元赔偿或补偿款的调解方案。化工公司为此于2012年10月12日召开股东会议，包括谢某、刘某在内的全体股东均到会。股东会以占股权67.92%的表决权通过股东会决议，决议内容为化工公司给予每位股东补偿款40万元，谢某、刘某及另一位股东邢某签字表示不同意。后化工公司通过转账方式向每位股东支付40万元。

谢某、刘某诉至法院，请求确认上述股东会决议无效。诉讼中，谢某、刘某认为公司发放的40万元是分红款，化工公司认为不是分红款，是一种福利。

安徽省合肥市包河区人民法院于2013年10月10日作出（2013）包民二初字第01184号判决：驳回原告谢某、刘某的诉讼请求。宣判后，谢某、刘某提出上诉，安徽省合肥市中级人民法院于2014年2月14日作出（2014）合民二终字第00036号判决：一、撤销安徽省合肥市包河区人民法院（2013）包民二初字第01184号民事判决；二、确认化工公司于2012年10月12日作出的同意给予每位股东发放补偿款40万元的股东会决议无效。

【裁判理由】

首先，关于案涉股东会决议内容所涉款项的来源，化工公司认为分发的款项来源于化工公司账面余额，但无法明确系利润还是资产。《公司法》（2005年修订，下同）第一百六十七条第一款、第二款规定，公司分配当年税后利润时，应当提取利润的10%列入公司法定公积金；公司的法定公积金不足以弥补以前年度亏损的，在依照前款规定提取法定公积金之前，应当先用当年利润弥补亏损。由此可见，《公司法》采取的是法定公积金分配准则，即公司在未补亏以及未留存相应比例公积金的情形下，所获利润不得用于分配。化工公司有责任提供证据证明化工公司按照法律规定弥补亏损并提取了法定公积金，但化工公司未提交证据证明。

其次，关于款项的性质，化工公司辩称分发款项系福利性质。根据通常理解，"福利"指员工的间接报酬，一般包括健康保险、带薪假期、过节礼物或退休金等。从发放对象看，"福利"的发放对象为员工，而本案中，决议内容明确载明发放对象系每位股东；从发放内容看，案涉股东会决议内容为公司向每位股东发放 40 万元，发放款项数额巨大，不符合常理。因此，化工公司关于发放款项为福利的辩称没有事实和法律依据，法院不予采信。若化工公司向每位股东分配公司弥补亏损和提取公积金后所余税后利润，则应当遵守《公司法》第三十五条的规定，即股东按照实缴的出资比例分取红利；但是，全体股东约定不按照出资比例分取红利或者不按照出资比例优先认缴出资的除外。本案中，在全体股东未达成约定的情况下，不按照出资比例分配而是对每位股东平均分配的股东会决议内容违反了上述规定。

最后，本案所涉股东会决议无论是以向股东支付股息或红利的形式，还是以股息或红利形式之外的、以减少公司资产或加大公司负债的形式分发款项，均是为股东谋取利益，变相分配公司利益的行为，该行为贬损了公司的资产，使得公司资产不正当流失，损害了部分股东的利益，更有可能影响债权人的利益。

综上所述，本案所涉股东会决议属于公司股东滥用股东权利行为，决议内容损害了公司、公司其他股东等的利益，违反了《公司法》的强制性规定，应为无效。

7. 公司决议在何种情形下会被认定可撤销？

导致公司决议撤销的事由可以分为程序瑕疵和内容瑕疵两类。常见的程序瑕疵包括：第一，召集程序瑕疵，主要体现在未在规定期间通知召开股东会、通知未载明待决事项等；第二，表决方式瑕疵，主要体现为主持人瑕疵等。内容瑕疵是指"决议内容违反公司章程"，主要是指决议内容违反公司章程规定的法律、行政法规以外的特殊规定。常见的内容瑕疵包括：公司决议超越章程规定选任董事、监事；决议内容侵害章程规定的小股东权益；决议超越章程规定对外提供担保；等等。

法律提示：第一，决议的撤销权必须以诉讼的方式行使，期限为股东知道或者应当知道决议起六十日内，最长不超过决议作出之日起一年，既可以保证存在瑕疵的决议能够及时得到纠正，也为了决议事项的效力尽早确定，保障公司运营的稳定性。第二，在公司决议撤销纠纷案件中，对决议内容的审查是看决议的内容是否符合公司章程的规定，而不是审查其内容是否违反法律、行政法规的强制性规定，如果决议的内容违反法律、行政法规的强制性规定，则应为无效而非可撤销。

相关法律规范：

2023 年《公司法》	2018 年《公司法》
第二十六条　公司股东会、董事会的会议召集程序、表决方式违反法律、行政法规或者公司章程，或者决议内容违反公司章程的，股东自决议作出之日起六十日内，可以请求人民法院撤销。但是，股东会、董事会的会议召集程序或者表决方式仅有轻微瑕疵，对决议未产生实质影响的除外。 　　未被通知参加股东会会议的股东自知道或者应当知道股东会决议作出之日起六十日内，可以请求人民法院撤销；自决议作出之日起一年内没有行使撤销权的，撤销权消灭。	第二十二条　公司股东会或者股东大会、董事会的决议内容违反法律、行政法规的无效。 　　股东会或者股东大会、董事会的会议召集程序、表决方式违反法律、行政法规或者公司章程，或者决议内容违反公司章程的，股东可以自决议作出之日起六十日内，请求人民法院撤销。 　　股东依照前款规定提起诉讼的，人民法院可以应公司的请求，要求股东提供相应担保。 　　公司根据股东会或者股东大会、董事会决议已办理变更登记的，人民法院宣告该决议无效或者撤销该决议后，公司应当向公司登记机关申请撤销变更登记。

指导性案例 10 号

李某军诉上海某动力环保科技有限公司
公司决议撤销纠纷案

【裁判要旨】

人民法院在审理公司决议撤销纠纷案件中应当审查会议召集程序、表决方式是否违反法律、行政法规或者公司章程，以及决议内容是否违反公司章程。在未违反上述规定的前提下，解聘总经理职务的决议所依据的事实是否属实、理由是否成立，不属于司法审查范围。

【基本案情】

原告李某军诉称：被告上海某动力环保科技有限公司（以下简称某动力公司）免除其总经理职务的决议所依据的事实和理由不成立，且董事会的召集程序、表决方式及决议内容均违反了《公司法》的规定，请求法院依法撤销该董事会决议。

被告某动力公司辩称：董事会的召集程序、表决方式及决议内容均符合法律和章程的规定，故董事会决议有效。

法院经审理查明：原告李某军系被告某动力公司的股东，并担任总经理。某动力公司股权结构为：葛某乐持股 40%，李某军持股 46%，王某胜持股 14%。三位股东共同组成董事会，由葛某乐担任董事长，另外两人为董事。公司章程规定：董事会行使包括聘任或者解聘公司经理等职权；董事会须由三分之二以上的董事出席方才有效；董事会对所议事项作出的决定应由占全体股东三分之二以上的董事表决通过方才有效。2009 年 7 月 18 日，某动力公司董事长葛某乐召集并主持董事会，三位董事均出席，会议形成了"鉴于总经理李某军不经董事会同意私自动用公司资金在二级市场炒股，造成巨大损失，现免去其总经理职务，即日生效"等内容的决议。该决议由葛某乐、王某胜及监事签名，李某军未在该决议上签名。

上海市黄浦区人民法院于 2010 年 2 月 5 日作出（2009）黄民二（商）初字第 4569 号民事判决：撤销被告某动力公司于 2009 年 7 月 18 日形成的董事会决议。宣判后，某动力公司提出上诉。上海市第二中级人民法院于 2010 年 6 月 4 日作出（2010）沪二中民四（商）终字第 436 号民事判决：一、撤销上海市黄浦区人民法院（2009）黄民二（商）初字第 4569 号民事判决；二、驳回李某军的诉讼请求。

【裁判理由】

法院生效裁判认为：根据《公司法》（2005 年修订）第二十二条第二款的规定，董事会决议可撤销的事由包括：一是召集程序违反法律、行政法规或公司章程；二是表决方式违反法律、行政法规或公司章程；三是决议内容违反公司章程。从召集程序看，某动力公司于 2009 年 7 月 18 日召开的董事会由董事长葛某乐召集，三位董事均出席董事会，该次董事会的召集程序未违反法律、行政法规或公司章程的规定。从表决方式看，根据某动力公司章程规定，对所议事项作出的决定应由占全体股东三分之二以上的董事表决通过方才有效，上述董事会决议由三位股东（兼董事）中的两名表决通过，故在表决方式上未违反法律、行政法规或公司章程的规定。从决议内容看，某动力公司章程规定董事会有权解聘公司经理，董事会决议内容中"总经理李某军不经董事会同意私自动用公司资金在二级市场炒股，造成巨大损失"的陈述，仅是董事会解聘李某军总经理职务的原因，而解聘李某军总经理职务的决议内容本身并不违反公司章程。

董事会决议解聘李某军总经理职务的原因如果不存在，并不导致董事会决议撤销。首先，《公司法》尊重公司自治，公司内部法律关系原则上由公司自治机制调整，司法机关原则上不介入公司内部事务；其次，某动力公司的章程中未对董事会解聘公司经理的职权作出限制，并未规定董事会解聘公司经理必须要有一定原因，该章程内容未违反《公司法》的强制性规定，应认定有效，因此某动力公司董事会可以行使公司章程赋予的权力作出解聘公司经理的决定。故法院应当尊重公司自治，无须审查某动力公司董事会解聘公司经理的原因是否存在，即无须审查决议所依据的事实是否属实，理由是否成立。综上所述，原告李某军请求撤销董事会决议的诉讼请求不成立，依法予以驳回。

法答网精选问答：

答疑庭室	北京市高级人民法院民二庭
问题概述	公司未通知部分股东参会，作出的股东会决议不成立还是可撤销？
具体内容	如果公司未通知全部或多数股东参会，那么实际上决议根本无法形成，此时所谓的决议属于不成立。但如果未通知少部分股东参会，尤其在该少部分股东不影响决议表决结果的情况下，决议属于不成立还是可撤销，实践中有不同观点。
回复内容	有下列情形之一的，公司股东会决议不成立：一是出席会议的人数或者所持表决权数未达到《公司法》或者公司章程规定的人数或者表决权数，二是同意决议事项的人数或者所持表决权数未达到《公司法》或者公司章程规定的人数或者所持表决权数。不属于前述情形的，未被通知参加股东会会议的股东可以请求人民法院撤销公司股东会决议。
回复时间	2024-04-03

8. 公司决议何种情况下会被认定不成立?

没有依照《公司法》或者公司章程规定的议事方式和表决程序作出的决议,不成立。导致公司决议不成立的情形包括:(1)未召开股东会、董事会会议作出决议。召开会议是形成决议的前提条件,公司未实际召开会议,自然无法形成决议,亦不存在所谓决议,故此时决议不成立。(2)股东会、董事会会议未对决议事项进行表决。没有表决则不能形成决议,更不能形成公司意思,伪造的公司决议应属不成立。(3)出席会议的人数或者所持表决权数未达到《公司法》或者公司章程规定的人数或者所持表决权数。出席人数或所持表决权数未达标,其实质与未召开会议无二,股东会、董事会的召开不具备公司意思机关的合法性,故所作决议不成立。(4)同意决议事项的人数或者所持表决权数未达到《公司法》或者公司章程规定的人数或者所持表决权数。决议事项未达多数决比例的实质是未形成公司团体意思,故决议不成立。

法律提示:导致决议不成立的情形通常都是严重的程序瑕疵,与可撤销决议的区别在于导致决议不成立的瑕疵难以通过相应的补救措施予以治愈,故提起确认决议不成立之诉并无类似公司决议撤销之诉的期间限制。

相关法律规范:

2023 年《公司法》	2018 年《公司法》
第二十七条 有下列情形之一的,公司股东会、董事会的决议不成立: (一)未召开股东会、董事会会议作出决议; (二)股东会、董事会会议未对决议事项进行表决; (三)出席会议的人数或者所持表决权数未达到本法或者公司章程规定的人数或者所持表决权数; (四)同意决议事项的人数或者所持表决权数未达到本法或者公司章程规定的人数或者所持表决权数。	

续表

相关规定
《最高人民法院关于适用〈中华人民共和国公司法〉若干问题的规定（四）》（以下简称《公司法司法解释（四）》）第五条　股东会或者股东大会、董事会决议存在下列情形之一，当事人主张决议不成立的，人民法院应当予以支持： 　　（一）公司未召开会议的，但依据公司法第三十七条第二款或者公司章程规定可以不召开股东会或者股东大会而直接作出决定，并由全体股东在决定文件上签名、盖章的除外； 　　（二）会议未对决议事项进行表决的； 　　（三）出席会议的人数或者股东所持表决权不符合公司法或者公司章程规定的； 　　（四）会议的表决结果未达到公司法或者公司章程规定的通过比例的； 　　（五）导致决议不成立的其他情形。

典型案例

朱某诉 A 公司、陈某公司决议不成立纠纷案

上海市第一中级人民法院

【基本案情】

朱某、陈某为 A 公司股东，其中，陈某占股 90%，朱某占股 10%。A 公司以邮件方式向朱某户籍地寄送召开股东会临时会议的通知，但该邮件被退回。会议当天仅股东陈某到会，并作出更换公司董事的决议。此后，朱某以陈某明知其实际住址却仍向无人居住的户籍地址送达会议通知，股东会实际未召开为由，主张股东会决议不成立。

【裁判理由】

法院认为，A 公司明知朱某的住处地址却依然向其户籍所在地邮寄股东会议召开的通知，实际上构成了未送达召集通知的程序瑕疵，此种瑕疵从根本上剥夺了朱某获知和参加公司会议、行使表决权的可能。因此，尽管朱某仅持股 10%，参加股东会会议亦无法对表决结果产生影响，但因股东会会议召集程序存在严重瑕疵，案涉股东会决议不成立。

法答网精选问答：

答疑庭室	四川省绵阳市中级人民法院民二庭
问题概述	未经股东签章的股东会决议的效力问题。
具体内容	有限责任公司法定代表人将印章借与他人投标，被他人制作股东会决议、公司章程并变更了增资的登记，该股东会决议的效力如何？个人观点：该股东会决议不成立。
回复内容	从公司内部效力角度而言，同意你的观点。理由如下：首先，从公司内部而言，股东会决议不成立。股东会决议是股东会就公司事项通过的议案。股东会是公司的最高权力机构，依法作出的股东会决议具有效力。判断股东会决议是否无效、不成立或可撤销，根据2018年《公司法》第二十二条的规定，从决议的内容以及会议召集程序、表决方式、决议内容等是否违反公司章程的规定方面进行综合认定。股东会决议作出的前提是股东作出真实的意思表示。未经合法程序形成的股东会决议，股东有权撤销。《公司法司法解释（四）》第五条进一步规定，公司未召开股东会，未对决议事项进行表决，出席会议的人数不符合《公司法》或公司章程的规定，表决人数或所持表决权未达规定的通过比例等情形，股东会决议不成立。本问题中所涉股东会决议，仅具备股东会决议的形式要件——名为"股东会议"，但不具备股东会决议成立的实质要件——股东会决议是由股东作出的真实意思表示，因此该股东会决议不成立，不能对该公司或公司的股东产生拘束力。其次，从公司外部而言，公司应在增资范围内以公司现有财产对出借印章行为产生的债务承担责任。公司的法定代表人系代表公司从事民事活动的负责人，其将印章借与他人进行民事活动，系对他人进行的授权。除相对人知晓之外，无论他人利用该印章引发的相应民事责任是否超出其授权，公司都应当承担相应的民事责任。
回复时间	2023-11-17

9. 股东会决议与董事会决议的撤销期间是否不同？

股东会、董事会的会议召集程序、表决方式违反法律、行政法规或者公司章程，或者决议内容违反公司章程的，股东自决议作出之日起六十日内，可以请求人民法院撤销。因此，股东会决议与董事会决议的撤销期间原则上相同。但为了充分保障未被通知参加股东会会议的股东权利，2023年《公司法》规定该股东自知道或者应当知道股东会决议作出之日起六十日内，可以请求人民法院撤销。但是明确此种情形下可行使撤销权的最长期限为决议作出之日起一年。

法律提示：公司应当严格按照法律、行政法规以及公司章程的规定召开股东会、董事会，否则可能因会议召集程序、表决方式不符合法律、行政法律、公司章程规定或者决议内容违反公司章程而被判决撤销。与此同时，股东应当在法律规定的期限内提起撤销之诉。

相关法律规范：

2023 年《公司法》	2018 年《公司法》
第二十六条　公司股东会、董事会的会议召集程序、表决方式违反法律、行政法规或者公司章程，或者决议内容违反公司章程的，股东自决议作出之日起六十日内，可以请求人民法院撤销。但是，股东会、董事会的会议召集程序或者表决方式仅有轻微瑕疵，对决议未产生实质影响的除外。 　　未被通知参加股东会会议的股东自知道或者应当知道股东会决议作出之日起六十日内，可以请求人民法院撤销；自决议作出之日起一年内没有行使撤销权的，撤销权消灭。	**第二十二条**　公司股东会或者股东大会、董事会的决议内容违反法律、行政法规的无效。 　　股东会或者股东大会、董事会的会议召集程序、表决方式违反法律、行政法规或者公司章程，或者决议内容违反公司章程的，股东可以自决议作出之日起六十日内，请求人民法院撤销。 　　股东依照前款规定提起诉讼的，人民法院可以应公司的请求，要求股东提供相应担保。 　　公司根据股东会或者股东大会、董事会决议已办理变更登记的，人民法院宣告该决议无效或者撤销该决议后，公司应当向公司登记机关申请撤销变更登记。
相关规定	
《公司法司法解释（四）》第四条　股东请求撤销股东会或者股东大会、董事会决议，符合民法典第八十五条、公司法第二十二条第二款规定的，人民法院应当予以支持，但会议召集程序或者表决方式仅有轻微瑕疵，且对决议未产生实质影响的，人民法院不予支持。	

10. 有限责任公司股东会作出决议有无比例限制?

　　股东会对一般事项作出决议，应当经代表过半数（不含半数）表决权的股东通过，对修改公司章程、增加或者减少注册资本以及公司合并、分立、解散或者变更公司形式事项作出决议，应当经代表三分之二以上表决权的股东通过。股东会的议事方式和表决程序，除《公司法》有规定外，可以由公司章程规定。

　　法律提示：股东会所作的普通决议事项表决权比例是过半数，按照此规定，普通决议通过需要经代表多于二分之一表决权的股东同意，如正好表决通过比例等于二分之一，则决议不通过。决议在表决时没有达到法定或者章程规定多数决，则表明决议的意思表示没有形成，未形成公司意思，相当于股东会未作出任何意思表示，决议不成立。

相关法律规范：

2023 年《公司法》	2018 年《公司法》
第六十六条 股东会的议事方式和表决程序，除本法有规定的外，由公司章程规定。 股东会作出决议，应当经代表过半数表决权的股东通过。 股东会作出修改公司章程、增加或者减少注册资本的决议，以及公司合并、分立、解散或者变更公司形式的决议，应当经代表三分之二以上表决权的股东通过。	**第四十三条** 股东会的议事方式和表决程序，除本法有规定的外，由公司章程规定。 股东会会议作出修改公司章程、增加或者减少注册资本的决议，以及公司合并、分立、解散或者变更公司形式的决议，必须经代表三分之二以上表决权的股东通过。

11. 股东会能否任意解除董事职务以及相应法律后果？

股东会可以随时通过决议方式解任董事，更换公司经营管理者，不需要任何理由。决议作出之日解任生效，无须等到送达董事之时。需要注意的是，如果没有正当理由，在任期届满前解任董事，该董事可以要求公司赔偿。

法律提示： 董事与公司之间存在委托合同关系，如无正当事由解任董事，董事可以按照《民法典》第九百三十三条规定请求公司赔偿直接损失以及继续担任公司董事可以获得的利益。

相关法律规范：

2023 年《公司法》	2018 年《公司法》
第七十一条 股东会可以决议解任董事，决议作出之日解任生效。 无正当理由，在任期届满前解任董事的，该董事可以要求公司予以赔偿。	
相关规定	
《民法典》第九百三十三条 委托人或者受托人可以随时解除委托合同。因解除合同造成对方损失的，除不可归责于该当事人的事由外，无偿委托合同的解除方应当赔偿因解除时间不当造成的直接损失，有偿委托合同的解除方应当赔偿对方的直接损失和合同履行后可以获得的利益。 《最高人民法院关于〈中华人民共和国公司法〉若干问题的规定（五）》（以下简称《公司法司法解释（五）》）第三条 董事任期届满前被股东会或者股东大会有效决议解除职务，其主张解除不发生法律效力的，人民法院不予支持。 董事职务被解除后，因补偿与公司发生纠纷提起诉讼的，人民法院应当依据法律、行政法规、公司章程的规定或者合同的约定，综合考虑解除的原因、剩余任期、董事薪酬等因素，确定是否补偿以及补偿的合理数额。	

法答网精选问答 1：

答疑庭室	北京市高级人民法院民二庭
问题概述	提前解除董事职务，赔偿责任如何处理？
具体内容	2023 年《公司法》第七十一条规定："股东会可以决议解任董事，决议作出之日解任生效。无正当理由，在任期届满前解任董事的，董事可以请求公司予以赔偿。"对此，董事以此与公司解除劳动关系的，如何处理董事赔偿责任，是分别按照劳动关系和与公司有关纠纷处理，还是一并处理有关争议？个人倾向性意见为，一并处理有关争议。
回复内容	同意个人倾向性意见。对于赔偿内容，根据"谁主张，谁举证"原则，被提前解除董事职务的人员，应当对损失内容、范围、金额计算等提供证据，并考虑免除董事职务的同时也免除相应责任的情况，判断是否存在适用损益相抵的问题。
回复时间	2024-04-23

法答网精选问答 2：

答疑庭室	上海市高级人民法院商事审判庭（破产审判庭）
问题概述	公司股东会决议解除董事职务，被解除职务的董事可否起诉主张公司决议无效？
回复内容	董事可以起诉主张解除其职务的决议无效，即董事有诉权。但依据《公司法司法解释（五）》第三条第一款规定，法院对其要求确认解除决议无效的主张，应当判决不予支持。理由在于，解除董事职务属于公司自治范围，股东会就此作出决议，未违反法律、行政法规规定，不应被认定为无效。
回复时间	2024-06-27

12. 2023 年《公司法》施行后，在公司股东、董事、监事难以现场集结开会的情况下，公司股东会、董事会、监事会如何及时作出有效决议？

公司股东会、董事会、监事会可以通过电子通信方式召开会议、进行表决。如公司认为公司决议或部分特定事项的决议不适宜通过电子通信方式召开会议、进行表决，可以在公司章程中进行特别规定。

法律提示：电子通讯方式应当在表达、沟通、互动等权利上与线下现场会议存在一定的同一性和相似性，在具体适用电子通讯方式召开会议、进行表决时，应当优先选择视频会议和电话会议方式，审慎选择其他方式。

相关法律规范：

2023 年《公司法》	2018 年《公司法》
第二十四条 公司股东会、董事会、监事会召开会议和表决可以采用电子通信方式，公司章程另有规定的除外。	

三、董事、监事、高级管理人员的职责

13. 2023 年《公司法》施行后，董事的责任主要有哪些变化？

2023 年《公司法》从多个角度对董事责任进行了扩充：第一，规定董事会对股东出资的核查和催缴义务，董事会未及时履行该义务给公司造成损失的，负有责任的董事应承担赔偿责任。第二，对于董事忠实、勤勉义务的基本内涵分别进行了明确。第三，规定违法向股东分配利润、违法减资及股份公司中违反财务资助的规定，给公司造成损失的，负有责任的董事应承担赔偿责任。第四，规定董事因故意或重大过失损害他人利益时，应当承担赔偿责任。第五，将 2018 年《公司法》中"谁投资，谁清算"修改为"谁经营，谁清算"，新增董事的清算责任，规定未及时履行清算义务，给公司或者债权人造成损失的，应当承担赔偿责任。第六，新增董事责任保险制度，消解董事商业判断规则标准难以统一对董事责任的不利影响。

法律提示：董事责任是董事规则体系的末端，也是钳制董事行为、引导董事忠实勤勉的底线规则。2023 年《公司法》对董事责任的进一步夯实，突出体现了法律对实践中出现的公司治理乱象的整治决心和力度。董事作为公司的经营管理者，应当严格按照法律规定，自觉厘清行为边界，并且注意保留履行股东出资催缴、及时清算等董事义务的证据，防止在公司或债权人依法追责时被判决承担赔偿责任。

相关法律规范：

2023 年《公司法》	2018 年《公司法》
第五十一条　有限责任公司成立后，董事会应当对股东的出资情况进行核查，发现股东未按期足额缴纳公司章程规定的出资的，应当由公司向该股东发出书面催缴书，催缴出资。 　　未及时履行前款规定的义务，给公司造成损失的，负有责任的董事应当承担赔偿责任。 　　**第五十二条第一款**　股东未按照公司章程规定的出资日期缴纳出资，公司依照前条第一款规定发出书面催缴书催缴出资的，可以载明缴纳出资的宽限期；宽限期自公司发出催缴书之日起，不得少于六十日。宽限期届满，股东仍未履行出资义务的，公司经董事会决议可以向该股东发出失权通知，通知应当以书面形式发出。自通知发出之日起，该股东丧失其未缴纳出资的股权。 　　**第五十三条**　公司成立后，股东不得抽逃出资。 　　违反前款规定的，股东应当返还抽逃的出资；给公司造成损失的，负有责任的董事、监事、高级管理人员应当与该股东承担连带赔偿责任。 　　**第一百六十三条**　公司不得为他人取得本公司或者其母公司的股份提供赠与、借款、担保以及其他财务资助，公司实施员工持股计划的除外。 　　为公司利益，经股东会决议，或者董事会按照公司章程或者股东会的授权作出决议，公司可以为他人取得本公司或者其母公司的股份提供财务资助，但财务资助的累计总额不得超过已发行股本总额的百分之十。董事会作出决议应当经全体董事的三分之二以上通过。 　　违反前两款规定，给公司造成损失的，负有责任的董事、监事、高级管理人员应当承担赔偿责任。 　　**第一百八十条**　董事、监事、高级管理人员对公司负有忠实义务，应当采取措施避免自身利益与公司利益冲突，不得利用职权牟取不正当利益。 　　董事、监事、高级管理人员对公司负有勤勉义务，执行职务应当为公司的最大利益尽到管理者通常应有的合理注意。	**第三十五条**　公司成立后，股东不得抽逃出资。 　　**第一百四十七条第一款**　董事、监事、高级管理人员应当遵守法律、行政法规和公司章程，对公司负有忠实义务和勤勉义务。 　　**第一百四十九条**　董事、监事、高级管理人员执行公司职务时违反法律、行政法规或者公司章程的规定，给公司造成损失的，应当承担赔偿责任。 　　**第一百八十三条**　公司因本法第一百八十条第（一）项、第（二）项、第（四）项、第（五）项规定而解散的，应当在解散事由出现之日起十五日内成立清算组，开始清算。有限责任公司的清算组由股东组成，股份有限公司的清算组由董事或者股东大会确定的人员组成。逾期不成立清算组进行清算的，债权人可以申请人民法院指定有关人员组成清算组进行清算。人民法院应当受理该申请，并及时组织清算组进行清算。

续表

2023 年《公司法》	2018 年《公司法》
公司的控股股东、实际控制人不担任公司董事但实际执行公司事务的，适用前两款规定。 **第一百九十一条** 董事、高级管理人员执行职务，给他人造成损害的，公司应当承担赔偿责任；董事、高级管理人员存在故意或者重大过失的，也应当承担赔偿责任。 **第一百九十三条** 公司可以在董事任职期间为董事因执行公司职务承担的赔偿责任投保责任保险。 公司为董事投保责任保险或者续保后，董事会应当向股东会报告责任保险的投保金额、承保范围及保险费率等内容。 **第二百一十一条** 公司违反本法规定向股东分配利润的，股东应当将违反规定分配的利润退还公司；给公司造成损失的，股东及负有责任的董事、监事、高级管理人员应当承担赔偿责任。 **第二百二十六条** 违反本法规定减少注册资本的，股东应当退还其收到的资金，减免股东出资的应当恢复原状；给公司造成损失的，股东及负有责任的董事、监事、高级管理人员应当承担赔偿责任。 **第二百三十二条** 公司因本法第二百二十九条第一款第一项、第二项、第四项、第五项规定而解散的，应当清算。董事为公司清算义务人，应当在解散事由出现之日起十五日内组成清算组进行清算。 清算组由董事组成，但是公司章程另有规定或者股东会决议另选他人的除外。 清算义务人未及时履行清算义务，给公司或者债权人造成损失的，应当承担赔偿责任。	
相关规定	

《公司法司法解释（三）》第十四条 股东抽逃出资，公司或者其他股东请求其向公司返还出资本息、协助抽逃出资的其他股东、董事、高级管理人员或者实际控制人对此承担连带责任的，人民法院应予支持。

公司债权人请求抽逃出资的股东在抽逃出资本息范围内对公司债务不能清偿的部分承担补充赔偿责任、协助抽逃出资的其他股东、董事、高级管理人员或者实际控制人对此承担连带责任的，人民法院应予支持；抽逃出资的股东已经承担上述责任，其他债权人提出相同请求的，人民法院不予支持。

典型案例

某医疗公司诉周某华等股东损害公司债权人利益责任纠纷案

北京市密云区人民法院 /（2021）京 0118 民初 8427 号 /2022.04.08

【裁判要旨】

股东明知其认缴的出资数额及出资期限，但未按公司章程约定在认缴出资期限届满前履行出资义务，债权人有权要求未履行完毕出资义务的股东在未出资范围内对公司不能清偿的债务承担补充赔偿责任。公司董事具备监督股东履行出资义务的便利条件，其未在股东出资期限届满后向股东履行催缴出资的义务，以消极不作为的方式构成了对董事勤勉义务的违反，债权人有权要求公司董事对前述股东的补充赔偿责任承担连带清偿责任。

【基本案情】

2016 年，北京市怀柔区人民法院受理了某科技公司与某电气公司房屋租赁合同纠纷一案，之后，于 2016 年 6 月 23 日作出（2016）京 0116 民初 1989 号民事判决书，判决：一、确认某科技公司与某电气公司于 2013 年 7 月 8 日签订的《厂房及办公楼租赁协议》于 2015 年 4 月 8 日解除；二、某电气公司于判决生效后十日内给付某科技公司补偿金 75 万元；三、某电气公司于判决生效后十日内给付某科技公司滞纳金 36845 元；四、驳回某科技公司其他诉讼请求；五、驳回某电气公司全部反诉请求。2016 年 11 月 15 日，某科技公司依法向北京市怀柔区人民法院申请强制执行上述判决，因除冻结某电气公司账户外，未发现可供执行线索，某科技公司亦未能提供其他可供执行线索，故北京市怀柔区人民法院于 2017 年 3 月 30 日依法作出（2016）京 0116 执 3331 号民事裁定书，裁定终结本次执行程序。

2018 年 10 月 19 日，经北京市工商行政管理局怀柔分局核准，某科技公司名称变更为某传媒公司。2019 年 9 月 17 日，经北京市怀柔区市场监督管理局核准，某传媒公司名称变更为某工程公司。2020 年 12 月 14 日，经北京市怀柔区市场监督管理局核准，某工程公司名称变更为某医疗公司。

某电气公司原名称为某发展公司。2001 年 9 月 26 日，经北京市工商行政管理局登记设立，注册资本为 58 万元。2003 年 10 月 9 日，经北京市市场监督管理局核准，名称变更为某电气公司。2008 年 11 月 10 日，周某国受让某电气公司股东程某存持有的 29.58 万元的股份，周某华受让某电气公司股东程某存持有的 16.82 万元的股份，受让某电气公司股东陈某微持有的 11.6 万元的股份。周某国任执行董事、经理职务，周某华任监事职务。

2008 年 12 月 15 日，某电气公司增加注册资本 1000 万元，增加后注册资本为 1058 万元，由周某国实际缴纳新增出资额 510 万元，周某华实际缴纳新增出资额 490 万元，均为货币出资。北京润某会计师事务所为某电气公司出具验资报告。

2013 年 9 月 25 日，某电气公司召开股东会，股东会决议载明："1. 同意公司吸收新股东：周某婷、周某特、陈某茹；2. 同意公司注册资本由 1058 万元增加到 5058 万元；其中增加部分由股东周某华以知识产权非专利技术方式增加实缴出资 1628.4 万元、以货币方式增加出资 432.76 万元（于 2015 年 9 月 24 日之前缴足）；周某婷以知识产权非专利技术方式增加实缴出资 637.2 万元、以货币方式增加出资 9.08 万元（于 2015 年 9 月 24 日之前缴足）；周某特以知识产权非专利技术方式增加实缴出资 637.2 万元、以货币方式增加出资 9.08 万元（于 2015 年 9 月 24 日之前缴足）；陈某茹以知识产权非专利技术方式增加实缴出资 637.2 万元、以货币方式增加出资 9.08 万元（于 2015 年 9 月 24 日之前缴足）；3. 其他事项不变；4. 同意修改后的公司章程。"该决议落款处有周某国、周某华、周某婷、周某特、陈某茹签名。上述决议中载明的事项记载于同日通过的《某电气公司章程》中，亦与北京中某会计师事务所有限公司出具的验资报告一致。

2013 年 12 月 30 日，某电气公司召开股东会，决议："1. 同意免去周某国执行董事职务并解聘周某国经理职务，免去周某华监事职务；2. 同意选举周某华为公司执行董事并聘任周某华为公司经理，选举周某国为公司监事。"2017 年 8 月 23 日，某电气公司召开股东会，决议："1. 同意免去周某华执行董事职务，同意解聘周某华的经理职务。2. 同意免去周某国的监事职务。3. 同意选举周某国为执行董事，同意聘任周某国为经理。4. 同意选举周某华为监事。"2018 年 5 月 30 日，某电气公司召开股东会，决议"1. 同意免去周某国的执行董事职务，同意解聘周某国经理职务。2. 同意免去周某华监事职务。3. 同意选举周某华执行董事职务，同意聘任周某华为经理。4. 同意选举周某国为监事。"后周某华应于 2015 年 9 月 24 日之前缴足的以货币方式增加的出资额 432.76 万元至今尚未缴足。陈某茹、周某婷、周某特称其三人均实缴了注册资本中货币出资的 9.08 万元，但并未提供证据予以证明。周某国称在周某华、周某特、周某婷、陈某茹认缴出资期限到期后其曾督促四人缴纳注册资本，但并未提供证据予以证明。

某医疗公司提出诉讼请求：（1）判令周某特、周某婷、陈某茹、周某华在未出资范围内共同对北京市怀柔区人民法院（2016）京 0116 民初 1989 号民事判决书确认的某电气公司应向某医疗公司支付的款项承担补充赔偿责任，具体为补偿金 75 万元、滞纳金 36845 元、案件受理费 5819 元，迟延履行期间的债务利息（自 2016 年 8 月 8 日起以 786845 元为基数，以日万分之一点七五的标准计算至付清之日止）；（2）判令周某国对第一项诉讼请求确定的款项与周某特、周某婷、陈某茹、周某华承担连带责任；（3）判令周某特、周某婷、陈某茹、周某华、周某国承担本案案件受理费、保全费。

北京市密云区人民法院于 2022 年 4 月 8 日作出（2021）京 0118 民初 8427 号民事判决：判决：一、周某特、周某婷、陈某茹、周某华在未出资范围内共同对北京市怀柔区人民法院（2016）京 0116 民初 1989 号民事判决书确认的某电气公司应向某医疗公司支付的款项承担补充赔偿责任；二、周某国对第一项判决确认的债务承担连带清偿责任；三、驳回某医疗公司的其他诉讼请求。

【裁判理由】

法院生效判决认为：根据《公司法》（2018 年修正，下同）第二十八条"股东应当按期足额缴纳公司章程中规定的各自所认缴的出资额"及《公司法司法解释（三）》（2020 年修正）第十三条第二款"公司债权人请求未履行或者未全面履行出资义务的股东在未出资本息范围内对公司债务不能清偿的部分承担补充赔偿责任的，人民法院应予支持"的规定，股东未履行或未全面履行出资义务的行为，违反了公司资本维持原则，对债权人利益具有较大威胁。为保护债权人利益，在股东未履行或未全面履行出资义务导致公司不能清偿债务时，债权人有权直接请求股东承担赔偿责任。本案中，2013 年 9 月 25 日，某电气公司通过的修改后的公司章程载明，周某华尚有货币出资 432.76 万元应于 2015 年 9 月 24 日之前缴足，周某婷、周某特、陈某茹分别尚有货币出资 9.08 万元应于 2015 年 9 月 24 日之前缴足。开庭审理中，周某华认可其未履行 432.76 万元出资的义务，周某婷、周某特、陈某茹虽称已经履行了出资 9.08 万元的货币出资义务，但并未提交证据予以证明。现（2016）京 0116 民初 1989 号民事判决书已生效，某电气公司未履行判决书确定的义务，且经法院执行程序未发现某电气公司有可供执行的财产，可以确认某医疗公司对某电气公司享有合法债权，且某电气公司现亦无清偿能力。周某华、周某婷、周某特、陈某茹作为某电气公司的股东，明知其认缴的出资数额及出资期限，但未按公司章程约定在认缴出资期限届满前履行出资义务，其行为已侵犯公司债权人利益。故此，某医疗公司有权要求周某华、周某婷、周某特、陈某茹在未出资范围内对某电气公司不能清偿的债务承担补充赔偿责任。故某医疗公司在本案中主张的周某特、周某婷、陈某茹、周某华在未出资范围内共同对北京市怀柔区人民法院（2016）京 0116 民初 1989 号民事判决书确认的某电气公司涉案债权（包括补偿金 75 万元、滞纳金 36845 元、迟延履行期间的债务利息）承担补充赔偿责任的诉讼请求，于法有据。

关于周某国是否应当对周某华、周某婷、周某特、陈某茹承担的责任承担连带责任，《公司法》第一百四十七条第一款规定："董事、监事、高级管理人员应当遵守法律、行政法规和公司章程，对公司负有忠实义务和勤勉义务。"《公司法司法解释（三）》（2020 年修正）第十三条第四款规定："股东在公司增资时未履行或者未全面履行出资义务，依照本条第一款或者第二款提起诉讼的原告，请求未尽公司法第一百四十七条第一款规定的义务而使出资未缴足的董事、高级管理人员承担相应责任的，人民法院应予支持；董事、高级管理人员承担责任后，可以向被告股东追偿。"上述规定的目的是赋予董事、高级管理人员对股东增资的监管、督促义务，从而保证股东全面履行出资义务、保障公司资本充实，保障公司正常经营。当股东未履行或未全面履行出资义务，董事、高级管理人员负有向股东催缴出资的义务。本案中，某电气公司股东周某华、周某婷、周某特、陈某茹应于 2015 年 9 月 24 日前缴清全部增资额及认缴出资额，至本案审理之时，仍未缴足。2013年12月30日至2017年8月23日，周某国任某电气公司监事；2017年8月24日至2018年5月30日，周某国任某电气公司执行董事，周某国作为某电气公司高级管理人员亦系股东，具备监督股东周某华、周某婷、周某特、陈某茹履行出资义务的便利条件，而周某国未能提交证据证明其在股东出资期限届满后向股东履行了催缴出资的义务，以消极不作为的方式构成了对监事、执行董事勤勉义务的违反，导致某电气公司股东的出资未缴足，损害了某电气公司的利益，进而损害了某电气公司债权人的利益。依据《公司法司法解释（三）》第十三条的规定，某医疗公司有权要求某电气公司的股东周某华、周某婷、周某特、陈某茹在未出资范围内对某电气公司不能清偿的债务承担补充赔偿责任，亦有权要求公司的监事及执行董事周某国承担相应的责任。现某医疗公司主张周某国对周某华、周某婷、周某特、陈某茹承担的责任承担连带清偿责任，于法不悖，应予支持。周某国承担责任后，有权向周某华、周某婷、周某特、陈某茹追偿。

14. 公司董事任期届满或辞任后，在何种情形下仍需继续履职？

董事的任职期限属于公司事务，由公司章程规定，但每届任期不得超过三年。实践中常有董事任期届满但公司未及时改选，或者董事在任期内通过书面形式通知公司辞任的情况，如果任期届满或辞任导致董事会人数低于法定人数，在改选出新的董事就任前，基于维持公司正常经营秩序的考量，原董事仍应当履行董事职务。

法律提示： 公司应当在董事任期届满或者董事辞任的情形下尽快改选董事，职工董事应当由公司职工通过职工代表大会、职工大会或者其他形式及时改选，其他董事则由股东会召开会议及时改选。

相关法律规范：

2023 年《公司法》	2018 年《公司法》
第七十条　董事任期由公司章程规定，但每届任期不得超过三年。董事任期届满，连选可以连任。 　　董事任期届满未及时改选，或者董事在任期内辞任导致董事会成员低于法定人数的，在改选出的董事就任前，原董事仍应当依照法律、行政法规和公司章程的规定，履行董事职务。 　　董事辞任的，应当以书面形式通知公司，公司收到通知之日辞任生效，但存在前款规定情形的，董事应当继续履行职务。	第四十五条　董事任期由公司章程规定，但每届任期不得超过三年。董事任期届满，连选可以连任。 　　董事任期届满未及时改选，或者董事在任期内辞职导致董事会成员低于法定人数的，在改选出的董事就任前，原董事仍应当依照法律、行政法规和公司章程的规定，履行董事职务。

法答网精选问答：

答疑庭室	上海市高级人民法院商事审判庭（破产审判庭）
问题概述	执行董事在任期届满而公司未及时依法改选的情形下，是否有权主张公司向公司登记机关办理涤除董事登记事项？
具体内容	公司执行董事三年任期届满后，公司未按照公司章程及时依法改选新董事，因原董事非公司股东，无法通过公司内部程序实现救济，在此情况下，董事诉请法院判令该公司向公司登记机关办理涤除董事的登记事项，该诉请是否应予支持？第一种观点认为，公司章程对公司董事具有约束力，董事的任免源于公司章程规定，系公司自治范畴，董事要求涤除董事身份，亦需经相关公司内部决定通过，根据现行法律规定，董事任期届满未及时改选，或者董事在任期内辞职导致董事会成员低于法定人数的，在改选出的董事就任前，原董事仍应当依照法律、行政法规和公司章程的规定，履行董事职务，故对于董事的诉请应予不支持。第二种观点认为，公司董事三年任期届满后，公司应当按照公司章程规定召开股东会会议重新选举新的董事，原董事因非公司股东，在无法通过公司内部程序实现救济的情况下，对其要求涤除董事身份登记的诉请可予以支持。
回复内容	董事辞任与法定代表人辞任的情况颇为类似，董事辞任原则上属于公司内部经营管理的问题，司法不应该过多予以干预。2023 年《公司法》第七十条第二款亦规定，董事辞任后，在改选出的董事就任前，原董事仍应依照法律、行政法规和公司章程的规定履行董事职务。其规定的前提即公司股东会运行良好，能够通过股东会选任新的董事。通说认为，董事与公司之间形成委任关系，系委托合同的一种形式，董事对于该委任享有任意解除权。然而在实践中，部分公司的公司治理往往处于停滞状态，股东会无法召开而可能导致无法选任新的董事，若对此一律不予受理，则原有董事所承受法律风险将持续存在。故原董事对于起诉涤除工商登记的董事身份具有诉的利益，应该予以受理。综上，如果公司仍存在召开股东会议的救济途径，应告知原告另寻其他救济，司法不应过多干预。若公司已然实质僵局，无法召开股东会会议，则应受理董事身份的涤除诉讼。此外，有关涉公司身份的涤除诉讼，应注重与市场监督管理部门协调，防止身份涤除诉讼主文因市场监管登记方式不便，难以执行到位情况的发生。
回复时间	2024-08-27

15. 2023 年《公司法》对监事责任有哪些规定?

虽然 2023 年《公司法》对监事会、监事的设置规则采取较为灵活的方式，但并不意味着法律放松了对监事的功能和责任的规制，相反，2023 年《公司法》强化了监事的责任，对于监事的具体责任情形进行了明确，更有指导性和实操性。例如，新增监事作为违反忠实义务的归入责任的义务主体，且关联方主体范围不仅限于监事本人，还包括其近亲属，监事及其近亲属直接或者间接控制的企业，与监事及其近亲属有其他关联关系的关联人；股东违法抽逃出资给公司造成损失的，负有责任的监事应当与该股东承担连带赔偿责任；公司违法提供财务资助、违法分配利润、违法减少注册资本，给公司造成损失的，负有责任的监事应当承担赔偿责任。

法律提示：2023 年《公司法》关于监事责任的新增内容，明显强化了监事合规履职的义务和责任。为确保监事合规履职、降低风险，实务中可以通过细化公司章程中监事会、监事的运行机制，以及公司有关监事职责的其他规章制度等加强合规治理。监事要切实履职，尽量做到信息收集完整，信息评估客观，决策程序合法、谨慎，决策过程留痕，事后执行监督到位，牢记"履职需勤勉，审议需尽责，质疑需留痕，签字需谨慎"，否则可能面临承担民事赔偿等责任的后果。

相关法律规范：

2023 年《公司法》	2018 年《公司法》
第二十二条　公司的控股股东、实际控制人、董事、监事、高级管理人员不得利用关联关系损害公司利益。 违反前款规定，给公司造成损失的，应当承担赔偿责任。 **第五十三条**　公司成立后，股东不得抽逃出资。 违反前款规定的，股东应当返还抽逃的出资；给公司造成损失的，负有责任的董事、监事、高级管理人员应当与该股东承担连带赔偿责任。 **第七十八条**　监事会行使下列职权： （一）检查公司财务； （二）对董事、高级管理人员执行职务的行为进行监督，对违反法律、行政法规、公司章程或者股东会决议的董事、高级管	**第二十一条**　公司的控股股东、实际控制人、董事、监事、高级管理人员不得利用其关联关系损害公司利益。 违反前款规定，给公司造成损失的，应当承担赔偿责任。 **第五十三条**　监事会、不设监事会的公司的监事行使下列职权： （一）检查公司财务； （二）对董事、高级管理人员执行公司职务的行为进行监督，对违反法律、行政法规、公司章程或者股东会决议的董事、高级管理人员提出罢免的建议； …… **第一百四十七条**　董事、监事、高级管理人员应当遵守法律、行政法规和公司章程，对公司负有忠实义务和勤勉义务。

续表

2023 年《公司法》	2018 年《公司法》
理人员提出解任的建议； …… 　　**第一百六十三条**　公司不得为他人取得本公司或者其母公司的股份提供赠与、借款、担保以及其他财务资助，公司实施员工持股计划的除外。 　　为公司利益，经股东会决议，或者董事会按照公司章程或者股东会的授权作出决议，公司可以为他人取得本公司或者其母公司的股份提供财务资助，但财务资助的累计总额不得超过已发行股本总额的百分之十。董事会作出决议应当经全体董事的三分之二以上通过。 　　违反前两款规定，给公司造成损失的，负有责任的董事、监事、高级管理人员应当承担赔偿责任。 　　**第一百八十条**　董事、监事、高级管理人员对公司负有忠实义务，应当采取措施避免自身利益与公司利益冲突，不得利用职权牟取不正当利益。 　　董事、监事、高级管理人员对公司负有勤勉义务，执行职务应当为公司的最大利益尽到管理者通常应有的合理注意。 　　公司的控股股东、实际控制人不担任公司董事但实际执行公司事务的，适用前两款规定。 　　**第一百八十二条**　董事、监事、高级管理人员，直接或者间接与本公司订立合同或者进行交易，应当就与订立合同或者进行交易有关的事项向董事会或者股东会报告，并按照公司章程的规定经董事会或者股东会决议通过。 　　董事、监事、高级管理人员的近亲属，董事、监事、高级管理人员或者其近亲属直接或者间接控制的企业，以及与董事、监事、高级管理人员有其他关联关系的关联人，与公司订立合同或者进行交易，适用前款规定。 　　**第一百八十八条**　董事、监事、高级管理人员执行职务违反法律、行政法规或者公司章程的规定，给公司造成损失的，应当承担赔偿责任。	董事、监事、高级管理人员不得利用职权收受贿赂或者其他非法收入，不得侵占公司的财产。 　　**第一百四十九条**　董事、监事、高级管理人员执行公司职务时违反法律、行政法规或者公司章程的规定，给公司造成损失的，应当承担赔偿责任。

续表

2023 年《公司法》	2018 年《公司法》
第二百一十一条　公司违反本法规定向股东分配利润的，股东应当将违反规定分配的利润退还公司；给公司造成损失的，股东及负有责任的董事、监事、高级管理人员应当承担赔偿责任。 **第二百二十六条**　违反本法规定减少注册资本的，股东应当退还其收到的资金，减免股东出资的应当恢复原状；给公司造成损失的，股东及负有责任的董事、监事、高级管理人员应当承担赔偿责任。	

案例库参考案例

陕西某置业公司诉张某某、朱某某损害公司利益责任纠纷案

2023-08-2-276-002/ 民事 / 损害公司利益责任纠纷 / 最高人民法院 /2021.12.20/（2021）最高法民申 6621 号 / 再审 / 入库日期：2024.02.23

【裁判要旨】

根据《公司法》（2018 年修正，下同）第五十三条的规定，监事负有检查公司财务及对董事、高级管理人员执行公司职务的行为进行监督的职权，当董事、高级管理人员的行为损害公司的利益时，监事应当要求董事、高级管理人员予以纠正等。在明知公司法定代表人实施损害公司利益的行为时，同时作为公司的财务人员的监事，不仅未予制止，还按照法定代表人的要求执行了损害公司利益行为的，应当认定其未尽到监事的勤勉义务，与该法定代表人对公司的损失承担连带赔偿责任。

【基本案情】

陕西某置业公司（以下简称某公司）成立于 2002 年 8 月 2 日。2007 年，孙某某与张某某共同收购利某持有的某公司 53.3% 股权，并就孙某某代持张某某的部分股权及股权对价款支付方式等事项分别进行了约定。2007 年 11 月 23 日，股东变更为孙某某、张某某，法定代表人孙某某。2009 年 4 月 16 日，股东孙某某名下的某公司股权被变更至张某某之妻名下，某公司法定代表人、董

事长亦变更为张某某。2012 年 6 月，孙某某发现 2009 年 4 月 16 日某公司登记信息变更后，随即向陕西省工商行政管理局举报。2012 年 8 月 13 日，陕西省工商行政管理局委托西北政法大学司法鉴定中心进行了笔迹鉴定，鉴定结果是 2009 年 4 月 8 日《某公司股东会决议——关于变更股权、法定代表人的决议》《某公司董事会决议》《某公司股权转让协议书》中的孙某某签名笔迹与孙某某本人笔迹不一致。2012 年 12 月 17 日，陕西省工商行政管理局作出行政处罚决定书，该处罚决定书认定 2009 年 4 月 16 日某公司的工商变更登记系提交虚假资料取得工商登记的违法行为，并作出撤销 2009 年 4 月 16 日变更登记的处罚决定。陕西省工商行政管理局根据该处罚决定于 2013 年 5 月 31 日恢复某公司的工商登记。股东恢复登记为孙某某（持股 53.3%）、张某某（持股 46.7%），法定代表人恢复登记为孙某某。

2009 年 4 月至 2013 年 1 月，在张某某实际控制某公司期间，某公司账面出现大额货币资金支出的情形。

某公司向一审法院提起诉讼，请求判令张某某向某公司返还 756 万元，朱某某承担连带责任。一审法院认为，张某某需对其中 650 万元承担返还责任，朱某某作为某公司的监事和财务人员，对张某某实施的损害公司利益行为，不仅不予制止，反而对明知属于无任何支付依据的转出款项，仍应张某某的要求，分多次转出，朱某某的行为严重背离了某公司的公司章程以及法律要求监事和高级管理人员负有的忠实勤勉义务。张某某与朱某某共同实施了损害某公司利益的侵权行为，某公司请求朱某某承担连带责任符合法律规定。陕西省西安市中级人民法院于 2020 年 11 月 10 日作出（2020）陕 01 民初 255 号民事判决：一、张某某自本判决生效之日起十日内返还某公司 650 万元并承担利息损失（以 650 万元为本金，自 2010 年 7 月 8 日起至 2019 年 8 月 19 日止按中国人民银行同期贷款利率计算，从 2019 年 8 月 20 日起至实际清偿之日止按全国银行间同业拆借中心公布的贷款市场报价利率计算）；二、朱某某对本判决第一项确定的给付内容承担连带责任；三、驳回某公司的其余诉讼请求。某公司、张某某、朱某某均不服一审判决，提起上诉。陕西省高级人民法院于 2021 年 4 月 26 日作出（2021）陕民终 25 号民事判决：驳回上诉，维持原判。张某某、朱某某均不服二审判决，向最高人民法院申请再审。最高人民法院于 2021 年 12 月 20 日作出（2021）最高法民中 6621 号民事裁定：驳回张某某、朱某某的再审申请。

【裁判理由】

法院生效判决认为：本案争议的焦点问题为二审判决认定朱某某对某公司的损失承担连带责任是否有误。

本案中，朱某某作为公司监事，应当根据《公司法》第五十三条的规定，行使下列职权：（1）检查公司财务；（2）对董事、高级管理人员执行公司职务的行为进行监督，对违反法律、行政法规、公司章程或者股东会决议的董事、高级管理人员提出罢免的建议；（3）当董事、高级管理人员的行为损害公司的利益时，要求董事、高级管理人员予以纠正；等等。

朱某某与张某某系朋友关系，于 2007 年经张某某介绍进入某公司工作。2009 年 4 月 16 日，张某某通过提交虚假资料将另一股东孙某某名下的公司股权变更至张某某妻子名下，将公司法定代表人、董事长由孙某某变更为自己，朱某某作为公司监事，应该注意到上述变更行为未经公司股东会决议。2013 年 5 月 31 日，经孙某某举报，陕西省工商行政管理局撤销了 2009 年的变更登记，将某公司的工商登记恢复至变更前的状态（孙某某持股 53.3%、张某某持股 46.7%，法定代表人为孙某某）。在此期间（2009 年 4 月至 2013 年 1 月），张某某实际控制某公司，共实施了如下损害某公司利益的行为：（1）向其女儿担任法定代表人的公司借款 100 万元，借款期限二个月，约定利息 50 万元，原审法院认定其中的 6 万元利息属于正常的民间借贷的利息，超出的 44 万元利息应由张某某承担。朱某某作为监事和财务人员，经手了该笔资金的转出，应该注意到关于如此高额利息的约定损害了公司利益，却未予制止。（2）以"劳务费""工程款""还款"等名义共计支出款项 326 万元（其中 100 万元用于偿还金某公司对某公司的其他应收款，而张某某原系金某公司法定代表人），对于以上支出，张某某给出的解释与会计记账凭证记载的用途不吻合，且张某某不能提供付款的合理依据。朱某某作为监事，有权检查公司财务，作为财务人员，经手了上述资金的转出，只要稍尽审查义务，就应当发现上述付款的不合理性。（3）某公司以还款的名义转给朱某某 300 万元，由朱某某分别转给他人。关于此笔款项，朱某某作为独立主体与张某某共同实施了侵害公司利益的行为，无论是否存在领导指示，朱某某作为公司监事均应承担侵害公司利益的责任。

朱某某作为某公司的监事和财务人员，对张某某实施的损害公司利益行为，不仅不予制止，反而对明知属于无任何支付依据的转出款项，仍应张某某的要求，分多次转出，其行为严重背离了某公司的公司章程以及法律要求监事和高级管理人员负有的忠实勤勉义务。故二审法院判决朱某某对某公司的损失承担连带责任并无不当。

法答网精选问答：

答疑庭室	最高人民法院审监庭
问题概述	对公司股东未履行出资义务的情形，公司监事是否应当承担连带责任？
回复内容	现代公司里，股东并不直接管理或者控制公司，公司由董事会治理。为了防止董事会滥用权力，保护公司和股东的利益，就需要设计一套监督机制，对董事会以及经理等公司的实际经营管理人员进行监督。2023 年《公司法》第七十六条第一款明确规定，有限责任公司设立监事会。作为专门的监督机关，负责监督公司的业务执行情况和检查公司的财务状况。监事会设立的目的在于监督公司经营管理层。为了保证监事会、监事行使职权的独立性、公正性，第七十六条第四款规定，董事、高级管理人员不得兼任监事。明确禁止董事、高级管理人员兼任监事。《公司法》规定公司以其全部财产对公司的债务承担责任。《公司法》及其相关司法解释均有监事对公司负有忠实义务和勤勉义务的规定，但监事违反法律、行政法规或者公司章程的规定，给公司造成损失的，应承担赔偿责任，均未明确应承担连带责任。《民法典》第一百七十八条第三款规定："连带责任，由法律规定或者当事人约定。"在《民法典》颁布实施之前，原《民法通则》第八十七条也有类似规定。从实际情况看，监事责任主要与其执行公司职务的行为相关，如果监事未能及时发现并报告股东不出资的情况，导致公司资金短缺、运营受阻或产生其他负面影响，监事可能会因其疏忽而承担责任。如果监事在知悉股东不出资的情况后，未采取适当措施加以纠正或向相关部门报告，从而放任了这种违法行为的持续，也可能被视为未尽职守。因此，股东未履行出资义务时，如果监事未能尽到监督职责，则可能需要承担相应的责任。这种责任一般属于基于其过错造成的损害赔偿责任，而不是通常意义上的连带责任。
回复时间	2024-07-11

16. 2023 年《公司法》施行后，公司监事会如何监督董事、高级管理人员？

公司监事会要求董事、高级管理人员提供执行职务的报告以对董事、高级管理人员的职务行为进行监督；对违反法律、行政法规、公司章程或者股东会决议的董事、高级管理人员提出解任的建议；当董事、高级管理人员的行为损害公司利益时，要求董事、高级管理人员予以纠正；依照2023年《公司法》第一百八十九条的规定，对董事、高级管理人员提起诉讼等。

法律提示： 2023年《公司法》在凸显董事会在公司治理中的重要地位的同时，也相应对董事、高级管理人员责任作出了更完善的规定，通过增强监事会职权，提高公司内部监管董事、高级管理人员的能力，平衡公司治理的权力配置。

相关法律规范：

2023年《公司法》	2018年《公司法》
第七十八条　监事会行使下列职权： 　　（一）检查公司财务； 　　（二）对董事、高级管理人员执行职务的行为进行监督，对违反法律、行政法规、公司章程或者股东会决议的董事、高级管理人员提出解任的建议； 　　（三）当董事、高级管理人员的行为损害公司的利益时，要求董事、高级管理人员予以纠正； 　　（四）提议召开临时股东会会议，在董事会不履行本法规定的召集和主持股东会会议职责时召集和主持股东会会议； 　　（五）向股东会会议提出提案； 　　（六）依照本法第一百八十九条的规定，对董事、高级管理人员提起诉讼； 　　（七）公司章程规定的其他职权。 　　**第八十条**　监事会可以要求董事、高级管理人员提交执行职务的报告。 　　董事、高级管理人员应当如实向监事会提供有关情况和资料，不得妨碍监事会或者监事行使职权。	**第五十三条**　监事会、不设监事会的公司的监事行使下列职权： 　　（一）检查公司财务； 　　（二）对董事、高级管理人员执行公司职务的行为进行监督，对违反法律、行政法规、公司章程或者股东会决议的董事、高级管理人员提出罢免的建议； 　　（三）当董事、高级管理人员的行为损害公司的利益时，要求董事、高级管理人员予以纠正； 　　（四）提议召开临时股东会会议，在董事会不履行本法规定的召集和主持股东会会议职责时召集和主持股东会会议； 　　（五）向股东会会议提出提案； 　　（六）依照本法第一百五十一条的规定，对董事、高级管理人员提起诉讼； 　　（七）公司章程规定的其他职权。 　　**第一百五十条第二款**　董事、高级管理人员应当如实向监事会或者不设监事会的有限责任公司的监事提供有关情况和资料，不得妨碍监事会或者监事行使职权。

案例库参考案例

上海某实业有限公司诉周某等损害公司利益责任纠纷案

2024-08-2-276-001/民事/损害公司利益责任纠纷/上海市黄浦区人民法院/2015.10.28/（2014）黄浦民二（商）初字第1166号/一审/入库日期：2024.02.25

【裁判要旨】

1.监事在符合条件的股东书面请求其向法院提起诉讼之后，或者监事认为公司董事等经营者确实存在侵犯公司利益行为的，可以在收到股东书面诉讼请求之日起三十日内，或发现董事等经营者确实存在侵犯公司利益的行为之日起三十日内，以公司名义提起诉讼。监事为公司诉讼代表人的诉讼结果应由公司承担。

2. 监事代表诉讼后，公司和股东不得就同一理由再次向人民法院提起诉讼。

【基本案情】

原告上海某实业有限公司诉称：周某甲作为公司高级管理人员法定代表人，私自从公司银行账户转出资金用于购买其自用的房产，该项行为构成对公司利益的侵犯，应赔偿原告 3803720 元。鉴于周某甲因突发疾病去世，被告周某、徐某系其继承人，故要求被告周某、徐某赔偿原告 3803720 元。另外，周某甲之妹，即公司财务主管被告周某乙尚有资金 402211.89 元未退还公司，故应向原告承担赔偿责任。鉴于周某甲作为侵权行为人，其本人系公司法定代表人，不可能以公司名义起诉自己，况且周某甲现已身故。按照《公司法》的规定，吴某某作为监事，有权代表公司向三名被告提起诉讼。

被告周某、徐某对周某甲及周某乙侵占公司财产的事实无异议，但辩称：吴某某虽然系公司监事，但并不掌握公司公章。现吴某某仅以个人签名即代表公司提起诉讼，尚缺乏法律依据。故本案原告提起诉讼的程序存在瑕疵。被告周某乙未作答辩。

法院经审理查明：原告系 1993 年 10 月成立的有限责任公司，周某甲任公司执行董事、法定代表人，吴某某为监事。2006 年 7 月 24 日周某甲与某甲公司签订的商品房预售合同约定，周某甲向该公司购买位于上海市碧云路 ××× 弄 × 号 × 室房产。2007 年 1 月 28 日周某甲与某乙公司签订的商品房预售合同约定，周某甲向该公司购买位于上海市黄兴路 ×××× 号 × 层 × 室房产。同年 7 月 27 日周某甲从公司银行账户中转出资金 5000 元。同年 8 月 3 日，周某甲以公司支票形式支出 3798720 元，用于支付其购房款。之后，周某甲因病去世，被告周某、徐某作为周某甲的子女，共同继承了位于上海市碧云路 ××× 弄 × 号 × 室及黄兴路 ×××× 号 × 层 × 室房产。同时被告周某单独继承了周某甲所持某某公司股权。

另查明：被告周某乙于 2007 年 8 月因涉嫌职务侵占上海某实业有限公司财产被上海市公安局黄浦分局刑事拘留。该案卷宗显示，被告周某乙分别从上海某实业有限公司银行账户划入其账户资金939573.05元及962845.97元；划入其控制的上海某某医药股份有限公司江西办事处（以下简称上海某医药公司）银行账户1902178.60元；挪用公司资金800万元出借给案外人杨某某。嗣后，汇入上海某医药公司的资金1902178.60元被黄浦分局扣押，周某乙主动退缴黄浦分局资金1500207.13元，800万元出借资金原告已追回。上述被黄浦分局扣押的资金，其中756050.73元直接发还原告，剩余资金经原告同意直接支付给原告的债权人。目前，被告周某乙尚有资金402211.89元未退还。

【裁判理由】

法院认为，根据《公司法》规定，监事可代表公司对于董事、经理行使公司介入权和处分权，必要时还可提起诉讼。本案中，虽然吴某某作为监事并不掌握公司公章，其以公司名义起诉时亦未加盖公司公章。但现代公司法赋予监事监督公司董事及高级管理人员的权利，因此，当公司董事及高级管理人员不能以公司名义提起诉讼时，监事吴某某当然具有诉讼代表权。周某甲作为原告法定代表人理应履行对公司的忠实义务。周某甲私自转出公司资金5000元及以公司资金3798720元支付其购房款，显然违反了上述义务。虽然3798720元的资金流动发生在周某甲去世后，但并不排除其在生前已对资金所作的事先安排，故周某甲本应对原告公司承担赔偿责任。鉴于周某甲已因病去世，被告周某、徐某作为其继承人应在继承其遗产的范围内赔偿原告3803720元及相应的利息。至于被告周某、徐某提出的周某甲可以公司的分红来抵销其对公司的赔偿责任主张，由于公司是否应分红以及周某甲可否分得红利尚属另一法律关系，故法院对两被告上述主张不予采信。另外，据法院从黄浦分局关于周某乙涉嫌职务侵占一案所查明的事实，被告周某乙尚有资金402211.89元尚未退还原告。虽然该项结果与原告证据显示的内容不尽一致，但公安机关出具资料的证明力显然高于原告提供的账户变动明细表。故而，被告周某乙应赔偿原告402211.89元及相应的利息。庭审中，原告以周某甲协助周某乙转移公司资金为由，要求被告周某、徐某作为周某甲的继承人与周某乙共同承担赔偿责任。由于原告对其所主张的上述事实并未提供证据加以证明，故法院对其该项诉请不予支持。

2015年10月28日，上海市黄浦区人民法院作出（2014）黄浦民二（商）初字第1166号民事判决：一、被告周某、徐某在继承周某甲遗产的范围内赔偿原告上海某实业有限公司经济损失 3803720 元及利息（自 2007 年 8 月 4 日起至本判决生效之日止，以本金 3803720 元按银行同期贷款利率计付）；二、被告周某乙赔偿原告上海某实业有限公司经济损失人民 402211.89 元及利息（自 2007 年 8 月 31 日起至本判决生效之日止，以本金人民币 402211.89 元按银行同期贷款利率计付）；三、驳回原告上海某实业有限公司其他诉讼请求。

17. 2023 年《公司法》施行后，经理的职权有哪些变化？

经理在有限责任公司是任意机构，可以由公司选择设置，在股份有限公司是必设机构。经理的各项职权不再由《公司法》具体列明，而采用公司章程规定或董事会授权的方式，扩大了公司治理事项的自治空间。唯有列席董事会会议是经理的法定职责，以便经理负责具体业务开展时可以准确全面理解董事会作出的各项决议。

法律提示：经理的职权来源于公司章程规定或董事会授权，如果公司章程规定与董事会对经理授权有所不同，公司章程规定应优先于董事会授权，即董事会的授权不应当与公司章程对经理职权的规定相抵触。

相关法律规范：

2023 年《公司法》	2018 年《公司法》
第七十四条　有限责任公司可以设经理，由董事会决定聘任或者解聘。 　　经理对董事会负责，根据公司章程的规定或者董事会的授权行使职权。经理列席董事会会议。 　　**第一百二十六条**　股份有限公司设经理，由董事会决定聘任或者解聘。 　　经理对董事会负责，根据公司章程的规定或者董事会的授权行使职权。经理列席董事会会议。	**第四十九条**　有限责任公司可以设经理，由董事会决定聘任或者解聘。经理对董事会负责，行使下列职权： 　　（一）主持公司的生产经营管理工作，组织实施董事会决议； 　　（二）组织实施公司年度经营计划和投资方案； 　　（三）拟订公司内部管理机构设置方案； 　　（四）拟订公司的基本管理制度； 　　（五）制定公司的具体规章； 　　（六）提请聘任或者解聘公司副经理、财务负责人； 　　（七）决定聘任或者解聘除应由董事会决定聘任或者解聘以外的负责管理人员； 　　（八）董事会授予的其他职权。 　　公司章程对经理职权另有规定的，从其规定。 　　经理列席董事会会议。

典型案例

陕西某能源公司诉陕西某有色金属综合利用有限公司
确认合同无效纠纷案

最高人民法院/（2021）最高法民申 5483 号 /2021.09.18

【裁判要旨】

在公司章程已明确授权总经理"主持公司生产经营管理工作、组织实施董事会的决定"的情况下，除非公司另有对总经理的相关权限进行明确具体的表述或者限定，否则应认定总经理有权代表公司签订合同。由于总经理根据公司章程的授权在代表公司签订合同事务中，并非该公司之外的另一独立民事主体，双方不存在代理法律关系，故不适用法律关于代理行为及其效力认定的规定。

【基本案情】

陕西某能源公司（以下简称能源公司）于 2001 年 10 月 9 日成立，李某任董事兼总经理。股东包括某某能源公司、江苏某公司、澄城县某实业公司、渭南某电力公司，李某又系江苏某公司的法定代表人兼执行董事。2019 年 9 月 27 日，能源公司法定代表人由杨某变更为王某。陕西某有色金属综合利用有限公司（以下简称有色金属公司）股东为李某、李某 1、李某 2，三人系父子关系。李某担任该公司法定代表人及执行董事。2009 年 11 月 24 日，能源公司临时股东会决议同意总经理继续由李某担任，原经营班子成员暂不作调整。2018 年 3 月 28 日澄城县发展和改革局等四部门联合发文，督促能源公司进行关停。2018 年 6 月 8 日，李某主持召开中层干部以上人员以及部分职工代表列席的会议，形成（第 01 号）会议纪要，参会人员一致同意由有色金属公司租赁能源公司生产的场地、生产设备、生活设施，解决职工生活问题。2018 年 6 月 10 日，能源公司、有色金属公司签订了《能源公司生产场地生产设备生活设施租赁合同》（以下简称案涉租赁合同），合同约定将能源公司现有全部生产场地、生产设备、生活设施租赁给有色金属公司。租赁期限十年，自 2018 年 6 月 15 日起至 2028 年 6 月 14 日止。租金为每年 400 万元（含税）。

乙方的权利和义务中约定乙方（有色金属公司）应积极安置甲方下岗职工再就业。2019 年 5 月 29 日，澄城县发展和改革局、工业和信息化局联合发文上报能源公司所有关停电解槽已按有关规定进行了拆除。能源公司彻底退出电解铝生产行业。

经实地勘察，有色金属公司已经投资改建、新建能源公司生产设备若干。

能源公司向一审法院起诉请求：（1）判令能源公司与有色金属公司之间于 2018 年 6 月 10 日签订的案涉租赁合同无效；（2）判令有色金属公司向能源公司返还全部租赁物，并赔偿损失 400 万元（暂按一年租金计算，最终数额以评估为准）。

陕西省渭南市中级人民法院于 2020 年 10 月 16 日作出（2020）陕 05 民初 23 号民事判决：驳回能源公司的诉讼请求。

【裁判理由】

第一，能源公司认为，李某作为总经理签订案涉租赁合同为无权代表或代理，但其所提交的能源公司章程第三十一条有"总经理由董事会聘任或者解聘。总经理对董事会负责，行使下列职权：……主持公司的生产经营管理工作，组织实施董事会决定"等明确的授权内容，故原判决关于李某有权对公司生产经营进行管理的认定有事实根据，其签订合同的行为并非无权代表。能源公司应当进一步举证证明除前述公司章程原则性规定以及 2009 年 11 月 24 日临时股东会决议之外，还存有对总经理权限进行明确具体的表述或者限定，且足以否定案涉关联交易的合法性，方能实现关于李某为无权代表的证明目的。由于李某签订案涉租赁合同时系能源公司总经理，并非该公司之外的另一独立民事主体、双方之间不存在代理法律关系，故本案不适用《合同法》关于代理行为及其效力认定的规定。第二，能源公司虽从案涉租赁合同背景、主体、时间、内容以及履行等情况提出本案存在法定无效情形，但前述事实在案涉租赁合同为关联交易的特定情况下，并不足以证明李某与有色金属公司有恶意串通的情形，也不能达到《最高人民法院关于适用〈中华人民共和国民事诉讼法〉的解释》（法释〔2015〕5 号）第一百零九条关于"当事人对欺诈、胁迫、恶意串通事实的证明，以及对口头遗嘱或者赠与事实的证明，人民法院确信该待证事实存在的可能性能够排除合理怀疑的，应当认定该事实存在"所规定的可以排除合理怀疑的证明标准。另从前述法律规定的损害结果这一法定要件来看，能源公司并未举出充分的证据证明案涉租赁合同实质侵害了该公司及该公司职工、债权人的合法权益以及国家利益。第三，李某以能源公司名义与自己实施法律行为，违反了《民法总则》第一百六十八条第一款关于"代理人不得以被代理人的名义与自己实施民事法律行为，但是被代理人同意或者追认的除外"以及《企业国有资产法》第七十一条第一款第四项关于"国家出资企业的董事、监事、高级管理人员有下列行为之一，造成国有资产损失的，依法承担赔偿责任；属于国家工作人员的，并依法给予处分：……（四）违反本法规定与本企业进行交易的"的规定。前已述及，李某与能源公司之间并非代理法律关系，故前述关于代理行为效力认定的法律规定并不适用本案。由于《企业国有资产法》并未禁止国家出资企业与关联方进行交易，而适用该法第七十一条第一款第四项的规定需以造成国有资产损失为前提，且相应法律后果为赔偿责任，并无行为无效的表述，故在能源公司未能举证证明国有资产遭到实际且确定的损失的情况下主张李某签订案涉租赁合同无效，缺乏充分的事实根据和明确的法律依据。一审法院根据能源公司的经营现状，结合案涉租赁合同并未处分该公司财产所有权且未实质侵害利益攸关方的合法权益等现实考量，认定能源公司主张案涉租赁合同无效所依据的事实根据和法律依据尚不充分，并无不当。

18. 2023 年《公司法》施行后，董事、高级管理人员执行职务，对他人造成损失，由谁赔偿？

董事、高级管理人员执行职务，对他人造成损害的，由公司承担赔偿责任；董事、高级管理人员存在故意或重大过失的，也要承担赔偿责任。控股股东、实际控制人不担任公司董事但实际执行公司事务的，同样应当负有董事的忠实勤勉义务，其指示董事、高级管理人员从事损害公司或者股东利益行为的，应承担连带责任。

法律提示：因公司系承担赔偿责任的第一主体，为有效避免董事的履职行为对公司可能造成的损失，可以在董事任职期间为董事因执行公司职务承担的赔偿责任投保责任保险。

相关法律规范：

2023 年《公司法》	2018 年《公司法》
第一百九十一条 董事、高级管理人员执行职务，给他人造成损害的，公司应当承担赔偿责任；董事、高级管理人员存在故意或者重大过失的，也应当承担赔偿责任。 **第一百九十二条** 公司的控股股东、实际控制人指示董事、高级管理人员从事损害公司或者股东利益的行为的，与该董事、高级管理人员承担连带责任。	

案例库参考案例

李某某诉某上市公司、吴某某等证券虚假陈述责任纠纷案

2023-08-2-314-001/ 民事 / 证券欺诈责任纠纷 / 上海市高级人民法院 /2020.12.15/（2020）沪民终 550 号 / 二审 / 入库日期：2024.02.23

【裁判要旨】

董事对于上市公司证券虚假陈述给投资者造成的损失承担侵权责任，该责任的承担采用过错推定原则，董事可以基于勤勉尽责而提出免责抗辩。我国法律及司法解释并未明确董事勤勉义务的具体标准，司法实践中宜根据不同情形下董事负有注意义务程度的不同而确定勤勉义务认定的类型化标准，并在个案中重点考量董事任职情况、信息来源以及董事参与信息披露文件的程度与其具体行为等因素，合理认定董事民事责任。

【基本案情】

原告李某某诉称：其基于对某上市公司披露信息的信任，投资该公司股票。李某某在虚假陈述实施日至虚假陈述揭露日期间购买某上市公司股票产生的损失，应由某上市公司依法予以赔偿，某上市公司的董事、监事亦应承担连带责任。

被告某上市公司辩称：李某上市公司投资某上市公司股票产生的损失与虚假陈述之间没有因果关系或者因果关系作用力不大。据此请求法院驳回原告诉请。

被告吴某某、林某某、任某某、陈某某、秦某某辩称：五人均正常履职，

某上市公司虚假陈述行为是由于其子公司报送的报表中营业收入记载错误，对此董事等人员无法核实真实情况；2015年第三季度报告发布时吴某某已离职，不再担任某上市公司董事长及董事，不应就某上市公司债务承担连带责任。据此请求法院驳回原告诉请。

法院经审理查明：本案系投资者诉某上市公司虚假陈述责任纠纷案的平行案件，该系列案件的部分案件已生效。根据生效判决，被告某上市公司在2015年第三季度报告中虚增营业收入和利润的行为，构成证券市场虚假陈述。被告某上市公司对虚假陈述导致的投资者损失应当赔偿。2015年10月28日，某上市公司发布董事长辞职公告，称某上市公司董事会于2015年10月26日收到公司董事长吴某某的书面辞职报告，吴某某辞去董事会董事、董事长和法定代表人及公司董事会战略委员会主任职务，根据公司章程，辞职自辞职报告送达董事会之日起生效。根据某上市公司董事会会议记录，某上市公司于2015年10月27日召开董事会审议公司2015年第三季度报告及摘要，全票通过，参会董事包括被告任某某、被告陈某某，被告吴某某未参会。同日，某上市公司召开监事会，被告秦某某在监事会决议上签字。2015年10月28日，某上市公司发布2015年第三季度报告，其中重要提示部分载明：公司负责人吴某某、主管会计工作负责人林某某及会计机构负责人（会计主管人员）秦某某保证季度报告中财务报表的真实准确完整。该报告中合并资产负债表、合并利润表等均由吴某某作为法定代表人签字。2016年1月14日，某上市公司法定代表人由吴某某变更为刘某某。2020年4月10日，上海市第三中级人民法院作出（2020）沪03刑初4号刑事判决，认定某上市公司为虚增业绩，由任某某决定将某上市公司子公司在某项目中已由其他企业完工的约80%工程收入违规计入某上市公司2015年第三季度报告，具体由公司副总经理、财务总监林某某等人实施，任某某、林某某的行为均已构成违规披露重要信息罪。

上海金融法院于2020年6月30日作出（2018）沪74民初767号民事，判决：一、被告某上市公司于本判决生效之日起十日内赔偿原告李某某投资差额损失93486.74元，佣金以及印花税损失186.98元，以及以93673.72元为基数，自2015年11月23日起至2016年4月28日止，按银行同期活期存款利率计算的利息损失；二、被告任某某、林某某、陈某某、秦某某、吴某某对于被告某上市公司依本判决第一项所负的义务承担连带清偿责任。

一审宣判后，被告任某某、林某某、秦某某、吴某某以其不应承担赔偿责任为由向上海市高级人民法院提起上诉。

上海市高级人民法院于2020年12月15日作出（2020）沪民终550号民事判决：驳回上诉、维持原判。

【裁判理由】

根据生效刑事判决书，某上市公司在2015年第三季度报告中虚增营业收入和利润的行为，系由被告任某某决策，由被告林某某等人具体实施。据此，被告任某某、林某某直接策划或实施了案涉财务造假行为，属于《最高人民法院关于审理证券市场因虚假陈述引发的民事赔偿案件的若干规定》（法释〔2003〕2号，以下简称《虚假陈述赔偿若干规定》）第二十八条所述"参与虚假陈述"的情形，其过错明显，应当对投资者损失承担连带赔偿责任。被告陈某某、被告秦某某虽未参与虚假陈述，但作为某上市公司时任董事和监事，负有保证上市公司所披露的信息真实、准确、完整的法定义务。根据《虚假陈述赔偿若干规定》第二十一条的规定，董事、监事对虚假陈述承担民事赔偿责任的归责原则为过错推定原则，若董事、监事不能证明其对虚假陈述无过错，则应承担连带赔偿责任。被告陈某某作为某上市公司董事、被告秦某某作为公司监事，对于公司负有勤勉尽责义务，两被告若主张对案涉虚假陈述无过错，应举证证明已经勤勉尽责地履行了对信息披露真实性的审核和监督义务。就勤勉尽责的具体标准而言，因某上市公司2015年第三季度报告未经会计师事务所审计，被告陈某某、秦某某履职对其进行审议时，应尽到合理调查义务从而对其真实性产生合理、真实信赖。某上市公司2015年第三季度报告显示，公司三季度营业总收入为72991435元，占1月至9月营业收入的144634070.98元的一半有余，较之公司2014年1月至9月营业收入69401112.92元增长亦非常明显，对此，作为应持续关注公司经营情况的董事、监事，被告陈某某、秦某某应当对财务报表中的业务异常增长情况保持合理注意，并通过询问、调查等方式进一步核实信息披露文件中的异常之处，从而发现并阻止信息披露违法行为的发生。本案审理过程中，被告陈某某、秦某某均未举证证明其在审议2015年第三季度报告时曾就异常数据提出异议并进一步核实，在此情况下，两被告辩称已尽到勤勉尽责义务，不存在过错，缺乏依据。据此，被告陈某某、秦某某属于《虚假陈述赔偿若干规定》第二十八条所述"应当知道虚假陈述而未明确表示反对"情形，亦应当对投资者损失承担连带赔偿责任。关于被告吴某某是否应承担连带赔偿责任，吴某某提出，其在董事会审议 2015 年第三季度报告时已辞职，故不应承担相应责任。该抗辩不能成立，理由如下：首先，虽然吴某某于 2015 年 10 月 26 日辞去某上市公司董事、董事长职务，未参与 2015 年 10 月 27 日董事会，但在涉及财务数据造假的 2015 年第三季度，吴某某一直担任某上市公司的董事长，且某上市公司 2015 年第三季度报告发布时，吴某某仍为公司工商登记的法定代表人，在此情况下，其在某上市公司涉虚假陈述的资产负债表、利润表、现金流量表等材料上签字时，仍应负有勤勉及谨慎注意义务。其次，某上市公司 2015 年第三季度报告中，吴某某作为公司负责人承诺保证季度报告中财务报表的真实、准确、完整。基于前述吴某某的特殊身份，原告投资者有理由对其承诺产生信赖，吴某某亦应对违反承诺行为承担相应的侵权责任。

19. 2023 年《公司法》施行后，面对控股股东压迫行为，小股东能否退出公司？

当控股股东利用其控制权压迫其他股东，严重损害公司或者其他股东利益时，受压迫的股东除要求控股股东赔偿损失外，还可以要求公司以合理的价格收购其股权以达到退出公司的目的，这样不仅可以保证公司经营主体的稳定性，还可以有效化解大小股东的矛盾冲突。

法律提示：股权收购的合理价格的确定，可以是股权交易市场的合理价格，也可以是双方协商确定的价格，如无法协商确定回购价格，则应当通过审计、评估程序确定公司净资产账面价值和股权经济价值。

相关法律规范：

2023 年《公司法》	2018 年《公司法》
第八十九条 有下列情形之一的，对股东会该项决议投反对票的股东可以请求公司按照合理的价格收购其股权： （一）公司连续五年不向股东分配利润，而公司该五年连续盈利，并且符合本法规定的分配利润条件； （二）公司合并、分立、转让主要财产； （三）公司章程规定的营业期限届满或者章程规定的其他解散事由出现，股东会通过决议修改章程使公司存续。 自股东会决议作出之日起六十日内，股东与公司不能达成股权收购协议的，股东可以自股东会决议作出之日起九十日内向人民法院提起诉讼。 公司的控股股东滥用股东权利，严重损害公司或者其他股东利益的，其他股东有权请求公司按照合理的价格收购其股权。 公司因本条第一款、第三款规定的情形收购的本公司股权，应当在六个月内依法转让或者注销。	**第七十四条** 有下列情形之一的，对股东会该项决议投反对票的股东可以请求公司按照合理的价格收购其股权： （一）公司连续五年不向股东分配利润，而公司该五年连续盈利，并且符合本法规定的分配利润条件的； （二）公司合并、分立、转让主要财产的； （三）公司章程规定的营业期限届满或者章程规定的其他解散事由出现，股东会会议通过决议修改章程使公司存续的。 自股东会会议决议通过之日起六十日内，股东与公司不能达成股权收购协议的，股东可以自股东会会议决议通过之日起九十日内向人民法院提起诉讼。

法答网精选问答：

答疑庭室	上海市高级人民法院商事审判庭（破产审判庭）
问题概述	控股股东滥用股东权利行为的判断标准为何？
具体内容	滥用权利是一项法律原则，2023 年《公司法》第八十九条第三款以及他处，没有将该原则规则化。司法实践中，对哪些行为属于控股股东滥用股东权利，存在法律判断与适用上的空白。
回复内容	关于权利滥用，法律及司法解释并无具体规定，结合《民法典》第一百三十二条以及《最高人民法院关于适用〈中华人民共和国民法典〉总则编若干问题的解释》第三条关于如何认定滥用民事权利的规定，我们可以大致从以下几方面进行判断：第一，主观上，行为人行使民事权利的主要目的是损害国家利益、社会公共利益、他人合法权益。第二，客观上，行为人的行为违背诚信原则或者违反公序良俗等。第三，结果上，行为人行使权利的后果造成当事人之间利益显著失衡。如果行为人行使权利的获益很小，但其他当事人因此遭受重大损失，即所谓的违反比例原则，也应构成权利的滥用。在公司法层面，认定控股股东是否滥用股东权利，可以遵循上述标准进行判断。控股股东具体什么行为可以被认定为滥用股东权利，需要在个案中结合具体的事实进行具体分析。
回复时间	2024-06-17

第五章　股东权利及股权转让制度

一、股东知情权、股东表决权

1. 股东行使股东知情权是否都需要说明目的？

股东知情权是股东获取公司信息和了解公司状况的权利，是股东参与公司重大事项决策的前提，亦是股东顺利行使其他权利的基础。因此，股东查阅公司章程、股东名册、股东会会议记录、董事会会议记录、监事会会议记录和财务会计报告时，无须说明查阅目的。只有在查阅会计账簿、会计凭证时，应当基于正当且善意的目的，并与其作为股东的身份或者利益直接相关。如果股东不是出于上述目的，而是因自营或为他人经营与公司主营业务有实质性竞争业务关系的、为了向他人通报有关信息可能损害公司利益的或者公司有证据证明股东曾通过行使知情权向他人通报有关信息损害公司利益的，可视为具有不正当目的，公司可以拒绝查询请求。

法律提示： 股东行使知情权应当遵守保护国家秘密、商业秘密、个人隐私、个人信息等法律、行政法规的规定，如果股东及其委托的辅助人员违反保密义务导致公司利益遭受损害，应当承担相应的侵权赔偿责任。

相关法律规范：

2023 年《公司法》	2018 年《公司法》
第五十七条　股东有权查阅、复制公司章程、股东名册、股东会会议记录、董事会会议决议、监事会会议决议和财务会计报告。 股东可以要求查阅公司会计账簿、会计凭证。股东要求查阅公司会计账簿和会计凭证的，应当向公司提出书面请求，说明目的。公司有合理根据认为股东查阅会计账簿、会计凭证有不正当目的，可能损害公司合法权益的，可以拒绝提供查阅，并应当自股东提出书面请求之日起十五日	

续表

2023 年《公司法》	2018 年《公司法》
内书面答复股东并说明理由。公司拒绝提供查阅的，股东向人民法院提起诉讼。 　　股东查阅前款规定的材料，可以委托会计师事务所、律师事务所等中介机构进行。 　　股东及其委托的会计师事务所、律师事务所等中介机构查阅、复制有关材料，应当遵守有关保护国家秘密、商业秘密、个人隐私、个人信息等法律、行政法规的规定。 　　股东要求查阅、复制公司全资子公司相关材料的，适用前四款规定。	

相关规定
《公司法司法解释（四）》第八条　有限责任公司有证据证明股东存在下列情形之一的，人民法院应当认定股东有公司法第三十三条第二款规定的"不正当目的"： 　　（一）股东自营或者为他人经营与公司主营业务有实质性竞争关系业务的，但公司章程另有规定或者全体股东另有约定的除外； 　　（二）股东为了向他人通报有关信息查阅公司会计账簿，可能损害公司合法利益的； 　　（三）股东在向公司提出查阅请求之日前的三年内，曾通过查阅公司会计账簿，向他人通报有关信息损害公司合法利益的； 　　（四）股东有不正当目的的其他情形。

案例库参考案例

孙某某诉北京某科技有限公司股东知情权纠纷案

2023-08-2-267-002/ 民事 / 股东知情权纠纷 / 北京市第二中级人民法院 / 2020.01.21/（2020）京 02 民终 816 号 / 二审 / 入库日期：2024.02.23

【裁判要旨】

在股东知情权案件中，实质性竞争关系业务可从以下方面予以认定。

1. 基于我国传统的亲属观念与家庭观念，除非有相反证据推翻，否则应当认定公司股东与其配偶、父母、子女或兄弟姐妹等近亲属之间具有亲密关系，因此近亲属出资设立的公司与股东之间自然形成了实际利益链条，与被诉公司存在实质性竞争关系。

2. 股东自营或为他人经营或近亲属设立的公司经营范围已经变更的，应结合变更时间、变更前后经营范围、变更后的经营项目是否实际经营、是否有一年至两年内相关业务材料等综合判断实质性竞争关系。

3. 在当前全球信息化时代背景下，通讯发达，大部分行业的开展是开放性的，股东自营同行业公司或近亲属设立的同行业公司设立区域不同，不足以推翻存在实质性竞争关系的认定。

【基本案情】

孙某某诉称：北京某科技有限公司（以下简称北京某科技公司）成立于2014年，为有限责任公司，孙某某为北京某科技公司合法登记的股东，持股比例为33%，厦门某公司持有另外67%的股份。因孙某某一直无法知悉北京某科技公司的运营及财务状况，无法查阅有关北京某科技公司经营的相关文件，北京某科技公司长期未向孙某某提供财务会计报告、会计账簿和原始凭证等相关财务资料，且北京某科技公司利润率近两年出现非正常大幅下滑。为了解北京某科技公司实际经营状况，孙某某委托律师于2019年4月29日向公司发送律师函，要求查阅、复制北京某科技公司2017年度、2018年度的公司章程、股东会会议记录、董事会会议决议、监事会会议决议和财务会计报告，要求查阅2017年1月1日至2018年12月31日的会计账簿及原始凭证，时间为2019年5月20日至2019年5月24日。北京某科技公司在收到律师函后不仅没有答复，而且无正当理由拒不提供上述资料供孙某某查阅、复制，故请求判令：（1）北京某科技公司向孙某某提供2017年1月1日起至判决生效之日止的公司章程、股东会会议记录、执行董事决定、监事决定和财务会计报告供孙某某查阅、复制，或在孙某某在场的情况下供孙某某委托的会计师、律师协助查阅、复制；（2）北京某科技公司向孙某某提供2017年1月1日至2018年1月31日的会计账簿（包括总账、明细账、日记账和其他辅助性账簿）及记账凭证、原始凭证、作为原始凭证附件入账备查的有关资料供孙某某查阅，或在孙某某在场的情况下供孙某某委托的会计师、律师协助查阅、复制；（3）本案诉讼费由北京某科技公司承担。

北京某科技公司辩称：一、不同意孙某某的第一项诉讼请求，具体理由如下：（一）关于孙某某要求查阅复制2017年度、2018年度的公司章程、股东会会议记录，因北京某科技公司在2017年度、2018年度并未修改公司章程，也未召开股东会。

因此，北京某科技公司不存在公司章程及股东会会议记录可供孙某某查阅、复制。本案中，孙某某自行提供的 2015 年 6 月 25 日的公司章程，便是北京某科技公司最新的公司章程，说明孙某某已经知悉。（二）关于孙某某要求查阅、复制的执行董事决定、监事决定，因北京某科技公司不存在该两项决定供孙某某查阅、复制，对此，孙某某也是明知的。（三）关于财务会计报告，北京某科技公司已在工商行政管理机关进行登记公示，不存在孙某某无法知情的问题；况且，孙某某在北京某科技公司持续担任总经理一职，负责公司日常经营管理的全部事务，而孙某某称无法知悉北京某科技公司的运营及财务状况，显然与事实严重不符；另外，孙某某配偶孟某培在北京某科技公司担任监事，知悉公司的运营及财务状况。鉴于孙某某与监事孟某培的身份关系，孙某某也不可能不知情。二、不同意孙某某的第二项诉讼请求。北京某科技公司有合理根据认为孙某某要求查阅 2017 年 1 月 1 日至 2018 年 12 月 31 日的会计账簿及记账凭证、原始凭证等有关资料，具有不正当目的，将严重损害北京某科技公司合法利益。（一）孙某某自营与北京某科技公司主营业务有实质性竞争关系的业务，其查阅会计账簿及记账凭证、原始凭证具有不正当目的，将严重损害北京某科技公司的合法利益。根据 2015 年 6 月 26 日《厦门某公司关于向控股子公司北京某科技公司进行股权收购及增资的公告》（以下简称《公告》）第五条第五项竞业禁止规定，孙某某保证孙某某及其配偶以及二人所控制的其他子公司、分公司、合营或联营公司及其他任何类型企业，目前均未从事任何与北京某科技公司构成直接或间接竞争的生产经营业务或活动，在北京某科技公司或关联企业任职期间及离职后五年内亦不直接或间接从事任何与北京某科技公司相同或类似的业务，不直接或间接从事、参与或进行与北京某科技公司的生产经营构成竞争的任何生产经营业务或活动。本案中，孙某某严重违反《公告》中关于竞业禁止义务的约定，作为总经理擅自离职，从北京某科技公司挖走大量业务骨干团队（副总经理、市场总监、资深客户经理、采购总监及财务主管等人）及客户资源，在外投资设立与北京某科技公司存在竞争关系的企业，从事与北京某科技公司相竞争的业务，造成北京某科技公司核心团队与客户资源的大量流失，造成公司经营陷入困难，严重损害公司的合法利益。2018 年 11 月 23 日，孙某某与他人共同投资成立某科技（上海）有限公司，其中孙某某出资 750 万元持股 75%，并担任法定代表人、执行董事，经营范围与北京某科技公司相同，从事的业务均是计算机科技专业领域的软件开发、技术咨询和服务，二者的主营业务、业务领域以及所针对的客户群基本一致，主营业务存在实质上的竞争关系。因此，孙某某通过查阅北京某科技公司的会计账簿及原始凭证，将获知北京某科技公司的劳动用工、福利待遇、技术信息、客户项目资料、合同底价等商业秘密及信息，将致使北京某科技公司在业务竞争中处于极为不利的地位，将严重损害北京某科技公司的合法利益。（二）孙某某在任职期间及离职后，其配偶、其他近亲属等利害关系人所经营控制的多家公司，从事与北京某科技公司构成竞争关系的经营活动及业务，与北京某科技公司之间存在竞争关系，已经违反了《公告》的规定，一旦北京某科技公司的会计账簿及原始凭证所记载的客户信息、技术信息、合同价格等资料被上述竞争者知悉，则将严重损害北京某科技公司的合法利益，具体如下：（1）某网络科技集团有限公司成立于2016年7月18日，为某科技（上海）有限公司的股东之一，其中，孙某某配偶孟某培的弟弟孟某担任董事，孟某作为孙某某团队人员，曾担任北京某科技公司的采购经理；另外，某网络科技集团有限公司法定代表人赵某东是孙某某的大学同学、多年好友，赵某东只是名义上的法定代表人、股东，实际控制人就是孙某某，该公司经营从事与北京某科技公司构成竞争关系的业务。（2）上海某电子商务公司，孙某某配偶孟某培持股90%并担任法定代表人，经营与北京某科技公司构成竞争关系的业务；（3）上海某信息公司，孙某某的弟弟孙某宽系该公司股东，持股20%并担任监事；上海某计算公司，孙某某的弟弟孙某宽系该公司法定代表人并担任执行董事；上海某科技公司，孙某某的弟弟孙某宽持股80%，并担任法定代表人、执行董事兼总经理，均系经营与北京某科技公司构成竞争关系的业务。（三）孙某某与北京某科技公司、另一股东厦门某公司及其关联公司之间，存在尚未解决的诉讼与纠纷，因此，北京某科技公司认为孙某某提起本诉明显存在不正当目的，可能损害北京某科技公司的合法利益。因此，孙某某查阅北京某科技公司的会计账簿及记账凭证、原始凭证，存在非法获取北京某科技公司的商业秘密及信息的嫌疑，具有明显的不正当目的，极有可能损害公司合法利益。综上所述，北京某科技公司认为，孙某某的诉讼请求缺乏事实根据和法律依据。

法院经审理查明：北京某科技公司于2014年11月24日成立，根据2019年7月30日企业信用信息公示报告显示：孙某某与厦门某公司为公司股东，孙某某为经理，孟某培为监事。经营范围为软件开发、技术推广、技术咨询、技术服务；计算机系统集成服务；销售计算机、软件及辅助设备、通讯设备、电子产品、文具用品、五金交电；经营电信业务。孟某培系孙某某的妻子。

2019 年 4 月 29 日，孙某某通过 EMS 专递向北京某科技公司发送律师函。函件要求孙某某作为拥有北京某科技公司 33% 股权的股东，根据《公司法》之规定要求查阅、复制 2017 年度、2018 年度的公司章程等相关材料，并查阅 2017 年 1 月 1 日至 2018 年 1 月 31 日的会计账簿（包括原始凭证等会计资料）等其他资料。北京某科技公司认可其收到了该律师函，并称孙某某于 2018 年 8 月亦曾发出过律师函且对其进行了书面回复。

2018 年 11 月 23 日，某科技（上海）有限公司成立，孙某某持股 75%，并担任法定代表人、执行董事，经营范围及一般经营项目均为互联网信息、网络、计算机科技专业领域内的技术开发，技术转让，技术咨询，技术服务；计算机数据处理，商务信息咨询；企业管理咨询；市场营销策划；货物及技术进出口。2019 年 9 月 16 日，"某科技（上海）有限公司"名称变更为某（上海）贸易有限公司，经营范围及一般经营项目均变更为家用电器、母婴用品、食用农产品销售、商务信息咨询；翻译服务；国内货物运输代理；货物或技术进出口，孙某某称某（上海）贸易有限公司一直从事的主营业务为进出口贸易，玫瑰水、玫瑰精油等的进出口。

2016 年 7 月 18 日，某网络科技集团有限公司成立，法定代表人为赵某东，董事为孟某。北京某科技公司称孟某为孙某某的妻弟，赵某东为孙某某的大学同学，该公司实际控制人为孙某某。某网络科技集团有限公司网站宣传网页显示"某网络科技集团有限公司是一家致力于中心运营、中心部署的互联网服务公司，主营业务为互联网中心服务、互联网增值服务"。北京某科技公司控股股东厦门某公司的网站宣传网页显示"云服务，云服务业务是厦门某公司发展战略的重要方向，厦门某公司自建三大中心，为客户提供高安全云服务"。

2011 年 8 月 2 日，上海某电子商务公司成立。其法定代表人、股东、执行董事兼总经理均为孟某培，经营范围为电子商务、计算机、电子产品的销售，网络技术开发等。

另查，2011 年 9 月 15 日成立的上海某信息公司，2018 年 3 月 15 日成立的上海某计算公司，2017年8月15日成立的上海某科技公司，孙某宽均为股东及执行董事，三公司经营范围均主要为信息科技领域内的技术开发、技术咨询转让服务、计算机系统服务。北京某科技公司称孙某宽为孙某某的弟弟。

孙某某称，北京某科技公司在北京，北京某科技公司所主张的存在竞争关系的公司位于上海，地域不同，不能构成竞争关系。

孙某某诉至法院，要求北京某科技公司提供2017年1月1日起的公司章程、股东会会议记录、执行董事决定、监事决定和财务会计报告供孙某某查阅、复制；并提供2017年1月1日至2018年1月31日的会计账簿（包括总账、明细账、日记账和其他辅助性账簿）及记账凭证、原始凭证、作为原始凭证附件入账备查的有关资料供孙某某查阅，或在孙某某在场的情况下供孙某某委托的会计师、律师协助查阅、复制。

北京市大兴区人民法院于2019年11月27日作出（2019）京0115民初22779号民事判决：一、北京某科技公司于本判决生效之日起十日内在其住所地北京市北京经济技术开发区经海二路某号某幢某层于其正常营业时间内提供其2017年1月1日起至本判决生效之日止的公司章程、股东会会议记录、执行董事决定、监事决定和财务会计报告供孙某某查阅、复制，包括在孙某某在场的情况下，由其委托的会计师、律师辅助进行，查阅时间不得超过十五个工作日；二、驳回孙某某的其他诉讼请求。宣判后，孙某某不服上述判决，提起上诉。北京市第二中级人民法院于2020年1月21日作出（2020）京02民终816号民事判决：驳回上诉，维持原判。

【裁判理由】

法院生效裁判认，本案的争议焦点有三个：一是近亲属设立的公司与案涉公司经营范围存在重叠时可否认定实质性竞争关系；二是自营公司经营范围已经变更的情况下，还能否认定存在实质性竞争关系；三是自营公司经营范围与案涉公司经营范围存在重叠，但主要经营地域不同，是否构成实质性竞争关系。

首先，孙某某系北京某科技公司的股东。孙某某向北京某科技公司提出书面申请要求查阅公司的会计账簿和财务会计报告，北京某科技公司认可收到了申请，但未提交证据证明其进行了答复。根据《公司法》（2018年修正，下同）第三十三条第二款和《公司法司法解释（四）》（法释〔2017〕16号）第八条的规定，针对上述争议，北京某科技公司与经营范围变更前的某（上海）贸易有限公司、上海某电子商务公司从事的主要业务均是计算机技术开发服务咨询等业务，因此三公司的主营业务以及所针对的客户群基本一致，应认定为存在业务上的竞争关系。孙某某既是北京某科技公司的股东，也是某（上海）贸易有限公司的占股 75% 的股东，并任法定代表人；孟某培系孙某某的配偶，孟某培既是北京某科技公司的监事，也是上海某电子商务公司的占股 90% 的股东，并担任法定代表人。孙某某的配偶任控股股东、法定代表人的上海某电子商务公司与北京某科技公司经营范围非常近似，上海某电子商务公司与孙某某之间形成了实际的利益链条，另外，孙某某自营的某（上海）贸易有限公司在本案起诉时的经营范围亦与北京某科技公司存在业务上的竞争关系，孙某某通过查阅北京某科技公司的会计账簿，可以获知北京某科技公司的客户资料和合同底价等属于商业秘密的信息，使得北京某科技公司在以后的业务竞争中可能处于不利地位，继而损害了北京某科技公司的利益。因此，北京某科技公司认为孙某某存在不正当目的，有相应的事实依据，应当予以采信。

其次，某（上海）贸易有限公司于 2019 年 9 月 16 日变更名称及经营范围，孙某某称该公司一直从事的主营业务为进出口贸易，玫瑰水、玫瑰精油等的进出口，与北京某科技公司不存在竞争关系的意见，因其变更时间系本案受理立案之后，考虑到变更前后经营范围差异巨大，且孙某某未提交其他相关证据予以佐证其一直从事的业务为进出口贸易，故对孙某某该证据及意见无法予以认可。

最后，对于北京某科技公司经营区域为北京，某（上海）贸易有限公司、上海某电子商务公司经营区域位于上海，不能构成竞争关系的意见，考虑到当前为互联网信息时代，通讯发达，区域不同的抗辩不足以认定不存在竞争关系。

对于孙某某要求查阅和复制的北京某科技公司 2017 年 1 月 1 日起至判决生效之日止的公司章程、股东会会议记录、执行董事决定、监事决定和财务会计报告的诉讼请求，《公司法》第三十三条第一款并未规定股东查阅和复制上述文件时也应说明目的，因此，股东对上述内容享有绝对知情权。

2020 年 1 月 21 日，北京市第二中级人民法院经审理认为，关于会计账簿的问题。孙某某上诉提出某（上海）贸易有限公司和上海某电子商务公司注册后实际并未进行经营活动，但孙某某没有提交充分证据证明，与其一审关于某

（上海）贸易有限公司一直从事的业务为进出口贸易的事实主张亦不相符。

2.公司能否拒绝股东查阅会计账簿、会计凭证的请求？

股东知情权涉及公司与股东之间的利益平衡，在保护股东权利的同时亦应兼顾公司整体利益，以避免股东滥用知情权损害公司利益。会计凭证包括原始凭证和记账凭证，能直接反映企业动态的经济业务。通过查阅公司会计凭证，股东能更直接了解公司的经营情况，有利于减少信息不对称给股东合法权益保护带来的消极影响，一般情况下会计凭证也是股东行使知情权的范围。但鉴于公司会计账簿和会计凭证属于公司的敏感信息，如果公司有证据证明股东有不正当目的，可能损害公司利益，可以拒绝查阅请求并在股东提出书面请求之日起十五日内书面答复股东并说明理由。

法律提示：股东对会计凭证行使知情权只能通过查阅的方式进行，无权进行复制。股东查阅会计凭证应当与其书面请求的查阅目的相关，超出查阅目的范围的，股东无权查阅。

相关法律规范：

2023 年《公司法》	2018 年《公司法》
第五十七条　股东有权查阅、复制公司章程、股东名册、股东会会议记录、董事会会议决议、监事会会议决议和财务会计报告。 　股东可以要求查阅公司会计账簿、会计凭证。股东要求查阅公司会计账簿、会计凭证的，应当向公司提出书面请求，说明目的。公司有合理根据认为股东查阅会计账簿、会计凭证有不正当目的，可能损害公司合法利益的，可以拒绝提供查阅，并应当自股东提出书面请求之日起十五日内书面答复股东并说明理由。公司拒绝提供查阅的，股东可以向人民法院提起诉讼。 　股东查阅前款规定的材料，可以委托会计师事务所、律师事务所等中介机构进行。 　股东及其委托的会计师事务所、律师事务所等中介机构查阅、复制有关材料，应当遵守有关保护国家秘密、商业秘密、个人隐私、个人信息等法律、行政法规的规定。 　股东要求查阅、复制公司全资子公司相关材料的，适用前四款的规定。	第三十三条　股东有权查阅、复制公司章程、股东会会议记录、董事会会议决议、监事会会议决议和财务会计报告。 　股东可以要求查阅公司会计账簿。股东要求查阅公司会计账簿的，应当向公司提出书面请求，说明目的。公司有合理根据认为股东查阅会计账簿有不正当目的，可能损害公司合法利益的，可以拒绝提供查阅，并应当自股东提出书面请求之日起十五日内书面答复股东并说明理由。公司拒绝提供查阅的，股东可以请求人民法院要求公司提供查阅。 　第九十七条　股东有权查阅公司章程、股东名册、公司债券存根、股东大会会议记录、董事会会议决议、监事会会议决议、财务会计报告，对公司的经营提出建议或者质询。

续表

2023 年《公司法》	2018 年《公司法》
第一百一十条　股东有权查阅、复制公司章程、股东名册、股东会会议记录、董事会会议决议、监事会会议决议、财务会计报告，对公司的经营提出建议或者质询。连续一百八十日以上单独或者合计持有公司百分之三以上股份的股东要求查阅公司的会计账簿、会计凭证的，适用本法第五十七条第二款、第三款、第四款的规定。公司章程对持股比例有较低规定的，从其规定。 　　股东要求查阅、复制公司全资子公司相关材料的，适用前两款的规定。 　　上市公司股东查阅、复制相关材料的，应当遵守《中华人民共和国证券法》等法律、行政法规的规定。	

3. 股东是否可以查阅、复制公司全资子公司相关材料?

全资子公司是指只有一个法人股东的公司，是完全由唯一一家母公司所拥有或控制的子公司。随着市场经济的发展，在现有母子公司、集团公司股东等公司治理架构大量存在的情况下，许多母公司股东的投资收益很大程度上来源于子公司的经营收益，在此情形下，允许母公司股东查阅子公司的经营、财务资料就显得尤为必要和迫切。2023 年《公司法》扩充了股东对全资子公司的知情权，使得股东不仅能够了解公司经营情况，也能够对公司对外投资设立的子公司情况有更清楚的了解，能够更为清楚地、多角度地了解公司经营状况。

法律提示：2023 年《公司法》对于公司设立的全资子公司的股东知情权作出了明确规定，但对非全资子公司的穿透行权未予明确。司法实践中，若需将股东的复制、查阅权穿透到非全资子公司，则通常可能包括以下情形：（1）公司章程规定；（2）股东协议约定；（3）母公司对非全资子公司具有控制地位，特别是该种控制关系对母公司的财务或运营有实质性影响；（4）保护股东合法权益的需要；等等。

相关法律规范：

2023 年《公司法》	2018 年《公司法》
第五十七条 股东有权查阅、复制公司章程、股东名册、股东会会议记录、董事会会议决议、监事会会议决议和财务会计报告。 股东可以要求查阅公司会计账簿、会计凭证。股东要求查阅公司会计账簿、会计凭证的，应当向公司提出书面请求，说明目的。公司有合理根据认为股东查阅会计账簿、会计凭证有不正当目的，可能损害公司合法利益的，可以拒绝提供查阅，并应当自股东提出书面请求之日起十五日内书面答复股东并说明理由。公司拒绝提供查阅的，股东可以向人民法院提起诉讼。 股东查阅前款规定的材料，可以委托会计师事务所、律师事务所等中介机构进行。 股东及其委托的会计师事务所、律师事务所等中介机构查阅、复制有关材料，应当遵守有关保护国家秘密、商业秘密、个人隐私、个人信息等法律、行政法规的规定。 股东要求查阅、复制公司全资子公司相关材料的，适用前四款的规定。	

4. 股东可否委托会计师事务所、律所等中介机构进行查阅、复制有关资料？

不管是查阅、复制公司章程、股东名册、股东会会议记录、董事会会议记录、监事会会议记录和财务会计报告，还是查阅公司会计账簿、会计凭证，都涉及相对专业的知识，仅由股东本人行权往往发现不了问题，需要会计师或律师等专业人员提供辅助支持。为此，《公司法司法解释（四）》第十条规定，股东依据人民法院生效判决查阅公司文件材料的，在该股东在场的情况下，可以由会计师、律师等依法或者依据执业行为规范负有保密义务的中介机构执业人员辅助进行。而 2023 年《公司法》则删去了"依据人民法院生效判决"和"该股东在场"两个限制条件，明确规定股东可以完全委托中介机构代为查账，使得股东行使知情权更为便利。

法律提示： 股东及其委托的会计师事务所、律师事务所等中介机构查阅、复制有关材料，应当遵守有关保护国家秘密、商业秘密、个人隐私、个人信息等法律、行政法规的规定。辅助股东查阅公司文件材料的会计师、律师如果泄露了公司商业秘密导致公司合法利益受到损害的，公司可以要求其赔偿相关损失。

相关法律规范：

2023年《公司法》	2018年《公司法》
第五十七条　股东有权查阅、复制公司章程、股东名册、股东会会议记录、董事会会议决议、监事会会议决议和财务会计报告。 　　股东可以要求查阅公司会计账簿、会计凭证。股东要求查阅公司会计账簿、会计凭证的，应当向公司提出书面请求，说明目的。公司有合理根据认为股东查阅会计账簿、会计凭证有不正当目的，可能损害公司合法利益的，可以拒绝提供查阅，并应当自股东提出书面请求之日起十五日内书面答复股东并说明理由。公司拒绝提供查阅的，股东可以向人民法院提起诉讼。 　　股东查阅前款规定的材料，可以委托会计师事务所、律师事务所等中介机构进行。 　　股东及其委托的会计师事务所、律师事务所等中介机构查阅、复制有关材料，应当遵守有关保护国家秘密、商业秘密、个人隐私、个人信息等法律、行政法规的规定。 　　股东要求查阅、复制公司全资子公司相关材料的，适用前四款的规定。	

相关规定
《公司法司法解释（四）》第十条　人民法院审理股东请求查阅或者复制公司特定文件材料的案件，对原告诉讼请求予以支持的，应当在判决中明确查阅或者复制公司特定文件材料的时间、地点和特定文件材料的名录。 　　股东依据人民法院生效判决查阅公司文件材料的，在该股东在场的情况下，可以由会计师、律师等依法或者依据执业行为规范负有保密义务的中介机构执业人员辅助进行。

5. 2023年《公司法》施行后，股份有限公司如何发行类别股？

按照公司章程规定，股份有限公司可以发行以下类别股：优先或者劣后分配利润或者剩余财产的股份；每一股的表决权数多于或者少于普通股的股份；转让须经公司同意等转让受限的股份；国务院规定的其他类别股。公开发行股份的公司，除公开发行前已发行的外，原则上只能发行优先股或劣后股；对监事或审计委员会成员的选举和更换，优先股或劣后股与普通股享有同样的表决权。

法律提示： 类别股股东通常在公司治理中处于弱势地位，故发行类别股的公司应在公司章程中载明保护中小股东权益的措施，以避免类别股发行违背股东实质平等理念。监事和审计委员会系公司监督个体，要求优先股（劣后股）股东和表决权类别股股东在上述成员选举和更换时与普通股股东保持一致表决权数，可防止其凭借监督者选任，不当干涉公司监督权行使，损害普通股股东合法权利。

相关法律规范：

2023 年《公司法》	2018 年《公司法》
第一百四十四条　公司可以按照公司章程的规定发行下列与普通股权利不同的类别股： （一）优先或者劣后分配利润或者剩余财产的股份； （二）每一股的表决权数多于或者少于普通股的股份； （三）转让须经公司同意等转让受限的股份； （四）国务院规定的其他类别股。 公开发行股份的公司不得发行前款第二项、第三项规定的类别股；公开发行前已发行的除外。 公司发行本条第一款第二项规定的类别股的，对于监事或者审计委员会成员的选举和更换，类别股与普通股每一股的表决权数相同。 **第一百四十五条**　发行类别股的公司，应当在公司章程中载明以下事项： （一）类别股分配利润或者剩余财产的顺序； （二）类别股的表决权数； （三）类别股的转让限制； （四）保护中小股东权益的措施； （五）股东会认为需要规定的其他事项。	**第一百三十一条**　国务院可以对公司发行本法规定以外的其他种类的股份，另行作出规定。

二、利润分配请求权、股东代表诉讼

6. 2023 年《公司法》施行后，在子公司的合法权益受到侵害，但子公司并未或怠于维护其权益时，母公司股东是否有权以自己的名义提起诉讼？

符合条件的股东，在董事会、监事会未能履职或者拒绝履职的情形下，可以代表公司提起诉讼；母公司的股东对全资子公司依据其与母公司的股东关系和母子公司的股权结构亦可以行使代表子公司提起诉讼的权利，其诉讼效果归于子公司而非母公司。如同股东代表诉讼一样，母公司股东提起代表诉讼时应当履行前置程序，穷尽内部救济，否则无权提起代表诉讼。

法律提示：股东双重代表诉讼中适格原告的持股要求取决于母公司的公司类型，即母公司为股份有限公司时，股东须连续一百八十日以上单独或者合计持有母公司百分之一以上股份，母公司为有限责任公司时，则股东持有母公司股权即可，何时成为母公司股东以及股权比例均不影响原告的主体资格。母公司股东只需书面请求全资子公司的监事会、董事会提起诉讼无果即可，而不要求其向母公司董事会、监事会再行请求。为配合双重代表诉讼，母公司股东在符合条件的情形下，可以对全资子公司行使知情权。

相关法律规范：

2023 年《公司法》	2018 年《公司法》
第一百一十条 股东有权查阅、复制公司章程、股东名册、股东会会议记录、董事会会议决议、监事会会议决议、财务会计报告，对公司的经营提出建议或者质询。 连续一百八十日以上单独或者合计持有公司百分之三以上股份的股东要求查阅公司的会计账簿、会计凭证的，适用本法第五十七条第二款、第三款、第四款的规定。公司章程对持股比例有较低规定的，从其规定。 股东要求查阅、复制公司全资子公司相关材料的，适用前两款的规定。 上市公司股东查阅、复制相关材料的，应当遵守《中华人民共和国证券法》等法律、行政法规的规定。	**第九十七条** 股东有权查阅公司章程、股东名册、公司债券存根、股东大会会议记录、董事会会议决议、监事会会议决议、财务会计报告，对公司的经营提出建议或者质询。 **第一百五十一条** 董事、高级管理人员有本法第一百四十九条规定的情形的，有限责任公司的股东、股份有限公司连续一百八十日以上单独或者合计持有公司百分之一以上股份的股东，可以书面请求监事会或者不设监事会的有限责任公司的监事向人民法院提起诉讼；监事有本法第一百四十九条规定的情形的，前述股东可以书面请求董事会或者不设董事会的有限责任公司的执行董事向人民法院提起诉讼。

续表

2023 年《公司法》	2018 年《公司法》
第一百八十九条　董事、高级管理人员有前条规定的情形的，有限责任公司的股东、股份有限公司连续一百八十日以上单独或者合计持有公司百分之一以上股份的股东，可以书面请求监事会向人民法院提起诉讼；监事有前条规定的情形的，前述股东可以书面请求董事会向人民法院提起诉讼。 监事会或者董事会收到前款规定的股东书面请求后拒绝提起诉讼，或者自收到请求之日起三十日内未提起诉讼，或者情况紧急、不立即提起诉讼将会使公司利益受到难以弥补的损害的，前款规定的股东有权为公司利益以自己的名义直接向人民法院提起诉讼。他人侵犯公司合法权益，给公司造成损失的，本条第一款规定的股东可以依照前两款的规定向人民法院提起诉讼。 公司全资子公司的董事、监事、高级管理人员有前条规定情形，或者他人侵犯公司全资子公司合法权益造成损失的，有限责任公司的股东、股份有限公司连续一百八十日以上单独或者合计持有公司百分之一以上股份的股东，可以依照前三款规定书面请求全资子公司的监事会、董事会向人民法院提起诉讼或者以自己的名义直接向人民法院提起诉讼。	监事会、不设监事会的有限责任公司的监事，或者董事会、执行董事收到前款规定的股东书面请求后拒绝提起诉讼，或者自收到请求之日起三十日内未提起诉讼，或者情况紧急、不立即提起诉讼将会使公司利益受到难以弥补的损害的，前款规定的股东有权为了公司的利益以自己的名义直接向人民法院提起诉讼。 他人侵犯公司合法权益，给公司造成损失的，本条第一款规定的股东可以依照前两款的规定向人民法院提起诉讼。

7. 股东代表诉讼的前置程序是否存在豁免情形？

股东代表诉讼，是指当公司权益遭到董事、监事或者高级管理人员侵害时，公司因意思不能自主甚至被侵权者控制等原因没有就其所遭受的侵害提起诉讼时，公司股东可以代表公司进行起诉，从而使得公司获得赔偿等救济。公司董事、监事、高级管理人员损害公司利益时，股东应当先书面请求公司有关机关提起诉讼，公司有关机关拒绝或怠于提起诉讼的，股东才能以自己名义向法院提起损害公司利益之诉。但该前置程序针对的是公司治理的一般情况，即在股东向公司有关机关提出书面申请之时，存在公司有关机关提起诉讼的可能性。如果不存在这种可能性，则不应当以原告未履行前置程序为由驳回起诉。

法律提示：履行前置程序是股东提起代表诉讼的前提，对于具体案件中是否存在可以豁免前置程序的例外情形，应当由原告股东承担举证责任。在股东代表诉讼中，公司是原告股东所主张的权利的享有者，胜诉利益也应归属于公司，而非股东个人。

相关法律规范：

2023 年《公司法》	2018 年《公司法》
第一百八十九条　董事、高级管理人员有前条规定的情形的，有限责任公司的股东、股份有限公司连续一百八十日以上单独或者合计持有公司百分之一以上股份的股东，可以书面请求监事会向人民法院提起诉讼；监事有前条规定的情形的，前述股东可以书面请求董事会向人民法院提起诉讼。 监事会或者董事会收到前款规定的股东书面请求后拒绝提起诉讼，或者自收到请求之日起三十日内未提起诉讼，或者情况紧急、不立即提起诉讼将会使公司利益受到难以弥补的损害的，前款规定的股东有权为公司利益以自己的名义直接向人民法院提起诉讼。 他人侵犯公司合法权益，给公司造成损失的，本条第一款规定的股东可以依照前两款的规定向人民法院提起诉讼。 公司全资子公司的董事、监事、高级管理人员有前条规定情形，或者他人侵犯公司全资子公司合法权益造成损失的，有限责任公司的股东、股份有限公司连续一百八十日以上单独或者合计持有公司百分之一以上股份的股东，可以依照前三款规定书面请求全资子公司的监事会、董事会向人民法院提起诉讼或者以自己的名义直接向人民法院提起诉讼。	第一百五十一条　董事、高级管理人员有本法第一百四十九条规定的情形的，有限责任公司的股东、股份有限公司连续一百八十日以上单独或者合计持有公司百分之一以上股份的股东，可以书面请求监事会或者不设监事会的有限责任公司的监事向人民法院提起诉讼；监事有本法第一百四十九条规定的情形的，前述股东可以书面请求董事会或者不设董事会的有限责任公司的执行董事向人民法院提起诉讼。 监事会、不设监事会的有限责任公司的监事，或者董事会、执行董事收到前款规定的股东书面请求后拒绝提起诉讼，或者自收到请求之日起三十日内未提起诉讼，或者情况紧急、不立即提起诉讼将会使公司利益受到难以弥补的损害的，前款规定的股东有权为了公司的利益以自己的名义直接向人民法院提起诉讼。 他人侵犯公司合法权益，给公司造成损失的，本条第一款规定的股东可以依照前两款的规定向人民法院提起诉讼。

最高人民法院公报案例

周某某与某投资公司、李某某、彭某某及第三人某房地产开发公司损害公司利益责任纠纷案

《最高人民法院公报》2020 年第 6 期 / 最高人民法院 /（2019）最高法民终 1679 号 /2019.09.27

【裁判要旨】

1. 股东先书面请求公司有关机关向人民法院提起诉讼，是股东提起代表诉讼的前置程序。设定该前置程序的主要目的和意义，在于促使公司内部治理结构充分发挥作用，以维护公司的独立人格、尊重公司的自主意志以及防止股东滥用诉权、节约诉讼成本。

2. 前置程序所针对的是公司治理形态的一般情况，即在股东向公司有关机构或人员提出书面申请之时，后者是否会依股东的请求而提起诉讼尚处于不确定状态，抑或存在监事会、监事或者董事会、执行董事依股东申请而提起诉讼的可能性。换言之，法律不应要求当事人徒为毫无意义之行为，对于股东申请无益即客观事实足以表明不存在前述可能性的情况，不应理解为《公司法》第一百五十一条所规制的情况。

【基本案情】

周某某向法院提出诉讼请求：（1）判令某投资公司、李某某、彭某某共同赔偿某房地产开发公司7508250元，并赔偿自2005年10月8日起至赔偿款付清之日止，按照同期银行贷款利率计算的利息损失（暂计算至2017年6月1日的利息损失为5702011.15元）。（2）判令某投资公司、李某某、彭某某共同赔偿某房地产开发公司经济损失32210138.92元及2012年7月16日起至某投资公司、李某某、彭某某实际付清赔偿款之日止，按照同期银行贷款利率计算的利息损失（暂计算至2017年6月1日的利息损失为9253525.55元）。（3）判令某投资公司、李某某、彭某某赔偿因低价折抵某房地产开发公司资产，侵占某房地产开发公司商业机会而造成的经济损失5000万元（以上经济损失为暂估额，实际损失额以法院查明的给某房地产开发公司造成的实际损失为准）。

湖南省高级人民法院认为：周某某未履行法律规定的提起股东代表诉讼的前置程序，同时本案客观上也不具备"情况紧急、不立即提起诉讼将会使公司利益受到难以弥补的损害"的法定情形，周某某无权依据上述规定提出股东代表诉讼，故裁定驳回周某某的起诉。周某某不服，向最高人民法院提起上诉。最高人民法院于2019年9月27日作出（2019）最高法民终1679号民事裁定：一、撤销湖南省高级人民法院（2017）湘民初18号民事裁定；二、本案指令湖南省高级人民法院审理。

【裁判理由】

法院认为，根据《公司法》（2018 年修正，下同）第一百五十一条规定："董事、高级管理人员有本法第一百四十九条规定的情形的，有限责任公司的股东、股份有限公司连续一百八十日以上单独或者合计持有公司百分之一以上股份的股东，可以书面请求监事会或者不设监事会的有限责任公司的监事向人民法院提起诉讼；监事有本法第一百四十九条规定的情形的，前述股东可以书面请求董事会或者不设董事会的有限责任公司的执行董事向人民法院提起诉讼。监事会、不设监事会的有限责任公司的监事，或者董事会、执行董事收到前款规定的股东书面请求后拒绝提起诉讼，或者自收到请求之日起三十日内未提起诉讼，或者情况紧急、不立即提起诉讼将会使公司利益受到难以弥补的损害的，前款规定的股东有权为了公司的利益以自己的名义直接向人民法院提起诉讼。他人侵犯公司合法权益，给公司造成损失的，本条第一款规定的股东可以依照前两款的规定向人民法院提起诉讼。"股东先书面请求公司有关机关向人民法院提起诉讼，是股东提起代表诉讼的前置程序。一般情况下，股东没有履行前置程序的，应当驳回起诉。但是，该项前置程序针对的是公司治理的一般情况，即在股东向公司有关机关提出书面申请之时，存在公司有关机关提起诉讼的可能性。如果不存在这种可能性，则不应当以原告未履行前置程序为由驳回起诉。具体到本案中，分析如下。

其一，根据《公司法》第一百五十一条的规定，董事、高级管理人员有《公司法》第一百四十九条规定的情形的，有限责任公司的股东可以书面请求监事会或者不设监事会的有限责任公司的监事提起诉讼。本案中，李某某、彭某某为某房地产开发公司董事，周某某以李某某、彭某某为被告提起股东代表诉讼，应当先书面请求某房地产开发公司监事会或者监事提起诉讼。但是，在二审询问中，某房地产开发公司明确表示该公司没有工商登记的监事和监事会。周某某虽然主张周某科为某房地产开发公司监事，但这一事实已为另案人民法院生效民事判决否定，某房地产开发公司明确否认周某科为公司监事，周某某二审中提交的证据也不足以否定另案生效民事判决认定的事实。从以上事实来看，本案证据无法证明某房地产开发公司设立了监事会或监事，周某某对该公司董事李某某、彭某某提起股东代表诉讼的前置程序客观上无法完成。

其二,《公司法》第一百五十一条第三款规定:"他人侵犯公司合法权益,给公司造成损失的,本条第一款规定的股东可以依照前两款的规定向人民法院提起诉讼。"某投资公司不属于某房地产开发公司董事、监事或者高级管理人员,因某房地产开发公司未设监事会或者监事,周某某针对某投资公司提起代表诉讼的前置程序应当向某房地产开发公司董事会提出,但是,根据查明的事实,某房地产开发公司董事会由李某某(董事长)、彭某某、庄某某、李某心、周某某组成。除周某某以外,某房地产开发公司其他四名董事会成员均为某投资公司董事或高级管理人员,与某投资公司具有利害关系,基本不存在某房地产开发公司董事会对某投资公司提起诉讼的可能性,再要求周某某完成对某投资公司提起股东代表诉讼的前置程序已无必要。

8. 公司未作出利润分配的股东会决议,股东能否起诉请求分配利润?

利润分配权是股东的一项重要权利,但公司是否分配利润、分配多少,原则上属于公司自主决策事项。根据公司的资金情况以及未来发展的规划,公司可以作出分配利润的决议,也可以根据经营需要不分配利润。在股东会未作出分配利润的决议时,股东起诉请求分配利润的,人民法院一般不予支持。

法律提示:尽管在公司股东会未作出决议时,股东无权请求公司分配利润,但股东提供证据证明存在违反法律规定滥用股东权利导致公司不分配利润,给其他股东造成损失的除外。股东投资的目的在于获得投资收益,如果公司连续五年在符合利润分配的情形下不给公司股东分配利润,股东还有权请求公司回购其股权。

相关法律规范：

2023 年《公司法》	2018 年《公司法》
第二百一十条　公司分配当年税后利润时，应当提取利润的百分之十列入公司法定公积金。公司法定公积金累计额为公司注册资本的百分之五十以上的，可以不再提取。 　　公司的法定公积金不足以弥补以前年度亏损的，在依照前款规定提取法定公积金之前，应当先用当年利润弥补亏损。 　　公司从税后利润中提取法定公积金后，经股东会决议，还可以从税后利润中提取任意公积金。 　　公司弥补亏损和提取公积金后所余税后利润，有限责任公司按照股东实缴的出资比例分配利润，全体股东约定不按照出资比例分配利润的除外；股份有限公司按照股东所持有的股份比例分配利润，公司章程另有规定的除外。 　　公司持有的本公司股份不得分配利润。	**第一百六十六条**　公司分配当年税后利润时，应当提取利润的百分之十列入公司法定公积金。公司法定公积金累计额为公司注册资本的百分之五十以上的，可以不再提取。 　　公司的法定公积金不足以弥补以前年度亏损的，在依照前款规定提取法定公积金之前，应当先用当年利润弥补亏损。 　　公司从税后利润中提取法定公积金后，经股东会或者股东大会决议，还可以从税后利润中提取任意公积金。 　　公司弥补亏损和提取公积金后所余税后利润，有限责任公司依照本法第三十四条的规定分配；股份有限公司按照股东持有的股份比例分配，但股份有限公司章程规定不按持股比例分配的除外。 　　股东会、股东大会或者董事会违反前款规定，在公司弥补亏损和提取法定公积金之前向股东分配利润的，股东必须将违反规定分配的利润退还公司。 　　公司持有的本公司股份不得分配利润。

案例库参考案例

金某诉洛阳某公司盈余分配纠纷案

2023-08-2-274-001/ 民事 / 公司盈余分配纠纷 / 河南省高级人民法院 / 2021.01.25/（2021）豫民终 1104 号 / 二审 / 入库日期：2024.02.23

【裁判要旨】

1. 公司盈余利润是否分配是公司的商业判断，本质上属于公司的内部自治事项，通常情况下司法不宜介入。故《公司法》及相关司法解释规定只有在公司已通过分配利润的股东会决议后，公司无正当理由未予执行；或公司未通过分配利润的股东会决议，但大股东滥用股东权利导致公司不分配利润，给其他股东造成损失的情况下，司法才有限度地介入公司盈余分配，以适当调整、纠正不公正的利益状态，保护股东利益。法院对公司商业决策的判断应秉持审慎态度。

2. 当事人诉请对公司盈余进行分配，人民法院首先应当甄别当事人诉求的分配内容、分配程序及分配目的。公司净资产分配与公司盈余分配在分配目的、实现程序、分配内容上均有显著区别。公司净资产是指属于企业所有，并可以自由支配的资产，为企业总资产减去总负债的余额，包括实收资本（股本金）、资本公积金、盈余公积金和未分配利润等。公司如进行盈余分配，应是在公司弥补亏损、提取公积金后仍有利润的情况下，再由股东会制订分配方案后方可进行分配。

【基本案情】

金某诉称：根据金某和杨某某签订的《净资产分配方案》，洛阳某公司净资产评估价值 20908.15 万元，其二人作为股东应分配利润均为 10454.075 万元，但洛阳某公司至今未付。故请求判令：洛阳某公司向金某支付公司分配利润 10454.075 万元。

洛阳某公司辩称：按照《净资产分配方案》，金某应分配的利润是评估总资产价值 20908.15 万元扣除注册资本金 2000 万元，再由公司按照 10% 提取公司法定公积金后，再扣除 20% 个人所得税，而非直接对评估总资产价值进行分配。

法院经审理查明：杨某某、金某为洛阳某公司股东，分别货币出资 3600 万元（60%）、2400 万元（40%）。2017 年 8 月 17 日，洛阳某公司修正章程，杨某某、金某、刘某某分别货币出资 1800 万元（30%）、2400 万元（40%）、1800 万元（30%）。2018 年 1 月 29 日，甲方刘某某、乙方杨某某和丙方（担保人）河南某公司、郝某，丁方金某签订《〈借款及担保合同〉之补充协议》，约定"1. 甲方为乙方的债权人，截至签订本协议之日止债权本金为人民币 6930 万元……2. 乙方是洛阳某公司的股东，合法拥有该公司 60% 股权，并自愿将其持有的该公司股权为上述借款本金及资金占用费、顾问费提供担保，2017 年 8 月 18 日乙方已自愿转让洛阳某公司 30% 股权给甲方为上述债务提供保障"。

刘某某因上述借款纠纷在河南省郑州市二七区人民法院（以下简称郑州二七法院）对杨某某、河南某公司、郝某提起诉讼，2018 年 2 月 1 日，郑州二七法院对该案作出（2017）豫 0103 民初 9915、9916 号民事调解书，两份调解书显示："杨某某将其合法拥有的洛阳某公司30%股权转让并过户给刘某某，上述30%股权连同2017年8月18日杨某某转让给刘某某的30%股权共同提供对刘某某债权的保障……"2018年2月6日，洛阳某公司股东由金某、杨某某、刘某某变更登记为刘某某、金某。2018年8月30日，郑州二七法院作出（2018）豫0103执3062号协助执行通知书，要求洛阳某公司协助冻结刘某某在洛阳某公司持有的60%股权。2018年12月29日，河南某资产评估公司受郑州二七法院委托，对洛阳某公司资产进行评估，经评估，刘某某持有洛阳某公司60%股权实际为杨某某持有。

2019年3月7日，杨某某、金某签订会议纪要，内容为二人一致同意将洛阳某公司整体转让给洛阳某集团公司。2019年3月21日，金某和刘某某签订股东会决议，明确将法人和董事长更换为刘某某指定人陶某某，同意在适当时减少公司注册资金到2000万元，同意将公司整体转让给洛阳某集团公司的意向，刘某某同意将来利益分配时与金某按照50∶50进行分配。

2019年5月8日，洛阳某资产评估公司受委托评估洛阳某公司，评估结果为，于评估基准日2019年2月28日，洛阳某公司调整后资产总额账面价值34698.58万元，评估价值59660.06万元，增值24961.48万元，增值率71.94%；负债总额账面价值38771.43万元，评估价值38751.91万元；净资产账面价值−4072.85万元，评估价值20908.15万元，增值24981.00万元。2019年8月21日，股东金某与原股东杨某某签订《净资产分配方案》，内容为："……一、股东情况及净资产分配比例约定。1.洛阳某公司股东金某与原股东杨某某原来的股权比例为40%、60%。2017年1月7日股东双方签订备忘录，双方在该项目上的利益分配为金某占45%、杨某某占55%。原股东杨某某充分、全面认可自公司创办以来金某的工作和安排……原股东杨某某愿意拿出5%作为对金某的补偿，即在今后的利益分配时股东金某占50%，原股东杨某某占50%。2.刘某某系洛阳某公司工商登记股东，股东身份系原股东杨某某与刘某某因民间借贷关系签订《股权转让》的担保行为形成。二、洛阳某公司可分配净资产。股东金某、原股东杨某某同意2019年5月8日洛阳某资产评估公司的评估结果：洛阳某公司净资产评估价值为20908.15万元。三、净资产分配。原股东杨某某在洛阳某公司应分配利润为20908.15万元的50%，即10454.075万元。股东金某在洛阳某公司应分配利润为20908.15万元的50%，即10454.075万元……"

河南省洛阳市中级人民法院于2020年9月25日作出（2020）豫03民初47号民事判决：驳回金某的诉讼请求。宣判后，金某不服上述判决，提出上诉。河南省高级人民法院于2021年1月25日作出（2020）豫民终1104号民事判决：驳回上诉，维持原判。

【裁判理由】

法院生效裁判认为：《公司法司法解释（四）》第十五条规定："股东未提交载明具体分配方案的股东会或者股东大会决议，请求公司分配利润的，人民法院应当驳回其诉讼请求，但违反法律规定滥用股东权利导致公司不分配利润，给其他股东造成损失的除外。"《公司法》（2018年修正，下同）第一百六十六条第一款、第二款、第三款、第四款、第五款规定："公司分配当年税后利润时，应当提取利润的百分之十列入公司法定公积金。公司法定公积金累计额为公司注册资本的百分之五十以上的，可以不再提取。公司的法定公积金不足以弥补以前年度亏损的，在依照前款规定提取法定公积金之前，应当先用当年利润弥补亏损。公司从税后利润中提取法定公积金后，经股东会或者股东大会决议，还可以从税后利润中提取任意公积金。公司弥补亏损和提取公积金后所余税后利润，有限责任公司依照本法第三十四条的规定分配；股份有限公司按照股东持有的股份比例分配，但股份有限公司章程规定不按持股比例分配的除外。股东会、股东大会或者董事会违反前款规定，在公司弥补亏损和提取法定公积金之前向股东分配利润的，股东必须将违反规定分配的利润退还公司。"依据上述规定可知，公司如进行盈余分配，应是在公司弥补亏损、提取公积金后仍有利润的情况下，再由股东会制订分配方案后方可进行分配。本案中，金某、杨某某于2019年8月21日签订的《净资产分配方案》，是对洛阳某公司净资产所作的一种分配，该分配实质上是对包括洛阳某公司股本金在内的公司全部财产的一种处理，该分配与公司盈余分配在分配目的、实现程序、分配内容上均有着明显区别，金某提交的案涉《净资产分配方案》并非洛阳某公司股东会通过的公司盈余利润分配方案，金某因在本案中未能举证证明洛阳某公司已通过了载有具体分配方案的股东会决议，法院不予支持其诉讼请求。

一般来说，公司盈余利润是否分配是公司的商业判决，本质上属于公司的内部自治事项，通常情况下司法不宜介入。故《公司法》及相关司法解释规定，只有在公司已通过分配利润的股东会决议后，公司无正当理由未予执行；或公司未通过分配利润的股东会决议，但大股东滥用股东权利导致公司不分配利润，给其他股东造成损失的情况下，司法才有限度地介入公司盈余分配，以适当调整、保护股东利益。本案中，洛阳某公司主张"对金某的诉讼请求，可按照洛阳某公司评估总资产价值，减去 2000 万元的注册资本金、10% 的法定公积金、20% 个人所得税后，再按金某和杨某某各 50% 的比例分配，即金某应分配盈余利润为 6806.934 万元"，该主张亦得到金某的认可，并请求按照该主张予以分配。洛阳某公司、金某共同认可的该项主张实为洛阳某公司自主处理公司内部经营事项，系公司自治、股东自治范围，且现洛阳某公司、金某对此亦无争议，该事项并无司法介入的必要。金某的该项主张不符合《公司法》及相关司法解释规定的人民法院的受案范围，对金某的该项主张法院不予审查。

9. 股权转让后，原股东能否请求公司向其分配其持股期间的未分配利润？

股权转让前，公司未就之前的利润形成具体的利润分配方案，原股东不能再向公司请求分配利润。

法律提示：股东的盈余分配请求权是股东基于其股东身份所享有的请求公司按自己的持股比例向自己分配股利的权利。股东会决议作出前，公司股东享有的是抽象的利润分配请求权，仅是一种期待权，只有当公司具有可分配利润，且股东会作出了分配股利的决议后，股东享有的利润才处于确定的状态，股东的股利分配请求权才会由期待的状态转变为现实的债权，即转化为股东对公司享有的普通债权请求权。股权转让前，公司未就之前的利润形成具体的利润分配方案，所附带的股利分配请求权随股权一并转让，原股东不能再向公司请求分配利润。

相关法律规范：

2023 年《公司法》	2018 年《公司法》
第二百一十条　公司分配当年税后利润时，应当提取利润的百分之十列入公司法定公积金。公司法定公积金累计额为公司注册资本的百分之五十以上的，可以不再提取。 公司的法定公积金不足以弥补以前年度亏损的，在依照前款规定提取法定公积金之前，应当先用当年利润弥补亏损。 公司从税后利润中提取法定公积金后，经股东会决议，还可以从税后利润中提取任意公积金。 公司弥补亏损和提取公积金后所余税后利润，有限责任公司按照股东实缴的出资比例分配利润，全体股东约定不按照出资比例分配利润的除外；股份有限公司按照股东所持有的股份比例分配利润，公司章程另有规定的除外。 公司持有的本公司股份不得分配利润。	第一百六十六条　公司分配当年税后利润时，应当提取利润的百分之十列入公司法定公积金。公司法定公积金累计额为公司注册资本的百分之五十以上的，可以不再提取。 公司的法定公积金不足以弥补以前年度亏损的，在依照前款规定提取法定公积金之前，应当先用当年利润弥补亏损。 公司从税后利润中提取法定公积金后，经股东会或者股东大会决议，还可以从税后利润中提取任意公积金。 公司弥补亏损和提取公积金后所余税后利润，有限责任公司依照本法第三十四条的规定分配；股份有限公司按照股东持有的股份比例分配，但股份有限公司章程规定不按持股比例分配的除外。 股东会、股东大会或者董事会违反前款规定，在公司弥补亏损和提取法定公积金之前向股东分配利润的，股东必须将违反规定分配的利润退还公司。 公司持有的本公司股份不得分配利润。

案例库参考案例

某医药公司诉某保险公司、第三人某集团公司盈余分配纠纷案

2023-08-2-274-002/ 民事 / 公司盈余分配纠纷 / 北京市西城区人民法院 / 2022.03.04/（2021）京 0102 民初 14238 号 / 一审 / 入库日期：2024.02.23

【裁判要旨】

1. 股东的盈余分配请求权即股利分配请求权，是股东基于其股东地位依法享有的请求公司按照自己的持股比例向自己分配股利的权利。利润分配请求权属于股权的重要内容，股东转让股权，原则上与利润分配请求权一并转让。但这并不绝对，应当区分抽象的利润分配请求权与具体的利润分配请求权。公司未作出利润分配决议，股东享有的是抽象的利润分配请求权，该权利是股东基于成员资格享有的股东权利的重要内容，属于股权组成部分。公司作出利润分配决议后，股东享有的是具体的利润分配请求权，该权利已经独立于股东成员

资格而存在。具体利润分配请求权系具体的债权，该债权的行使不要求以具有股东资格为基础。故在股东会决议分配盈余之后，股东可以将盈余分配给付请求权独立转让，此与债法上普通的债权转让在本质上并无区别。股利分配请求权不以是否具有股东资格为前提。

2. 关于股东资格的取得时间实践中亦有不同认识，一般根据法律关系发生在股东与公司内部还是公司外部而不同，在公司外部，工商登记作为股东身份的对外公示信息，股东以工商登记变更的时间对外承担责任。在公司与股东内部，股东与公司之间可以根据章程或协议的约定确定股东身份取得的时间。如果没有特殊约定，股份有限公司以股东名册登记时间为宜。

3. 股东转让其成员资格的，包括利润分配请求权在内是否一并转让应区分抽象的利润分配请求权和具体的利润分配请求权，抽象的利润分配请求权基于股东身份一并随股权转让，具体的利润分配请求权需要看双方协议是否有相关约定。股东可以将公司利润分配决议已经确定分配的利润转让给他人。股东大会作出股利分配决议时，在公司与股东之间即形成债权债务关系，若未按照决议和章程及时给付，则应承担相应的赔偿责任。

4. 股利分配请求权行使需具备以下条件：首先，公司必须有实际可供分配的利润。其次，公司的利润分配方案是否得到股东会或股东大会的通过。股东根据《公司法》（2018 年修正，下同）第四十三条、第一百零四条的规定，通过召开定期会议或临时会议，在股东会或股东大会通过利润分配方案，使股东享有的利润处于确定状态，使股东的抽象层面的股利分配请求权转化为具体层面的股利分配给付请求权，股东才能行使请求权。

【基本案情】

原告某医药公司诉称：第三人某集团公司在某产权交易所发布公告，拟通过挂牌公开交易的方式转让其持有的全部被告某保险公司股份。随后，原告与另外两家公司组成联合受让体，并通过竞拍的方式成为前述被告股权的受让方。之后，原告与某集团公司签署了《产权交易合同》，经中国银行保险监督管理委员会（以下简称中国银保监会）批准，某集团公司将某保险公司的股份转让于原告。某保险公司之后作出了 2015 年、2016 年、2017 年股利分配决议。根据某保险公司章程，公司通过决议分配的股利应当于决议作出后的两个月内派发。之后，原告多次要求某保险公司支付股利，但某保险公司以原告与某集团公司就股利归属存在争议为由，未向任何一方支付案涉股利。为了明确案涉股利的归属，原告向某产权交易所发送了《关于股权转让期间股利归属问题的征询函》，某产权交易所随后将该函件转发于某集团公司，某集团公司回函明确表明，某集团公司转让于原告某医药公司的某保险公司股份在转让期间的损益应当由某医药公司享有，但某保险公司拒绝支付。

某保险公司辩称：不同意原告的全部诉讼请求。第一，原告在成为被告合法股东并记载于股东名册之前，不享有分割股利分配的权利。根据《公司法》规定以及某保险公司的公司章程约定，某保险公司股东资格的认定以股东名册的登记为准。2015—2017年期间股东名册显示2015年度、2016年度、2017年度的股东为某集团公司，且某集团公司以股东身份参与了2015年度、2017年度的股东大会并进行了表决，行使了股东权利。故，诉争的股利应由某集团公司享有。第二，某医药公司与某集团公司一直未就诉争股利的归属达成一致，导致某保险公司无法派发诉争股利，某保险公司对延迟派发股利没有过错，不应当承担资金损失。诉争的股权转让行为需要经过审批后才发生法律效力，2018年9月中国银保监会才对相关股权转让行为进行批准，此前其处于效力待定状态，原告无权主张此前的股东利益分配权。

第三人某集团公司述称：2015年12月第三人通过某产权交易所公开挂牌，挂牌转让后因受到外部影响，相关转让审批工作一直滞后。某产权交易所明确不能在产品的交易合同中设定损益条款，但是可以通过设立合理的挂牌价格反映权益，所以第三人内部决定由某产权交易所按照这个条件回复被告，损益完全由受让方所有。关于分红收益的问题，主要是考虑交割时间比较长，长达二年十个月，在此期间，第三人在法律上还是被告的股东，相关的股东权益也没有丧失，所以为了维护股东的合法权益，决定在分红之后等某保险公司的股权过户之后再交给原告。第三人在收到2020年某交易所发来的函以后，关于原告股权的转让归属的问题作了回复。第三人的意见与该回复一致。第三人系通过某产权交易所进行挂牌转让，故没有义务通知受让方和目标公司。

法院经审理查明：2015年12月，某集团公司与受让方某医药公司等签订《产权交易合同》，将某保险公司股份转让给某医药公司等联合受让体并在某产权交易所挂牌转让。

2016 年 3 月 7 日，某集团公司向某保险公司发出《关于股权转让的函》，请某保险公司协助完成本次股权转让及变更事宜。

2016 年 4 月 26 日，某保险公司召开 2015 年度股东大会并作出决议，同意案涉股权转让事项并对公司章程所附股东名册进行相应修改，并经中国保险监督管理委员会（以下简称中国保监会）批准或备案后，履行相关变更手续。

2016 年 5 月 12 日，某保险公司向中国保监会作出《关于某集团公司进行股份转让的请示》，就案涉股权转让事项报请审批。

2018 年 9 月 17 日，中国银保监会向某保险公司作出《关于某保险公司变更股东的批复》，同意某集团公司将案涉股份转让于某医药公司。

2018 年 12 月 19 日，中国银保监会向某保险公司作出《关于某保险公司修改章程所附股东名册的批复》，同意某保险公司修改股东名册（含某医药公司）。

2018 年 12 月 26 日，某保险公司向某医药公司出具《股份证明》并将某医药公司登记为公司股东名册。

某保险公司召开 2015—2017 年股东大会作出了股利分配决议，某集团公司作为股东参加了某保险公司 2015 年度及 2017 年度股东大会，并行使了表决权。

2016 年 8 月 1 日，某集团公司向某保险公司发函，表明某集团公司作为 2015 年度在册股东，应获得 2015 年度现金分红，要求某保险公司及时向其支付。

2016 年 8 月 1 日，某保险公司向某医药公司发函，表明因案涉《产权交易合同》未对股利分配进行明确约定，结合公司章程，某集团公司仍为公司股东名册登记的股东，且《产权交易合同》项下转股事宜尚未获得中国保监会批准，根据合同约定，《产权交易合同》尚未生效，某集团公司应享有相应股利，望某医药公司进一步提供与某集团公司就股利分配的书面约定或其他特别约定材料。

2016 年 8 月 9 日，某医药公司向某保险公司发函，表示案涉股份的所有权益归受让方，且本次收购过程中，转让方已经明确交易股份的所有权利包括但不限于 2015 年度利润分配等权益归受让方所有，利润分配属转让方与受让方之间事务，本次收购各方已经签订合法有效的《产权交易合同》。为维护某保险公司利益，可要求转让方与受让方协商统一意见后再进行相关利润分配。

2016年8月9日，某保险公司向某集团公司发函，表明因案涉股权转让与受让双方未对拟转让股权对应的2015年度现金分红进行明确约定，某医药公司亦向某保险公司主张相应权益，出于审慎考虑，请各方就此达成一致意见并形成书面文件，作为某保险公司进行分红的依据。

2018年4月2日，某集团公司向某保险公司发函，要求某保险公司向其派发2015年度、2016年度及2017年度现金分红。某保险公司于2018年4月8日作出回函，再次表明其上述意见。

2019年2月20日，某医药公司向某保险公司发函，称中国银保监会已核准某保险公司修改公司章程所附股东名册，确认了某医药公司股东资格，已完成股份登记手续。恳请某保险公司向其支付2015年度、2016年度及2017年度现金分红。2019年3月8日，某保险公司向某医药公司发函，表明案涉转股事宜已于2018年12月26日完成工商注册登记，某医药公司随即成为公司在册股东。因《产权交易合同》未对签订当年及未来分红进行约定，需双方出具2015年度、2016年度、2017年度分红款归属权的确认函，待双方意见一致后，公司将按照双方确认的指令进行分红。

2019年9月19日，某医药公司向某保险公司发函，表明某医药公司已完成股份转让的全部程序，要求某保险公司依照已经形成的利润分配方案，将案涉股利及时划付给某医药公司。

2019年10月8日，某保险公司向某医药公司发函，表示因案涉股权转让与受让方就案涉股利归属存在争议，建议各方协商达成一致意见并形成书面文件，某保险公司将据此确认文件进行股利分配。

2020年9月22日，某产权交易所向某医药公司发出《关于转发某保险公司股权转让项目相关文件的函》，该函件附件系《某集团公司关于确认某保险公司股权转让期间损益归属的复函》。

某集团公司2020年9月16日向某产权交易所发函表明某产权交易所公开挂牌的某保险公司股权转让期间损益由受让方享有。

2020年9月29日，某医药公司向某保险公司发函，表明案涉股利以及相应利息应归某医药公司享有，并要求支付。

2020年10月28日，某保险公司向某集团公司发出询证函，表示收到某医药公司的函，并附上某集团公司向某产权交易所出具的《某集团公司关于确认某保险公司股权转让期间损益归属的复函》以及某产权交易所向某医药公司发出《关于转发某保险公司股权转让项目相关文件的函》。鉴于《某集团公司关于确认某保险公司股权转让期间损益归属的复函》并非向某保险公司作出，故需确认该函件是否为某集团公司的真实意思表示以及函件中所载"股权转让期间损益由受让方享有"是否指某集团公司同意案涉股利及实际产生的利息均归属某医药公司，并同意由某保险公司支付至某医药公司指定账户。

某集团公司在庭审中称：在签署《产权交易合同》时并未对2015年度至2017年度的股利归属进行约定，且未向某保险公司作出过同意向某医药公司支付案涉2015年度至2017年度的股利的意思表示。

某保险公司章程规定，公司股东为依法持有公司股份的人。股东名册是证明股东持有公司股份的充分证据。公司召开股东大会、分配股利、清算及从事其他需要确认股权的行为时，由董事会决定某一日为股权登记日，股权登记日结束时的在册股东为公司股东。股东享有依照其所持有的股份份额获得股利和其他形式的利益分配。公司股东大会对利润分配方案作出决议后，公司董事会须在股东大会召开后两个月内完成股利的派发事项。

北京市西城区人民法院于2022年3月4日作出（2021）京0102民初14238号民事判决：某保险公司于本判决生效之日起七日内向某医药公司支付2015年度、2016年度及2017年度股利共计17260925.35元及逾期付款损失。判决作出后，当事人均未上诉，一审判决已生效。

【裁判理由】

法院生效裁判认为：本案中，某医药公司与某集团公司签署了《产权交易合同》，该合同不违反我国现行法律、行政法规的强制性规定，应属合法有效。但由于案涉股权转让三年后才得到批准，且直至三年后某医药公司才作为某保险公司股东记载于某保险公司股东名册上，故某医药公司在该三年分配年度股利时并未取得某保险公司股东资格，其无权依据股东身份主张向其分配股利。

根据《合同法》关于债权转让的相关规定：首先，债权人的债权应当合法有效。本案中，某医药公司受让的债权系具体的股利分配请求权。《民法总则》第一百二十五条规定："民事主体依法享有股权和其他投资性权利。"《公司法》第四条规定："公司股东依法享有资产收益、参与重大决策和选择管理者等权利。"在案涉股权变动之前，某集团公司仍然享有股利分配请求权。股权转让合同签署后，某保险公司已经就三年的股利召开股东会会议作出股利分配方案，公司作出分配利润决议，股东享有具体的股利分配请求权，该权利性质上与普通债权无异，故股东可以将公司利润分配决议已经确定分配的利润转让给他人。受让人即使不是公司的股东，亦可以基于公司利润分配决议向公司主张分配利润。故某集团公司有权将该部分股利分配请求权转让。其次，转让人与受让人之间达成合法有效的债权转让协议。某集团公司在函件中以及庭审中均表示同意某保险公司向某医药公司支付三年的股利，故某集团公司及某医药公司就债权转让达成一致意见。最后，债权转让须通知债务人。某集团公司在本次庭审之前未直接通知某保险公司，但某医药公司作为新债权人，通知了某保险公司且向某保险公司提供了某集团公司作出的关于案涉权利由某医药公司享有的函件，且某集团公司表示认可某保险公司向某医药公司支付三年的年度股利共计 17260925.35 元。

关于某医药公司要求某保险公司支付审批期间三年的股利共计 17260925.35 元的诉讼请求，某保险公司亦表示同意向某医药公司支付该部分股利，故该项诉讼请求，法院予以支持。

关于某医药公司要求某保险公司赔偿逾期支付股利损失的诉讼请求，依照《合同法》第八十一条，关于债权人转让权利的，受让人取得与债权相关的从权利，但该权利专属于债权人自身的除外的规定。某医药公司受让了某集团公司的案涉股利分配请求权，如果某集团公司享有与股利分配请求权有关的从权利，某医药公司可一并受让。依据某保险公司章程，某集团公司在审批期间三年派发股利时仍记载于某保险公司股东名册，系其股东，且某集团公司亦参加了股东会会议，并要求某保险公司向其分配股利。某保险公司章程规定某保险公司应当自股东大会召开后两个月内完成股利的派发。在股东大会作出股利分配决议时，在公司与股东之间即形成债权债务关系，若未按照决议和章程及时给付则应承担相应的赔偿责任。本案中，某保险公司未及时支付股利侵犯了某集团公司的权益，应向某集团公司承担相应的赔偿责任，即某集团公司享有案涉股利分配请求权的从权利。

关于某保险公司逾期支付应承担的赔偿责任，根据本案的情况，某保险公司多次与某集团公司和某医药公司就案涉股利归属进行沟通，希望转让方与受让方就归属问题达成一致意见，某集团公司和某医药公司在 2020 年 9 月 16 日函件之前未就案涉股利的归属达成一致意见，结合案涉股利归属在起诉前存在争议的事实，考虑到某保险公司逾期支付所造成的损失情况，法院酌定某保险公司按照全国银行间同业拆借中心公布的同期贷款市场报价利率的标准，自其收到某医药公司转发某集团公司函件后回复某医药公司之日即 2020 年 10 月 23 日起支付逾期损失。

某医药公司另主张某保险公司亦应直接向其承担迟延履行的赔偿责任，判断是否构成迟延履行应当明确某保险公司向某医药公司履行义务的时间。债权转让自通知到达债务人时对其发生效力，在各方没有明确约定时，某保险公司向某医药公司所付义务应当自其收到债权转让通知之后履行，故即使某保险公司直接对某医药公司承担迟延履行的赔偿责任，但某医药公司要求某保险公司自作出股利分配决议两个月起向其承担赔偿责任亦没有依据。综上所述，某医药公司该项诉讼请求主张的起算时间和标准，法院在认定范围内予以支持，超出部分，不予支持。关于某保险公司辩称其不应支付逾期损失的答辩意见，法院不予采纳。

三、股权转让与限制

10. 有限责任公司的股东转让股权时，受让人何时可以向公司主张行使股东权利？

公司在股权转让中具有重要法律地位，股权转让应当通知公司。股东名册变更是股权受让人取得股权的充分条件，也是股东向公司主张行使股东权利的重要凭证，公司应当在知晓股权转让事实后，及时变更股东名册。当公司完成变更股东名册行为时，意味着公司已经承认受让人加入公司成为新的股东，受让人即享有相应的股东权利。

法律提示：在完成股权登记变更之前，受让人享有的股权不得对抗善意第三人，如果因公司拒绝变更导致受让人相应的损失，公司负有赔偿责任，公司承担赔偿责任，亦可向负有责任的董事、高级管理人员追究违反信义义务的法律责任。

相关法律规范：

2023 年《公司法》	2018 年《公司法》
第八十六条　股东转让股权的，应当书面通知公司，请求变更股东名册；需要办理变更登记的，并请求公司向公司登记机关办理变更登记。公司拒绝或者在合理期限内不予答复的，转让人、受让人可以依法向人民法院提起诉讼。 　　股权转让的，受让人自记载于股东名册时起可以向公司主张行使股东权利。	**第七十三条**　依照本法第七十一条、第七十二条转让股权后，公司应当注销原股东的出资证明书，向新股东签发出资证明书，并相应修改公司章程和股东名册中有关股东及其出资额的记载。对公司章程的该项修改不需再由股东会表决。

11. 有限责任公司股东对外转让股权，其他股东主张行使优先购买权后，转让股东是否可以放弃转让？

股东的财产所有权受到法律保护，股东依法享有对自己财产的自由处分权。在转让股东未与受让人签订协议之前，转让股东对财产所有权的处分不受限制，在不能满足其将股权转让给其选定的特定交易对象时，其有权放弃股权转让，不与拟受让人签订股权转让合同。

法律提示：保障其他股东的优先购买权是股权转让的条件，但并不意味着股东无权拒绝其他股东行使优先购买权，只要股东放弃对外转让股权，其可以继续持有股权。

相关法律规范：

2023 年《公司法》	2018 年《公司法》
第八十四条 有限责任公司的股东之间可以相互转让其全部或者部分股权。 股东向股东以外的人转让股权的，应当将其股权转让的数量、价格、支付方式和期限等事项书面通知其他股东，其他股东在同等条件下有优先购买权。股东自接到书面通知之日起三十日内未答复的，视为放弃优先购买权。两个以上股东行使优先购买权的，协商确定各自的购买比例；协商不成的，按照转让时各自的出资比例行使优先购买权。 公司章程对股权转让另有规定的，从其规定。	
相关规定	
《公司法司法解释（四）》第二十条 有限责任公司的转让股东，在其他股东主张优先购买后又不同意转让股权的，对其他股东优先购买的主张，人民法院不予支持，但公司章程另有规定或者全体股东另有约定的除外。其他股东主张转让股东赔偿其损失合理的，人民法院应当予以支持。	

12. 转让股权是否需要经过配偶一方同意？未经同意是否影响股权转让协议的效力？

股权转让这一商事行为受《公司法》调整，股东个人是《公司法》确认的合法处分主体，股东对外转让登记在其名下的股权并非必须经过其配偶同意，不能仅以股权转让未经配偶同意为由否认股权转让合同的效力。但股权具有财产价值，属于夫妻共同财产利益的组成部分，夫妻关系存续期间夫妻一方负有不得实施转移或者变卖股权等严重损害夫妻共同财产利益行为的法定义务。夫妻一方实施的以不合理低价转让股权的行为，股权受让人知道或者应当知道的，配偶作为债权受损方可以通过债权保全制度请求撤销。

法律提示：如有证据证明受让人与转让人恶意串通损害转让人配偶合法权益的，该配偶有权依法主张股权转让合同无效。

相关法律规范：

2023 年《公司法》	2018 年《公司法》
第八十四条　有限责任公司的股东之间可以相互转让其全部或者部分股权。 　股东向股东以外的人转让股权的，应当将股权转让的数量、价格、支付方式和期限等事项书面通知其他股东，其他股东在同等条件下有优先购买权。股东自接到书面通知之日起三十日内未答复的，视为放弃优先购买权。两个以上股东行使优先购买权的，协商确定各自的购买比例；协商不成的，按照转让时各自的出资比例行使优先购买权。 　……	**第七十一条**　有限责任公司的股东之间可以相互转让其全部或者部分股权。 　股东向股东以外的人转让股权，应当经其他股东过半数同意。股东应就其股权转让事项书面通知其他股东征求同意，其他股东自接到书面通知之日起满三十日未答复的，视为同意转让。其他股东半数以上不同意转让的，不同意的股东应当购买该转让的股权；不购买的，视为同意转让。 　……

相关规定
《最高人民法院关于适用〈中华人民共和国民法典〉婚姻家庭编的解释（二）》第九条　夫妻一方转让用夫妻共同财产出资但登记在自己名下的有限责任公司股权，另一方以未经其同意侵害夫妻共同财产利益为由请求确认股权转让合同无效的，人民法院不予支持，但有证据证明转让人与受让人恶意串通损害另一方合法权益的除外。

案例库参考案例

孙某某诉张某某、张某等公司股权转让纠纷案

2023-10-2-269-001/ 民事 / 股权转让纠纷 / 最高人民法院 /2021.09.23/（2019）最高法民申 4083 号 / 再审 / 入库日期：2024.02.22

【裁判要旨】

　　股权转让这一商事行为受《公司法》调整，股东个人是《公司法》确认的合法处分主体，股东对外转让登记在其名下的股权并非必须经过其配偶同意，不能仅以股权转让未经配偶同意为由否认股权转让合同的效力。但夫妻一方实施的以不合理低价转让股权的行为，股权受让人知道或者应当知道的，配偶作为债权受损方可以通过债权保全制度请求撤销。有证据证明受让人与出让人恶意串通损害出让人配偶合法权益的，该配偶有权依法主张股权转让合同无效。

【基本案情】

　　原告孙某某诉称：其与被告张某系夫妻关系，于 2001 年 11 月 9 日在徐

州市云龙区民政局登记结婚。1999 年 11 月 19 日，徐州市工商行政管理局批准设立被告某电力公司，注册资本 100 万元，股东为张某某、于某海、吴某。2005 年 4 月 5 日，张某某将其持有的公司 40 万元股权转让给张某，并办理了工商登记手续。2013 年 10 月 15 日，股东吴某转让所持有股权，张某认缴新增出资 272.4352 万元，持股比例为 45.44%，认缴出资额为 2275.6352 万元。因孙某某移居澳大利亚，与张某长期两地分居、感情淡薄，婚姻关系难以继续维系。孙某某于 2013 年向张某提出离婚，于 2015 年向澳大利亚的法院提起离婚诉讼。2015 年 7 月澳大利亚的法院第一次开庭审理离婚案之后，张某于 2015 年 11 月 9 日将其持有的某电力公司 45.44% 的股权以人民币 320 万元的低价转让给张某某（系张某的父亲）。张某明知其名下某电力公司的股权属于夫妻共同财产，为了逃避夫妻共同财产的分割，在未征得孙某某同意的情况下，将该股权转让给其父亲。张某某知道且应当知道以上股权系孙某某与张某的夫妻共同财产的事实，却在未征得孙某某同意的情况下受让该股权，不构成善意取得。另外，张某和张某某签署的《股权转让协议》约定 45.44% 股权的对价明显低于正常价格，存在明显的恶意。孙某某认为，张某和张某某的行为已经严重侵害了孙某某的合法权益，应当被认定无效。故请求判令：(1) 张某和张某某于 2015 年 11 月 9 日签订的《股权转让协议》无效；(2) 某电力公司配合办理相关工商变更登记手续；(3) 本案诉讼费用由张某和张某某承担。

被告张某某、张某、某电力公司辩称：(1) 张某转让股权是迫于形势所需。(2) 股权不属于夫妻共同财产，只有投资所得的收益才能成为夫妻共同财产。(3) 孙某某在澳大利亚的法庭上已经认可了张某的股权转让行为。(4) 张某通过公开竞价的方式转让股权能够体现股权的真正市场价值。(5) 孙某某没有提供任何证据能够证明被告存在恶意。(6) 张某某受让股权没有恶意，合法权益应受保护。所以，孙某某的诉讼请求既没有事实依据，更缺乏法律依据。

法院经审理查明：在张某与孙某某离婚诉讼中，孙某某以张某未经其同意，将其持有的某电力公司的股权转让给其父亲张某某，且股权转让的价格明显低于市场价格，两者之间存在恶意转移财产的目的为由，请求宣告转让无效。张某、张某某和某电力公司称：股权转让价格是否合理应受制于股东对市场等多种因素的判断。案涉股权转让是因张某投资的莫某（江苏）电气有限公司急需注资，在相关行政机关催促下，为避免承担更严厉的法律责任，急需筹措资金才转让的案涉股权，并以公开拍卖的方式，公开竞价，选择向价高者转让股权，本身就是以合理的方式为自己及配偶争取了最大利益。案涉股权转让已经某电力公司股东同意，张某某、张某并未恶意串通。该转让符合法律规定。股权交易属于商事活动，案涉股权转让协议的效力只要符合《公司法》的规定，即产生法律效力，无须孙某某同意。即使案涉股权属于张某与孙某某的夫妻共有财产，决定股权转让的权利也只能由张某行使，孙某某只对因股权产生并实际获得的财产性收益享有权利。江苏省徐州市中级人民法院于 2017 年 8 月 30 日作出（2016）苏 03 民初 16 号民事判决：驳回孙某某的诉讼请求。孙某某以原审判决适用法律错误为由，提起上诉。江苏省高级人民法院于 2019 年 4 月 30 日作出（2018）苏民终 18 号民事判决：一、撤销江苏省徐州市中级人民法院（2016）苏 03 民初 16 号民事判决；二、张某与张某某 2015 年 11 月 9 日签订的案涉《股权转让协议》无效；三、张某、张某某及某电力公司于本判决生效之日起十日内，将张某某依据 2015 年 11 月 9 日张某与张某某之间的《股权转让协议》取得的股权，变更登记至张某名下。张某某、张某不服二审判决，向最高人民法院申请再审。最高人民法院于 2021 年 9 月 23 日作出（2019）最高法民申 4083 号民事裁定：驳回张某某、张某的再审申请。

【裁判理由】

法院生效裁判认为：股权转让这一商事行为受《公司法》调整，股东个人是《公司法》确认的合法处分主体，股东对外转让登记在其名下的股权属于有权处分，并非必须经过其配偶同意，不能仅以股权转让未经配偶同意为由否认股权转让合同的效力。但是，股权具有财产价值，属于夫妻共同财产利益的组成部分，夫妻关系存续期间夫妻一方负有不得实施转移或者变卖股权等严重损害夫妻共同财产利益行为的法定义务。如果夫妻一方所实施的不合理低价转让股权的行为，客观上减少了夫妻可供分割的共同财产，而股权受让人作为交易相对人亦知道或者应当知道该情形的，配偶作为债权受损方可以通过债权保全制度请求撤销。有证据证明受让人与出让人恶意串通损害出让人配偶合法权益的，则该配偶有权依法主张股权转让合同无效。从原判决查明的事实看，案涉股权转让价格远低于某电力公司资产负债表所对应的张某持有股权的价值，股权转让发生在张某与孙某某离婚诉讼期间，且张某系将股权转让给自己的父亲张某某，张某某对张某与孙某某婚姻状况的知情程度不同于一般主体。虽然张某、张某某主张标的公司某电力公司存在虚假出资情形，故股权实际价值远低于资产负债表的记载，但其提供的审计报告系某电力公司单方委托会计师事务所作出，股东会纪要等证据经鉴定存在日期倒签等诸多疑点。原判决在综合全案证据的基础上认定案涉股权转让合同无效，无明显不当，不存在认定基本事实缺乏证据证明和适用法律确有错误的应予再审情形。张某和张某某申请再审的事由尚不足以启动本案再审程序。

13. 股东转让未届出资期限的股权，受让人未按期足额缴纳出资，转让人的责任认定是否适用 2023 年《公司法》第八十八条规定？

根据《最高人民法院关于〈中华人民共和国公司法〉第八十八条第一款不溯及适用的批复》（法释〔2024〕15 号）的规定，2023 年《公司法》第八十八条第一款仅适用于 2024 年 7 月 1 日之后发生的股东未届出资期限的转让股权行为，不溯及既往。2024 年 7 月 1 日之前因股东未届出资期限转让股权引发的出资责任纠纷，应当依据 2018 年《公司法》等相关法律的规定精神认定转让股东是否承担责任。

法律提示：执行程序中，申请执行人仅依据 2023 年《公司法》第八十八条第一款规定申请变更、追加未届出资期限转让股权的股东为被执行人的，无法得到法院支持。

相关法律规范：

相关规定
《最高人民法院关于〈中华人民共和国公司法〉第八十八条第一款不溯及适用的批复》2024 年 7 月 1 日起施行的《中华人民共和国公司法》第八十八条第一款仅适用于 2024 年 7 月 1 日之后发生的未届出资期限的股权转让行为。对于 2024 年 7 月 1 日之前股东未届出资期限转让股权引发的出资责任纠纷，人民法院应当根据原公司法等有关法律的规定精神公平公正处理。
《最高人民法院关于适用〈中华人民共和国公司法〉时间效力的若干规定》第四条 公司法施行前的法律事实引起的民事纠纷案件，当时的法律、司法解释没有规定而公司法作出规定的下列情形，适用公司法的规定：
（一）股东转让未届出资期限的股权，受让人未按期足额缴纳出资的，关于转让人、受让人出资责任的认定，适用公司法第八十八条第一款的规定；
……

14. 2024 年 7 月 1 日之前因股东未届出资期限转让股权引发的出资责任纠纷，转让人是否承担出资责任?

转让人是否承担出资责任，应综合以下因素判断转让人转让股权的行为是否具有逃避出资义务的主观恶意:(1) 股权转让时债务是否发生且标的公司缺乏清偿能力;(2) 股权转让对价是否合理;(3) 受让人是否明显不具有出资能力;(4) 股权转让时标的公司经营状况、股权转让人与受让人之间的关联关系等。

法律提示: 对于未届出资期限股东转让股权的行为，法律并未禁止，原则上转让人可以退出公司，由受让人承担出资义务。但是股东在享有出资期限利益的同时，不得将公司沦为转嫁经营风险的工具，不得损害债权人的合法权益。若未届出资期限的股东在明知公司对外负债且无力清偿的情况下转让股权，股权转让明显不符合正常商业交易的特征，受让人明显不具备履行出资义务的能力，转让行为损害了公司债权人利益，无法得到法律保护。

相关法律规范:

2023 年《公司法》	2018 年《公司法》
第八十八条　股东转让已认缴出资但未届出资期限的股权的，由受让人承担缴纳该出资的义务;受让人未按期足额缴纳出资的，转让人对受让人未按期缴纳的出资承担补充责任。 　　未按照公司章程规定的出资日期缴纳出资或者作为出资的非货币财产的实际价额显著低于所认缴的出资额的股东转让股权的，转让人与受让人在出资不足的范围内承担连带责任;受让人不知道且不应当知道存在上述情形的，由转让人承担责任。	
相关规定	
《公司法司法解释（三）》第十八条　有限责任公司的股东未履行或者未全面履行出资义务即转让股权，受让人对此知道或者应当知道，公司请求该股东履行出资义务、受让人对此承担连带责任的，人民法院应予支持;公司债权人依照本规定第十三条第二款向该股东提起诉讼，同时请求前述受让人对此承担连带责任的，人民法院应予支持。 　　受让人根据前款规定承担责任后，向该未履行或者未全面履行出资义务的股东追偿的，人民法院应予支持。但是，当事人另有约定的除外。	

陆某刚、曹某与沈某、潘某利、杨某琼执行异议之诉案

2024-08-2-527-002/ 民事 / 执行程序中的异议之诉 / 北京市第三中级人民法院 /2020.03.31/（2020）京 03 民终 3634 号 / 二审 / 入库日期：2024.12.27

【裁判要旨】

对于 2023 年《公司法》施行之前因股东未届出资期限转让股权引发的出资责任纠纷案件，应当依据 2018 年《公司法》等法律的规定精神认定转让股东是否承担责任。本案中，股东转让股权时虽然未届出资期限，但转让时股东明知公司不能清偿到期债务，且受让人是一名欠国家助学贷款的在校学生，明显缺乏缴纳出资能力。此种股权转让增加公司注册资本无法实缴到位的风险，影响公司债权人到期债权的实现，显然属于以股权转让方式恶意逃避出资义务的情形，转让人依法应当承担出资责任。

【基本案情】

2014 年 4 月 15 日，某星公司设立，公司注册资本 100 万元，沈某认缴出资 80 万元、杨某琼认缴出资 20 万元，出资期限为 2024 年 4 月之前。2015 年 9 月 16 日，某星公司变更注册资本为 5000 万元，沈某认缴出资 4000 万元、杨某琼认缴出资 1000 万元，出资期限为 2024 年 4 月之前。

2017 年 3 月 29 日，经某星公司股东会决议，杨某琼将所持某星公司 10% 股权转让给沈某，另 10% 股权转让给潘某利。2018 年 9 月 10 日，沈某将所持某星公司 90% 的股权作价 1000 元转让给董某涛，潘某利同时将所持某星公司 10% 股权作价 1000 元转让给董某涛。董某涛当时系在校大学生，因在火车站遇到中介，收取 800 元报酬出借身份证信息并在合同上签字，对股权转让、公司经营情况、沈某与潘某利身份等信息并不知情。截至 2018 年 2 月 23 日，董某涛尚欠国家助学贷款本金 9300 元，利息 7476.86 元。

2018 年 8 月 1 日，陆某刚、曹某以服务合同纠纷为由将某星公司诉至法院。2018 年 9 月 17 日，北京市朝阳区人民法院作出（2018）京 0105 民初 69932 号民事判决书判令某星公司向陆某刚、曹某退款 149 万余元。法院

执行该案过程中，陆某刚、曹某申请追加沈某、潘某利为被执行人，被法院裁定驳回。陆某刚、曹某另行申请追加董某涛为被执行人，法院予以追加。2019 年 9 月 25 日，因某星公司、董某涛名下无财产可供执行，法院裁定终结本次执行程序。

陆某刚、曹某遂向法院起诉，请求判令某星公司发起人及股东沈某、潘某利、杨某琼对公司债务承担连带清偿责任。

北京市密云区人民法院于 2019 年 12 月 25 日作出（2019）京 0118 民初 11434 号民事判决：驳回陆某刚、曹某的全部诉讼请求。陆某刚、曹某不服，提起上诉。北京市第三中级人民法院于 2020 年 3 月 31 日作出（2020）京 03 民终 3634 号民事判决：一、撤销北京市密云区人民法院（2019）京 0118 民初 11434 号民事判决；二、追加沈某、潘某利为（2019）京 0118 执 181 号执行案件的被执行人，在未缴纳出资的范围内对（2018）京 0105 民初 69932 号民事判决书确定的某星公司所负陆某刚、曹某的债务承担补充赔偿责任；三、驳回陆某刚、曹某的其他诉讼请求。

【裁判理由】

法院生效裁判认为，对于未届出资期限股东转让股权的行为，法律并未禁止，原则上转让人可以退出公司，由受让人承担出资义务。但是股东在享有出资期限利益的同时，不得将公司沦为转嫁经营风险的工具，不得损害债权人的合法权益。本案中，经查，被执行人某星公司名下无可供执行的财产信息，已具备破产原因而未申请破产，符合《九民会议纪要》第 6 条规定的股东出资加速到期情形。

沈某、潘某利向董某涛转让股权存在诸多不合理之处。其一，从股权转让时间来看，沈某、潘某利向董某涛转让股权时，债权人已向法院起诉要求某星公司偿还债务，沈某、潘某利作为某星公司的股东及经营者，对某星公司的资产、负债情况以及偿债能力应属明知，二人在诉讼期间转让股权，难以认定为善意。其二，从股权转让过程来看，沈某、潘某利二人均以 1000 元的价格向董某涛转让股权。该转让价格不仅与二人出资比例不符，且与认缴出资额相比近乎无偿。其三，沈某、潘某利认可未与董某涛交接公司财务报表、资产负债表，亦未能举证证明公司公章、营业执照以及资产的交付事宜。其四，董某涛自述其并不知晓股权转让事宜，经人介绍帮忙注册公司并收取了 800 元费用，其曾报警要求撤销变更登记。在受让某星公司全部股权前，董某涛已欠国家助学贷款 9300 元及利息多年未予偿还，难以认定董某涛有实缴出资的财务能力。

法院综合上述因素认定沈某、潘某利将股权转让给董某涛的行为是恶意逃避债务，侵害了公司债权人的利益。沈某、潘某利恶意转让股权、滥用股东期限利益的行为应予否定。未届出资期限的股东在明知公司对外负债且无力清偿的情况下转让股权，股权转让明显不符合正常商业交易的特征，受让人明显不具备履行出资义务的能力，该转让行为损害了公司债权人利益，不应得到法律保护。沈某、潘某利应在认缴出资的范围内对公司债务承担补充赔偿责任。

15. 受让股权后公司负担了转让前发生的债务，受让人能否要求转让人承担违约责任?

股权转让协议如果未对股权转让前的公司债务承担问题进行约定，一般情况下，受让人很难基于股权转让协议要求转让人承担违约责任，除非举证证明转让人存在欺诈或者重大误解，并以此为由撤销股权转让协议。如果股权转让协议约定此前发生的债务由转让人承担，股权转让后，公司承担了转让前的债务，增加了公司的支出，使公司的净利润减少，进一步导致公司的可分配利润减少，从而使受让人的股东权益客观上受到了损害，那么受让人有权基于转让人违反股权转让协议的约定主张由转让人承担相应的违约责任。

法律提示：为避免争议，股权转让协议中可作此约定"股权转让人具有全面披露股权转让时的公司财务状况的义务，包括公司的应付款，在股权转让后，未披露过的股权转让前发生的债务应当由转让人承担。"同时可约定转让人违约时的责任承担方式。

相关法律规范：

2023 年《公司法》	2018 年《公司法》
第八十四条　有限责任公司的股东之间可以相互转让其全部或者部分股权。 　　股东向股东以外的人转让股权的，应当将股权转让的数量、价格、支付方式和期限等事项书面通知其他股东，其他股东在同等条件下有优先购买权。股东自接到书面通知之日起三十日内未答复的，视为放弃优先购买权。两个以上股东行使优先购买权的，协商确定各自的购买比例；协商不成的，按照转让时各自的出资比例行使优先购买权。 　　……	**第七十一条**　有限责任公司的股东之间可以相互转让其全部或者部分股权。 　　股东向股东以外的人转让股权，应当经其他股东过半数同意。股东应就其股权转让事项书面通知其他股东征求同意，其他股东自接到书面通知之日起满三十日未答复的，视为同意转让。其他股东半数以上不同意转让的，不同意的股东应当购买该转让的股权；不购买的，视为同意转让。 　　……

案例库参考案例

张某某诉李某某等股权转让纠纷案

　　2023-08-2-269-002/ 民事 / 股权转让纠纷 / 上海市第二中级人民法院 / 2020.10.15/（2020）沪 02 民终 7420 号 / 二审 / 入库日期：2024.02.23

【裁判要旨】

　　股权转让协议的双方在协议中明确约定各方对转让前后的债务承担，股权受让方在受让后发现公司需承担转让前未结清的债务，主张股权转让方承担违约责任的，法院应予支持。违约赔偿责任应以实际损失为限，可综合股权受让方持股比例、股权转让金额等因素确定。

【基本案情】

　　张某某诉称：2019 年 6 月 3 日，张某某与李某某签署了一份协议书，约定李某某同意将其持有的昆山某纺织品有限公司的 60% 股权转让给张某某。根据协议书第三条：若李某某隐瞒昆山某纺织品有限公司的债权债务情况，该债务由李某某自行承担。本次股权转让前，尽管张某某持有昆山某纺织品有限公司的 40% 股权，但该公司一直由李某某实际控制并负责管理，张某某未参与经营活动。2019 年 6 月 19 日，昆山某纺织品有限公司完成了股权变更登记。本次股权转让后，张某某成为昆山某纺织品有限公司的唯一股东。张某某接收昆山某纺织品有限公司后不久，昆山某纺织品有限公司便收到了 17 张发票，要求昆山某纺织品有限公司支付超市服务费 145131.73 元。该发票的开具方系昆山某纺织品有限公司的合作方江苏某超市，开票时间为 2018 年 8 月 28 日至 2019 年 8 月 27 日。根据发票的开具时间，李某某涉嫌故意隐瞒了公司的实际债务，从而影响股权转让价格。故请求判令李某某赔偿张某某 145131.73 元。

李某某辩称：张某某的诉请没有事实和法律依据，请求依法驳回。第一，李某某按照双方协议书完成了相关交接任务，且张某某诉状描述的 17 张发票的事实情况，实际是江苏某超市在货款中予以扣除的，诉请的债务已经在结算时就结清了，双方是在结清后才签订了协议书，约定互不支付对价款。协议是双方协商一致的结果，在协议交接后又提起诉请是违反约定的。第二，根据张某某诉请的金额，李某某至今未看到张某某付清该笔债务的依据，光凭 17 张发票要求李某某承担，没有法律依据。第三，17 张发票涉及的履行双方是江苏某超市和昆山某纺织品有限公司，即便要支付，也是昆山某纺织品有限公司支付，即使诉讼，也应该是昆山某纺织品有限公司向李某某提起诉讼，张某某的主体不适格。

经法院审理查明：2019 年 2 月 27 日，李某某发送一份结算明细，就双方的投资、收入、应收等进行了结算，其中，应收一项中载明：昆山某纺织品有限公司：开票数——包括未开票 835040.20 元，收超市回款 407736.25 元，结余 427303.95 元；上海某纺织品有限公司：开票数——包括未开票 1669801.42 元，收超市回款 1099628.62 元，结余 412917.35 元。依据现金、应收、存货减去投资额得出利润总额，张某某占利润总额的 40%，李某某占利润总额的 60%，张某某的利润 151226.69 元＋投资款 544000 元＝昆山某纺织品有限公司现金余额 126797.46 元＋昆山某纺织品有限公司超市应收 427303.95 元＋存货分配 141125.28 元，李某某利润 226840.03 元＋投资款 327000 元＝上海某纺织品有限公司现金余额 130339.96 元＋上海某纺织品有限公司超市应收 412917.35 元＋存货分配 10582.72 元。双方均确认该结算明细即双方签订协议书的前提。

2019 年 6 月 3 日，张某某（乙方）与李某某（甲方）签订一份协议书，甲乙双方就有关公司股权、债权债务有关情况达成协议。协议书第一条约定，昆山某纺织品有限公司注册资本 50 万元，其中，甲方持股 60%，乙方持股

40%；乙方持有该公司某毛巾项目 40% 的权益份额。协议书第二条约定，甲方同意将持有的昆山某纺织品有限公司的 60% 股权转让给乙方，乙方同意将拥有的某毛巾项目 40% 的权益份额转让给甲方，本次股权（权益）转让后，甲方不再持有昆山某纺织品有限公司的股权，乙方不再享有某毛巾项目的权益份额。甲乙双方均无须再向对方支付转让款。甲乙双方约定于 2019 年 6 月 3 日至工商局办理股权转让变更登记手续。协议书第三条约定，昆山某纺织品有限公司自成立至今，公司营业执照及公章均由甲方保管。甲方承诺：自设立之日起至甲方将昆山某纺织品有限公司的公章交付给乙方之日止，昆山某纺织品有限公司不存在对外借款或对外担保。若甲方隐瞒昆山某纺织品有限公司的债权债务情况，相关债务及法律责任均由甲方自行承担。甲乙双方确认，甲乙双方已于 2019 年 3 月 1 日分开经营。截至本协议签署之日，甲方、乙方及上海某纺织品有限公司、昆山某纺织品有限公司四方之间债权债务均已结清。

协议书签订后，2019 年 6 月 19 日，双方依约进行了股权变更登记手续。2019 年 8 月、9 月，张某某陆续收到江苏某超市开具的增值税专用发票，金额为 145131.73 元，开具时间为 2018 年 8 月 28 日至 2019 年 8 月 27 日，该部分发票金额在江苏某超市付款中作为扣款进行了扣除。双方确定共计金额为 136648.46 元的发票金额为 2019 年 3 月 1 日之前业务所产生的扣款，且李某某确认在结算时未将上述扣款计入超市扣款金额中。

审理中，证人龚某某提供证人证言：上述发票均在 2019 年 8 月左右收到，2018 年 8 月的 3 份发票已在 2018 年 9 月抵扣，是经李某某要求进行抵扣，但未收到过发票。其他发票均在 2019 年 9 月、10 月抵扣。上海市嘉定区人民法院于 2020 年 6 月 30 日作出（2019）沪 0114 民初 23343 号民事判决：一、被告李某某应于本判决生效之日起十日内支付原告张某某款项 81989.07 元；二、驳回原告张某某的其余诉讼请求。一审宣判后，李某某提出上诉。上海第二中级人民法院于 2020 年 10 月 15 日作出（2020）沪 02 民终 7420 号民事判决：驳回上诉，维持原判。

【裁判理由】

法院生效裁判认为，股权转让协议本质上是一份商事合同，同时受公司法和合同法的约束，股权转让款的金额是合同双方协商后确定的金额，原则上法院应充分尊重双方意思表示，不应进行司法干预。但在某些情况下，法院可以在股权转让后，要求一方通过承担违约责任的方式对双方利益进行司法干预。

一、张某某主体资格的确定

本案中李某某辩称：17 张发票的履行双方是江苏某超市和昆山某纺织品有限公司，即便要支付，也是昆山某纺织品有限公司支付，即使诉讼，也应该是昆山某纺织品有限公司向李某某提起诉讼，张某某的主体不适格。法院认为，此类纠纷的适格原告应为股权受让方，而不是标的公司，理由如下：首先，公司要求股东承担责任的情形，仅能根据《公司法》（2018 年修正，下同）第一百五十一条、第一百四十九条的规定，董事、高级管理人员在执行公司职务时违反法律、行政法规或者公司章程的规定，给公司造成损失的，由符合条件的公司股东向监事会、监事或者董事会、董事提议，由公司监事会、监事或者董事会、董事以公司名义直接提出诉讼。本案中，标的公司承担的公司债务属于正常业务过程中发生的债务，也不存在董事、高级管理人员在执行公司职务时违反法律、行政法规或者公司章程的规定给公司造成损失的情形，故不属于股东侵害公司利益的情形，适格原告不是公司。其次，股权转让后公司承担了转让前的债务，增加了公司的支出，使公司的净利润减少，进一步导致公司的可分配利润减少，从而使受让方的股东权益客观上受到了损害，实际利益受到损失的是股权受让方，故股权受让方根据股权转让协议的约定提出相应的诉讼请求。而股权转让协议的签订方为转让方与受让方，故根据合同相对性原则，适格原告也应当为股权受让方。

二、张某某诉请的请求权基础

根据前述，股权受让方起诉要求股权转让方承担转让后的公司债务，是根据股权转让协议的约定起诉，那么张某某诉请的请求权基础应该是基于股权转让方违反股权转让协议的约定而承担相应的违约责任。首先，股权转让协议中如果未对股权转让前的公司债务承担问题进行约定，一般情况下，如果公司在股权转让后承担了属于股权转让前发生的业务的债务，股权受让方也很难基于股权转让协议要求股权转让方承担违约责任，除非股权受让方基于股权转让方欺诈或者重大误解要求撤销股权转让协议，但需举证证明存在欺诈或者重大误解的情况，那么对于股权转让方未披露股权转让时的公司应付款情况是否能够构成欺诈和重大误解，因为股权受让方在签订股权转让协议前也应尽到谨慎审查义务，如果股权受让方实际未谨慎审查股权转让方的公司财务状况，且未要求股权转让方全面披露公司的债务情况，股权受让方是很难证明存在欺诈或者重大误解的，故还需要在个案中根据具体情况进行处理。其次，如果股权转让协议中对股权转让前的公司债务的承担问题进行了约定，一般会约定为：股权转让方具有全面披露股权转让时的公司财务状况的义务，包括公司的应付款，在股权转让后，未披露过的股权转让前发生的债务应当由股权转让方承担，或者是承担违约责任。本案中，张某某与李某某签订的协议书中约定，李某某承诺：自设立之日起至李某某将昆山某纺织品有限公司的公章交付给张某某之日止，昆山某纺织品有限公司没有对外借款或对外担保。若李某某隐瞒昆山某纺织品有限公司的债权债务情况，相关债务及法律责任均由李某某自行承担。那么张某某基于该约定起诉要求李某某承担相应的违约赔偿责任合法有据。

三、转让方承担违约赔偿责任的金额确定

根据前述，在股权转让协议中约定股权转让前的公司债务的承担，股权受让方可以起诉要求股权转让方承担违约责任，那么对于股权转让方实际应当承担的违约赔偿责任的金额该如何确定？本案张某某诉请要求李某某承担公司实际承担的公司债务全部金额，法院认为：该诉请金额并不能得到全部支持，公司承担的债务金额不能等同于股权受让方的实际损失，故不能直接依据公司债务的金额要求股权转让方承担赔偿责任。根据协议书，本案张某某通过将拥有的 40% 的某毛巾项目的投资权益作为对价，受让了李某某 60% 的昆山某纺织品有限公司的股份，根据张某某、李某某确认的结算明细，双方的利益在 2019 年 3 月 1 日前达到了均衡，结算明细中的计算方式得到双方的认可，但是在股权转让后，张某某因为 2019 年 3 月 1 日之前的业务收到江苏某超市的发票，江苏某超市在实际付款时将上述款项进行扣除，从而使张某某、李某某之间的结算明细中昆山某纺织品有限公司的应收款减少，进而影响了双方的总利润等数额，最终影响了双方对于存货的分配金额。综上所述，本案中的股权转让金额是根据结算明细的计算方式得出的，即使在股权转让后，公司承担了转让前发生的债务，该债务金额并不等于张某某的实际损失，也不能直接要求李某某承担，而需要根据双方结算明细上的计算方式进行再次计算，从而得出股权转让款的差额，该差额即为张某某的实际损失。故根据双方确认的结算明细中的计算方式重新计算后，将 136648.46 元的发票金额作为超市扣款在昆山某纺织品有限公司的应收款项中扣除，最终计算出张某某应分配的存货金额为 223114.35 元，与双方确定的结算明细张某某应分配的存货金额相差 81989.07 元，该款项李某某理应作为股权转让款支付给张某某。如果股权转让协议中并没有约定双方股权转让金额的计算方式，那么需要股权受让方举证证明其实际损失，因为实际承担债务的是目标公司，而不是股权受让方，公司承担债务仅能导致公司财产减少，但张某某作为股东实际产生的损失并不等于公司承担的债务金额，如果股权转让协议约定了在这种情况下股权转让方应当承担违约责任，并约定了违约责任的具体计算方式，那张某某可以基于该约定主张，如果李某某认为该违约金过高，需要法院调整，也应承担相应的举证责任。如果既未约定违约责任的计算方式，又不能通过股权转让款的计算方式来确定股权受让方的实际损失，那么股权受让方应当举证证明其实际受到的损失，此时，法院需要综合股权受让方持股比例、股权转让金额等各种因素确定股权受让方的实际损失。

16. 公司章程规定"人走股留"，即股东自公司离职应由公司回购其股权，是否因限制股东自由转让股权而无效？

基于有限责任公司封闭性和人合性的特征，由公司章程对公司股东转让股权作出限制性规定，也是公司自治的体现。有限公司章程系公司设立时全体股东一致同意并对公司及全体股东产生约束力的规则性文件，初始章程对股权转让进行限制，明确约定公司回购条款，在不违反《公司法》等法律强制性规定的情况下，即可认定为有效，对公司及股东均具有约束力。

法律提示： 国有企业改制为有限责任公司，其初始章程对股权转让进行限制的，约定的公司回购条款触发时，公司可按照初始章程约定支付对价回购股东股权，并通过转让给其他股东等方式进行合理处置。

相关法律规范：

2023 年《公司法》	2018 年《公司法》
第八十九条　有下列情形之一的，对股东会该项决议投反对票的股东可以请求公司按照合理的价格收购其股权： …… 公司因本条第一款、第三款规定的情形收购的本公司股权，应当在六个月内依法转让或者注销。	第七十四条　有下列情形之一的，对股东会该项决议投反对票的股东可以请求公司按照合理的价格收购其股权： …… 自股东会会议决议通过之日起六十日内，股东与公司不能达成股权收购协议的，股东可以自股东会会议决议通过之日起九十日内向人民法院提起诉讼。

指导案例 96 号

宋某军诉西安市大某餐饮有限责任公司股东资格确认纠纷案

2018–18–2–262–001/ 民事 / 股东资格确认纠纷 / 陕西省高级人民法院 /2015.03.25/（2014）陕民二申字第 00215 号 / 再审 / 入库日期：2023.08.24

【裁判要旨】

国有企业改制为有限责任公司，其初始章程对股权转让进行限制，明确约定公司回购条款，只要不违反《公司法》等法律强制性规定，可认定为有效。有限责任公司按照初始章程约定，支付合理对价回购股东股权，且通过转让给其他股东等方式进行合理处置的，人民法院应予支持。

【基本案情】

西安市大某餐饮有限责任公司（以下简称大某公司）成立于 1990 年 4 月 5 日。2004 年 5 月，大某公司由国有企业改制为有限责任公司，宋某军系大某公司员工，出资 2 万元成为大某公司的自然人股东。大某公司章程第三章"注册资本和股份"第十四条规定："公司股权不向公司以外的任何团体和个人出售、转让。公司改制一年后，经董事会批准后可在公司内部赠予、转让和继承。持股人死亡或退休的，其股权经董事会批准后方可继承、转让或由企业收购，持股人辞职、调离或被辞退、解除劳动合同的，人走股留，所持股份由企业收购……"，第十三章"股东认为需要规定的其他事项"第六十六条规定：

"本章程由全体股东共同认可，自公司设立之日起生效。"该公司章程经大某公司全体股东签名通过。2006 年 6 月 3 日，宋某军向公司提出解除劳动合同，并申请退出其所持有的公司股份。2006 年 8 月 28 日，经大某公司法定代表人赵某锁同意，宋某军领到退出股金款 2 万元整。2007 年 1 月 8 日，大某公司召开 2006 年度股东大会，大会应到股东 107 人，实到股东 104 人，代表股权占公司股份总数的 93%，会议审议通过了宋某军、王某青、杭某国三位股东退股的申请并决议"其股金暂由公司收购保管，不得参与红利分配"。后宋某军以大某公司的回购行为违反法律规定，未履行法定程序且《公司法》规定股东不得抽逃出资等为由，请求依法确认其具有大某公司的股东资格。

陕西省西安市碑林区人民法院于 2014 年 6 月 10 日作出（2014）碑民初字第 01339 号民事判决，判令：驳回原告宋某军要求确认其具有被告大某公司股东资格之诉讼请求。一审宣判后，宋某军提出上诉。陕西省西安市中级人民法院于 2014 年 10 月 10 日作出了（2014）西中民四终字第 00277 号民事判决书，驳回上诉，维持原判。终审宣判后，宋某军仍不服，向陕西省高级人民法院申请再审。陕西省高级人民法院于 2015 年 3 月 25 日作出（2014）陕民二申字第 00215 号民事裁定，驳回宋某军的再审申请。

【裁判理由】

法院生效裁判认为：通过听取再审申请人宋某军的再审申请理由及被申请人大某公司的答辩意见，本案的焦点问题如下：一是大某公司的公司章程中关于"人走股留"的规定，是否违反了《公司法》的禁止性规定，该章程是否有效；二是大某公司回购宋某军股权是否违反《公司法》的相关规定，大某公司是否构成抽逃出资。

针对第一个焦点问题，首先，大某公司章程第十四条规定："公司股权不向公司以外的任何团体和个人出售、转让。公司改制一年后，经董事会批准后可以公司内部赠与、转让和继承。持股人死亡或退休的，其股权经董事会批准后方可继承、转让或由企业收购，持股人辞职、调离或被辞退、解除劳动合同的，人走股留，所持股份由企业收购。"依照《公司法》（2013 年修正，下同）第二十五条第二款"股东应当在公司章程上签名、盖章"的规定，有限责任公司章程系公司设立时全体股东一致同意并对公司及全体股东产生约束力的规则性文件，宋某军在公司章程上签名的行为，应视为其对前述规定的认可和同意，该章程对大某公司及宋某军均产生约束力。其次，基于有限责任公司封闭性和人合性的特点，由公司章程对公司股东转让股权作出某些限制性规定，系公司自治的体现。在本案中，大某公司进行企业改制时，宋某军之所以成为大某公司的股东，其原因在于宋某军与大某公司具有劳动合同关系，如果宋某军与大某公司没有建立劳动关系，宋某军则没有成为大某公司股东的可能性。同理，大某公司章程将是否与公司具有劳动合同关系作为取得股东身份的依据继而作出"人走股留"的规定，符合有限责任公司封闭性和人合性的特点，亦系公司自治原则的体现，不违反《公司法》的禁止性规定。最后，大某公司章程第十四条关于股权转让的规定，属于对股东转让股权的限制性规定而非禁止性规定，宋某军依法转让股权的权利没有被公司章程所禁止，大某公司章程不存在侵害宋某军股权转让权利的情形。综上所述，本案一审、二审法院均认定大某公司章程不违反《公司法》的禁止性规定，应为有效的结论正确，宋某军的这一再审申请理由不能成立。

针对第二个焦点问题，《公司法》第七十四条第一款所规定的异议股东回购请求权具有法定的行使条件，即只有在"公司连续五年不向股东分配利润，而公司该五年连续盈利，并且符合本法规定的分配利润条件的""公司合并、分立、转让主要财产的""公司章程规定的营业期限届满或者章程规定的其他解散事由出现，股东会会议通过决议修改章程使公司存续的"三种情形下，异议股东有权要求公司回购其股权，对应的是公司是否应当履行回购异议股东股权的法定义务。而本案属于大某公司是否有权基于公司章程的约定及与宋某军的合意而回购宋某军股权，对应的是大某公司是否具有回购宋某军股权的权利，二者性质不同，《公司法》第七十四条不能适用于本案。在本案中，宋某军于 2006 年 6 月 3 日向大某公司提出解除劳动合同申请并于同日手书《退股申请》，提出"本人要求全额退股，年终盈利与亏损与我无关"，该《退股申请》应视为其真实意思表示。大某公司于 2006 年 8 月 28 日退还其全额股金款 2 万元，并于 2007 年 1 月 8 日召开股东大会审议通过了宋某军等三位股东的退股申请，大某公司基于宋某军的退股申请，依照公司章程的规定回购宋某军的股权，程序并无不当。另外，《公司法》所规定的抽逃出资专指公司股东抽逃其对于公司出资的行为，公司不能构成抽逃出资的主体，宋某军的这一再审申请理由不能成立。综上所述，裁定驳回再审申请人宋某军的再审申请。

17. 受让股权后发现股权对应的出资存在抽逃或者不实情形的，受让人如何寻求救济？

抽逃出资或者 v 出资不实的股权转让后，转让人和受让人在出资不足的范围内承担连带责任，但是受让人有证据证明其不知道且不应知道存在上述情形的，由转让人承担责任。受让人及时发现的，可以行使合同解除权或者撤销权等；因未及时发现而承担责任后，可以向转让人进行追偿，要求其承担违约责任。

法律提示：受让人应当尽到相应的尽职调查义务，认真核实拟受让股权的出资情况，同时可以在合同中约定抽逃出资或者出资不实的责任承担和转让方的违约责任。

相关法律规范：

2023 年《公司法》	2018 年《公司法》
第八十八条 股东转让已认缴出资但未届出资期限的股权的，由受让人承担缴纳该出资的义务；受让人未按期足额缴纳出资的，转让人对受让人未按期缴纳的出资承担补充责任。 未按照公司章程规定的出资日期缴纳出资或者作为出资的非货币财产的实际价额显著低于所认缴的出资额的股东转让股权的，转让人与受让人在出资不足的范围内承担连带责任；受让人不知道且不应当知道存在上述情形的，由转让人承担责任。	
相关规定	
《公司法司法解释（三）》第十八条第一款 有限责任公司的股东未履行或者未全面履行出资义务即转让股权，受让人对此知道或者应当知道，公司请求该股东履行出资义务、受让人对此承担连带责任的，人民法院应予支持；公司债权人依照本规定第十三条第二款向该股东提起诉讼，同时请求前述受让人对此承担连带责任的，人民法院应予支持。	

18. 上市公司的子公司能否取得该上市公司的股份？

上市公司的控股子公司不得直接或者间接地购买或持有上市公司的股份，

如果因公司合并、质权行使等原因持有上市公司股份的，不仅不得行使表决权，还应当及时处分上市公司股份。禁止上市公司与其控股子公司交叉持股，确保二者关系透明、公平、独立，防止潜在的利益冲突和不当控制，维护资本市场的稳定和公平性。

法律提示： 上市公司控股子公司应当对其所持有的上市公司股份及时处分，例如，根据《深圳证券交易所股票上市规则》的规定，上市公司控股子公司确出于特殊原因持有股份的，应当在一年内消除该情形。

相关法律规范：

2023 年《公司法》	2018 年《公司法》
第一百四十一条　上市公司控股子公司不得取得该上市公司的股份。 　上市公司控股子公司因公司合并、质权行使等原因持有上市公司股份的，不得行使所持股份对应的表决权，并应当及时处分相关上市公司股份。	

四、股权代持与显名

19. 股权代持关系应如何认定？

股权代持，又名委托持股，是指实际出资人与名义出资人约定，由名义出资人作为公司工商登记的股东代持股权，实际出资人履行出资义务并享有投资收益。实际出资人为实际股东或隐名股东，名义出资人是名义股东或显名股东。2023 年《公司法》仅在一百四十条第二款规定禁止违反法律、行政法规的规定代持上市公司股票，除此之外针对有限责任公司和非上市的股份有限公司的股权代持协议不存在其他法定无效事由，即为有效。实际出资人与名义股东因投资权益的归属发生争议，实际出资人以其实际履行了出资义务为由向名义股东主张权利的，应予支持。

法律提示： 虽然针对有限责任公司和非上市的股份有限公司的股权代持协议不存在其他法定无效事由，即为有效，但实际出资人要求名义股东将其股权转让给自己的时候，就涉及 2023 年《公司法》关于股权转让的相关规定。

相关法律规范：

2023 年《公司法》	2018 年《公司法》
第一百四十条 上市公司应当依法披露股东、实际控制人的信息，相关信息应当真实、准确、完整。 禁止违反法律、行政法规的规定代持上市公司股票。	

相关规定
《公司法司法解释（三）》第二十二条 当事人之间对股权归属发生争议，一方请求人民法院确认其享有股权的，应当证明以下事实之一： （一）已经依法向公司出资或者认缴出资，且不违反法律法规强制性规定； （二）已经受让或者以其他形式继受公司股权，且不违反法律法规强制性规定。 　　第二十四条 有限责任公司的实际出资人与名义出资人订立合同，约定由实际出资人出资并享有投资权益，以名义出资人为名义股东，实际出资人与名义股东对该合同效力发生争议的，如无合同法第五十二条规定的情形，人民法院应当认定该合同有效。 　　前款规定的实际出资人与名义股东因投资权益的归属发生争议，实际出资人以其实际履行了出资义务为由向名义股东主张权利的，人民法院应予支持。名义股东以公司股东名册记载、公司登记机关登记为由否认实际出资人权利的，人民法院不予支持。 　　实际出资人未经公司其他股东半数以上同意，请求公司变更股东、签发出资证明书、记载于股东名册、记载于公司章程并办理公司登记机关登记的，人民法院不予支持。

法答网精选问答：

答疑庭室	广东省高级人民法院民二庭
问题概述	名义股东的债权人申请强制执行，实际股东能否提出案外人执行异议？
具体内容	名义股东与实际股东之间存在有效的代持股协议。名义股东的债权人想要强制执行名义股东名下的股权，实际股东能否提出案外人执行异议？
回复内容	公司的名义股东与实际股东不一致，主要是基于以下三种原因：一是股权代持；二是股权转让后未及时办理变更登记；三是股权登记错误。在股权代持的情况下，名义股东（显名股东）与实际股东（隐名股东）之间的关系，一般认为是合同关系，在隐名股东实际主张权利登记为显名股东之前，其对显名股东仅享有债权，根据商事外观主义原则，在债权人为善意的情况下，有权基于对公司登记的信赖利益，请求名义股东承担相应的责任，隐名股东不享有排除对特定股权强制执行的民事权益，但有证据证明债权人在交易时即明知或应当知道显名股东与隐名股东之间的代持关系的，其不是善意第三人，此时隐名股东有权诉请排除股权强制执行。在股权转让的情况下，如受让人已经支付了转让款，已经依法要求公司办理变更登记，实际已开始行使股东权利，且对股权未办理过户无过错的，则该受让人享有排除强制执行的权利。在错误登记的情况下，非因实际出资人的过错，而是登

续表

回复内容	记机关错误登记导致名义股东与实际股东不一致的，实际股东享有排除强制执行的权利；因实际股东过错导致登记不实的，应由其承担相应责任，不享有排除强制执行的权利。
回复时间	2023-10-23

案例库参考案例

兰某诉新疆某矿业公司、钟某某股东资格确认纠纷案

2023-08-2-262-006/ 民事 / 股东资格确认纠纷 / 阜康市人民法院 /2021.10.13/（2021）新 2302 民初 1569 号 / 一审 / 入库日期：2024.02.25

【裁判要旨】

有限责任公司实际权利人与名义权利人的关系，应当通过经营管理上的控制力及财产的实质归属来进行判定，而不能单纯地取决于公示外观。在可能存在股权代持合意的情况下，判断股权代持关系是否存在，应重点审查代持人是否实际出资以及是否享有股东权利。在缺乏股权代持直接证据的情况下，如果实际股东提交的证据能够形成完整的证据链，证明隐名股东系实际出资人，且实际参与了公司的经营管理或对名义股东有较大的公司经营管理上的控制力，则应当综合案件事实，对股权代持关系作出认定。

【基本案情】

2015 年 8 月 3 日，钟某某成立新疆某矿业公司（以下简称某矿业公司），该公司为自然人独资的有限责任公司，注册资本 1000 万元，钟某某担任该公司的执行董事兼经理，系公司的法定代表人。2015 年 11 月 27 日，兰某向新疆某建材公司（以下简称某建材公司）转账 100 万元用于缴纳新疆矿权交易中心招拍挂押金。2016 年 4 月 19 日，某建材公司向新疆维吾尔自治区国土资源厅缴纳探矿权价款 10 万元。2016 年 6 月 13 日，新疆维吾尔自治区国土资源厅向某建材公司发放矿产资源勘查权证，勘查项目名称为新疆阜康市某某沙漠石英砂矿普查，勘查单位为新疆某地质勘查有限公司。2016 年 10 月 8 日，某矿业公司（甲方）与新疆某地质勘查有限公司（乙方）签订《新疆阜康某某沙

漠石英砂矿勘查合同》，约定甲方委托乙方对石英砂矿进行野外地质勘查及编制，合同金额为 45 万元，所有费用由甲方支付。其后，兰某及于某某向新疆某地质勘查有限公司支付勘查费用共计 35 万元。

2016 年 10 月 23 日，原告兰某与被告钟某某签订《法定代表人聘用合同》，主要约定：聘用方（甲方）为兰某（全体股东），受聘方（乙方）钟某某（某矿业公司），鉴于甲方拟聘用乙方担任甲方的法定代表人，乙方决定接受甲方的聘任，出任甲方法定代表人；合同期限自 2016 年 10 月 23 日起至 2021 年 10 月 22 日止，聘用期为五年；聘用合同期满前一个月，经双方协商同意，可以续订聘用合同；乙方只负责公司的正常生产经营和管理，在生产经营过程中自负盈亏，除乙方负责缴纳与公司生产经营的有关各项税费和正常费用支出外，所得利润归甲方支配；因公司股份实属甲方所有，在乙方被聘用为甲方法定代表人期间，甲方享有公司股东的一切权利和义务，甲方只授权乙方对公司生产经营管理；乙方负责与工商、税务、国土、安监等部门进行沟通，办理与公司有关手续，解决公司生产经营中遇到的一些困难，确保公司的正常运行；乙方只负责公司生产经营管理，并按规定交缴与公司有关的税费及其他支出，并承担公司的生产安全责任；乙方不承担公司生产经营以外的公司债权债务；乙方不参与公司的经营管理决策工作，但必须对公司负责，在职责范围内行使权利，不越权，遵守国家的法律法规，遵守公司的各项规章制度规定，维护公司的利益；乙方必须以公司最大利益为出发点行事，不得私自从事损害公司利益的活动；未经甲方同意授权，乙方不得以公司名义与他人签订任何合同进行交易，或者参与进行关联交易；公司的所有资产属甲方所有，乙方对甲方财产无处分权，不得转让、出租、抵押等；乙方不得以甲方（公司名义）和公司资产进行借款、贷款、提供债务担保等。

2019 年 8 月 15 日，原告兰某的妻子于某某向王某某（时任某建材公司法定代表人）支付转让石英砂探矿权税费 19108.86 元。2019 年 11 月 13 日，某建材公司将名下的探矿权过户至被告某矿业公司名下，有效期限为 2019 年 11 月 13 日至 2021 年 1 月 23 日。2020 年 7 月 17 日，原告兰某的妻子于某某支付被告某矿业公司的化验费 4050 元。此外，被告某矿业公司向原告兰某的妻子于某某借款 48000 元用于住房及办公室费用。2020 年 9 月 1 日，被告某矿业公司向原告兰某的妻子于某某出具借条一张，载明 2015 年至 2017 年借款 28800 元，2018 年至 2020 年借款 18900 元，合计借款 47700 元用于支付被告某矿业公司的会计工资。2020 年 10 月 30 日，原告兰某的妻子于某某向被告某矿业公司转账支付 1 万元用于办证。2013 年 9 月 17 日至 2014 年 1 月 16 日，原告兰某向被告钟某某转账支付共计 33 万元。2015 年 10 月至 2017 年 12 月，原告兰某向被告钟某某转账支付共计 205400 元。2017 年 6 月 6 日至 2020 年 1 月 22 日，原告兰某的妻子于某某向被告钟某某转账支付共计 112800 元，其中，2018 年 3 月 30 日转账支付 5000 元，交易附言为 4 月工资。2015 年至 2020 年，被告某矿业公司的记账费用由于某某支付。2017 年，原告兰某系绵竹市某矿业有限责任公司法定代表人及股东。2017 年，绵竹市某矿业有限责任公司向被告钟某某转账支付共计 40400 元。

2020 年 8 月 31 日，兰某、钟某某、于某某召开某矿业公司工作会议，形成工作会议记录一份。该会议记录载明：兰某系董事长，钟某某系总经理，于某某系财务总监，会议主持人为董事长兰某。2020 年 12 月 8 日，兰某、钟某某、王某在员工寝室内召开某矿业公司工作会议，形成工作会议记录一份。该会议记录载明：兰某系董事长，钟某某系总经理，王某系办公室主任。

2021 年 4 月 19 日，原告兰某向法院申请保全，法院于 2021 年 4 月 20 日作出（2021）新 2302 财保 89 号民事裁定书，原告兰某因本案申请保全缴纳保全费 5000 元。

兰某诉称：2015 年，原告兰某欲参与阜康市矿权竞拍，与某建材公司合作投标竞买。为此，原告于 2015 年 11 月 27 日向某建材公司转账支付押金 100 万元，再由某建材公司向新疆矿权交易中心缴纳招拍挂押金。竞拍成功后，由某建材公司向新疆维吾尔自治区国土资源厅缴纳探矿权价款 10 万元。2016 年 6 月，新疆维吾尔自治区国土资源厅向某建材公司发放矿产资源勘查权证。2015 年 8 月 3 日，兰某在阜康市设立某矿业公司，该公司系自然人独资有限责任公司。因兰某在四川业务较多，故委托自己的亲戚钟某某为该公司的代持股人，代持兰某在该公司的全部股份，公司工商登记股东为钟某某，持股比例为 100%。原告兰某为明确被告钟某某系代持股人及其他事项，双方于 2016 年 10 月 23 日签订《法定代表人聘用合同》，合同第 3 条载明：因公司股份实属甲方（兰某）所有，在乙方（钟某某）被聘为甲方法定代表人期间，甲方享有公司股东的一切权利义务，甲方只授权乙方对公司进行生产经营管理。2020年年底，原告为规范公司管理，要求被告钟某某交出部分印章，钟某某以各种理由拒绝交出。被告钟某某在得知原告将于2021年4月5日下午到达阜康市后，于2021年4月5日上午携带某矿业公司全部印章、证照及文件出走。原告为维护自身合法权利，依法起诉，请求：（1）确认原告兰某是被告某矿业公司实际股东，持股比例为100%；（2）判令被告某矿业公司将在工商登记中的股东由被告钟某某变更为原告兰某；（3）判令被告钟某某向原告兰某移交某矿业公司的印章及证照；（4）判令保全费由被告承担。

某矿业公司、钟某某辩称：原告所诉与事实不符。第一，原告与钟某某之间不存在股权代持的合意。某矿业公司是钟某某通过合法程序注册成立的，钟某某系唯一股东，原告向法庭提交的《法定代表人聘用合同》与本案没有关联性，并非双方股权代持协议，该协议签订时间为2016年，且该协议中并没有表明系某矿业公司的股份，该协议是2016年原告准备在新疆成立一家公司，委托钟某某管理而签订的。后因公司未设立，该协议未实际履行。原告仅提交该协议无法证实双方之间存在股权代持的合意。第二，钟某某在经营公司过程中，原告确实向钟某某提供过帮助，但原告支付给钟某某及某矿业公司的款项系钟某某向原告的借款，并非公司法意义上的出资款。事实上，原告并未向某矿业公司出资，亦无出资证明。原告与两被告之间的资金往来是基于其他的民事债权债务关系。原告未曾向钟某某支付过工资，其于2019年向钟某某付款备注为4月工资系其单方备注。钟某某向某矿业公司实际出资共计1291500元，其中，2021年3月30日支付的5万元用于公司各项开支，其他款项均支付至公司账户。原告无法证实其履行了股东的出资义务，应当承担举证不能的不利后果。第三，原告也没有基于股东身份对公司进行实际经营和管理，亦未行使股东权利。某矿业公司成立至今，均由钟某某自行经营与管理。某矿业公司的相关经营人员，包括副经理、公司财务人员等均由钟某某聘任，表明原告根本没有实际经营过公司，亦未行使过股东权利。第四，本案系股东资格确认纠纷，钟某某不是本案的适格被告，应当以第三人的身份参加诉讼。综上所述，钟某某系某矿业公司的唯一合法股东，原告的诉讼请求不能成立，请求依法驳回原告的诉讼请求。

新疆维吾尔自治区阜康市人民法院于 2021 年 10 月 13 日作出（2021）新 2302 民初 1569 号民事判决：一、确认兰某为某矿业公司的股东，持股比例为 100%；二、某矿业公司于判决生效后十日内至公司登记机关办理上述股权的变更登记手续（从钟某某名下变更登记至兰某名下）；三、钟某某于本判决生效后十日内向兰某移交某矿业公司的印章及证照；四、钟某某于本判决生效后十日内向兰某支付保全费 5000 元。宣判后，当事人均未提出上诉，判决已发生法律效力。

【裁判理由】

生效裁判认为，依法成立的合同，对当事人具有法律约束力。原告兰某与被告钟某某在平等自愿、协商一致的基础上签订《法定代表人聘用合同》，系双方真实意思表示，且不违反法律、行政法规的强制性规定，合法有效，法院予以确认。《公司法司法解释（三）》第二十一条规定："当事人向人民法院起诉请求确认其股东资格的，应当以公司为被告，与案件争议股权有利害关系的人作为第三人参加诉讼。"本案案由为股东资格确认纠纷，根据上述司法解释的规定，钟某某应当作为第三人参加诉讼，但因本案被告某矿业公司系自然人独资的有限责任公司，原告不仅要求确认其股东身份，亦要求钟某某向其移交被告某矿业公司的相关印章及证照，故将钟某某作为被告并无不当。

原告要求确认其为被告某矿业公司持股 100% 的股东，被告钟某某对原告主张的诉讼请求与事实理由均不认可。原告认可其与被告钟某某未签订书面的股权代持协议，亦无证据证实其与被告钟某某之间存在口头代持协议，但主张与被告钟某某之间存在股权代持合意。根据上述司法解释的相关规定，在缺乏股权代持直接书面证据的情况下，如果实际股东提交的证据能够形成完整的证据链，证明隐名股东系实际出资人，且实际参与了公司的经营管理或对名义股东有较大的公司经营管理上的控制力，应当综合案件事实，依据优势证据原则，对股权代持关系作出认定。根据庭审调查及当事人举证情况，通过以下事实可以认定原告与被告钟某某之间存在股权代持关系。

一是原告与被告钟某某签订的《法定代表人聘用合同》中受聘方钟某某的身份信息后明确备注为某矿业公司，并载明有被告某矿业公司的统一社会信用代码。该合同载明公司股份实属原告所有，在被告钟某某被聘用为法定代表人期间，原告享有公司股东的一切权利和义务，原告只授权被告钟某某对公司进行生产经营管理。联系合同的具体内容可以认定原告聘用被告钟某某为被告某矿业公司的法定代表人，且原告系被告某矿业公司的实际股东。被告钟某某辩称其系被聘用为其他公司而非某矿业公司的法定代表人，但并未提供相应的证据证实。据此，对被告钟某某的该项抗辩意见不予采纳。

二是被告某矿业公司作为矿业投资公司，办理探矿权证系公司的重要重大事项，根据原告、被告举证情况，探矿权证系原告具体参与办理的，办理探矿权证及矿产勘查须缴纳的招拍挂押金、办证税费、勘查费用均由原告及其妻子于某某支付，被告钟某某辩称系其委托原告办理，但并未提供相应的证据证实委托事实的存在及资金的性质。涉及如此重大的公司事项，没有相关证据印证有违常理。根据法律规定，当事人对自己提出的诉讼请求所依据的事实或者反驳对方诉讼请求所依据的事实有责任提供证据加以证明，未能提供证据或者证据不足以证明其事实主张的，负有举证责任的当事人应当承担不利的后果。据此，对被告钟某某的该项抗辩意见不予采纳。

三是原告提交的两份某矿业公司工作会议记录中明确列明了原告与被告钟某某的身份，即原告为某矿业公司的董事长，被告钟某某为总经理，于某某为财务总监，王某为办公室主任，会议亦是由原告主持召开，会议的内容涉及被告某矿业公司的具体经营管理。此外，被告钟某某亦称原告对外以被告某矿业公司董事长的身份办理业务。对于原告的以上行为，被告钟某某不仅没有提出异议，反而通过会议记录的形式予以了肯定。实际股东提供的参加公司相关会议的证据，可以作为证明其实际参与了公司的经营管理的直接证据。原告提交的会议记录可以说明原告不仅是被告某矿业公司经营管理的参与者，且对公司的各项事务具有较大程度上的控制权和决策权。

四是原告及其妻子于某某对被告某矿业公司进行了直接与间接的出资，且资金均用于支付公司的税费、租金、技术费用等日常开支及经营。被告钟某某辩称资金往来系双方之间基于借款等其他民事债权债务关系而产生。法院认为，资金往来的性质确实存在多种可能性，例如借款、还款、投资、赠与等。对于原告支付款项的性质，被告钟某某负有举证义务，否则应当承担举证不能的法律后果。现被告钟某某未提供任何证据证实原告及其妻子于某某支付的款项系基于其他法律关系，原告及其妻子于某某向被告某矿业公司支付的款项可以认定为出资。

五是被告钟某某认可被告某矿业公司成立至今一直未分红，原告未享受过股东权益，被告钟某某亦未享受过股东权益。对于是否享有股东权利，不仅包括参与公司的分红收益，还应当包括是否实际进行公司管理经营、投资决策等。被告钟某某以原告未行使过股东权利为由否认原告实际股东身份不具有合理性。此外，对于原告及王某向被告钟某某发送的手机短信内容，被告钟某某既不予正面回应，亦不予以否认，虽然短信的内容不能作为认定原告系实际股东的直接证据，但可以作为原告与被告钟某某之间法律关系的间接证据。

根据法律规定，实际出资人要求显名，请求公司变更股东、签发出资证明书、记载于股东名册、记载于公司章程并办理公司登记的，需要经公司其他股东半数以上同意。但被告某矿业公司系自然人独资的有限责任公司，股东仅有一名，不存在需要经公司其他股东半数以上同意的问题。现原告要求显名，确认其是被告某矿业公司实际股东，持股比例为100%，并要求被告某矿业公司将在工商登记中的股东由被告钟某某变更为原告兰某，合理合法，法院予以确认。被告钟某某认可原告主张的相关印章及证照在其手中，故对原告要求被告钟某某向其移交被告某矿业公司的印章及证照的诉讼请求予以支持。根据《诉讼费用交纳办法》第六条第二项关于"当事人应当向人民法院交纳的诉讼费用包括：申请费"及第十条第二项关于"当事人依法向人民法院申请下列事项，应当交纳申请费：申请保全措施"的规定，原告申请财产保全需要向法院交纳申请保全费，该费用属于诉讼费用的范畴。根据《诉讼费用交纳办法》第二十九条第一款关于"诉讼费用由败诉方负担，胜诉方自愿承担的除外"的规定，引发本案诉讼及促使原告申请保全的原因在于被告钟某某，且原告的诉讼请求合理合法，原告交纳的申请保全费5000元理应由被告钟某某承担。

20. 有限责任公司与股份有限公司的实际出资人能否显名，应当如何显名？

有限责任公司具有人合性，为了避免既有股东与实际出资人显名之后产生冲突，影响公司经营的稳定性，实际出资人显名需要公司其他股东同意。与有限责任公司具有人合性不同，股份有限公司的主要特征为股份可以依法公开自由转让，具有资合性和相对开放性。股份有限公司的实际出资人要求显名仅须具备代持协议合法有效和实际出资或认缴出资两个条件即可。除发起人及公司高级管理人员受一定期限的限制外，股份有限公司股份转让无须由其他公司股东同意，可以自由转让。满足前述两个条件的股份有限公司的实际出资人要求确认股东资格，办理股权变更登记的，应予支持。

法律提示： 2023 年《公司法》第八十四条第二款删除了有关有限责任公司股东对外转让股权需其他股东过半数同意的条款，改为其他股东在同等条件下有优先购买权的条款，但实际出资人显名仍应征得公司其他股东同意。实际出资人显名直接影响公司股权结构，公司其他股东认为实际出资人显名影响公司人合性，可能损害公司或者自身权益的，应及时提出异议。

相关法律规范：

2023 年《公司法》	2018 年《公司法》
第八十四条 有限责任公司的股东之间可以相互转让其全部或者部分股权。 股东向股东以外的人转让股权的，应当将股权转让的数量、价格、支付方式和期限等事项书面通知其他股东，其他股东在同等条件下有优先购买权。股东自接到书面通知之日起三十日内未答复的，视为放弃优先购买权。两个以上股东行使优先购买权的，协商确定各自的购买比例；协商不成的，按照转让时各自的出资比例行使优先购买权。 公司章程对股权转让另有规定的，从其规定。 **第一百五十七条** 股份有限公司的股东持有的股份可以向其他股东转让，也可以向股东以外的人转让；公司章程对股份转让有限制的，其转让按照公司章程的规定进行。	**第一百三十七条** 股东持有的股份可以依法转让。

续表

相关规定
《公司法司法解释（三）》第二十四条第三款 实际出资人未经公司其他股东半数以上同意，请求公司变更股东、签发出资证明书、记载于股东名册、记载于公司章程并办理公司登记机关登记的，人民法院不予支持。 **《九民会议纪要》第28条** 实际出资人能够提供证据证明有限责任公司过半数的其他股东知道其实际出资的事实，且对其实际行使股东权利未曾提出异议的，对实际出资人提出的登记为公司股东的请求，人民法院依法予以支持。公司以实际出资人的请求不符合《公司法司法解释（三）》第二十四条的规定为由抗辩的，人民法院不予支持。

案例库参考案例 1

范某某诉青岛某公司、香港某投资公司、徐某股东资格确认纠纷案

2024-10-2-262-001/ 民事 / 股东资格确认纠纷 / 山东省高级人民法院 /2023.
03.06/（2022）鲁民终 2629 号 / 二审 / 入库日期：2024.02.24

【裁判要旨】

涉港案件参照适用《涉外民事关系法律适用法》的规定。股权代理协议所引发的股东确权纠纷属于法人股东权利义务纠纷，故本案应适用法人登记地法律，即内地法律。关于股权代持的协议应当仅能约束合同相对方。股东显名化要符合《公司法》及《外商投资法》等法律规定的其他股东同意、记载于股东名册或出具股权凭证等条件。

【基本案情】

原告范某某向法院提出诉讼请求：（1）依法确认由第三人香港某投资公司所持有的被告青岛某公司 540 万股的股份属于原告所有；（2）依法判令青岛某公司将 540 万股股份（价值为人民币 15552 万元）的持有人由香港某投资公司变更为原告，并将原告记载于股东名册，向原告出具相应股权凭证；（3）本案诉讼费用由被告承担。

被告青岛某公司辩称：被告有大量证据证明原告为恶意诉讼，恳请法院依法查明事实，对原告提出的恶意诉讼请求依法驳回。

第三人香港某投资公司辩称：本案中青岛某公司系中外合资经营企业，审

理本案应适用《外商投资企业法》及《最高人民法院关于审理外商投资企业纠纷案件若干问题的规定（一）》的相关规则，对原告诉讼请求不应予以支持。

第三人徐某辩称：如果原告认为第三人徐某违反了《无锡某公司大股东之间的股份委托代管协议》的相关约定，损害了原告的合法权益，原告可另案主张，与本案无关。

法院经审理查明：无锡某公司成立于 2003 年 6 月 12 日。原始股东为山东某集团公司、王某某、徐某、徐某某、姚某某、陈某某。2009 年 4 月 10 日，上述全体股东将其各自持有的无锡某公司的股权全部转让给本案被告青岛某公司。2011 年 10 月 23 日，青岛某公司将持有的无锡某公司全部股权分别转让给案外人张某（65%）和周某（35%），不再担任股东。2012 年 9 月 12 日，无锡某公司发布注销公告：2012 年 8 月 20 日经股东会决议解散公司，并于同日成立了公司清算组。请公司债权人于公告发布之日起四十五日内，向本公司清算组申报债权。

青岛某公司是成立于 2005 年的外商投资企业。公司投资总额为 20 万美元，注册资本为 20 万美元。无锡某公司出资 15 万美元，占注册资本的 75%，香港某投资公司出资 5 万美元，占注册资本的 25%。2008 年 11 月 24 日，无锡某公司将其持有的青岛某公司的全部股权（占股本总额的 68.75%），分别转让给武汉某公司（转让 37.5% 的股权，作价 10088105.74 元）和山东某集团公司（转让 31.25% 的股权，作价 8405213.67 元）。无锡某公司此后不再是青岛某公司的股东。2022 年原告起诉至法院时，青岛某公司工商登记信息显示：山东某集团公司占股 25.875%、武汉某公司占股 25.875%、香港某投资公司占股 25.875%、拉萨某公司占股 12.375%、拉萨某某公司占股 10%。

2006 年 7 月 17 日，原告与第三人徐某签订《无锡某公司大股东之间的股份委托代管协议》。该委托代管协议载明：原告委托第三人徐某为其代理人，代为享有股东权利义务。原告对无锡某公司已出资 25.6 万元，占公司注册资本的 4%，第三人徐某承诺在原告 60 岁时，由第三人主动将原告股东法律地位按出资额占原始注册资金比例在公司章程中列明。第三人徐某为原告公司股东代理人，在公司章程约定"股东权利和义务"及其他内容范围内代为原告享受股东权利（包括知情权、表决权、受益权、股份受让权、股份质押权），但股份处分权、继承权除外。第三人徐某应将公司向每位股东分发的每年公司财务报表交由原告阅看，第三人徐某按公司当年红利额代为原告签领红利并从签领日起算三日内交付原告，不得截留、侵占、挪作他用。第三人徐某确认在2009年4月10日转让无锡某公司股权后未向本案原告支付相应股权转让款。

被告青岛某公司现股东均于2022年6月27日出具书面声明，不认可原告成为青岛某公司股东，亦不同意原告记载于青岛某公司股东名册或青岛某公司向原告出具股权凭证。

山东省青岛市中级人民法院于2022年9月19日作出（2022）鲁02民初802号民事判决：驳回范某某的诉讼请求。宣判后，范某某提出上诉。山东省高级人民法院于2023年3月6日作出（2022）鲁民终2629号民事判决：驳回上诉，维持原判。

【裁判理由】

本案系股东资格确认纠纷。因第三人香港某投资公司系在香港特别行政区注册成立，本案参照涉外商事案件予以审理。同时，原告主张持有被告的股权，系对法人股东权利义务等事项产生争议，应适用法人登记地法律，而被告的登记地在青岛，根据《涉外民事关系法律适用法》的规定，本案应适用内地法律作为解决实体争议的准据法。

本案焦点问题系原告主体是否适格、是否超过诉讼时效及原告是否可以确认为被告股东。

关于原告主体资格问题。原告针对被告的诉讼请求能否成立与是否能作为原告起诉非同一审查标准。根据法律规定，原告是与本案有直接利害关系的公民、法人和其他组织。本案中原告的诉讼请求是确认为被告的股东，故根据原告诉请其与被告之间存在直接利害关系，可以作为原告起诉。被告关于原告主体不适格的抗辩理由不成立。

关于诉讼时效的问题。诉讼时效的客体为请求权，与实体法上的请求权相对应的诉为给付之诉。本案系原告针对其股东资格提起的确认之诉，确认之诉所对应的实体法上的权利是形成权。且原告申请确认的系被告公司的股东资格，而非无锡某公司的股东资格。故被告关于应按照无锡某公司股权转让或无锡某公司注销的时间计算诉讼时效的抗辩不能成立，其主张的原告起诉已过诉讼时效的理由，不予采纳。

《公司法司法解释（三）》（2014 年修正）第二十四条第一款规定："有限责任公司的实际出资人与名义出资人订立合同，约定由实际出资人出资并享有投资权益，以名义出资人为名义股东，实际出资人与名义股东对该合同效力发生争议的，如无《合同法》第五十二条规定的情形，人民法院应当认定该合同有效。"原告与第三人徐某于 2006 年 7 月 17 日签订的《无锡某公司大股东之间的股份委托代管协议》系双方当事人真实意思表示，不违反法律行政法规强制性规定，对其合法性予以确认。

根据法律规定，当事人之间对股权归属发生争议，一方请求人民法院确认其享有股权的，应当证明以下事实之一：（1）已经依法向公司出资或者认缴出资，且不违反法律法规强制性规定；（2）已经受让或者以其他形式继受公司股权，且不违反法律法规强制性规定。被告的工商登记显示其为外商投资企业。《最高人民法院关于审理外商投资企业纠纷案件若干问题的规定（一）》（法释〔2010〕9 号）第十四条规定："当事人之间约定一方实际投资、另一方作为外商投资企业名义股东，实际投资者请求确认其在外商投资企业中的股东身份或者请求变更外商投资企业股东的，人民法院不予支持。同时具备以下条件的除外：（一）实际投资者已经实际投资；（二）名义股东以外的其他股东认可实际投资者的股东身份；（三）人民法院或当事人在诉讼期间就将实际投资者变更为股东征得了外商投资企业审批机关的同意。"根据合同相对性原则，原告与第三人徐某之间的案涉委托代管协议不能约束非合同的相对方。该股份委托代管协议约定第三人徐某代原告持有的系无锡某公司 4% 的股份，而第三人徐某持有的无锡某公司的股权，包括代原告持有的 4% 的份额已于 2009 年 4 月 10 日全部转让给青岛某公司。而无论青岛某公司，抑或青岛某公司的登记股东均未与原告达成代持青岛某公司股份的合意，且青岛某公司的股东明确表示不同意原告记载于青岛某公司股东名册或青岛某公司向原告出具股权凭证。原告关于案涉股权在几个公司之间平移的主张没有法律依据，对此不予采纳。在上述情况下原告主张确认其为被告股东的诉讼请求没有事实和法律依据，对此不予支持。

根据被告工商登记情况，第三人香港某投资公司在被告成立时即为被告的原始股东，该第三人既未接收原告资金，更未与原告达成代持被告股权的合意。故原告主张的第三人香港某投资公司持有被告公司 540 万股为其所有的理由亦不能成立，该诉讼请求，不予支持。

在不能确认原告为被告股东的前提下，原告关于记载于股东名册并向其出具相应股权凭证的其他诉讼请求亦不能得到支持。另，原告是否为其他公司的股东及是否与被告之间存在竞争关系等均与本案无关，对此不予审查。

案例库参考案例 2

吕某某诉赵某某、甘肃某投资公司、平凉某房地产公司、尚某某股东资格确认纠纷案

2023-08-2-262-009/ 民事 / 股东资格确认纠纷 / 甘肃省高级人民法院 /2022.08.09/（2022）甘民申 1122 号 / 再审 / 入库日期：2024.02.25

【裁判要旨】

股份有限公司不具有人合性特点，《公司法》对股份有限公司股东的股权转让，除对发起人和公司高级管理人员一定期限的限制外，并没有基于维护公司人合性的转让限制，故股份有限公司的实际出资人要求显名具备代持协议合法有效和实际出资或认缴出资两个条件即可。

【基本案情】

吕某某、尚某某及案外人徐某某与赵某某约定共同投资 1000 万元参与某综合市场项目，由赵某某代持另外三人的股份，后经过追加，共出资 1500 万元，该 1500 万元入股某商贸公司后，某商贸公司经股东会决议解散，经清算完毕，公司剩余资产由投资人收回，其中 1500 万元由赵某某取得。后赵某某将该 1500 万元投入甘肃某投资公司（以下简称投资公司），现吕某某起诉要求确认其为投资公司的股东，并办理股权变更登记。

甘肃省平凉市中级人民法院于 2020 年 12 月 1 日作出（2020）甘 08 民初 7 号民事判决：一、赵某某在投资公司实缴资本金 1500 万元中的 450 万

元为吕某某实际出资；二、驳回吕某某的其他诉讼请求。宣判后，赵某某、投资公司、吕某某提出上诉。甘肃省高级人民法院于 2021 年 12 月 27 日作出（2021）甘民终 127 号民事判决：一、维持平凉市中级人民法院（2020）甘 08 民初 7 号民事判决第一项；二、撤销平凉市中级人民法院（2020）甘 08 民初 7 号民事判决第二项；三、确认吕某某为投资公司股东，享有投资公司 450 万元股权；四、投资公司、赵某某于判决生效之日起三十日内配合吕某某办理投资公司 450 万元的股权变更；五、驳回吕某某的其他诉讼请求。二审判决作出后，投资公司、赵某某提出再审申请。甘肃省高级人民法院于 2022 年 8 月 9 日作出（2022）甘民申 1122 号民事裁定：驳回投资公司、赵某某的再审申请。

【裁判理由】

甘肃省高级人民法院二审认为：根据《公司法司法解释（三）》第二十四条的规定，有限责任公司的实际出资人显名须具备三个条件：代持股协议合法有效、实际出资或认缴出资并经公司其他股东半数以上同意。该条所规定的其他股东半数以上同意，系基于有限责任公司的人合性特点，其制度基础在于《公司法》（2018 年修正）第七十二条所规定的有限责任公司股东股权转让的限制，而本案中投资公司作为股份有限公司，不具有人合性特点，《公司法》对股份有限公司股东的股权转让，除对发起人和公司高级管理人员有一定期限的限制外，并没有基于维护公司人合性的转让限制，故股份有限公司的实际出资人要求显名仅须具备代持协议合法有效和实际出资或认缴出资两个条件即可，吕某某与赵某某之间的股权代持协议合法有效，吕某某亦实际履行了出资义务，其要求确认股东资格，办理股权变更登记的诉讼请求应予支持。故改判确认吕某某为投资公司股东，享有该公司 450 万元股权，并由投资公司、赵某某于判决生效之日起三十日内配合吕某某办理股权变更。

21. 上市公司股票代持行为是否一概被禁止？

上市公司作为公众公司，其所有权结构和实际控制情况必须公开透明，以确保投资者能够理解公司的经营状况和风险。个人或机构实施代持行为的，应当严格遵守法律、行政法规的规定，如沪港通、深港通等业务中的名义持有制度，上市公司股东名册记载的结算机构是名义持有人，这种外观代持是一种合法的制度安排，不应被否认。但如果代持行为影响上市公司信息披露的真实、准确、完整，造成投资者对上市公司及相关情况的误判，甚至隐藏着贪污受贿等犯罪行为的，则属于禁止的范围。

法律提示： 对上市公司股票代持行为的规定大多集中于证监会规章制度，核心的判断标准是代持行为是否严重损害国家的金融安全或特定领域的管理秩序，如果部门规章背后所体现的是金融管理和金融安全等原则性的价值，违反相关规定可能会导致该行为因违反诚信原则或公序良俗原则而无效。

相关法律规范：

2023 年《公司法》	2018 年《公司法》
第一百四十条　上市公司应当依法披露股东、实际控制人的信息，相关信息应当真实、准确、完整。 　　禁止违反法律、行政法规的规定代持上市公司股票。	
相关规定	
《证券法》第七十八条第二款　信息披露义务人披露的信息，应当真实、准确、完整，简明清晰，通俗易懂，不得有虚假记载、误导性陈述或者重大遗漏。	

案例库参考案例

杉某诉龚某股权转让纠纷案

2023-10-2-269-003/ 民事 / 股权转让纠纷 / 上海金融法院 /2019.04.30/（2018）沪 74 民初 585 号 / 一审 / 入库日期：2024.02.22

【裁判要旨】

1. 上市公司在证券发行过程中应当如实披露股份权属情况，隐名代持证券发行人股权的行为因违反公共秩序而无效。

2. 判断除法律法规以外的其他规则是否构成证券市场公共秩序时，应当从实体正义和程序正当两个方面审查。

3. 外国人委托中国人代持内资公司股份，若标的公司不属于国家限制或禁止外商投资的产业领域，则投资行为不违反外商投资准入的禁止性规定。股份投资收益应根据公平原则在实际投资人与名义持有人之间合理分配。股份名义持有人申请以标的股票变现所得返还投资款并分配收益的，应予支持。

【基本案情】

原告杉某系日本国公民，被告龚某系中国公民。双方于 2005 年签订《股份认购与托管协议》，约定杉某以 4.36 元 / 股的价格向龚某购买上海某软件股份有限公司（以下简称某软件公司）股份 88 万股，并委托龚某管理，龚某根据杉某的指示处分股份，对外则以自己名义行使股东权利，将收益全部及时交付给杉某。某软件公司于 2017 年在上海证券交易所首次公开发行股票并上市，在发行上市过程中，龚某作为股东曾多次出具系争股份清晰未有代持的承诺。2018 年，某软件公司向全体股东按每 10 股派发现金红利 4 元，用资本公积按每 10 股转增 4 股的比例转增股本。之后，龚某名下的股份数量增加至 123.2 万股。之后，原告、被告双方就《股份认购与托管协议》的效力和股份收益分配发生纠纷，杉某诉至法院请求判令：龚某交付某软件公司的股份收益，或者按照股份市值返还投资款并赔偿 2018 年红利损失。

上海金融法院于 2019 年 4 月 30 日作出（2018）沪 74 民初 585 号民事判决：一、龚某于判决生效之日起十日内向杉某支付 2017 年现金红利人民币 352000元（扣除应缴纳税费）的 70%；二、杉某可在判决生效后十日内与龚某协商，对龚某名下 123.2 万股某软件公司股票进行出售，若协商不成，杉某可申请对上述股票进行拍卖、变卖，上述股票出售、拍卖、变卖所得款项中优先支付杉某投资款 3836800 元，若所得款项金额超过投资款金额，超过部分的 70% 归杉某所有，剩余部分归龚某所有；三、龚某应于判决生效之日起十日内向杉某支付律师费 10 万元、保全担保服务费 3 万元；四、驳回杉某的其余诉讼请求。宣判后，双方当事人均未上诉，判决已生效。

【裁判理由】

法院生效判决认为：外国人委托中国人代持内资公司股份的行为，并不必然导致实际出资人与名义持有人两者之外的其他法律关系的变更，双方签订的合同不属于需要经外商投资审批机关批准才能生效的合同。若标的公司所处行业不属于国家限制或者禁止外商投资的产业领域，则投资行为不违反我国关于外商投资准入的禁止性规定。故杉某作为外国投资者，投资某软件公司的行为，因不违反外商投资准入的禁止性规定，所以不被认定无效。但杉某委托龚某代持上市公司股份的行为，仍要接受我国相关证券监管法律、法规的评价。

《民法总则》第一百五十三条第二款规定："违背公序良俗的民事法律行为无效。"公序良俗的概念具有较大弹性，在具体案件中应审慎适用，避免过度克减民事主体的意思自治。公序良俗包括公共秩序和善良风俗。证券领域的公共秩序应先根据该领域的法律法规予以判断，在上位法律无明确规定的情况下，判断某一下位规则是否构成公共秩序，应从实体正义和程序正当两个层面进行考察：该规则应当体现证券领域法律和行政法规所规定的国家和社会整体利益；该规则的制定主体应当具有法定性、权威性，制定与发布符合法定程序，具有较高的公众知晓度和认同度。证券发行人应当如实披露股份权属情况，禁止发行人股份存在隐名代持情形，系由《证券法》和《首次公开发行股票并上市管理办法》明确规定，关系以信息披露为基础的证券市场整体法治秩序和广大投资者合法权益，在实体和程序两个层面均符合公共秩序的构成要件，因此属于证券市场中应当遵守、不得违反的公共秩序。隐名代持证券发行人股权的行为因违反公共秩序而无效。

但代持行为被认定无效后，投资收益不属于合同订立前的原有利益，不适用恢复原状的法律规定，应适用公平原则，根据对投资收益的贡献程度以及对投资风险的承受程度等情形，即依据"谁投资，谁收益"与"收益与风险相一致"原则进行合理分配。名义持有人与实际投资人一致表示以系争股票拍卖、变卖后所得向实际投资人返还投资款和支付股份增值收益，属于依法处分自身权利的行为，不违反法律法规的禁止性规定，可予支持。

22. 金融机构股份代持协议是否一概无效？

国务院金融管理部门依据《银行业监督管理法》《保险法》等制定的《商业银行股权管理暂行办法》《保险公司股权管理办法》《银行保险机构公司治理准则》《信托公司股权管理暂行办法》《证券公司股权管理规定》是法律授权制定的行政规章。前述行政规定分别规定银行业、保险业、证券业金融机构不得委托他人或接受他人委托持有该金融机构股权。在认定金融机构股权代持合同效力时，应当认定上述规定属于《民法典》第一百四十三条第三项的强制性规定，结合实际出资人和名义股东的主体身份、代持比例、代持原因、是否披露代持关系、法律后果和影响等因素，准确认定合同效力。

法律提示： 在审理金融机构股权纠纷时，要严格执行金融立法和金融监管政策的禁止性规定，依法否定涉金融机构主要股东的违规股权代持行为的效力，严防控股股东、实际控制人通过隐形代持逃避监管。

案例库参考案例

陈某某诉上海某某投资管理有限公司、某某金融租赁股份有限公司合同纠纷案

2023-08-2-483-015/ 民事 / 合同纠纷 / 上海市第二中级人民法院 /2022.02.28/（2021）沪 02 民终 2446 号 / 二审 / 入库日期：2024.02.23

【裁判要旨】

1. 代持金融机构股权的行为是否为监管所允，需得充分结合相应规章上下文规定及同时期施行的其他部门规章内容进行判断。就金融租赁公司而言，根据 2007 年颁布的《金融租赁公司管理办法》以及 2014 年修订后的《金融租赁公司管理办法》，可得推知自然人不具备金融租赁公司持股主体资格系一以贯之的基本原则。

2. 金融机构持股主体资格与公序良俗牵连明显，在股权代持的情境下，标的股权实际权益主体的情况并不明确，放任此种不透明的股权关系存在，会将代持双方的投资风险转嫁给金融机构及与机构相关的不特定多数人。规章涉及持股主体资格的规范，系维护金融机构平稳运行的重要举措，系保障不特定多数人身、财产利益等的必要手段，与金融秩序的安全稳定密切相关，代持合同与规章中涉及特定公共利益的规定相悖，应属无效。

3. 认定股权代持合同无效后的处理应区分情况，当事人达成委托购买及委托代持合意的，合同无效的后果为受托人向委托人返还认购款项，并不再为委托人持有金融机构股权，委托人能否成为金融机构持股主体，需结合委托人是

否具有显名资格等具体判断。当事人达成股权转让及委托代持合意的，合同无效的后果为受托人向委托人返还股权转让款，标的股份权利人仍为受托人。无论何种代持模式，对代持期间产生的收益或损失均应依照公平原则合理分配或承担。

【基本案情】

原告陈某某诉称：2011 年 11 月，其与被告上海某某投资管理有限公司（以下简称上海某投资公司）签署《股权代持协议》《股权代持补充协议》（以下分别简称代持协议、补充协议），约定被告以自己的名义为原告认购第三人某某金融租赁股份有限公司（以下简称某金融租赁公司）定向增发的 1000 万股股份（发行价格为 1.30 元 / 股），并为其代持标的股份，原告同意代持关系解除时，向被告支付股权增值部分的 20% 作为受托管理费。之后，原告向被告支付投资款 1300 万元及其先行垫付款项产生的利息 116700 元。2019 年，被告出具《确认书》，确认 2019 年第三人股份价值为 3.50 元 / 股。因第三人未曾分红，原告亦未行使过股东权利，经咨询方知金融租赁公司不得由自然人投资入股，案涉协议与涉及金融安全等规章的内容相冲突，违背公序良俗，故请求判令：一、确认原告、被告间代持协议及补充协议无效；二、被告向原告返还投资款 1300 万元及利息 116700 元；三、被告赔偿原告损失 1760 万元 [（3.50 元 −1.30 元）×1000 万股 ×80%]。

被告上海某投资公司不同意原告诉请辩称：（1）案涉协议签署时，法律、行政法规未对代持金融租赁公司股权持强制否定态度，原告所述部门规章并不构成协议无效依据。（2）被告自身持股比例及其为原告代持比例较小，不足以影响第三人经营，无涉金融安全、市场秩序及国家宏观政策等公序良俗。（3）即便案涉协议无效，被告应仅返还基于代持协议取得的款项。

第三人某金融租赁公司述称：根据监管规定，自然人不得成为金融租赁公司股东，针对股份价值，从会计学的角度，参考公司发布的 2019 年年度报告数据计算得出股份价值为 3.79 元 / 股。

法院经审理查明：2011 年 3 月，第三人与被告等签订《增资扩股协议》，其中约定被告出资 3.90 亿元，持股比例 5.89%。之后，银监局作出批复，同意第三人增资扩股方案。

2011 年 11 月 8 日，原告、被告签署代持协议及补充协议，约定被告受原告委托，以其名义将原告所有 1300 万元资金用于认购第三人定向增发的 1000 万股股份（发行价格为 1.30 元 / 股），原告有意在定向增发完成后继续委托被告代其持有并管理标的股份，并同意在股权代持解除时，向被告支付受托代持管理费，计算方式为（股份代持解除时全部标的股份评估价值或市场价值 − 标的股份总股数 × 1.30 元 − 当期标的股份变现应缴交易税、费）× 20%。之后，原告向被告转账合计 13116700 元。

2019 年，被告出具《确认书》，确认原告支付认购初始标的股份资金 1300 万元及利息 116700 元，其中 1300 万元资金于 2011 年为原告认购了第三人 1000 万股股份（发行价格 1.30 元 / 股），亦即，在被告所持第三人股份中，1000 万股股份为原告所有，由被告代持。被告确认自 2011 年起未收到第三人分红或其他收益，2019 年第三人股份价值为 3.50 元 / 股。就代持协议的履行，原告于 2019 年 1 月向被告提出异议，双方已进行多次协商。

另查明：第三人资产负债表（2018 年 12 月 31 日）显示，所有者权益合计 17909920613.96 元，负债和所有者权益合计 1738.72 亿元。第三人公布的 2019 年年度报告中《合并资产负债表和资产负债表（续）》显示，截至 2019 年 12 月 31 日，第三人"股东权益"部分"股本"金额为 50.95 亿元，"股东权益合计"金额为 19289953000 元，"负债及股东权益总计"金额为 1876.97601 亿元。中国某银行股份有限公司公布的 2020 年半年度报告载明，截至 2020 年 6 月 30 日，第三人总资产 1950.77 亿元，比上年末增长 3.91%，净资产 195.47 亿元，比上年末增长 2.07%。案件审理中，各方均认可自 2011 年以来，第三人未分红。

上海市黄浦区人民法院于 2020 年 12 月 28 日作出民事判决：一、原告、被告间代持协议及补充协议无效；二、被告应于判决生效之日起十日内向原告返还 1300 万元及 116700 元；三、被告应于判决生效之日起十日内向原告支付 1760 万元。

被告不服该判决，向上海市第二中级人民法院提出上诉。上海市第二中级人民法院于 2022 年 2 月 28 日作出民事判决：驳回上诉，维持原判。

【裁判理由】

法院生效裁判认为：本案争议焦点主要有两个，一是原告、被告间代持协议及补充协议效力如何，二是如若协议无效，相应后果应为何。

关于争议焦点一，案涉协议是否有效，应判断其是否违反影响合同效力的法律、行政法规的强制性规定或是否违背公序良俗。对于协议效力的审查，应立足于与金融租赁公司监管相关的规定。

在法律和行政法规层面，全国人大常委会于 2006 年颁布的《银行业监督管理法》第二条第三款规定，对在中华人民共和国境内设立的金融租赁公司的监督管理，适用该法对银行业金融机构监督管理的规定；第十九条规定，未经国务院银行业监督管理机构批准，任何单位或者个人不得设立银行业金融机构或者从事银行业金融机构的业务活动。国务院于 2011 年颁布的《非法金融机构和非法金融业务活动取缔办法》第三条规定，未经中国人民银行批准，擅自设立从事或者主要从事金融租赁的机构属于非法金融机构；第四条规定，未经中国人民银行批准，擅自从事金融租赁活动属于非法金融业务活动；第五条第一款规定，未经中国人民银行依法批准，任何单位和个人不得擅自设立金融机构或者擅自从事金融业务活动。结合《银行业监督管理法》第十五条的规定，即国务院银行业监督管理机构依照法律、行政法规制定并发布对银行业金融机构及其业务活动监督管理的规章、规则，可知金融租赁公司及金融业务活动在金融机构及金融业务活动的监管范围内，至于具体监管措施的制定权限，系授权由国务院银行业监督管理机构行使，国务院银行业监督管理机构依据监督管理之实际需要制定并发布规章、规则。故本案中，原告、被告间协议是否为监管部门所允许，应根据国务院银行业监督管理机构针对金融租赁公司监管制定并发布的相应规章的内容予以审查。

在部门规章层面，银保监会颁布的《金融租赁公司管理办法》（2014 年公布，以下简称管理办法）以及《中国银保监会非银行金融机构行政许可事项实施办法》（以下简称实施办法）就金融租赁公司的设立、变更、终止等事项规定明确，且随着监督管理的实际需要而历经修订。本案中，案涉协议达成时，施行的系 2007 年 1 月颁布的管理办法及 2007 年 8 月颁布的实施办法，在协议履行期间，管理办法于 2014 年进行修订，实施办法分别于 2015 年、2018 年、2020 年进行修订。

2007 年管理办法于第八条至第十条针对金融租赁公司出资人条件作出规

定，明确出资人分为主要出资人和一般出资人。主要出资人是指出资额占拟设金融租赁公司注册资本 50% 以上的出资人，包括符合特定条件的在中国境内外注册的具有独立法人资格的商业银行，在中国境内外注册的租赁公司，在中国境内注册的、主营业务为制造适合融资租赁交易产品的大型企业，以及银监会认可的可以担任主要出资人的其他金融机构。一般出资人是指除主要出资人以外，符合银监会投资入股金融机构相关规定的其他出资人，结合第十三条"申请筹建金融租赁公司，申请人应当提交下列文件"的第四项"出资人基本情况，包括出资人名称、法定代表人、注册地址、营业执照复印件及营业情况以及出资协议"可知，金融租赁公司出资人的主体资格限于法人，自然人并不符合该项要求。2007 年实施办法于第三十条至第三十三条重申上述主要出资人条件的同时，另于第三十四条至第三十六条明确境内非金融机构、境内金融机构作为金融租赁公司一般出资人以及境外金融机构作为中资金融租赁公司一般出资人应具备的条件，并于第七十五条规定，变更股权及调整股权结构，拟投资入股的出资人适用第三十条至第三十七条（单个出资人及其关联方投资入股的金融租赁公司不得超过两家）规定的条件，其中现有金融租赁公司变更股权，出资人的条件适用该实施办法第三十四条至第三十七条的规定。故虽然上述规章并未直接表述自然人不得成为金融租赁公司出资人，但从有关出资人主体资格要件的规定可知，金融租赁公司出资人主体资格仅限于法人而不包括自然人。

金融租赁公司出资人限于法人的基本原则也于后续修订的管理办法、实施办法中明确体现。具体而言，2014 年颁布的管理办法第八条至第十六条规定了金融租赁公司发起人的条件，将主体资格限于在中国境内外注册的具有独立法人资格的商业银行，在中国境内注册的、主营业务为制造适合融资租赁交易产品的大型企业，在中国境外注册的融资租赁公司，以及银监会认可的其他境内法人机构和境外金融机构，并于第二十条规定，变更股权及调整股权结构，拟投资入股的出资人需符合第八条至第十六条规定的新设金融租赁公司发起人条件。2015 年颁布的实施办法第二十四条至第三十三条规定了金融租赁公司发起人的条件，在重申 2014 年管理办法上述规定的同时，另于第三十一条第六项明确，代他人持有金融租赁公司股权的企业，不得作为金融租赁公司的发起人，并于第一百一十三条规定，变更股权及调整股权结构，拟投资入股的出资人亦适用第二十四条至第三十三条的规定。此后实施办法数次修订均沿袭上述规定。

综合规章内容可知，金融租赁公司出资人主体资格限于法人系一以贯之的原则，且根据监督管理之实际情况，代他人持有金融租赁公司股份为监管部门所禁止。本案中，案涉协议与其订立时施行的管理办法、实施办法规定相悖，亦与后续修订的两规章中关于禁止代持股份的规定相悖。

法院认为，不同时期颁布、修订的管理办法、实施办法均系银保监会依据《银行业监督管理法》第十五条明确授权，根据促进融资租赁业务发展，规范金融租赁公司经营行为之实际需要所制定。两规章中关于金融租赁公司出资人的主体资格及禁止代持股权的规定与《银行业监督管理法》立法目的一致，且未与法律、行政法规等相冲突，系加强金融机构的监督管理，防范和化解金融风险，促进金融机构健康发展，维护社会经济秩序与社会公共利益之必要保障。案涉协议与规章内容相悖，原告、被告基于股份转让所达成的代持合意违反涉及金融安全、市场秩序、国家宏观政策等的规章内容，违背公序良俗，依法应属无效。

关于争议焦点二，案涉协议因违背公序良俗而无效，原告不享有标的股份的权益，鉴于各方确认，原告从未获得分红，其无须向被告返还财产，而被告则应当返还原告为获得相应股份权益所支付的款项。本案中，被告基于协议所获得的财产为原告支付的投资款1300万元，对原告要求被告返还1300万元的主张，可予支持。至于利息116700元，实系原告垫付投资款所产生的资金占用费，鉴于被告同意返还该款项，法院对原告要求被告返还116700元的主张亦予支持。至于原告主张的赔偿因股份增值而产生的损失，实系要求对股份增值部分的收益予以分配，关于股份价值，鉴于被告不申请评估，且原告主张的价值低于依照第三人2019年年度报告所涉资产负债表计算所得的每股对应金额，对于原告主张的价值可予支持。关于分配比例，代持协议约定了协议解除时股份变现收益4:1之比例，法院认为，案涉协议系因违背公序良俗无效，而非因意思表示存在瑕疵，协议约定的分配比例系双方综合协议项下权利义务、投资风险等因素所达成，仍体现双方真实意思，故对于原告主张获得代持期间股份增值收益部分的 80%，即按（3.50 元 –1.30 元）×1000 万 ×80% 计算所得的 1760 万元，可予支持。

23. 外籍实际出资人的股东资格确认及变更登记如何处理？

2020 年 1 月 1 日，《外商投资法》正式实施，原《中外合资经营企业法》《外资企业法》《中外合作经营企业法》同时废止。《外商投资法》对外资实施准入前国民待遇加负面清单管理制度，同时放开了国内自然人与外国投资者共同成立外商投资企业的限制。外籍实际出资人申请股东资格确认及变更登记需满足以下条件：（1）外籍隐名股东已实际投资；（2）名义股东以外的其他股东半数以上认可隐名股东股权并同意变更登记；（3）对于外商投资准入负面清单内的限制类领域，人民法院及当事人在诉讼期间应征得外商投资企业主管机关的同意；对于负面清单外的领域，无须征得外商投资企业主管机关的同意。同时，对外商投资准入负面清单之外的领域形成的投资合同，当事人以合同未经有关行政主管部门批准、登记为由主张合同无效或者未生效的，人民法院不予支持。

法律提示：上述规定对司法实践中确认外籍实际出资人的股东资格及变更登记之诉的审查标准产生重大影响。处理该类纠纷时应当注意有关国民待遇的规定。正确理解负面清单的规定，衔接使用《外商投资法》与《公司法》等法律法规，注重与国际经贸规则衔接。

案例库参考案例

程某某诉上海某某公司、张某、程某股东资格确认纠纷案

2023–10–2–262–002/ 民事 / 股东资格确认纠纷 / 上海市第一中级人民法院 / 2020.05.14/（2020）沪 01 民终 3024 号 / 二审 / 入库日期：2024.02.20

【裁判要旨】

《外商投资法》施行后，《最高人民法院关于审理外商投资企业纠纷案件若干问题的规定（一）》第十四条确立的"实际投资者请求确认其在外商投资企业中的股东身份或者请求变更外商投资企业股东"的三项司法审查标准应作如下调整:(1)实际投资者已实际投资;(2)名义股东以外的其他股东半数以上认可隐名股东股权并同意变更登记;(3)对于外商投资准入负面清单内的限制类领域,人民法院及当事人在诉讼期间应征得外商投资企业主管机关的同意;对于负面清单外的领域,无须征得外商投资企业主管机关的同意。

【基本案情】

原告程某某(美国籍)诉称,其要求被告上海某某公司恢复登记其为显名股东未果,请求判令:(1)确认第三人张某名下26%的上海某某公司股权系程某某所有;(2)上海某某公司配合程某某将第三人张某持有的上海某某公司26%的股权变更登记到程某某名下。

上海某某公司辩称:程某某未向上海某某公司出资或认缴出资,程某某与第三人签订的《股份协议书》未实际履行;即使程某某出资行为成立,亦违反《中外合资经营企业法》第一条的规定,应属无效。

第三人张某的陈述意见与被告上海某某公司一致。

第三人程某的陈述意见与原告程某某一致。

法院经审理查明:2009年,原告程某某(美国籍)与第三人张某、程某(均为中国籍)决定在国内新设一家贸易公司从事对美贸易。鉴于当时的政策,程某某无法与国内自然人成立合资公司,三方遂决定以第三人张某、程某两人名义成立上海某某公司。2009年11月,程某某与第三人张某、程某签订一份《股份协议书》,约定以第三人张某、程某名义成立被告公司,实际投资比例为:程某某占51%,第三人张某占25%,第三人程某占24%。

同月,程某某通过第三人程某向第三人张某打款人民币(以下币种均为人民币)458762元。审理中,程某某和第三人程某均表示,该款项中的26万元系程某某以第三人张某名义缴纳的出资,但上海某某公司和第三人张某均予否认。

2009年11月11日,上海某某公司成立,类型为有限责任公司,注册资本100万元,第三人张某占股51%、第三人程某占股49%,经营范围为:从事货物与技术的进出口业务,机械设备、五金交电、电子产品、建材、化工产品(除危险化学品、监控化学品、烟花爆竹、民用爆炸物品、易制毒化学品)、纺织品、橡胶塑料制品、光学仪器、体育运动器材、机电产品、一类医疗器械、工艺品的销售。

2012 年 10 月，程某某与第三人张某、程某又签订一份《股份协议书》，约定上海某某公司收购案外 A 公司，根据三人对上海某某公司的持股比例，三人对 A 公司的占股比例为：程某某占 51%，张某占 25%，程某占 24%。

2018 年 8 月，上海某某公司向程某某出具一份《出资证明书》，载明程某某于 2009 年向上海某某公司缴纳出资 51 万元。审理中，上海某某公司和第三人张某认为该《出资证明书》系第三人程某事后擅自在空白盖章页上伪造的。

另查明：2009 年至 2018 年，第三人张某与程某某、程某之间有众多电子邮件往来，汇报上海某某公司的运营情况。其中，2013 年 9 月，第三人张某向程某某发送的上海某某公司分红方案中，拟分配程某某 510 万元、第三人张某 250 万元、第三人程某 240 万元。

上海市浦东新区人民法院于 2020 年 1 月 2 日作出（2019）沪 0115 民初 6248 号民事判决：一、确认登记在第三人张某名下的被告上海某某公司 26% 的股权系程某某所有；二、上海某某公司将第三人张某名下的上海某某公司 26% 的股权变更登记到程某某名下，第三人张某应当予以配合。判决后，上海某某公司不服，提起上诉。上海市第一中级人民法院于 2020 年 5 月 14 日作出（2020）沪 01 民终 3024 号民事判决：驳回上诉，维持原判。

【裁判理由】

法院生效裁判认为：本案系一起典型的涉外股东资格确认纠纷，根据《涉外民事关系法律适用法》第十四条的规定，法人的股东权利义务等事项，适用登记地法律。上海某某公司登记于国内，故本案应当适用中华人民共和国法律。本案的争议焦点：一是第三人张某是否代持了程某某所有的 26% 目标公司股权；二是程某某要求办理股权变更登记是否存在法律或政策上的障碍。

关于第三人张某是否代持了程某某所有的 26% 上海某某公司股权。首先，双方有一系列明确的协议相互印证程某某实际享有上海某某公司 51% 股权。2009 年 11 月的《股份协议书》、2012 年 10 月的《股份协议书》以及 2018 年 8 月的《出资证明书》均是各方真实意思表示，均能证实程某某实际享有上海某某公司 51% 的股权，其中 26% 的股权由第三人张某代持，25% 的股权由第三人程某代持。其次，程某某已举证证明其对上海某某公司履行了相应的出资义务。程某某称 2009 年 11 月 3 日程某向张某打款 458762 元中的 26 万元系程某某以张某名义缴纳的被告出资，第三人程某对此表示认可，同时也承认其出资的 49 万元中的 25 万元实际系程某某出资。上海某某公司及第三人张某虽然否认，但没有提供充分的证据予以佐证，且根据后来的《股份协议书》《出资证明书》及分红方案等，亦可推断原告程某某已经实际履行了出资义务。最后，从各方往来的一系列电子邮件可以看出，程某某事实上参与了上海某某公司的经营管理，特别是重大事项的决策，履行了其作为大股东的权利和义务。至于上海某某公司抗辩《出资证明书》系程某事后伪造：一方面，司法鉴定意见书没有得出明确的结论，上海某某公司也没有提供其他证据予以佐证；另一方面，各方均认可该《出资证明书》上的公章系真实的。即使存在第三人程某在空白盖章页上打印《出资证明书》的情况，系上海某某公司内部管理问题，不影响法院综合全案证据认定上海某某公司股权的实际所有人。因此，法院认定程某某系上海某某公司的隐名股东，第三人张某名下 26% 的上海某某公司股权的实际拥有人是程某某。

关于程某某要求办理股权变更登记是否存在法律或政策上的障碍。上海某某公司系有限责任公司，显名股东为第三人张某、程某，均系国内自然人；隐名股东为程某某，系美国国籍。如变更相应的工商登记，使隐名股东显名，主要存在以下争议。

第一，关于国内自然人能否与外国人成立外商投资企业问题。《中外合资经营企业法》第一条规定，允许外国公司、企业和其他经济组织或个人……同中国的公司、企业或其他经济组织共同举办合资企业。该法规定的中方合资人虽然未包括中国的自然人，但该法已于 2020 年 1 月 1 日废止。后生效的《外商投资法》并没有这方面的限制。该法第二条明确规定：外商投资企业，是指全部或者部分由外国投资者投资，依照中国法律在中国境内经登记注册设立的企业。《外商投资法实施条例》第三条进一步明确：《外商投资法》第二条中的其他投资者，包括中国的自然人在内。同时，根据《最高人民法院关于适用〈中华人民共和国外商投资法〉若干问题的解释》第二条的规定，对外商投资准入负面清单之外的领域形成的投资合同，当事人以合同未经有关行政主管部门批准、登记为由主张合同无效或者未生效的，人民法院不予支持。前款规定的投资合同签订于《外商投资法》施行前，但人民法院在《外商投资法》施行时尚未作出生效裁判的，适用前款规定认定合同的效力。因此，本案中，上海某某公司及第三人张某要求确认原程某某与第三人共同成立公司的行为无效，法院不予支持。

第二，关于外国人成为公司股东是否需要办理相关审批手续问题。《外商投资法》施行后，我国对外商投资实行准入前国民待遇加负面清单管理制度。所谓准入前国民待遇，是指在投资准入阶段给予外国投资者及其投资不低于本国投资者及其投资的待遇；所谓负面清单，是指国家规定在特定领域对外商投资实施的准入特别管理措施，国家对负面清单之外的外商投资，给予国民待遇。本案中，法院特别致函上海市商务委员会，就"如果确认原告为被告股东，上海市商务委员会是否同意将原告变更为被告股东，并将被告变更为外商投资企业"进行咨询。上海市浦东新区商务委员会复函称："上海某某公司所从事领域不属于外商投资准入特别管理措施（负面清单）内范围，我委办理程某某变更为上海某某公司股东，并将上海某某公司变更为外商投资企业的备案手续不存在法律障碍。"因此，程某某要求变更为上海某某公司股东，无须履行特别审批手续，亦不存在法律上的障碍。

此外，《公司法司法解释（三）》第二十四条第三款明确规定：实际出资人请求公司变更股东、签发出资证明书、记载于股东名册、记载于公司章程并办理公司登记机关登记的，应当经公司其他股东半数以上同意。本案中，除名义股东张某以外的其他股东，暨第三人程某明确认可程某某的股东身份，也同意将程某某变更登记为股东。因此，程某某请求上海某某公司将第三人张某代持的 26% 股权变更登记到程某某名下，符合法律及司法解释规定，法院依法予以支持。

第六章　公司解散与清算制度

1. 公司章程规定的营业期限届满等解散事由出现或者股东会决议解散后，何种条件下公司能够继续存续经营？

在公司出现公司章程规定解散事由或者股东会决议解散后，如公司仍想继续存续经营，则应当满足以下条件：一是公司尚未向股东分配财产，二是修改公司章程或作出继续存续的股东会决议。公司解散回转应当限制在向股东分配财产前，如公司解散后进行清算时，公司财产已用于支付清算费用、清缴税款、偿还各项债务并将剩余财产向股东分配，意味着公司不再具备继续经营的财产，无回转可能。

法律提示：当公司章程规定的特定解散事由出现，如股东仍有继续运营公司的主观意愿，可通过法定程序使公司得以继续存续，相关决议内容属于公司重大事项，应当经股东会特别决议通过，如无法通过特别决议，则公司仍应解散并依法清算。

相关法律规范：

2023 年《公司法》	2018 年《公司法》
第二百三十条　公司有前条第一款第一项、第二项情形，且尚未向股东分配财产的，可以通过修改公司章程或者经股东会决议而存续。 　　依照前款规定修改公司章程或者经股东会决议，有限责任公司须经持有三分之二以上表决权的股东通过，股份有限公司须经出席股东会会议的股东所持表决权的三分之二以上通过。	**第一百八十一条**　公司有本法第一百八十条第（一）项情形的，可以通过修改公司章程而存续。 　　依照前款规定修改公司章程，有限责任公司须经持有三分之二以上表决权的股东通过，股份有限公司须经出席股东大会会议的股东所持表决权的三分之二以上通过。

2. 公司章程规定的营业期限届满等解散事由出现，股东会未修改公司章程或未作出股东会决议，公司能否继续从事经营活动？

公司章程规定的营业期限届满等解散事由出现后，股东会未修改公司章程，公司应进入清算程序，如果公司继续经营可能面临公司登记机关的处罚；公司可能无法继续从事需经批准经营的业务；当公司内部对是否继续经营存在分歧时，仍继续经营还可能加剧公司内部矛盾，导致公司及股东利益受损；开展经营活动所作出的民事法律行为效力亦存在风险。

法律提示：公司出现解散事由后，其从事与清算无关的经营活动存在重大不确定性，因此，公司在开展日常经营活动时，应当提前通过国家企业信用信息公示系统核查交易对手的经营状态，避免遭受潜在交易损失。

相关法律规范：

2023 年《公司法》	2018 年《公司法》
第二百二十九条　公司因下列原因解散： 　　（一）公司章程规定的营业期限届满或者公司章程规定的其他解散事由出现； 　　（二）股东会决议解散； 　　（三）因公司合并或者分立需要解散； 　　（四）依法被吊销营业执照、责令关闭或者被撤销； 　　（五）人民法院依照本法第二百三十一条的规定予以解散。 　　公司出现前款规定的解散事由，应当在十日内将解散事由通过国家企业信用信息公示系统予以公示。	**第一百八十条**　公司因下列原因解散： 　　（一）公司章程规定的营业期限届满或者公司章程规定的其他解散事由出现； 　　（二）股东会或者股东大会决议解散； 　　（三）因公司合并或者分立需要解散； 　　（四）依法被吊销营业执照、责令关闭或者被撤销； 　　（五）人民法院依照本法第一百八十二条的规定予以解散。

3. 公司陷入经营僵局的具体情形?

2023 年《公司法》对于公司僵局的法定含义予以进一步明确、完善。其涵盖三个关键要素：一是经营管理严重困难；二是股东利益遭受重大损失；三是无法通过其他途径解决。

相关法律规范：

2023 年《公司法》	2018 年《公司法》
第二百二十九条　公司因下列原因解散： 　　（一）公司章程规定的营业期限届满或者公司章程规定的其他解散事由出现； 　　（二）股东会决议解散； 　　（三）因公司合并或者分立需要解散； 　　（四）依法被吊销营业执照、责令关闭或者被撤销；	**第一百八十条**　公司因下列原因解散： 　　（一）公司章程规定的营业期限届满或者公司章程规定的其他解散事由出现； 　　（二）股东会或者股东大会决议解散； 　　（三）因公司合并或者分立需要解散； 　　（四）依法被吊销营业执照、责令关闭或者被撤销；

续表

2023 年《公司法》	2018 年《公司法》
（五）人民法院依照本法第二百三十一条的规定予以解散。 公司出现前款规定的解散事由，应当在十日内将解散事由通过国家企业信用信息公示系统予以公示。	（五）人民法院依照本法第一百八十二条的规定予以解散。

案例库参考案例 1

无锡某甲置业有限公司诉无锡某乙置业有限公司、晋某有限公司公司解散纠纷案

2023-10-2-283-001/ 民事 / 公司解散纠纷 / 江苏省高级人民法院 /2018.05.29/（2017）苏民终 1312 号 / 二审 / 入库日期：2024.02.22

【裁判要旨】

公司司法解散的条件包括"企业经营管理严重困难"与"股东利益受损"两个方面，经营管理的严重困难不能理解为资金缺乏、亏损严重等经营性困难，而应当理解为管理方面的严重内部障碍，主要是股东会机制失灵，无法就公司的经营管理进行决策。股东利益受损不是指个别股东利益受到损失，而是指公司经营管理机制"瘫痪"导致出资者整体利益受损。

【基本案情】

无锡某乙置业有限公司系设立于 2010 年 11 月 17 日的港澳台与境内合资有限责任公司。该公司《章程》载明合资方分别为外方晋某有限公司、中方御某公司，后变更为无锡某甲置业有限公司，占股 20%。

晋某有限公司、御某公司、某地产公司、某集团公司于 2010 年 11 月 17 日签署《合作开发协议》，合作设立无锡某乙置业有限公司开发地产项目，该协议以及无锡某乙置业有限公司《章程》均明确无锡某乙置业有限公司设 5 人董事会，其中 1 名由中方委派，董事会例会至少每六个月召开 1 次。《合作开发协议》及《章程》特别明确：公司复地悦城项目的总成本预算及其重大修改和审议批准项目公司的年度财务预算方案、结算方案须经董事会一致通过才生效。此外，协议明确约定：就一项议案，董事会经连续两次表决仍无法作出通

过或者否决的表决结果时即形成"公司僵局"。任何一方股东有权选择向另一方股东发出《僵局通知》，依照协议规定程序寻求解决僵局。僵局若无法解决，则股东应在审计的基础上各自提出股权报价，由价低者向价高者转让股东在公司中的全部权益。

2016 年 1 月 29 日、5 月 31 日，无锡某乙置业有限公司两次董事会均无法就 2016 年度预算方案、2015 年度财务会计决算方案等事项达成一致。无锡某甲置业有限公司提出对项目提前进行清算，并要求将其所持有的 20% 股权转让给某集团公司，该要求遭到晋某有限公司拒绝。双方之间函件往来也显示双方未能就公司经营管理的分歧达成一致。

2016 年 7 月 18 日，无锡某甲置业有限公司向晋某有限公司寄交《僵局通知》，提请对无锡某乙置业有限公司 2015 年度财务会计决算方案、2016 年度预算方案及清算方案进行协商。

2016 年 8 月 10 日，无锡某甲置业有限公司向王某平董事长寄交《敦促函》，要求对无锡某乙置业有限公司进行审计、召开僵局会议，组织僵局要约。晋某有限公司后书面回复明确表示：对无锡某甲置业有限公司提出的《僵局通知》不予认可。

2016 年 1 月、6 月、7 月、9 月利润及利润分配表显示：无锡某乙置业有限公司该年累计利润总额分别为 −728887.42 元、−36626877.16 元、−53696398.38 元、−94731560.89 元。无锡某乙置业有限公司、晋某有限公司确认无锡某乙置业有限公司自成立以来，未向股东进行过分红，但股东也从未提出分红主张，虽无锡某乙置业有限公司一直处于亏损状态，但经营正常。

无锡某甲置业有限公司起诉请求：解散无锡某乙置业有限公司。经法院主持，无锡某甲置业有限公司与无锡某乙置业有限公司、晋某有限公司仍无法就公司僵局解决方案达成一致。

江苏省无锡市中级人民法院于 2017 年 4 月 12 日作出（2016）苏 02 民初 246 号民事判决：准予无锡某乙置业有限公司解散。宣判后，无锡某乙置业有限公司、晋某有限公司不服一审判决，提出上诉。江苏省高级人民法院于 2018 年 5 月 29 日作出（2017）苏民终 1312 号民事判决：驳回上诉，维持原判。

【裁判理由】

法院认为，无锡某甲置业有限公司与晋某有限公司之间不仅矛盾重重，而且尖锐对立、不可调和，直至引发本案诉讼时彼此间丧失了信任基础，无锡某乙置业有限公司的股东存在冲突且持续至今，导致公司管理及经营均发生严重困难。无锡某乙置业有限公司的人合基础彻底丧失。无锡某乙置业有限公司未经董事会一致决议继续执行预决算方案的行为，使得无锡某甲置业有限公司游离于其股东无锡某乙置业有限公司之外，股东不能够基于其投资享有适当的公司经营决策、管理和监督的股东权利，股东权益受到重大损失。同时，无锡某乙置业有限公司的经营也发生严重困难，其亏损逐步扩大，继续存续只会使股东利益受到更大损失，且通过其他途径不能解决，长期亏损经营不应是企业常态，董事会决议机制的失灵，也使得无锡某甲置业有限公司无法参与公司治理和改变公司持续亏损的状态，无锡某甲置业有限公司设立公司时的预期已经落空。解散无锡某乙置业有限公司能为双方股东提供退出机制，避免股东利益受到不可挽回的重大损失。在当事人不能协商一致使公司存续的情况下，人民法院应当及时判决无锡某乙置业有限公司解散。

案例库参考案例 2

邢某等人诉威海市某宾馆有限公司公司解散纠纷案

2023-08-2-283-001/ 民事 / 公司解散纠纷 / 最高人民法院 /2021.12.20/（2021）最高法民申 304 号 / 再审 / 入库日期：2024.02.23

【裁判要旨】

1. 大股东滥用股东权利、侵害小股东利益，由此虽导致大股东、小股东之间存在矛盾冲突，但大股东压迫小股东并非我国法律规定的公司强制解散情形。判断公司应否解散，应当严格根据《最高人民法院关于适用〈中华人民共和国公司法〉若干问题的规定（二）》（以下简称《公司法司法解释（二）》）第一条之规定判断。

2. 二审判决不予解散公司后，大股东通过收购公司其他股东股权，持股比例达到 90% 以上，对公司形成绝对控制，能够召开股东会并作出有效决议。提起公司解散诉讼的原告合计持有的股份已经不足法定的持股比例要求，其再审请求解散公司，人民法院不予支持。

【基本案情】

2017 年，邢某等人作为小股东提起公司解散诉讼，理由为威海市某宾馆有限公司（以下简称威海公司）的大股东侵害小股东知情权，在小股东不知情的情况下，擅自对威海公司所有的酒店大楼进行拆除改造，并加盟亚某酒店。原审期间，威海公司存在增减资行为。原审法院认为，2015 年 7 月 15 日，威海公司召开股东会，至邢某等人 2017 年 5 月 17 日起诉时不足两年，说明威海公司能够形成有效决议，股东之间的其他矛盾虽然很突出，但未形成公司僵局，故驳回邢某等人的诉讼请求。二审判决作出后，威海公司大股东威海租赁公司通过收购其他股东股权，登记的持股比例高达 91.1992%，邢某等人的持股比例下降至不足 10%，邢某等人申请再审要求解散公司。同时，邢某等人提交证据证明大股东通过关联交易、虚构费用或债务等方式掏空威海公司资产，造成公司经营亏损，公司继续存续将导致小股东利益受损，故要求解散公司。

山东省威海市中级人民法院于 2019 年 12 月 13 日作出（2017）鲁 10 民初 128 号民事判决：驳回邢某等人的诉讼请求。宣判后，邢某等人提出上诉。山东省高级人民法院于 2020 年 6 月 22 日作出（2020）鲁民终 733 号民事判决：驳回上诉，维持原判。宣判后，邢某等人申请再审。最高人民法院于 2021 年 12 月 20 日作出（2021）最高法民申 304 号民事裁定：驳回邢某等人的再审申请。

【裁判理由】

第一，邢某等人提交的新证据不足以推翻原判决。再审审查阶段，邢某等人提交的新证据仅可证明公司经营亏损，大股东滥用股东权利侵害小股东利益，不能证明本案符合公司应当解散情形，尤其是知情权、公司亏损等事由已为《公司法司法解释（二）》第一条第二款明文规定并非公司解散情形。

第二，邢某等人主张原审适用法律错误应予再审的理由不成立。根据原审查明的事实，威海公司曾于 2015 年 7 月 15 日召开过股东会，并形成决议，该时间距邢某等人提起本案诉讼之日即 2017 年 5 月 17 日不足两年。且在本案一审期间，威海租赁公司持有威海公司 40.32% 股权，系威海公司第一大股东，二审判决作出后其持股 91.1992%，即使扣除在先已转让给马某的份额，持股比例仍高达 90.8055%，绝对控股威海公司，能够召开股东会并作出有效决议。事实上，邢某等人也认可其提起诉讼之后，其查询的工商材料显示威海公司于 2019 年 8 月召开了股东会。原判决认定威海公司可以作出有效的股东会决议，不存在公司日常经营管理发生严重困难，据此判决驳回邢某等人要求解散公司的诉讼请求，适用法律并无不当。如果威海公司存在小股东知情权被侵犯或大股东滥用权利损害小股东利益的情形，亦非公司解散的法定事由，可另循途径解决。

第三，邢某等人申请调取的 2021 年 1 月 25 日的股东会决议与本案无关。再审审查中，邢某等人还向法院提交申请法院调取证据申请书，申请调取某商业银行股份有限公司鲸园支行存档的威海公司于 2021 年 1 月 25 日在该行贷款 1500 万元时提供的伪造的股东会决议，拟证明大股东伪造股东会决议，完全控制威海公司，该公司继续存续会使股东利益受损。法院认为，本案为公司解散纠纷，该调查申请事项实际上还是大股东是否滥用权利损害中小股东利益的问题，即使属实，亦是本案二审判决生效后的事实，并不影响本案审理结果。

法答网精选问答：

答疑庭室	北京市高级人民法院民二庭
问题概述	股东请求司法解散中外合资公司的，如何判断公司经营管理是否发生严重困难，进而认定是否符合强制解散的条件？
具体内容	在某案件中，案涉中外合资公司仅有中外两方股东、三名董事，章程中规定董事会会议至少有双方各自委派的一名董事参加方可召开，重大事项需由出席的双方董事表决一致方能通过。现一方股东申请解散公司。
回复内容	股东请求司法解散公司的，在判断公司经营管理是否发生严重困难时，应当从公司组织机构的运行状态进行综合分析。尤其应审核中外合资公司章程的规定，董事会是最高权力机构，但其董事会机制长期失灵，无法形成有效的董事会决议，内部管理有严重障碍，已陷入僵局状态，且无法通过修改公司章程等其他途径解决的，可以认定为公司经营管理发生严重困难。具有上述情况且符合《公司法》及相关司法解释规定的其他司法解散条件的，可以依法判决公司解散。最高人民法院指导案例 8 号林某清诉常熟市凯某实业有限公司、戴某明公司解散纠纷案是准确适用 2018 年《公司法》第一百八十二条的规定妥善处理公司僵局问题的典型案例。司法程序解散公司的前提条件是出现公司僵局，即公司经营管理发生严重困难，继续存续会使股东利益受到重大损失，且通过其他途径不能解决的情形。判断公司经营管理是否发生严重困难，应从公司组织机构的运行状态进行综合分析。中外合资公司属于公司特殊的组织形式。2020 年 1 月 1 日起实施的《外商投资法》及《外商投资法实施条例》规定了五年过渡期，要求所有中外合资企业在五年内调整组织机构、组织形式，完成公司治理制度改

续表

回复内容	造，逾期将不予办理申请登记的其他事项。在过渡期内，根据《中外合资经营企业法》第四条的规定，中外合资企业的组织形式为有限责任公司，因此中外合资公司同时受《中外合资经营企业法》和《公司法》的调整。根据《中外合资经营企业法实施条例》第三十条的规定，董事会是合营企业的最高权力机构，决定合营企业的一切重大问题。因此，在中外合资公司中董事会实际上行使了股东会的权利，故应审查中外合资公司的董事会的运行机制以判断公司经营管理是否发生严重困难。在前述案件中，案涉中外合资公司仅有中外两方股东、三名董事，章程中规定董事会会议至少有双方各自委派的一名董事参加方可召开，重大事项需由出席的双方董事表决一致方能通过。在中外股东严重对立、长期无法形成有效的董事会决议、外方股东作为大股东无法参与中外合资公司经营管理的情况下，应认定公司内部管理陷入僵局，且无法通过修改公司章程等其他途径解决，进而认定符合强制解散的条件。
回复时间	2024-06-19

4. 公司陷入经营僵局，哪些主体可以申请司法介入？

在股东利益受到重大损失且通过其途径无法解决的情况下，单独或者合计持有公司全部股东表决权百分之十以上的股东有权请求解散公司。股东申请解散公司必须具有正当目的，需要注重公司僵局成因的本质问题。如果存在股东恶意威胁其他股东或通过解散公司从中获益的行为，则不具备解散公司的条件。

法律提示： 为保护公司的稳定和存续，防止中小股东滥用司法解散制度，司法介入破解公司僵局时会以公司自治为原则，司法手段强制解散公司始终保持谨慎态度，启动条件较为严格。因此股东在起诉前，应尝试通过内部救济或法律规定的其他途径解决分歧，并注意保存相关证据；起诉时，务必仔细对照评估是否满足司法解散的各项条件，尤其是公司经营管理发生其他严重困难，继续存续会使股东利益受到重大损失的情形；诉讼中，应积极配合人民法院组织的调解工作，尽可能穷尽其他方式以打破公司僵局。

相关法律规范：

2023 年《公司法》	2018 年《公司法》
第二百三十一条　公司经营管理发生严重困难，继续存续会使股东利益受到重大损失，通过其他途径不能解决的，持有公司百分之十以上表决权的股东，可以请求人民法院解散公司。	第一百八十二条　公司经营管理发生严重困难，继续存续会使股东利益受到重大损失，通过其他途径不能解决的，持有公司全部股东表决权百分之十以上的股东，可以请求人民法院解散公司。

案例库参考案例

甘肃某集团有限公司诉兰州某车辆公司等解散纠纷案

2023-16-2-283-004/ 民事 / 公司解散纠纷 / 最高人民法院 /2021.06.15/（2021）最高法民申 2928 号 / 再审 / 入库日期：2024.02.25

【裁判要旨】

人民法院可根据《公司法》（2018 年修正，下同）第一百八十二条有关"公司经营管理发生严重困难，继续存续会使股东利益受到重大损失，通过其他途径不能解决的，持有公司全部股东表决权百分之十以上的股东，可以请求人民法院解散公司"的规定，以工商登记及股东名册所记载的持股比例为依据，判断原告是否具有提起公司解散诉讼的股东身份。

【基本案情】

原告甘肃某集团有限公司（以下简称甘肃某集团公司）向甘肃省兰州市中级人民法院起诉，诉请依法解散兰州某车辆公司，本案诉讼相关费用由被告承担。

被告兰州某车辆公司辩称：原告的诉请没有事实及法律依据，依法应当予以驳回。

第三人某柴油机有限公司（以下简称某柴油机公司）未到庭，也未提交书面答辩意见。

第三人兰州某房地产经营开发有限公司（以下简称兰州某房地产公司）诉称：甘肃某集团公司的起诉不符合《公司法》规定的公司解散的必备条件，故请求法院依法驳回其诉讼请求。

法院经审理查明：甘肃某集团公司持有兰州某车辆公司 29% 股份，向法院请求解散兰州某车辆公司。兰州某车辆公司认为甘肃某集团公司未完成其股东出资义务，依法不享有请求解散公司的股东权利。

甘肃省兰州市中级人民法院于 2019 年 12 月 3 日作出（2019）甘 01 民初 453 号民事判决：驳回原告甘肃某集团公司的诉讼请求。甘肃某集团公司不服，向甘肃省高级人民法院上诉。甘肃省高级人民法院于 2020 年 8 月 25 日作出（2020）甘民终 328 号民事判决：一、撤销兰州市中级人民法院（2019）

甘 01 民初 453 号民事判决；二、解散兰州某车辆公司。兰州某车辆公司不服，向最高人民法院申请再审。最高人民法院于 2021 年 6 月 15 日作出（2021）最高法民申 2928 号民事裁定：驳回兰州某车辆公司的再审申请。

【裁判理由】

法院生效裁判认为，本案系再审审查案件，应当依据再审申请人的申请再审事由以及《民事诉讼法》（2017 年修正，下同）第二百条的规定进行审查。经审查，兰州某车辆公司的再审事由均不成立，理由如下。

一、甘肃某集团公司是否无权以股东身份提起公司解散之诉

1. 根据本案原审法院查明的事实，截至本案诉讼，工商登记及股东名册均记载甘肃某集团公司在兰州某车辆公司出资比例 29%，超出了《公司法》规定的 10% 的持股比例。根据《公司法》第一百八十二条关于"公司经营管理发生严重困难，继续存续会使股东利益受到重大损失，通过其他途径不能解决的，持有公司全部股东表决权百分之十以上的股东，可以请求人民法院解散公司"的规定，甘肃某集团公司具备《公司法》第一百八十二条规定的提起解散公司之诉的主体资格。原审判决以工商登记及股东名册为依据认定甘肃某集团公司的原告资格并无不当。

2. 对于以房屋、土地使用权等财产出资的，办理变更权属手续解决的是出资财产的法律归属和处分权利的问题，而财产实际交付解决的是该项出资财产能否为公司实际利用并发挥资本效能的问题。《公司法司法解释（三）》（2014 年修正，下同）第十条第一款规定："出资人以房屋、土地使用权或者需要办理权属登记的知识产权等财产出资，已经交付公司使用但未办理权属变更手续，公司、其他股东或者公司债权人主张认定出资人未履行出资义务的，人民法院应当责令当事人在指定的合理期间内办理权属变更手续；在前述期间内办理了权属变更手续的，人民法院应当认定其已经履行了出资义务；出资人主张自其实际交付财产给公司使用时享有相应股东权利的，人民法院应予支持。出资人以前款规定的财产出资，已经办理权属变更手续但未交付给公司使用，公司或者其他股东主张其向公司交付、并在实际交付之前不享有相应股东权利的，人民法院应予支持。"根据上述法律条文的规定，兰州某车辆公司既未提交证据证明其以甘肃某集团公司未将土地使用权及房屋交付给兰州某车辆公司

实际使用向甘肃某集团公司主张权利，现又以该理由主张甘肃某集团公司不具有提起公司解散之诉的主体资格，与上述法律规定精神不符。故其关于甘肃某集团公司不具有提起公司解散之诉的股东身份，无权以股东身份提起公司解散之诉的再审请求，不予支持。

3. 根据《公司法司法解释（三）》第十六条关于"股东未履行或者未全面履行出资义务或者抽逃出资，公司根据公司章程或者股东会决议对其利润分配请求权、新股优先认购权、剩余财产分配请求权等股东权利作出相应的合理限制，该股东请求认定该限制无效的，人民法院不予支持"的规定，在股东未履行或者未全面履行出资义务或者抽逃出资等瑕疵出资的情况下，对股东权利的限制并不及于请求公司解散的权利。故对于兰州某车辆公司关于甘肃某集团公司无权提起本案之诉的再审请求，不予支持。

4. 关于兰州某车辆公司在再审程序中提交的新证据是否足以推翻原审判决的问题。经审查，兰州某车辆公司所称新证据为兰州某车辆公司诉甘肃某集团公司股东出资纠纷一案中甘肃某集团公司的陈述，该证据无法推翻兰州某车辆公司工商登记及股东名册记载的内容，且上述证据不符合《最高人民法院关于适用〈中华人民共和国民事诉讼法〉的解释》（法释〔2015〕5号）第三百八十八条规定的新证据情形。故兰州某车辆公司的该项再审请求不符合《民事诉讼法》第二百条第（一）项的再审情形，不予支持。

二、兰州某车辆公司是否具有公司解散的法定事由的问题

根据《公司法司法解释（二）》第一条第一款关于"单独或者合计持有公司全部股东表决权百分之十以上的股东，以下列事由之一提起解散公司诉讼，并符合公司法第一百八十二条规定的，人民法院应予受理：（一）公司持续两年以上无法召开股东会或者股东大会，公司经营管理发生严重困难的；（二）股东表决时无法达到法定或者公司章程规定的比例，持续两年以上不能做出有效的股东会或者股东大会决议，公司经营管理发生严重困难的；（三）公司董事长期冲突，且无法通过股东会或者股东大会解决，公司经营管理发生严重困难的；（四）经营管理发生其他严重困难，公司继续存续会使股东利益受到重大损失的情形"的规定，上述前三种情形即公司僵局的情形，第四种情形系兜底条款。

1. 兰州某车辆公司股东会运行情况。截至 2019 年 6 月 28 日本案起诉时，兰州某车辆公司最近一次召开股东会的日期是 2016 年 10 月 25 日。根据《公司法》第三十九条关于"股东会会议分为定期会议和临时会议。定期会议应当依照公司章程的规定按时召开。代表十分之一以上表决权的股东，三分之一以上的董事，监事会或者不设监事会的公司的监事提议召开临时会议的，应当召开临时会议"和兰州某车辆公司章程第十五条第 3 款关于"股东会每年召开一次，会议时间 3 月 20 日"的规定，兰州某车辆公司已近三年未按照章程规定召开股东会。

2. 兰州某车辆公司董事会运行情况。原审过程中，甘肃某集团公司主张兰州某车辆公司自 2010 年起未召开董事会，兰州某车辆公司未能提供召开董事会的证明，应当承担举证不能的后果。

3. 兰州某车辆公司的其他情况。兰州某房地产公司系基于诉讼方式成为兰州某车辆公司的股东，与原股东并不具备人合性的基础。且 2011 年至 2018 年期间，甘肃某集团公司与某柴油机公司、兰州某房地产公司之间发生多起诉讼，股东间矛盾和冲突不断。同时，兰州某车辆公司作为一家车辆设备制造公司，自 2004 年起以仓储租赁为主业，无其他经营事项。

兰州某车辆公司的治理结构存在失灵的情形，股东之间冲突难以解决。公司解散的目的是维护小股东的合法权益，小股东不能参与公司决策管理、分享利润，公司存续对于小股东甘肃某集团公司已经失去意义，在此情形下，解散公司是唯一选择，原审法院对此认定并无不当。故兰州某车辆公司关于本案不具有法定的解散事由不应当予以解散以及判决解散兰州某车辆公司有失公平的再审请求，不予支持。

综上所述，兰州某车辆公司的再审申请不符合《民事诉讼法》第二百条第一项、第二项、第六条规定的情形。依照《民事诉讼法》第二百零四条第一款、《最高人民法院关于适用〈中华人民共和国民事诉讼法〉的解释》第三百九十五条第二款规定，裁定：驳回兰州某车辆公司的再审申请。

5. 公司陷入经营僵局是否必然解散？

公司僵局是指股东会、董事会等公司组织无法正常运行，无法对公司的任何事项作出有效决议。公司僵局在时间上具有持续性，公司内部的短暂矛盾不构成公司僵局；在利益上具有对抗性，公司僵局实质上反映了股东、董事对公司控制权的争夺；在形式上具有非违法性，股东、董事对公司控制权的争夺本身不违反公司章程或《公司法》的规定。公司陷入经营僵局请求司法解散还要满足两个条件：一是公司继续存续将使股东利益受到重大损失；二是穷尽其他途径无法化解。在满足上述条件后，单独或者合计持有百分之十以上表决权的股东，可以起诉请求解散公司。

法律提示：股东未实缴出资或未实际参与公司经营不影响其起诉解散公司的资格，但如果股东提起公司解散诉讼被驳回后，其他股东以同一事由再提起公司解散诉讼的，视为重复起诉，人民法院不予受理。

相关法律规范：

2023 年《公司法》	2018 年《公司法》
第二百三十一条　公司经营管理发生严重困难，继续存续会使股东利益受到重大损失，通过其他途径不能解决的，持有公司百分之十以上表决权的股东，可以请求人民法院解散公司。	第一百八十二条　公司经营管理发生严重困难，继续存续会使股东利益受到重大损失，通过其他途径不能解决的，持有公司全部股东表决权百分之十以上的股东，可以请求人民法院解散公司。

案例库参考案例 1

湖南某投资有限公司诉兰州某投资有限公司、甘肃某工贸有限公司公司解散纠纷案

2023-16-2-283-005/ 民事 / 公司解散纠纷 / 最高人民法院 /2021.04.19/（2021）最高法民申 1623 号 / 再审 / 入库日期：2024.02.25

【裁判要旨】

股东间存在股权回购条款，享有回购请求权的股东可以要求其他主体回购案涉股权，属于可以通过其他途径解决公司僵局的情形，不符合公司解散的法定条件。

【基本案情】

湖南某投资有限公司向法院起诉要求解散兰州某投资有限公司。湖南某投

资有限公司认为，兰州某投资有限公司的经营管理已发生严重困难，通过其他途径无法解决，湖南某投资有限公司的股东权益受到严重损害。

兰州某投资有限公司答辩称：湖南某投资有限公司持股目的是完成重组、借壳上市，其对兰州某投资有限公司关于经营管理的股东会及董事会决议投反对票属于滥用股东权利，有意制造兰州某投资有限公司僵局状况。湖南某投资有限公司该行为与合同约定的持股目的、操作方式不相符。兰州某投资有限公司并未出现僵局状况，生产经营正常，章程规定的法人治理结构合理合法，出现分歧状况时的紧急处置方法规定明确，湖南某投资有限公司诉请解散公司的事实和理由不符合相关法律法规的规定。

甘肃某工贸有限公司述称意见为同意兰州某投资有限公司的答辩意见，理由一致。

法院经审理查明：兰州某投资有限公司设立时的股东为兰州某企业集团公司和甘肃某工贸有限公司。2008 年，湖南某乙投资集团有限公司、兰州某企业集团公司、甘肃某工贸有限公司签订《合作协议书》，约定湖南某乙投资集团有限公司受让兰州某企业集团公司持有的兰州某投资有限公司股权，赋予湖南某乙投资集团有限公司或其指定机构按照约定价款主张回购股权的权利，并约定了资产重组事宜。随后各方办理了工商变更登记。2015 年，湖南某投资有限公司继受了湖南某乙投资集团有限公司的股东资格及《合作协议书》中的权利。2016 年，相关资产重组协议未通过，引发纠纷。兰州某企业集团公司起诉请求回购案涉股权，最高人民法院作出（2019）最高法民终 955 号民事判决，认为合同没有赋予兰州某企业集团公司、甘肃某工贸有限公司主动要求回购的权利，其诉讼请求不能成立。

甘肃省兰州市中级人民法院于 2019 年 12 月 12 日作出（2017）甘 01 民初 934 号民事判决：驳回原告湖南某投资有限公司的诉讼请求。湖南某投资有限公司不服，向甘肃省高级人民法院提出上诉。甘肃省高级人民法院于 2020 年 6 月 16 日作出（2020）甘民终 202 号民事判决：驳回上诉，维持原判。湖南某投资有限公司遂向最高人民法院申请再审。最高人民法院于 2021 年 4 月 19 日作出（2021）最高法民申 1623 号民事裁定：驳回湖南某投资有限公司的再审申请。

【裁判理由】

最高人民法院经审查认为，本案系再审审查案件，应当依据再审申请人的申请再审事由以及《民事诉讼法》（2017年修正，下同）第二百条的规定进行审查。经审查，湖南某投资有限公司的再审事由均不成立，理由如下。

一、关于湖南某投资有限公司在再审程序中提交的新证据是否足以推翻原审判决的问题

经审查，湖南某投资有限公司提交的四份证据系另案兰州某投资有限公司、兰州某企业股份有限公司提交的答辩状、证据清单等，无法证明兰州某投资有限公司书面承认公司形成僵局状况，亦无法推翻原审判决依据各方当事人在原审诉讼中的举证质证情况，且上述证据不符合《最高人民法院关于适用〈中华人民共和国民事诉讼法〉的解释》（法释〔2015〕5号）第三百八十八条规定的新证据情形，故湖南某投资有限公司的该项再审请求不符合《民事诉讼法》第二百条第一项应当再审的情形，法院不予支持。

二、关于原审判决对兰州某投资有限公司股东会召开的事实认定是否有误的问题

（一）本案湖南某投资有限公司享有异议股东回购权。《公司法》（2018年修正，下同）第一百八十二条规定："公司经营管理发生严重困难，继续存续会使股东利益受到重大损失，通过其他途径不能解决的，持有公司全部股东表决权百分之十以上的股东，可以请求人民法院解散公司。"该条将其他解决途径作为司法解散的前置条件，是因为公司的解散不仅与其背后的股东利益相关，而且和市场的秩序、稳定以及其他利益方高度关联。该条将公司解散作为破解公司僵局的终局解决手段，意味着股东只有在穷尽其他解决途径仍然无法破除僵局，或者不存在其他解决途径以打破僵局时，才能以诉讼的方式要求解散公司。本案中，2015年11月湖南某乙投资集团有限公司和湖南某投资有限公司签订《股权转让协议》，湖南某乙投资集团有限公司分别将持有的兰州某投资有限公司、甘肃某工贸有限公司股权转让给湖南某投资有限公司，并办理了工商变更登记，湖南某投资有限公司通过股权受让取得兰州某投资有限公司股权，继受了湖南某乙投资集团有限公司的股东资格及湖南某乙投资集团有限公司与兰州某企业集团公司、甘肃某工贸有限公司签订的《合作协议书》中的

权利，而该协议书中约定了湖南某乙投资集团有限公司对上述股权的回购权，即湖南某投资有限公司可以根据《合作协议书》的约定向兰州某企业集团公司、甘肃某工贸有限公司主张回购案涉股权。

（二）原审判决对兰州某投资有限公司股东会召开的事实认定并无不当。理由如下：1.关于兰州某投资有限公司是否两年无法召开股东会或持续两年以上不能作出有效的股东会或者股东大会决议的问题。本案一审于 2017 年 11 月 1 日立案受理，故应考察 2015 年 11 月 1 日至 2017 年 11 月 1 日期间，兰州某投资有限公司是否无法召开股东会或者股东大会，致使公司经营管理发生严重困难。《公司法》第三十九条规定："股东会会议分为定期会议和临时会议。定期会议应当依照公司章程的规定按时召开。代表十分之一以上表决权的股东，三分之一以上的董事，监事会或者不设监事会的公司的监事提议召开临时会议的，应当召开临时会议。"上述规定中关于临时股东会召开的规定系强制性规定，不被公司的章程或其他约定所排除。首先，2017 年 4 月 13 日兰州某投资有限公司向股东发出了召开 2017 年第一次临时股东会议的通知。2017 年 4 月 26 日湖南某投资有限公司复函表示拒绝参加本次会议。2017 年 4 月 27 日兰州某投资有限公司召开了临时股东会议，会议记录显示湖南某投资有限公司推荐的董事谭某、冯某列席会议，在主持人宣布会议召开时，谭某、冯某退场。原审法院据此认定湖南某投资有限公司自行退出召开的股东会议的行为属于其对权利的放弃，并不能视为无法召开股东会，且其后兰州某投资有限公司临时股东会议继续进行，并形成了决议，符合兰州某投资有限公司《公司章程》"股东会作出决议须经出席会议的股东中持有二分之一表决权的股东同意方可作出"的规定，并无不当。其次，兰州某投资有限公司由甘肃某工贸有限公司持股 3600 万元，占股 50.70%，湖南某投资有限公司持股 3500 万元，占股 49.30%，故甘肃某工贸有限公司召开临时股东会符合《公司法》第三十九条的规定，即不论湖南某投资有限公司是否列席兰州某投资有限公司 2017 年 4 月 27 日召开的临时股东会，上述临时股东会决议均应认定有效。最后，2017 年 4 月 27 日召开的兰州某投资有限公司 2017 年第一次临时股东会对兰州某企业股份有限公司（兰州某投资有限公司子公司）六项审议事项审议，持有 50.7% 表决权的股东同意并形成决议。该决议符合兰州某投资有限公司《公司章程》

"股东会作出决议须经出席会议的股东中持有二分之一表决权的股东同意方可作出"的规定，并且决议内容不违反法律的强制性规定，故兰州某投资有限公司本次股东会形成的决议内容有效。2. 关于兰州某投资有限公司董事之间是否存在长期冲突且无法通过股东会或者股东大会解决的问题。兰州某投资有限公司曾经于 2017 年 3 月 9 日、2017 年 4 月 27 日、2017 年 8 月 15 日、2017 年 12 月 16 日、2019 年 2 月 14 日召开了五次临时董事会会议，5 名董事均参加，除 2017 年 8 月 15 日和 2017 年 12 月 16 日两次会议未作出决议外，其余三次均作出了决议。根据上述审查予以确认的事实表明兰州某投资有限公司董事会处于正常运行的状态。根据《公司法》第一百一十一条关于"董事会会议应有过半数的董事出席方可举行。董事会作出决议，必须经全体董事的过半数通过。董事会决议的表决，实行一人一票"的规定，兰州某投资有限公司董事投反对票，使部分议案未能通过决议，属于依法正常履行职务的行为，不能证明兰州某投资有限公司董事之间存在长期冲突。故原审判决认定兰州某投资有限公司董事会处于正常运行的状态，且无法认定公司董事之间存在长期冲突，亦无不当。3. 关于兰州某投资有限公司是否存在经营管理发生其他严重困难，公司继续存续会使股东利益受到重大损失的情形。2008 年 3 月 8 日，湖南某乙投资集团有限公司、兰州某企业集团公司、甘肃某工贸有限公司签订《合作协议书》，2008 年 6 月 23 日、2008 年 6 月 25 日，兰州某企业集团公司和湖南某乙投资集团有限公司办理了工商变更登记，兰州某企业集团公司将其持有的兰州某投资有限公司 49.3% 股权、甘肃某工贸有限公司 45.95% 股权变更至湖南某乙投资集团有限公司名下。该协议书第七条约定：在兰州某企业集团公司、甘肃某工贸有限公司双方分别向湖南某乙投资集团有限公司或其指定机构转让兰州某投资有限公司 49% 和 51% 股权后，兰州某投资有限公司将成为湖南某乙投资集团有限公司和其指定机构持股的公司。湖南某乙投资集团有限公司、甘肃某工贸有限公司将按照无资产无负债（含或有负债）、无人员、无纠纷等净壳公司的原则，以甘肃某工贸有限公司转让 51% 股权所取得的价款对兰州某企业股份有限公司实施资产置换和资产重组进程。2015 年 11 月，湖南某乙投资集团有限公司和湖南某投资有限公司签订《股权转让协议》两份，湖南某乙投资集团有限公司分别将受让的前述兰州某投资有限公司、甘肃某工贸

有限公司股权转让给湖南某投资有限公司，并办理了工商变更登记。2016 年
2 月 23 日，湖南某投资有限公司、谭某、兰州某投资有限公司、甘肃某工贸
有限公司、兰州某企业股份有限公司、杨某签订《重组协议》，拟对兰州某企
业股份有限公司进行资产重组。2016 年 5 月 6 日，该《重组协议》被兰州某
企业股份有限公司 2016 年第二次临时股东大会审议后否决。根据原审法院查
明的事实，兰州某投资有限公司是其股东为了对上市公司兰州某企业股份有限
公司进行持股而设立的特殊目标公司。兰州某投资有限公司股东之间的矛盾尚
不足以影响上述目的之实现，湖南某投资有限公司所欲实现之利益亦可通过解
散公司之外的其他途径加以实现，兰州某投资有限公司的存续并未严重损害湖
南某投资有限公司的实质利益，故原审判决认定本案并不存在公司继续存续会
使股东利益受到重大损失的情形，法院对此不持异议。根据《公司法司法解释
（二）》第一条第一款关于"单独或者合计持有公司全部股东表决权百分之十以
上的股东，以下列事由之一提起解散公司诉讼，并符合公司法第一百八十二条
规定的，人民法院应予受理：（一）公司持续两年以上无法召开股东会或者股
东大会，公司经营管理发生严重困难的；（二）股东表决时无法达到法定或者
公司章程规定的比例，持续两年以上不能做出有效的股东会或者股东大会决
议，公司经营管理发生严重困难的；（三）公司董事长期冲突，且无法通过股
东会或者股东大会解决，公司经营管理发生严重困难的；（四）经营管理发生
其他严重困难，公司继续存续会使股东利益受到重大损失的情形"的规定，湖
南某投资有限公司关于原审判决对兰州某投资有限公司股东会召开和董事会的
运行情况的事实认定错误的再审请求，法院不予支持。

综上所述，在存在其他解决途径的情况下，兰州某投资有限公司不符合
《公司法》第一百八十二条所规定的应当解散的情形，故湖南某投资有限公司
的该项再审请求不符合《民事诉讼法》第二百条第二项、第六项应当再审的情
形，法院不予支持。

三、关于原审判决采信证据是否违法问题

1. 关于原审判决采信证据是否违法的问题。根据《最高人民法院关于适用
〈中华人民共和国民事诉讼法〉的解释》第九十二条之规定，兰州某投资有限
公司作为证据提交的《复函》《兰州某投资有限公司董事长关于行使特别处置

权相关情况的报告》《兰州某投资有限公司紧急会议纪要》等材料中记载的内容，不属于诉讼中的自认。而兰州某投资有限公司、甘肃某工贸有限公司在本案一审庭审中当庭表示的存在僵局现象，亦不属于能证明兰州某投资有限公司进入了实质性僵局状态的法定事由。2.湖南某投资有限公司认为原审判决将兰州某投资有限公司未提交的证据作为认定案件事实的依据问题。根据《公司法司法解释（二）》第一条之规定，在审理公司解散诉讼的过程中，公司的盈亏状况不属于公司解散的必要条件，也不属于人民法院必须审查的事项，且一审法院并未将兰州某投资有限公司 2018 年财务报表作为认定事实的依据，故湖南某投资有限公司的该项再审请求不符合《民事诉讼法》第二百条第四项应当再审的情形，法院不予支持。

综上所述，湖南某投资有限公司的再审申请不符合《民事诉讼法》第二百条第一项、第二项、第四项、第六项规定的情形。依照《民事诉讼法》第二百零四条第一款，《最高人民法院关于适用〈中华人民共和国民事诉讼法〉的解释》第三百九十五条第二款规定，裁定如下：驳回湖南某投资有限公司的再审申请。

案例库参考案例 2

陈某诉陕西某文化传播公司公司解散纠纷案

2023-08-2-283-002/民事/公司解散纠纷/最高人民法院/2021.11.30/（2021）最高法民申 6453 号/再审/入库日期：2024.02.23

【裁判要旨】

根据《公司法司法解释（三）》第十六条的规定，股东因未履行或者未全面履行出资义务而受限的股东权利，并不包括其提起解散公司之诉的权利。《公司法》（2018 年修正，下同）第一百八十二条规定的"严重困难"包括对外的生产经营困难、对内的管理困难。

【基本案情】

陈某提起本案诉讼，请求依法判令解散陕西某文化传播公司（以下简称某公司）。某公司股东陈某、任某某，分别占股为 49%、51%，任某某担任某公司法定代表人、执行董事兼总经理，陈某担任某公司监事。某公司提交了 2015 年度至 2018 年度企业工商年报及 2018 年度、2019 年度企业所得税纳税申报表以期证明某公司现经营状况正常，未向法庭提交该公司于 2016 年之后召开过股东会的有效证据。2017 年 11 月 9 日，陈某发现其持有某公司股权的工商登记发生了变更，其不再具有某公司股东身份，其即以对该变更并不知情为由另案诉至陕西省西安市雁塔区人民法院，请求判令确认其具有某公司的股东资格，该另案一审判决确认陈某具备某公司的股东资格。二审判决驳回上诉，维持原判。陈某遂依据该民事判决将其在某公司的股东资格及股权在工商机关予以恢复登记。之后，某公司向陕西省西安市雁塔区人民法院提起诉讼，以陈某拒绝按照某公司通过的已生效的解除陈某股东资格的股东会决议要求配合办理股东、股权变更手续为由，另案起诉请求判令陈某配合某公司办理股东、股权变更登记。该另案一审判决驳回了某公司的诉讼请求。二审判决驳回上诉，维持原判。此外，任某某与陈某都曾举报对方涉嫌违法犯罪。

陕西省西安市中级人民法院于 2020 年 11 月 23 日作出（2020）陕 01 民初 722 号民事判决：解散某公司。宣判后，某公司提出上诉。陕西省高级人民法院于 2021 年 4 月 23 日作出（2021）陕民终 206 号民事判决：驳回上诉，维持原判。某公司不服二审判决，向最高人民法院提出再审申请。最高人民法院于 2021 年 11 月 30 日作出（2021）最高法民申 6453 号民事裁定：驳回某公司的再审申请。

【裁判理由】

法院生效裁判认为，本案系当事人申请再审案件，应当围绕某公司的再审事由能否成立进行审查，相应的审查重点为：陈某是否具有某公司股东资格，可否行使提起公司解散之诉的股东权利；某公司是否具备法定解散事由。

关于陈某是否具有某公司股东资格，可否行使提起公司解散之诉的股东权利问题。经查，陈某持有某公司 49% 的股份且已实缴部分出资的事实已由一审、二审判决根据公司章程、工商登记资料、另案生效裁判查明认定。而且，根据《公司法司法解释（三）》第十六条的规定，股东因未履行或者未全面履行出资义务而受限的股东权利，并不包括其提起解散公司之诉的权利。某公司申请再审理由不成立，法院不予支持。

关于某公司是否具备法定解散事由的问题。《公司法》第一百八十二条规定的"严重困难"包括对外的生产经营困难、对内的管理困难。本案中，一审、二审法院已查明认定某公司的股东会机制失灵，股东之间矛盾无法调和，且经法院协调仍难以打破僵局；而某公司申请再审事由也反映出其客观上存在管理方面的严重困难。因此，二审判决认定某公司已具备《公司法司法解释（二）》第一条规定的解散事由，在事实认定和法律适用上并无不当。某公司申请再审理由不成立，法院不予支持。

6. 未出资或瑕疵出资股东能否申请司法解散公司？

股东有权起诉主张解散公司，在股东未实缴出资的情况下，并不影响股东申请司法介入破解公司僵局。股东因未履行或者未全面履行出资义务而受限制的权利，并不包括其提起解散公司之诉的权利。

相关法律规范：

2023 年《公司法》	2018 年《公司法》
第二百三十一条　公司经营管理发生严重困难，继续存续会使股东利益受到重大损失，通过其他途径不能解决的，持有公司百分之十以上表决权的股东，可以请求人民法院解散公司。	第一百八十二条　公司经营管理发生严重困难，继续存续会使股东利益受到重大损失，通过其他途径不能解决的，持有公司全部股东表决权百分之十以上的股东，可以请求人民法院解散公司。
相关规定	
《公司法司法解释（二）》 　第一条　单独或者合计持有公司全部股东表决权百分之十以上的股东，以下列事由之一提起解散公司诉讼，并符合公司法第一百八十二条规定的，人民法院应予受理： 　（一）公司持续两年以上无法召开股东会或者股东大会，公司经营管理发生严重困难的； 　（二）股东表决时无法达到法定或者公司章程规定的比例，持续两年以上不能做出有效的股东会或者股东大会决议，公司经营管理发生严重困难的； 　（三）公司董事长期冲突，且无法通过股东会或者股东大会解决，公司经营管理发生严重困难的； 　（四）经营管理发生其他严重困难，公司继续存续会使股东利益受到重大损失的情形。 　股东以知情权、利润分配请求权等权益受到损害，或者公司亏损、财产不足以偿还全部债务，以及公司被吊销企业法人营业执照未进行清算等为由，提起解散公司诉讼的，人民法院不予受理。 　第四条　股东提起解散公司诉讼应当以公司为被告。 　原告以其他股东为被告一并提起诉讼的，人民法院应当告知原告将其他股东变更为第三人；原告坚持不予变更的，人民法院应当驳回原告对其他股东的起诉。 　原告提起解散公司诉讼应当告知其他股东，或者由人民法院通知其参加诉讼。其他股东或者有关利害关系人申请以共同原告或者第三人身份参加诉讼的，人民法院应予准许。	

案例库参考案例

陈某诉陕西某文化传播公司公司解散纠纷案

2023-08-2-283-002/民事/公司解散纠纷/最高人民法院/2021.11.30/（2021）最高法民申 6453 号/再审/入库日期：2024.02.23

【裁判要旨】

根据《公司法司法解释（三）》第十六条的规定，股东因未履行或者未全面履行出资义务而受限的股东权利，并不包括其提起解散公司之诉的权利。《公司法》（2018 年修正，下同）第一百八十二条规定的"严重困难"包括对外的生产经营困难、对内的管理困难。

【基本案情】

陈某提起本案诉讼请求依法判令解散陕西某文化传播公司（以下简称某公司）。某公司股东陈某、任某某，分别占股为 49%、51%，任某某担任某公司法定代表人、执行董事兼总经理，陈某担任某公司监事。某公司提交了 2015 年度至 2018 年度企业工商年报及 2018 年度、2019 年度企业所得税纳税申报表以期证明某公司现经营状况正常，未向法庭提交该公司于 2016 年之后召开过股东会的有效证据。2017 年 11 月 9 日，陈某发现其持有某公司股权的工商登记发生了变更，其不再具有某公司股东身份，其即以对该变更并不知情为由另案诉至陕西省西安市雁塔区人民法院，请求判令确认其具有某公司的股东资格，该另案一审判决确认陈某具备某公司的股东资格，二审判决驳回上诉，维持原判。陈某遂依据该民事判决将其在某公司的股东资格及股权在工商机关予以恢复登记。之后，某公司向陕西省西安市雁塔区人民法院提起诉讼，以陈某拒绝按照某公司通过的已生效的解除陈某股东资格的股东会决议要求配合办理股东、股权变更手续为由，另案起诉请求判令陈某配合某公司办理股东、股权变更登记。该另案一审判决驳回了某公司的诉讼请求，二审判决驳回上诉，维持原判。此外，任某某与陈某都曾举报对方涉嫌违法犯罪。

陕西省西安市中级人民法院于 2020 年 11 月 23 日作出（2020）陕 01 民初 722 号民事判决：解散某公司。宣判后，某公司提出上诉。陕西省高级人民法院于 2021 年 4 月 23 日作出（2021）陕民终 206 号民事判决：驳回上诉，维持原判。某公司不服二审判决，向最高人民法院提出再审申请。最高人民法院于 2021 年 11 月 30 日作出（2021）最高法民申 6453 号民事裁定：驳回某公司的再审申请。

【裁判理由】

法院生效裁判认为，本案系当事人申请再审案件，应当围绕某公司的再审事由能否成立进行审查，相应的审查重点为：陈某是否具有某公司股东资格，可否行使提起公司解散之诉的股东权利；某公司是否具备法定解散事由。

关于陈某是否具有某公司股东资格，可否行使提起公司解散之诉的股东权利的问题。经查，陈某持有某公司 49% 的股份且已实缴部分出资的事实已由一审、二审判决根据公司章程、工商登记资料、另案生效裁判查明认定。而且，根据《公司法司法解释（三）》第十六条的规定，股东因未履行或者未全面履行出资义务而受限的股东权利，并不包括其提起解散公司之诉的权利。某公司申请再审理由不成立，法院不予支持。

关于某公司是否具备法定解散事由的问题。《公司法》第一百八十二条规定的"严重困难"包括对外的生产经营困难、对内的管理困难。本案中，一审、二审法院已查明认定某公司的股东会机制失灵，股东之间矛盾无法调和，且经法院协调仍难以打破公司僵局；而某公司申请再审事由也反映出其客观上存在管理方面的严重困难。因此，二审判决认定某公司已具备《公司法司法解释（二）》第一条规定的解散事由，在事实认定和法律适用上并无不当。某公司申请再审理由不成立，法院不予支持。

7. 司法解散公司的原则和介入标准应当如何认定？

人民法院在处理公司解散诉讼时，遵循适时适当的原则，公司解散诉讼的启动应以其他救济途径用尽为前提；遵循非解散措施优先的原则，公司解散是公司僵局形成后最严重的后果，因此即便进入公司解散诉讼程序，也应充分考虑最大限度地维持公司存续并遵循目的正当性审查原则，法院应全面判断股东提出解散公司目的的正当性，防止股东依据个人意愿随意要求解散公司，或通过解散公司来达到不正当目的。

法律提示： 股东可通过协商的方式由冲突方退出公司，结束公司僵局状态，例如，可以通过冲突一方收购另一方的股权，冲突一方向公司外部人员转让股权引入新的股东，公司回购部分股东的股权，公司减资使冲突一方退出公司以及公司分立等不违反法律、行政法规强制性规定的方式解决公司僵局。

相关法律规范：

2023 年《公司法》	2018 年《公司法》
第二百三十一条　公司经营管理发生严重困难，继续存续会使股东利益受到重大损失，通过其他途径不能解决的，持有公司百分之十以上表决权的股东，可以请求人民法院解散公司。	第一百八十二条　公司经营管理发生严重困难，继续存续会使股东利益受到重大损失，通过其他途径不能解决的，持有公司全部股东表决权百分之十以上的股东，可以请求人民法院解散公司。

案例库参考案例

某运输公司诉某鞋业公司、原审第三人某国际公司等公司解散纠纷案

2024-10-2-283-001/ 民事 / 公司解散纠纷 / 福建省高级人民法院 /2022.02.24/（2021）闽民终 912 号 / 二审 / 入库日期：2024.09.11

【裁判要旨】

审理公司解散纠纷案件，应当实质审查公司是否陷入持续性僵局。当公司陷入持续性僵局，穷尽其他途径仍无法化解，且不具备继续经营条件，继续存续将使股东利益受到重大损失的，符合条件的股东才可以请求人民法院解散公司。对于公司利润分配上的争议，当事人可通过行使股东知情权、利益分配请求权及转让股权解决。

【基本案情】

原告某运输公司起诉称：某运输公司是集体企业，占民营企业某鞋业公司 10% 股份，某鞋业公司的 5 名董事中由某运输公司委派 1 名。某运输公司认为某鞋业公司自 2014 年 1 月以来未召开董事会，且公司经营管理权已被他人实际控制。某运输公司请求召开临时董事会要求修改公司章程、增设监事会和 1 名副董事长、通报公司生产经营状况和审计公司债权债务，均未果；催讨分红款亦未果。某运输公司认为某鞋业公司经营管理发生严重困难，继续存续会使

股东利益受到重大损失，而某运输公司退股事宜未能与某鞋业公司达成一致意见，故向人民法院诉请解散某鞋业公司。

被告某鞋业公司辩称：（1）某运输公司的诉请实质上是因为未达到分红目的而要求解散公司。（2）某运输公司没有证据证明某鞋业公司经营管理发生严重困难；以往来函件的形式要求召开董事会，不符合章程规定。（3）公司经营亏损不是解散公司的法定事由。某鞋业公司经营正常，有大量员工，每年依法为员工缴交百万元的劳动保险，疫情期间也未曾主动辞退一名员工，生产线不停运转，依法纳税，运营平稳，不存在某运输公司所述的经营困难。（4）某运输公司若认为股东权益受损，可以通过主张股东知情权、收益分配权解决，或根据公司章程规定，通过股权转让解决，但某运输公司没有穷尽手段就主张解散公司，不符合我国《公司法》的规定。

法院经审理查明：某鞋业公司于1991年11月27日登记成立，现公司股东分别为甲公司、乙公司、某运输公司，股权分别为60%、30%、10%。某鞋业公司现董事会由5名董事组成，其中某运输公司委派1名。公司章程第十八条规定："公司设立董事会，董事会是公司最高权力机构。"第二十二条规定："董事会例会每年至少召开两次，经董事长或三分之一以上董事提议时，可以召开临时董事会。"第二十四条规定："出席董事会会议的法定人数为三分之二的董事，不足三分之二的出席人数时，董事会通过的决议无效。"自1994年10月29日起，某运输公司与某鞋业公司签订协议，约定某运输公司进行利润包干，不参与经营，利润包干期限届满日期为2019年12月31日。2019年3月21日、2019年10月28日、2019年12月16日，某运输公司根据《公司法》、某鞋业公司章程的有关规定及某鞋业公司目前生产经营运作的需要，先后三次向某鞋业公司发函要求召开公司董事会会议，主要议题为：（1）修改、补充、完善公司章程的部分内容；（2）增设监事会，选举公司监事会人员，以便对公司的生产经营进行监督；（3）建议增设1名副董事长，并决定副董事长人选，加强对公司的管理；（4）请求董事会对公司近年的生产经营情况进行通报，对公司的债权债务依法进行审核等。某鞋业公司收到某运输公司关于召开董事会提议的函后，于2019年12月18日向某运输公司回复：因中美贸易摩擦的影响，经营出现前所未有的困难。面对危机，公司管理层致力于解决企业生产经营中遇到的困难，没有按某运输公司的提议召开临时董事会。而且，某运输公司以股东名义提议要求召开董事会，不符合公司章程规定。某运输公司提议召开董事会时也没有提出明确的议题、议案，无法按要求召开董事会。某鞋业公司在回复中还告知某运输公司，因公司目前严重亏损，无法按以前的包干合同分红，原包干分红协议到期后不再续签。因某鞋业公司拖欠某运输公司2019 年第四季度分红款，某运输公司于 2020 年 4 月 1 日向某鞋业公司发出律师催告函要求支付该季度的分红款。

福建省莆田市中级人民法院于 2020 年 12 月 30 日作出（2020）闽 03 民初 448 号民事判决：驳回某运输公司的诉讼请求。一审判决后，某运输公司不服，提起上诉。福建省高级人民法院于 2022 年 2 月 24 日作出（2021）闽民终912 号民事判决：驳回上诉，维持原判。

【裁判理由】

法院生效裁判认为，某运输公司系某鞋业公司的股东，根据某鞋业公司章程的规定，临时董事会需要三分之一的董事提议才得以召开，因此，某运输公司发函给某鞋业公司要求召开董事会不符合某鞋业公司章程的规定；某运输公司委派的董事人数在某鞋业公司董事会 5 名董事中仅占 1 名，系公司章程的规定，某运输公司据此称某鞋业公司治理结构失灵依据不足，其称某鞋业公司经营管理发生严重困难亦无依据。同时，没有证据证明某鞋业公司的大股东滥用控制地位形成决议损害某鞋业公司和某运输公司的利益，某运输公司关于其股东利益将遭受重大损失的理由没有事实依据。现有证据不能证明某运输公司已穷尽途径解决其与某鞋业公司的矛盾，某运输公司径行诉请解散某鞋业公司与法律规定不符，某鞋业公司不符合公司解散条件，某运输公司的诉讼请求依法应当驳回。某运输公司作为某鞋业公司的股东，其对某鞋业公司的知情权、利益分配请求权等股东权益请求可另行起诉。

8. 公司自行清算时，清算义务人应当如何确定？

除公司合并或者分立导致公司解散的情形外，其他解散情形均应当确定清算义务人。董事是法定的公司清算义务人，应当在解散事由出现之日起十五日内组成清算组进行清算。清算组由董事组成，除非公司章程另有规定或者股东会决议另选他人，否则，董事应当继续履行清算组职责。

法律提示：清算义务人如未能及时履行清算义务，给公司或者债权人造成损害的，应当承担赔偿责任。清算义务人在不启动清算时承担责任，清算组成员在瑕疵清算、恶意清算时承担相应的法律责任。

相关法律规范：

2023 年《公司法》	2018 年《公司法》
第二百三十二条　公司因本法第二百二十九条第一款第一项、第二项、第四项、第五项规定而解散的，应当清算。董事为公司清算义务人，应当在解散事由出现之日起十五日内组成清算组进行清算。 清算组由董事组成，但是公司章程另有规定或者股东会决议另选他人的除外。 清算义务人未及时履行清算义务，给公司或者债权人造成损失的，应当承担赔偿责任。	第一百八十三条　公司因本法第一百八十条第（一）项、第（二）项、第（四）项、第（五）项规定而解散的，应当在解散事由出现之日起十五日内成立清算组，开始清算。有限责任公司的清算组由股东组成，股份有限公司的清算组由董事或者股东大会确定的人员组成。逾期不成立清算组进行清算的，债权人可以申请人民法院指定有关人员组成清算组进行清算。人民法院应当受理该申请，并及时组织清算组进行清算。

9. 2023 年《公司法》实施前，公司股东怠于履行清算义务人职责，且一直持续到 2023 年《公司法》实施后，此时清算义务人的责任应由董事还是股东承担？

公司作为组织体具有复杂性，在 2018 年《公司法》中董事不是清算义务人，当董事因为 2023 年《公司法》实施转变为清算义务人时，董事也可能无法履行清算义务人的职责，故 2023 年《公司法》实施前，股东怠于履行清算义务人职责的，应由股东承担清算义务人的相应责任。

法律提示：2023 年《公司法》将公司清算义务人从股东调整为董事，在新法实施之前，董事对其清算义务人主体缺乏预期，此时无法要求董事承担清算义务人的责任。

相关法律规范：

2023 年《公司法》	2018 年《公司法》
第二百三十二条 公司因本法第二百二十九条第一款第一项、第二项、第四项、第五项规定而解散的，应当清算。董事为公司清算义务人，应当在解散事由出现之日起十五日内组成清算组进行清算。 清算组由董事组成，但是公司章程另有规定或者股东会决议另选他人的除外。 清算义务人未及时履行清算义务，给公司或者债权人造成损失的，应当承担赔偿责任。	**第一百八十三条** 公司因本法第一百八十条第（一）项、第（二）项、第（四）项、第（五）项规定而解散的，应当在解散事由出现之日起十五日内成立清算组，开始清算。有限责任公司的清算组由股东组成，股份有限公司的清算组由董事或者股东大会确定的人员组成。逾期不成立清算组进行清算的，债权人可以申请人民法院指定有关人员组成清算组进行清算。人民法院应当受理该申请，并及时组织清算组进行清算。

10. 清算组不履职或不适当履职应承担何种责任？

清算组是负责公司清算的组织，一般由董事组成，但公司章程另有规定或者股东会决议另选他人的除外。清算组主要负责对公司的未结业务、财产、债权、债务、税款等作出清理，并对剩余财产进行分配。清算组成员在组织公司清算、履行清算职责时，负有忠实和勤勉的义务，怠于履行义务给公司或债权人造成损失的，要承担相应的赔偿责任。清算组成员违反义务，向债权人承担责任的条件要比向公司承担责任的条件更为严格，只有清算组成员存在故意或重大过失导致债权人损失的，才需承担赔偿责任。

法律提示：清算组在履行清算职责时，应当为公司、债权人的最大利益尽到管理者通常应有的合理注意，清算组如已尽忠实、勤勉义务，或者仅存在一般过失，考虑到清算过程中复杂的利益纠葛和专业性特征，应当免于承担赔偿责任。

相关法律规范：

2023 年《公司法》	2018 年《公司法》
第二百三十五条第一款 清算组应当自成立之日起十日内通知债权人，并于六十日内在报纸上或者国家企业信用信息公示系统公告。债权人应当自接到通知之日起三十日内，未接到通知的自公告之日起四十五日内，向清算组申报其债权。 **第二百三十八条** 清算组成员履行清算职责，负有忠实义务和勤勉义务。	**第一百八十九条** 清算组成员应当忠于职守，依法履行清算义务。 清算组成员不得利用职权收受贿赂或者其他非法收入，不得侵占公司财产。 清算组成员因故意或者重大过失给公司或者债权人造成损失的，应当承担赔偿责任。

续表

2023 年《公司法》	2018 年《公司法》
清算组成员怠于履行清算职责，给公司造成损失的，应当承担赔偿责任；因故意或者重大过失给债权人造成损失的，应当承担赔偿责任。	
相关规定	
《公司法司法解释（二）》第十一条第一款　公司清算时，清算组应当按照公司法第一百八十五条的规定，将公司解散清算事宜书面通知全体已知债权人，并根据公司规模和营业地域范围在全国或者公司注册登记地省级有影响的报纸上进行公告。	

案例库参考案例

北京市大兴区社会保险事业管理中心申请执行工伤保险待遇非诉行政执行案

2024-12-3-003-003 / 行政 / 行政强制执行 / 北京市大兴区人民法院 / 2023.01.10 /（2023）京 0115 行审 10 号 / 一审 / 入库日期：2024.06.28

【裁判要旨】

用人单位应当支付的工伤保险待遇已经人民法院生效民事判决确认，但用人单位在公司清算时，清算组未将公司解散清算事宜书面通知应由用人单位支付工伤保险待遇的权利人，造成权利人未及时申报债权，应认定用人单位清算组存在重大过失。社会保险经办机构在向受伤职工先行支付工伤保险待遇后，依法有权向用人单位的清算义务人追偿。

【基本案情】

北京市大兴区社会保险事业管理中心（以下简称大兴社保中心）向北京市大兴区人民法院申请强制执行京兴社保责偿字〔2021〕第 015 号责令偿还先行支付待遇通知书，申请强制执行陈某东、陈某陆、沈某敏（以下简称陈某东等三人）偿还其先行支付的工伤保险待遇共计 43719.6 元。

法院经审理查明：2014 年，案外人王某在某公司车间内工作时，手被机器压伤。经王某申请，北京市大兴区人力资源和社会保障局将王某所受事故伤害认定为工伤，北京市大兴区劳动能力鉴定委员会确认王某已达到职工工伤与职业病致残等级标准 10 级。之后，经王某申请，北京市大兴区劳动人事争议仲裁委员会裁决确认，王某与某公司自 2014 年 5 月 3 日至 2015 年 9 月 30 日期间存在劳动关系，某公司支付王某一次性伤残补助金 27145 元、一次性工伤医疗补助金 19389 元等。某公司不服，向北京市大兴区人民法院提起诉讼。北京市大兴区人民法院作出民事判决，确认王某与某公司自 2014 年 5 月 3 日至 2015 年 1 月 4 日期间存在劳动关系，某公司支付王某一次性伤残补助金 24330.6 元、一次性工伤医疗补助金 19389 元、一次性伤残就业补助金 19389 元等。某公司上诉至北京市第二中级人民法院。该院判决驳回上诉，维持原判。

王某向北京市大兴区人民法院申请强制执行上述仲裁裁决。北京市大兴区人民法院于 2017 年 10 月 20 日作出执行裁定，因某公司无可供执行的财产，故裁定终结本次执行。2018 年 10 月 22 日，某公司注销，其工商档案材料中有备案通知书、清算报告等，载明清算组成员为原股东陈某东等三人。2021 年 2 月 2 日，王某向大兴社保中心申请先行支付一次性伤残补助金、一次性医疗补助金。大兴社保中心于 2021 年 2 月 25 日对陈某东等三人作出《依法支付工伤保险待遇催告书》，要求其对王某申请先行支付的金额予以核实并依法支付工伤保险待遇。2021 年 6 月，大兴社保中心将上述待遇发放至王某个人银行账户。2021 年 12 月 23 日，大兴社保中心对陈某东等三人作出责令偿还先行支付待遇通知书，责令陈某东等三人及某公司其他股东偿还其先行支付的王某工伤保险待遇。陈某东等三人逾期未履行，也未申请行政复议或提起行政诉讼，大兴社保中心于 2022 年 9 月 1 日对陈某东等三人作出催告书。陈某东等三人仍未履行，大兴社保中心遂向北京市大兴区人民法院申请强制执行陈某东等三人偿还其先行支付的工伤保险待遇共计 43719.6 元。北京市大兴区人民法院于 2023 年 1 月 10 日作出（2023）京 0115 行审 10 号行政裁定：准予强制执行大兴社保中心申请执行的责令偿还先行支付待遇通知书。陈某东等三人在北京市大兴区人民法院作出准予执行裁定后、案件进入执行程序前履行了相关给付义务，本案行政争议得到实质性化解。

【裁判理由】

法院生效裁判认为：根据《社会保险法》（2018 年修正）第四十一条的规定，职工所在用人单位未依法缴纳工伤保险费，发生工伤事故的，由用人单位支付工伤保险待遇。用人单位不支付的，从工伤保险基金中先行支付。从工伤保险基金中先行支付的工伤保险待遇应当由用人单位偿还。用人单位不偿还的，社会保险经办机构可以依法追偿。

根据《社会保险基金先行支付暂行办法》第六条、第十三条的规定，职工被认定为工伤后，依法经仲裁、诉讼后仍不能获得工伤保险待遇，法院出具中止执行文书的，职工或者其近亲属可以持工伤认定决定书和有关材料向社会保险经办机构书面申请先行支付工伤保险待遇。社会保险经办机构按照相关规定先行支付工伤保险待遇后，应当责令用人单位在十日内偿还。根据《公司法司法解释（二）》（2020年修正）第十一条的规定，公司清算时，清算组应当将公司解散清算事宜书面通知全体已知债权人，并根据公司规模和营业地域范围在全国或者公司注册登记地省级有影响的报纸上进行公告。清算组未按照前款规定履行通知和公告义务，导致债权人未及时申报债权而未获清偿，债权人主张清算组成员对因此造成的损失承担赔偿责任的，人民法院依法予以支持。

本案中，法院生效判决已确认某公司支付王某一次性伤残补助金及一次性工伤医疗补助金，但经仲裁、诉讼、执行后，王某仍未获得工伤保险待遇。王某有权要求从工伤保险基金中先行支付，且社会保险经办机构先行支付后，有权向某公司追偿。某公司虽已注销登记，但其在明知王某的债权存在的情况下，未实际通知王某申报债权，导致王某的债权无法获得清偿，该公司的清算组成员即陈某东等三人对王某的损失应当承担赔偿责任。王某的损失即工伤保险待遇已实际由大兴社保中心先行支付，大兴社保中心有权向陈某东等三人追偿。故法院依法作出如上裁判。

11. 2023年《公司法》施行后，向法院申请强制清算的主体有哪些变化？

2023年《公司法》实施前，可以向人民法院申请强制清算的主体包括股东、债权人和其他利害关系人，其中的利害关系人并不包含作出吊销营业执照、责令关闭或者撤销决定的部门或者登记机关，为了消解因行政解散给利害关系人乃至社会可能带来的影响，2023年《公司法》将前述机关纳入申请强制清算的主体范围内。

法律提示：因具备公司解散事由，股东请求解散公司，法院在作出解散裁判时不需要同时指定清算组，由清算义务人即公司董事在法院判决解散后成立清算组即可，法院仅在接到利害关系人或相关部门的申请，在法定期限内未成立清算组或成立清算组时故意拖延清算等情形时指定清算组对公司强制清算。

相关法律规范：

2023年《公司法》	2018年《公司法》
第二百三十三条　公司依照前条第一款的规定应当清算，逾期不成立清算组进行清算或者成立清算组后不清算的，利害关系人可以申请人民法院指定有关人员组成清算组进行清算。人民法院应当受理该申请，并及时组织清算组进行清算。 公司因本法第二百二十九条第一款第四项的规定而解散的，作出吊销营业执照、责令关闭或者撤销决定的部门或者公司登记机关，可以申请人民法院指定有关人员组成清算组进行清算。	**第一百八十三条**　公司因本法第一百八十条第（一）项、第（二）项、第（四）项、第（五）项规定而解散的，应当在解散事由出现之日起十五日内成立清算组，开始清算。有限责任公司的清算组由股东组成，股份有限公司的清算组由董事或者股东大会确定的人员组成。逾期不成立清算组进行清算的，债权人可以申请人民法院指定有关人员组成清算组进行清算。人民法院应当受理该申请，并及时组织清算组进行清算。

案例库参考案例

郭某某申请公司清算案

2023-08-2-420-001/民事/申请公司清算/最高人民法院/2021.12.20/（2021）最高法民申7534号/再审/入库日期：2024.02.23

【裁判要旨】

《最高人民法院关于审理公司强制清算案件工作座谈会纪要》（以下简称《强制清算会议纪要》）第十三条规定，申请公司清算应当同时满足两个条件，即申请人具备申请资格和发生公司解散事由。被申请人对上述两个条件中的任何一个提出异议的，人民法院对清算申请均不予受理，由当事人对异议另行诉讼解决。该条但书规定的"以及发生被吊销企业法人营业执照、责令关闭或者被撤销等解散事由有明确、充分证据"，应理解为仅指被申请人就是否发生解散事由提出异议的情形。

《民法典》第七十条以及《公司法司法解释（二）》（2020年修正，下同）

第七条将申请强制清算的主体扩大至其他利害关系人，司法实践中应将《强制清算会议纪要》中的申请强制清算的主体扩大至利害关系人。申请人是否属于利害关系人仍需要通过诉讼程序予以确认，被申请人对利害关系人身份提出异议的，除有生效法律文书能够证明其利害关系人身份外，人民法院应当告知其另行诉讼解决，对强制清算申请裁定不予受理。

【基本案情】

2010 年，某公司将砖厂包给案外人齐某某，承包期为自 2011 年 3 月 20 日起至 2018 年 3 月 20 日止。2010 年 6 月 23 日，郭某某与齐某某家属宁某某签订转让协议，约定将该砖厂承包合同转让给郭某某。之后，郭某某一直未办理营业执照和相关经营手续。2011 年 2 月 28 日，工商行政管理部门下达行政处罚决定，吊销某公司营业执照。某公司至今未办理注销登记。2017 年 3 月 23 日，博乐市发改委审批同意在案涉砖厂内的垃圾处理项目开工建设。随后，博乐市国土资源执法监察大队以案涉砖厂未办理采矿许可证不得开采粘土为由作出责令停止违法行为通知书，郭某某在受送达人处签名。2009 年 8 月 24 日，博乐市财政局作出批复决定自 2009 年 8 月 31 日起将某公司划转至某农业公司。

郭某某曾以侵权为由起诉某农业公司和博乐市贝林哈日莫墩乡政府，该案一审、二审法院均判决驳回郭某某的诉讼请求。随后，郭某某向一审法院提出本案申请。本案一审法院认为，根据《公司法司法解释（二）》第七条的规定，清算申请应由债权人、股东提出。某公司不认可郭某某的债权人身份，郭某某提供的其与案外人之间的协议中亦无某公司对郭某某有给付义务的明确表述，郭某某主张其为某公司债权人的依据不足。新疆维吾尔自治区博尔塔拉蒙古自治州中级人民法院于 2020 年 11 月 19 日作出（2020）新 27 清申 1 号民事裁定：对郭某某的强制清算申请，不予受理。

郭某某不服，提起上诉。二审法院认为，根据《强制清算会议纪要》第十三条以及《公司法司法解释（二）》第七条之规定，申请强制清算应当同时具备下列条件：（1）被申请企业具备吊销执照、责令关闭或被撤销等解散事由；（2）申请的主体应当为股东、债权人以及利害关系人。某公司已于 2011 年被吊销营业执照，已经具备解散的事由。但某公司对郭某某债权人的身份提出异议，郭某某提供的裁判文书以及其与案外人之间的转让协议亦无法证明某公司对郭某某负有债务。一审法院对郭某某的清算申请不予受理并无不当。新疆维吾尔自治区高级人民法院于 2021 年 2 月 25 日作出（2021）新清终第 1 号民事裁定：驳回上诉，维持原判。郭某某不服二审判决，向最高人民法院申请再审。最高人民法院于 2021 年 12 月 20 日作出（2021）最高法民申 7534 号民事裁定：驳回郭某某的再审申请。

【裁判理由】

法院生效裁判认为，申请公司清算应当满足两个条件，即申请人具备申请资格和公司发生解散事由。根据一审、二审法院查明的事实，某公司已于 2011 年被吊销营业执照，已经具备解散的事由。但申请对公司进行强制清算还需符合主体要件，即要求申请主体为股东、债权人以及利害关系人。本案一审中，某公司对郭某某债权人的身份提出异议。郭某某虽提交了其他判决作为证据，但该判决并未明确郭某某与某公司之间的债权债务关系，不足以证明其对某公司享有给付性权益，郭某某应当承担举证不能的责任。因此，本案并不具备《强制清算会议纪要》第十三条中规定的"对上述异议事项已有生效法律文书予以确认"的情形，故法院对郭某某的清算申请不予受理并无不当。

此外，根据《最高人民法院关于适用〈中华人民共和国民事诉讼法〉的解释》（2020 年修正）第三百八十一条的规定："当事人认为发生法律效力的不予受理、驳回起诉的裁定错误的，可以申请再审。"故郭某某有权对本案二审裁定申请再审。

12. 清算义务人责任与清算组责任有什么区别?

根据 2023 年《公司法》的规定，清算义务人与清算组成员多数情况下是重合的，都是董事，但二者也有区别：一是在强制清算的情况下，人民法院指定的清算组可能是有关中介机构，也可能是股东、公司高级管理人员；二是违反义务的行为模式存在差别，清算义务人未及时履行清算义务，给公司或者债权人造成损失的，应当承担赔偿责任。清算组成员怠于履行清算职责，给公司造成损失的，应当承担赔偿责任；因故意或者重大过失给债权人造成损失的，应当承担赔偿责任。

法律提示： 清算组是否怠于履行职责，需要依据 2023 年《公司法》第二百三十四条关于清算组职权的规定判断。

相关法律规范：

2023 年《公司法》	2018 年《公司法》
第二百三十二条 公司因本法第二百二十九条第一款第一项、第二项、第四项、第五项规定而解散的，应当清算。董事为公司清算义务人，应当在解散事由出现之日起十五日内组成清算组进行清算。 清算组由董事组成，但是公司章程另有规定或者股东会决议另选他人的除外。 清算义务人未及时履行清算义务，给公司或者债权人造成损失的，应当承担赔偿责任。 **第二百三十四条** 清算组在清算期间行使下列职权： （一）清理公司财产，分别编制资产负债表和财产清单； （二）通知、公告债权人； （三）处理与清算有关的公司未了结的业务； （四）清缴所欠税款以及清算过程中产生的税款； （五）清理债权、债务； （六）分配公司清偿债务后的剩余财产； （七）代表公司参与民事诉讼活动。 **第二百三十八条** 清算组成员履行清算职责，负有忠实义务和勤勉义务。 清算组成员怠于履行清算职责，给公司造成损失的，应当承担赔偿责任；因故意或者重大过失给债权人造成损失的，应当承担赔偿责任。	**第一百八十九条** 清算组成员应当忠于职守，依法履行清算义务。 清算组成员不得利用职权收受贿赂或者其他非法收入，不得侵占公司财产。 清算组成员因故意或者重大过失给公司或者债权人造成损失的，应当承担赔偿责任。

案例库参考案例

王某江、车某斌诉范某波股东损害公司债权人利益责任纠纷案

2023-08-2-277-005 / 民事 / 损害公司债权人利益责任纠纷 / 四川省高级人民法院 / 2019.12.20 /（2019）川民申 721 号 / 再审 / 入库日期：2024.02.23

【裁判要旨】

公司债权人并不参与公司的经营管理，不掌握公司的财务账册。而作为清

算义务人的股东，则通常参与公司经营管理，掌握公司的财务资料并了解公司资产状况。因此，对于作为清算义务人的股东急于清算是否导致公司的财产流失或灭失的举证责任，债权人应限于提供合理怀疑的证据，而对于反驳该合理怀疑的举证责任，应由作为清算义务人的股东承担。

【基本案情】

法院经审理查明：某矿业公司成立于 2006 年 11 月 15 日，车某斌、王某江二人为公司股东，其中车某斌投资比例为 10%，王某江投资比例为 90%。王某江于 2014 年 2 月 19 日起任公司法定代表人，2014 年 9 月 11 日经工商登记机关核准法定代表人由王某江变更为吴某福。

2013 年 10 月 26 日，范某波向某矿业公司出借 50 万元，借款期限为三个月。借款到期后，范某波经催收未果，遂向乐山市沙湾区人民法院起诉某矿业公司偿还借款及利息。乐山市沙湾区人民法院于 2018 年 7 月 23 日作出（2018）川 1111 民初 499 号民事判决书，判令某矿业公司在本判决生效后十日内偿还范某波借款 50 万元及其利息（以 50 万元本金为基数，自 2014 年 1 月 27 日起按年利率 6% 计算至付清借款本金时止）。某矿业公司不服一审判决向乐山市中级人民法院提起上诉，乐山市中级人民法院（2018）川 11 民终 1109 号民事判决书判决：驳回上诉，维持原判。经乐山市沙湾区人民法院执行查明，某矿业公司目前无财产可供执行。

2016 年 11 月 2 日，某矿业公司被吊销营业执照，吊销原因为"公司成立后无正当理由超过六个月未开业的，或者开业后自行停业连续六个月以上"。至今，某矿业公司未成立清算组开始清算。

某矿业公司（甲方）于 2014 年 9 月 24 日与乐山市沙湾区某矿产品经营部签订了《采矿权转让合同》，载明：因企业整体出售，需变更采矿权，拟将采矿权转让他人；采矿权和生产设备转让价合计为人民币 780 万元；因甲方还欠乙方债务 270 万元，双方同意在支付转让款项时冲抵，乙方实际应付甲方 510 万元；经审批部门批准后将采矿权变更登记至乙方名下十五日内，乙方向甲方支付全部采矿权转让款及设备转让款；甲方指定收款账户为代某名下个人账户。同日，某矿业公司向乐山市国土资源局沙湾区分局提交了《采矿权转让申请报告》。2014 年 11 月 21 日，该采矿权转让经公开鉴证、公示，过户至乐山市沙湾区某矿产品经营部名下。

王某江、车某斌在二审中陈述，其作为某矿业公司股东，并未向乐山市沙湾区某矿产品经营部主张过上述 510 万元到期债权，亦不知晓该采矿权转让事宜。

四川省成都高新技术产业开发区人民法院于 2019 年 4 月 15 日作出（2019）川 0191 民初 2398 号民事判决：王某江、车某斌于本判决生效之日起十日内对乐山市沙湾区人民法院（2018）川 1111 民初 499 号民事判决书确定的某矿业公司向范某波所负债务承担连带赔偿责任。宣判后，王某江、车某斌不服判决，向成都市中级人民法院提起上诉。成都市中级人民法院于 2019 年 9 月 12 日作出（2019）川 01 民终 9929 号民事判决：王某江、车某斌于本判决生效之日起十日内对乐山市沙湾区人民法院（2018）川 1111 民初 499 号民事判决书确定的某矿业公司向范某波所负债务承担赔偿责任。宣判后，王某江、车某斌不服判决，向四川省高级人民法院申请再审。四川省高级人民法院于 2019 年 12 月 20 日作出（2019）川民申 721 号民事裁定：驳回王某江、车某斌的再审申请。

【裁判理由】

法院生效裁判认为，第一，关于王某江、车某斌是否存在怠于清算行为。《公司法》（2018 年修正）第一百八十条第四项规定，依法被吊销营业执照、责令关闭或者被撤销的，公司因此解散；第一百八十三条规定，公司因本法第一百八十条第四项规定而解散的，应当在解散事由出现之日起十五日内成立清算组，开始清算。某矿业公司于 2016 年 11 月 2 日被吊销营业执照，王某江、车某斌作为公司股东应当在法定期限内成立清算组开始清算，但其并未在规定期限内履行清算义务，故王某江、车某斌存在怠于清算行为。

第二，关于王某江、车某斌的怠于清算行为是否导致某矿业公司财产流失或灭失。当事人对自己提出的主张，有责任提供证据。本案范某波作为某矿业公司债权人，其并不参与公司的经营管理，并不掌握公司的财务账册，其对某矿业公司财产或债权的变动情况并不掌握第一手资料，此时对债权人课以严格的举证责任有违公平原则。而作为清算义务人的股东，则通常参与公司经营管理，掌握公司的财务资料并了解公司资产状况，其在公司财产是否存在流失或灭失情形上应当尽到更多的举证责任。因此，对于王某江、车某斌的怠于清算行为是否导致某矿业公司的财产流失或灭失的举证责任，范某波应限于提供合理怀疑的证据，而对于反驳该合理怀疑的举证责任，应由作为清算义务人的股东承担。

本案中，某矿业公司与乐山市沙湾区某矿产品经营部于 2014 年 9 月 24 日签订《采矿权转让合同》，约定乐山市沙湾区某矿产品经营部应于采矿权变更至其名下十五日内向某矿业公司支付 510 万元。该采矿权于 2014 年 11 月 21 日变更至乐山市沙湾区某矿产品经营部名下，故某矿业公司于 2014 年 12 月 6 日即享有对乐山市沙湾区某矿产品经营部 510 万元的到期债权。范某波对某矿业公司的案涉债权于 2014 年 1 月 25 日到期，该到期债权早于某矿业公司转让采矿权时间，某矿业公司在对范某波的债务到期后并未偿还借款，后某矿业公司经人民法院执行查明并无可供执行财产，故某矿业公司对乐山市沙湾区某矿产品经营部该 510 万元到期债权能否实现对本案范某波的到期债权能否实现有较大影响。

在 2017 年 10 月 1 日前，向人民法院请求保护民事权利的诉讼时效期间为二年。本案某矿业公司对乐山市沙湾区某矿产品经营部的债权于 2014 年 12 月 6 日到期，而王某江、车某斌均表示并未主张过该债权，本案亦无证据显示该债权请求权的诉讼时效存在中断、中止的情形，因此，该债权请求权的诉讼时效于 2016 年 12 月 6 日已届满具有高度盖然性。另外，某矿业公司的营业执照于 2016 年 11 月 2 日被吊销，公司股东王某江、车某斌本应在 2016 年 11 月 17 日前成立清算组，清理公司债权债务，但其在截至本案诉讼前，并未成立清算组对某矿业公司进行清算。若王某江、车某斌在法律规定期限内履行清算义务，及时清理公司债权，则不会出现某矿业公司的到期债权因超过诉讼时效而丧失胜诉权的情形。范某波已提供了因王某江、车某斌怠于清算行为导致某矿业公司财产流失的合理怀疑的证据，王某江、车某斌辩称其未按规定履行清算义务并未导致某矿业公司财产流失和灭失，其应当就该 510 万元到期债权的履行情况及尚未超过诉讼时效的情况提供反驳证据，但其并未提供相应证据，应承担举证不能的不利后果。

综上所述，二审法院对范某波主张王某江、车某斌的怠于清算行为导致某矿业公司财产流失的意见予以采纳。依据本案查明的事实，王某江、车某斌该行为给某矿业公司造成的损失范围为 510 万元。

13. 2023 年《公司法》施行后，公司适用简易注销的条件及股东责任是什么？

适用简易注销的公司应当满足两个条件：一是公司存续期间未产生债权债务，或者已清偿债权债务；二是前述事实经全体股东承诺。公司在简易注销登记中隐瞒真实情况、弄虚作假的，可能面临被撤销注销登记，还可能被列入严重违法失信企业名单；通过简易程序注销公司登记，股东承诺不实的，应当对注销登记前的债务承担连带责任等。

法律提示：公司注销程序简易不等于责任简易。由于简易注销程序简化了市场主体退出机制并降低了制度性交易成本，为确保利害关系人的合法权益不受侵犯，股东的不实承诺将打破有限责任的保护，从而使股东对注销登记前的债务承担连带责任。

相关法律规范：

2023 年《公司法》	2018 年《公司法》
第二百四十条　公司在存续期间未产生债务，或者已清偿全部债务的，经全体股东承诺，可以按照规定通过简易程序注销公司登记。 　　通过简易程序注销公司登记，应当通过国家企业信用信息公示系统予以公告，公告期限不少于二十日。公告期限届满后，未有异议的，公司可以在二十日内向公司登记机关申请注销公司登记。 　　公司通过简易程序注销公司登记，股东对本条第一款规定的内容承诺不实的，应当对注销登记前的债务承担连带责任。	

相关规定
《市场主体登记管理条例》第三十三条　市场主体未发生债权债务或者已将债权债务清偿完结，未发生或者已结清清偿费用、职工工资、社会保险费用、法定补偿金、应缴纳税款（滞纳金、罚款），并由全体投资人书面承诺对上述情况的真实性承担法律责任的，可以按照简易程序办理注销登记。 　　市场主体应当将承诺书及注销登记申请通过国家企业信用信息公示系统公示，公示期为 20 日。在公示期内无相关部门、债权人及其他利害关系人提出异议的，市场主体可以于公示期届满之日起 20 日内向登记机关申请注销登记。 　　个体工商户按照简易程序办理注销登记的，无需公示，由登记机关将个体工商户的注销登记申请推送至税务等有关部门，有关部门在 10 日内没有提出异议的，可以直接办理注销登记。 　　市场主体注销依法须经批准的，或者市场主体被吊销营业执照、责令关闭、撤销，或者被列入经营异常名录的，不适用简易注销程序。

某国际家居用品股份有限公司诉姬某、徐州某家具有限公司等商标权权属、侵权纠纷及仿冒纠纷案

2023-09-2-159-060 / 民事 / 商标权权属、侵权纠纷 / 最高人民法院 /2021. 09.28/（2021）最高法民申 5584 号 / 再审 / 入库日期：2024.02.25

【裁判要旨】

在法院案件审理期间，公司被注销，注销时其股东明确作出了若承诺书内容失实和存在违法失信，则其作为公司权利义务承继人承担相应法律后果和责任的意思表示。在一审判决该公司承担侵权法律责任的情形下，公司股东仍向登记机关申请注销公司，该行为明显有悖诚信原则，依法应承担原公司的法律责任。

【基本案情】

某国际家居用品股份有限公司（以下简称某家居公司）起诉东莞某家具有限公司（以下简称东莞某公司）、徐州某家具有限公司（以下简称徐州某公司）等侵害商标权及不正当竞争。

江苏省苏州市中级人民法院于 2018 年 8 月 10 日作出（2017）苏 05 民初 725 号民事判决：一、东莞某公司、徐州某公司立即停止侵害案涉商标权的行为以及不正当竞争行为；二、苏州相城经济开发区某家具经营部立即停止侵害案涉商标权的行为；三、徐州某公司停止使用案涉字号，并于判决生效后三十日内至相关部门办理企业名称变更登记手续；四、东莞某公司、徐州某公司于判决生效之日起十日内赔偿某家居公司经济损失及为制止侵权所支付的合理开支共计 300 万元；五、苏州相城经济开发区某家具经营部于判决生效之日起十日内赔偿某家居公司经济损失 1 万元；六、驳回某家居公司其他诉讼请求。

东莞某公司为有限责任公司（自然人独资），姬某为原东莞某公司的法定代表人及股东。二审期间，东莞某公司已经登记机关注销。东莞某公司简易注销前，并无证据证明进行了清算，且姬某在申请注销的全体投资人承诺书中签字承诺："申请注销登记时不存在以下情形：……有正在被立案调查或采取行政强制、

司法协助、被予以行政处罚等情形……不适用企业简易注销登记的其他情形。本企业全体投资人对以上承诺的真实性负责，如果违法失信，则由全体投资人承担相应的法律后果和责任，并自愿接受相关行政执法部门的约束和惩戒。"

二审法院江苏省高级人民法院变更案件当事人，并于 2020 年 10 月 15 日作出（2019）苏民终 28 号民事判决，判决：一、维持江苏省苏州市中级人民法院（2017）苏 05 民初 725 号民事判决第二项、第三项、第五项、第六项；二、变更江苏省苏州市中级人民法院（2017）苏 05 民初 725 号民事判决第一项为：姬某、徐州某公司立即停止侵害案涉商标权的行为以及不正当竞争行为；三、变更江苏省苏州市中级人民法院（2017）苏 05 民初 725 号民事判决第四项为：姬某、徐州某公司于本判决生效之日起十日内赔偿某家居公司经济损失及为制止侵权所支付的合理开支共计 300 万元。姬某不服，向最高人民法院申请再审。最高人民法院于 2021 年 9 月 28 日作出（2021）最高法民申 5584 号民事裁定，驳回姬某的再审申请。

【裁判理由】

最高人民法院审查认为，本案二审期间，东莞某公司已经登记机关注销，法人终止，其已不具有民事权利能力和民事行为能力，亦失去民事主体资格，不能再以公司名义从事民事法律行为。根据原审查明的事实，东莞某公司为有限责任公司（自然人独资），姬某为原东莞某公司的法定代表人及股东。东莞某公司简易注销前，并无证据证明进行了清算，且姬某在申请注销的全体投资人承诺书中签字承诺："申请注销登记时不存在以下情形：……有正在被立案调查或采取行政强制、司法协助、被予以行政处罚等情形……不适用企业简易注销登记的其他情形。本企业全体投资人对以上承诺的真实性负责，如果违法失信，则由全体投资人承担相应的法律后果和责任，并自愿接受相关行政执法部门的约束和惩戒。"姬某明确作出了关于若承诺书内容失实和存在违法失信，则其作为东莞某公司权利义务承继人并承担相应法律后果和责任的意思表示。在一审判决东莞某公司承担侵权法律责任的情形下，姬某仍向登记机关申请注销东莞某公司，该行为明显有悖诚信原则，原审法院判决其承担原东莞某公司法律责任的认定并无不当。姬某申请再审称徐州某公司系原东莞某公司的实际出资人和控制人，但并未提供充足证据予以证明，缺乏事实和法律依据，最高人民法院不予支持。

14. 什么情况下公司面临强制注销?

公司被吊销营业执照、责令关闭或者被撤销，满三年未向公司登记机关申请注销公司登记的，公司登记机关可以依法对公司进行强制注销。公司被强制注销，原公司股东、清算义务人的责任不受影响。这意味着因公司强制注销而利益受损的主体，可以通过要求原有股东、清算义务人依法承担相应责任得到利益弥补。

法律提示：公司被强制注销后，其债权债务关系仍由原公司股东、清算义务人承担，不受公司主体资格已消灭的影响。

相关法律规范：

2023 年《公司法》	2018 年《公司法》
第二百四十一条　公司被吊销营业执照、责令关闭或者被撤销，满三年未向公司登记机关申请注销公司登记的，公司登记机关可以通过国家企业信用信息公示系统予以公告，公告期限不少于六十日。公告期限届满后，未有异议的，公司登记机关可以注销公司登记。 　　依照前款规定注销公司登记的，原公司股东、清算义务人的责任不受影响。	
相关规定	
《行政许可法》第七十条　有下列情形之一的，行政机关应当依法办理有关行政许可的注销手续： （一）行政许可有效期届满未延续的； （二）赋予公民特定资格的行政许可，该公民死亡或者丧失行为能力的； （三）法人或者其他组织依法终止的； （四）行政许可依法被撤销、撤回，或者行政许可证件依法被吊销的； （五）因不可抗力导致行政许可事项无法实施的； （六）法律、法规规定的应当注销行政许可的其他情形。	

15. 公司清算中，财产应如何清偿债务和分配?

清算工作围绕财产分配展开。清算人应按照清算方案清偿公司全部债务，清偿债务应当按照法定的顺序进行。解散清算时的财产分配顺序分为五档：（1）支付清算费用，包括财产评估、保管、变卖等费用，通知、公告费，清算组成员报酬，委托律师、会计师费用等；（2）支付职工的工资、社会保险费用和法定补偿金；（3）缴纳所欠税款；（4）清偿公司债务；（5）将剩余财产分配给股东。

法律提示：股东只能就公司资产清偿全部公司债务后的剩余部分获得分配。有限责任公司按照股东的出资比例分配剩余财产，股份有限公司按照股东持有的股份比例分配剩余财产。清算时任何股东的出资都要到位，即便出资义务未届期限的也要加速到期，因而此时的认缴比例与实缴比例相同。如有股东客观上出资不能，此时应当由清算人催缴（行使董事会催缴的职权）失权，失权后的比例就是其参与剩余财产分配的比例。

相关法律规范：

2023 年《公司法》	2018 年《公司法》
第二百三十六条第二款 公司财产在分别支付清算费用、职工的工资、社会保险费用和法定补偿金，缴纳所欠税款，清偿公司债务后的剩余财产，有限责任公司按照股东的出资比例分配，股份有限公司按照股东持有的股份比例分配。	
相关规定	
《公司法司法解释（二）》第二十二条第一款 公司解散时，股东尚未缴纳的出资均应作为清算财产。股东尚未缴纳的出资，包括到期应缴未缴的出资，以及依照公司法第二十六条和第八十条的规定分期缴纳尚未届满缴纳期限的出资。	

16. 清算组制订的清算方案未经确认的风险及防范对策？

清算方案应报股东会或者人民法院确认，若清算组执行了未经确认的清算方案，造成公司、股东、董事、公司其他利害关系人或者债权人的利益损失，则其可根据《公司法司法解释（二）》相关规定请求公司清算组成员承担赔偿责任。

法律提示：在强制清算中应及时报法院确认，在自行清算中及时报股东会确认。

相关法律规范：

2023 年《公司法》	2018 年《公司法》
第二百三十六条第一款　清算组在清理公司财产、编制资产负债表和财产清单后，应当制订清算方案，并报股东会或者人民法院确认。	
<td colspan="2" align="center">**相关规定**</td>	

《公司法司法解释（二）》第十五条　公司自行清算的，清算方案应当报股东会或者股东大会决议确认；人民法院组织清算的，清算方案应当报人民法院确认。未经确认的清算方案，清算组不得执行。

执行未经确认的清算方案给公司或者债权人造成损失，公司、股东或者债权人主张清算组成员承担赔偿责任的，人民法院应依法予以支持。

《公司法司法解释（三）》第十六条　股东未履行或者未全面履行出资义务或者抽逃出资，公司根据公司章程或者股东会决议对其利润分配请求权、新股优先认购权、剩余财产分配请求权等股东权利作出相应的合理限制，该股东请求认定该限制无效的，人民法院不予支持。